[美]大卫·金 / 著

经 雷 / 译

栩栩如生……惊人地呈现了希特勒……
乃至纳粹此前未曾披露的侧面

——奈吉尔·琼斯，《旁观者》

THE TRIAL OF ADOLF HITLER: THE BEER HALL PUTSCH AND THE RISE OF NAZI GERMANY

David King

审判希特勒

啤酒馆政变
和
纳粹德国的
崛起

社会科学文献出版社
SOCIAL SCIENCES ACADEMIC PRESS (CHINA)

贝格勃劳凯勒外的人群　摄于 1923 年

"在巴伐利亚，有政治的地方就有啤酒"
加泰罗尼亚报纸《加泰罗尼亚之声》写道

本书获誉

入围 2018 年犹太季刊 - 温盖特奖（JQ·Wingate Prize）和 2018 年坎迪尔历史奖（Cundill History Prize）长名单

无论在英文、德文还是任何一种其他文字的世界里，本书都是关于希特勒审判的绝对权威。

——彼得·罗斯·兰奇（Peter Ross Range），《1924：造就希特勒的一年》（*1924: The Year That Made Hitler*）作者。

引人思考……《审判希特勒》给出了一个教科书般的例子，说明煽动术具有转败为胜的威力。本书以揪心的文字描绘了一个先进国家坠入混乱深渊的过程，以及这场混乱带来的惨痛损失。金先生对这场失败政变做出了精彩的叙述，其中亦可窥见一众恶人的嘴脸，日后他们的罪恶将笼罩德国乃至整个欧洲。

——弗雷德里克·泰勒（Frederick Taylor），《华尔街日报》

几近逐分逐秒的叙述扣人心弦……《审判希特勒》的研究工作无懈可击，文笔动人，成功地将这充满忧虑与混乱的事件呈现了出来。

——罗杰·摩尔豪斯（Roger Moorhouse），《泰晤士报》

栩栩如生……惊人地呈现了希特勒……乃至纳粹此前未曾披露的侧面。

——奈吉尔·琼斯（Nigel Jones），《旁观者》（The Spectator）

一本引人入胜的书，史料翔实，工整严谨。

——《新准则》杂志（The New Criterion）"评论人札记"（Critic's Notebook）

本可以阻止希特勒上台的早期刑案审判……作为《纽约时报》畅销书作者的金以生动的笔法将这场早年的审判呈现了出来。借由深刻而吸引人的文字，他叙述了希特勒如何将一场官司变成一个舞台，用来展示自己恶毒的煽动手段——以及将一段短暂的牢狱时光变成他的政治跳板。

——《全美书评》（The National Book Review）

对1923年政变失败和审判纳粹领袖事件做出了扣人心弦的叙述……在这一波叙事类的新书中，这是最有魅力的一本。"

——哈辛托·安东（Jacinto Antón），西班牙《国家报》

639页严谨、详尽的文字，笔法精炼卓绝，将治史之学化为一篇充满文学韵味的故事。

——劳尔·康代（Raúl Conde），西班牙《世界报》（*El Mundo*）

一部巧夺天工之作。

——马努埃尔·P·比拉多罗（Manuel P. Villatoro），西班牙《阿贝赛报》（*ABC*）

一个杰出的历史故事……[金] 对审判的纪录与分析有着外科手术般的精确。

——若迪·阿玛（Jordi Amat），西班牙《先锋报》（*La Vanguardia*）

那一刻，希特勒从小丑变成元首……天下奇闻。

——安娜·阿贝拉（Anna Abella），西班牙《加泰罗尼亚晨报》（*El Periódico*）

金用充满活力的节奏详述了1923年那场失败的政变，以及此后的审判。希特勒走入法庭时是个可怜虫，出来时却已经顶着领袖的光环……金的文字中回响着普里莫·莱维和汉娜·阿伦特的声音。这三位作者，在当下都是值得一读的。

——路易斯·马乌利（Luis Mauri），西班牙《加泰罗尼亚晨报》

在有关这个恶名昭彰的历史人物的生平撰述中，一个最关键却最被忽视的时刻可能是在1924年4月1日[阿道夫·希特勒案宣判]……大卫·金用一种透彻而生动的方式重现了全程，其中包含大量细节。他的量刑比慕尼黑的法官们要严厉许多。

——戴维·巴雷拉（David Barreira），El Español网站（西班牙）

逾600页的宏大故事，作为迄今对这一历史事件的最完整撰述，本书将是很难赶超的，值得给予最高的评价。卓越的史学家大卫·金写下了一则精彩、详尽、严谨、史料翔实的故事。简单说，这毫无疑问是一本非常值得推荐的书。

——何塞·玛丽亚·马努埃尔·加西亚-奥苏娜·罗德里格兹（José María Manuel García-Osuna Rodríguez），Todo Literatura网站（西班牙）

一般的历史研究爱好者可能会觉得，关于阿道夫·希特勒的一切，他的崛起与垮塌，我们都已经了解了，但是……现在对"元首"的研究又有了新进展。

——罗宾·艾特金（Robin Aitken），《天主教先驱报》（*The Catholic Herald*）

研究扎实，叙述动人……这是英文世界首次以书的篇幅介绍希特勒审判，对我们理解现代极权主义有着重要意义。

——戴维·霍拉汉（David Holahan），《基督科学箴言报》

一场滑稽的法庭戏，同时也透露着不祥的预兆。本书对希特勒上台过程中的一个关键——但常被忽视的——阶段进行了有趣而详尽的叙述。

——约瑟夫·卡农（Joseph Kanon），《德国好人》（'The Good German）和《离开柏林》（Leaving Berlin）的作者

金的研究工作十分细致……很难想象在公众可以接触到的书籍中，有哪本书能像本书这样，以如此丰富、详尽的方式呈现未曾发表的研究成果。

——乔·皮涅埃罗·达·丰塞卡（Joel Pinheiro da Fonseca），巴西《考验》杂志（Exame）

通过庭审记录、警方文件和新闻材料，包括从兰茨贝格监狱档案中发现的近 500 份文件，金剖析了一场造成灾难性后果的庭审。

——阿根廷《12 页报》（Página 12）

啤酒馆政变是个熟悉的题材……但大卫·金的这部 500 页的《审判希特勒》丰富多变、史料翔实、文笔生动，在转译到芬兰文的著作中无出其右。

——佩特里·伊默南（Petri Immonen），芬兰《赫尔辛基日报》（*Helsingin Sanomat*）

金翻阅的资料有的已为人所知，有的未曾披露，他详细叙述了一场惊人的法律丑闻，为希特勒日后造成的大灾难埋下伏笔。

——乔恩·H·里德（Jon H. Rydne），挪威《世界之路报》（*VG*）

史学家大卫·金是一位技艺精湛的叙事者……本书述及的事件具有重大历史意义，有必要去了解它的实情——这是一次极其恶劣的罪行，在当时没有得到阻止，以致酿成一场导致多国被卷入、数千万人丧生的剧变。

——艾维德·施瓦兰格（Øyvind Svaleng），挪威公共图书馆月度最佳传记（2019 年 6~7 月）

本书用某种颇为骇人的方式记载了一个失败者反败为胜的故事——以及一个民主国家司法系统的全然失能。对所有的历史爱好者，我只想说：去看这本书！

—— 汉斯·克里斯蒂安·戴维森（Hans Christian Davidsen），德国《弗伦斯堡报》（*Flensborg Avis*），2019 年 10 月月度最佳图书

最好的历史写作。

——克里斯蒂安·伊甘德·斯科夫（Christian Egander

Skov），丹麦《基督教日报》（*Kristeligt Dagblad*）

金的研究工作十分出色……史料经过了精湛的处理和激动人心的呈现，使之成为一本关于希特勒审判的权威之作……金的书仿佛一部"真实犯罪"类的惊悚小说，但它的恒久价值在于，这是一本介绍煽动家如何反败为胜的教科书。

——弗莱明·奥斯特加德（Flemming Østergaard），丹麦《日德兰邮报》（*Jyllands-Posten*）

金的书充满了戏剧性的场面……[同时也是]一部扎实的非虚构作品，以深入而详实的方式描绘了初任国家社会主义党党魁的希特勒。

——本特·布吕德尼科夫（Bent Blüdnikow），丹麦《贝林时报》（*Berlingske*）

啤酒馆，闹剧，荒唐的判罚……大卫·金的结论是，如果有一场公正的审判，煽动家希特勒也许就能从此消失了。但是法制的崩坏为他筑就了一条通往权力的坦途。

——马塞尔·胡斯巴斯（Marcel Hulspas），荷兰《人民报》（*de Volkskrant*）

最初步入法庭时，阿道夫·希特勒只是个垂头丧气的失败者。离开法庭时却成了未来的希望……金利用了 3000 页的庭审记录，在巴伐利亚档案馆里发现了不计其数的资料，并且幸运地

取得 [兰茨贝格监狱文件]……透彻之余又不乏精彩。

——赫尔曼·维恩霍夫（Herman Veenhof），荷兰《荷兰日报》（*Nederlands Dagblad*）

正是这场审判成就了希特勒的上台……叙述中展现了精湛的技艺。对我们理解这段人类历史上格外阴暗的时期有着不可替代的作用。

——迪克·范·德·韦恩（Dick Van der Veen），荷兰 Hebban 网站

1924 年的阿道夫·希特勒审判使纳粹党成了个家喻户晓的名字。

——JP·奥马利（JP O'Malley），《以色列时报》（*Times of Israel*）专题特稿

希特勒的关键时刻……有关这起事件、审判以及此后的徒刑的细节，被这位史学家充分呈现了出来。

——秘鲁《共和国报》（*La República*）

很少有作者能在呈现赤裸裸的现实的同时，始终牢牢抓住读者的注意力。很高兴现在我们找到了这样一位作者。这是一个有着重大历史意义的故事。

——克里斯·罗伯茨（Chris Roberts）, 英国 Crime Review 网站

史学家大卫·金回顾了政变是如何发生的，但更加重要的是，政变之后那个彻底改变人类历史的判决是如何做出的。

——塞巴斯蒂安·索里亚诺（Sebastián Soriano），西班牙《真理报》（*La Razón*）

饶有趣味……未来的纳粹领袖如何将一场失败的政变转化为胜利。

——戴维·亚古维（David Yagüe），西班牙《20分钟报》（*20 Minutos*）

写作了《光之城的死亡事件》和《维也纳，1814》等畅销书的大卫·金，用细致的笔触逐分逐秒地描述了一系列将改变世界历史走向的事件。

——特雷莎·雷（Teresa Rey），西班牙65ymás网站

这本发人深省的书揭示了事情的原委，什么地方出了问题，以及是什么为此后发生的剧变铺平了道路。

——《历史探幽》（*History Revealed*）

如果吉奥格·奈特哈特在1924年尽到了自己的职责，纳粹还会在十年后上台吗？……一部有力的杰作，凸显了这场审判是何其重大的历史转折——以及事态如何往一个极端错误的方向发展。

——安·巴特莱特（Anne Bartlett），《书页》杂志

（*BookPage*）

通过史料翔实……节奏急促的叙述，金用本书再次证明自己是一流的叙事历史学家。

——《出版商周刊》（*Publishers Weekly*）

2017 年最佳海滩读物和夏季新书

——Thrillist 网站

面对当下极右翼暴力的威胁，《审判希特勒》成为一个刺眼的提醒，告诉我们当法律系统运转失灵时，当仇恨得到认可并最终常态化时，会出现怎样的结果。

——马里兰州弗雷德里克"好奇蜥蜴"书店（Curious Iguana）

以新近发现的有关阿道夫·希特勒狱中生活的文件为基础……金成功地表明，在希特勒掌握权力的过程中，这场审判虽然只是一小部分，却有着重大的意义。

——《图书馆杂志》（*Library Journal*）

一部学养精深、文笔鲜活的杰作……本书依托于一丝不苟的研究，充满了教育意义，正适合放在右翼卷土重来的当下来读。"

——Kirkus（热门评论）

本书献给范·金（Van King），

以志怀念

这是 20 世纪最重要的政治审判。希特勒的罪恶政权由此走上崛起之路。

——奥托·格里特施内德（Otto Gritschneder）

第一篇 啤酒馆

第二篇　法庭

马克斯·阿曼（Max Amann）：第一次世界大战期间希特勒所在团的二级上士。现为纳粹党办公室商务负责人。

伊琳娜·拜希施坦（Helene Bechstein）：一个柏林钢琴制造商的妻子，有势力的上流社会女主人。

约瑟夫·贝尔希托德（Josef Berchtold）：雪茄经销商，刚组建的"希特勒突击队"的指挥官。

威廉·布吕克纳（Wilhelm Brückner）：冲锋队慕尼黑军团指挥官。

雅克布·冯·丹纳骑士（Jakob Ritter von Danner）：少将，慕尼黑城守备部队指挥官。

弗里德里希·艾伯特（Friedrich Ebert）：社会民主党的一名公务员，后成为德意志共和国①首任总统。

汉斯·埃哈德（Hans Ehard）：阿道夫·希特勒案中的副检察官，后成为巴伐利亚邦总理。

赫尔曼·埃瑟（Hermann Esser）：年轻的记者，擅长煽动民众的纳粹演说家。

戈特弗里德·费德尔（Gottfried Feder）：一家建筑公司的所有人，希特勒在早期的经济顾问。

汉斯·弗兰克（Hans Frank）：一名法律系学生，曾和一支突击队分队一起接受检阅。

威廉·弗里克（Wilhelm Frick）：慕尼黑警方政治情报办公室主任。

---

① 此处指德意志国，即后来历史学家所称的"魏玛共和国"。——编者注

奥托·加德曼（Otto Gademann）：赫尔曼·克利伯的辩护律师。

卡琳·戈林（Carin Göring）：爱上了赫尔曼·戈林的瑞典贵族，政变后协助戈林逃离慕尼黑。

赫尔曼·戈林（Hermann Göring）：行事招摇的战时飞行员，社会地位显赫的纳粹党新人，突击队指挥官。

吉奥格·葛茨（Georg Götz）：威廉·弗里克的辩护律师。

乌尔里希·格拉夫（Ulrich Graf）：阿道夫·希特勒的保镖。

弗朗茨·格尔特纳（Franz Gürtner）：巴伐利亚邦司法部部长，民族主义者。

"小家伙"恩斯特·汉夫施丹格尔（Ernst "Putzi" Hanfstaengl）：显赫的出版商家族出身，哈佛大学毕业。

海伦·涅梅耶·汉夫施丹格尔（Helen Niemeyer Hanfstaengl）：恩斯特·汉夫施丹格尔的美国裔妻子，帮助希特勒躲过警方搜捕。

瓦尔特·汉密特（Walther Hemmeter）：恩斯特·珀纳和罗伯特·瓦格纳的辩护律师。

弗朗茨·汉姆里希（Franz Hemmrich）：兰茨贝格狱卒。

鲁道夫·赫斯（Rudolf Hess）：慕尼黑大学学生，已经表现出对希特勒的狂热忠诚。

海因里希·希姆莱（Himmler Heinrich）：罗姆上尉的准军事组织"帝国战旗"（Reichskriegsflagge）的一名年轻成员。

阿道夫·希特勒（Adolf Hitler）：时年34岁的奥地利裔纳粹党领袖，政治煽动者，狂热反犹人士。

海因里希·霍夫曼（Heinrich Hoffmann）：唯一获准拍摄阿道夫·希特勒的摄影师。

阿尔弗雷德·霍尔（Alfred Holl）：弗里德里希·韦伯的辩

护律师。

西格蒙德·因霍夫男爵（Sigmund Freiherr Imhoff）：巴伐利亚邦警司。

古斯塔夫·冯·卡尔骑士（Gustav Ritter von Kahr）：被任命为邦务委员的巴伐利亚政治人物，这个新设的职位掌握了巨大的行政权力。

奥尔根·冯·克尼林骑士（Eugen Ritter von Knilling）：保守派巴伐利亚邦总理，在委任古斯塔夫·冯·卡尔为邦务委员一事中发挥了重要作用。

卡尔·科尔（Karl Kohl）：威廉·布吕克纳的辩护律师。

赫尔曼·克利伯（Hermann Kriebel）：（退役）中校，"战斗联盟"（Kampfbund）军事主官。

奥托·赖博尔（Otto Leybold）：兰茨贝格典狱长。

赫尔曼·冯·洛索（Hermann von Lossow）：巴伐利亚军方首脑。他和邦务委员古斯塔夫·冯·卡尔、邦警总长汉斯·冯·塞瑟有紧密合作。

埃里希·鲁登道夫（Erich Ludendorff）：备受极右翼崇拜的一战时期德国陆军军需总监。

沃尔特·鲁特格布鲁恩（Walter Luetgebrune）：埃里希·鲁登道夫将军的两名辩护律师之一。另一人是威力巴德·策奇维茨。

埃米尔·莫里斯（Emil Maurice）：司机，钟表匠，希特勒突击队的拳击好手。

海尔穆特·梅耶（Hellmuth Mayer）：弗里德里希·韦伯的辩护律师。阿尔弗雷德·霍尔的同事。

罗伯特·墨菲（Robert Murphy）：29岁的美国副领事，

从啤酒城密尔沃基来到了另一座啤酒城慕尼黑。

吉奥格·奈特哈特（Georg Neithardt）：最高法院院长，阿道夫·希特勒案主审法官。

尤金尼奥·帕切利（Eugenio Pacelli）：教廷驻慕尼黑大使，后来的教宗庇护十二世。

海因茨·佩尔内（Heinz Pernet）：埃里希·鲁登道夫的女婿。

恩斯特·珀纳（Ernst Pöhner）：前慕尼黑警察总长，巴伐利亚最高法院法官。

洛伦兹·罗德（Lorenz Roder）：阿道夫·希特勒的辩护律师。还曾替恩斯特·珀纳和威廉·弗里克辩护。

恩斯特·罗姆（Ernst Röhm）：防卫军上尉，准军事组织"帝国战旗"领导人。

阿尔弗雷德·罗森贝格（Alfred Rosenberg）：一个极度反犹的波罗的海德意志人，纳粹报纸《人民观察家报》（*Völkischer Beobacher*）主编。

马克斯·舒伊勃纳－里希特（Max Scheubner-Richter）：波罗的海德意志人，一个活跃在慕尼黑极右翼和俄国侨民圈子里的阴谋家。

克里斯托弗·施哈姆（Christoph Schramm）：恩斯特·罗姆上尉的首席律师。

弗朗茨·施威耶（Franz Schweyer）：巴伐利亚邦内政部部长，多年来一直不满希特勒和纳粹党。

汉斯·西克特（Hans Seeckt）：德国防卫军总司令。

汉斯·冯·塞瑟骑士（Hans Ritter von Seisser）：巴伐利亚邦警总长，古斯塔夫·冯·卡尔和赫尔曼·冯·洛索的密切盟友。

路德维希·施坦莱恩（Ludwig Stenglein）：希特勒审判的首席检察官。他的副手是汉斯·埃哈德。

尤利乌斯·施特莱谢尔（Julius Streicher）：纽伦堡一所小学的校长，激进反犹报纸《冲锋报》（*Der Stürmer*）出版人。

古斯塔夫·施特雷泽曼（Gustav Stresemann）：总理，后改任德国外交部部长。

罗伯特·瓦格纳（Robert Wagner）：慕尼黑步兵士官学院的一名学员。

弗里德里希·韦伯（Friedrich Weber）：兽医，准军事组织"高地联盟"（Bund Oberland）政治领袖。

威力巴德·策奇维茨（Willibald Zezschwitz）：埃里希·鲁登道夫将军的两名辩护律师之一。

序

　　慕尼黑市中心以西的布鲁登堡街（Blutenburgstrasse）原本是个僻静所在，此刻却聚集了一大群人。骑马的卫兵，便衣警察，还有两个营的邦警部队，在一座红砖建筑外巡逻。任何人不得入内，除非持有盖着相应印章的通行证及带照片的证件。[1]建筑里面，沿着长长的走廊走到尽头的小房间，[2]保安会检查包里有没有手榴弹[3]，或是长筒袜里会不会有匕首。

　　这一天是 1924 年 2 月 26 日，举国上下凝神屏气，期待着叛国案庭审[4]的第一天。据慕尼黑警方获得的线报，[5]一伙流氓歹徒打算冲进城内阻挠法庭审案，营救被告人，说不定还会再发起一场叛乱。

　　上午快八点半，被告人阿道夫·希特勒走进挤满了人的法庭。他身着黑色套装，别着一枚一级铁十字勋章和一枚二级铁十字勋章。他的头发整齐地拢向左边，胡子修得很短，方方正正的，也就是人们戏称的"鼻涕制动器"[6]。

　　他身高五英尺九英寸[7]，体重达到了 170 磅，个人的最高纪录。不过在柏林《福斯日报》（Vossische Zeitung）的一位记者看来，他的瘦小身形仍然很不起眼[8]——和已经被禁的国家社会主义党散发的那些照片比起来，他本人没那么威风。在走向前排座席的途中，希特勒停下来[9]亲吻了观众席几位女士的手。大概就是奥地利人的礼数[10]吧，一位巴黎《晨报》（Le Matin）记者写道。

　　十名被告有九人和希特勒一样，是从这座建筑内的一个临时牢房押到这里出庭的。不过第十位，也就是最后一位被告，却是坐着豪华轿车而来。他就是埃里希·鲁登道夫将军，第一次世界大战取得东线胜利的功臣，他制定的大胆战略差一点赢下了西线战事。然而也有一些批评的声音，说他在 1918 年春的一系列冒险的攻势耗尽了德国本已不多的资源，将国家推向战败的结局。

鲁登道夫的表情坚毅而肃穆，一头精心修剪的白发，看上去是典型的普鲁士人，傲慢而自负。合众社记者说他"趾高气昂，一脸轻蔑地"[11] 走进来，仿佛超然于世外。从高耸的衣领里冒出来的硕大双下巴被他稀落卷曲的胡须遮盖住。鲁登道夫走到前面，在希特勒身边坐下，德国民族主义者卢克·吕德克（Luke Lüdecke）日后会说，他的样子就像"一座傲视这个世界的高塔"[12]。

以叛国罪审判这么一位武功彪炳的人物，势必是轰动事件。然而在那天早上的法庭里，很少有人想到，将在这场法律大戏里露脸的真正明星是他身边的那个一等兵。

在审判之前，阿道夫·希特勒虽野心不小，但终归是个小人物，一个支持者不多的地方政党领袖。国际媒体时不时还会拼错他的名字，对他的背景介绍，就算有也很马虎，只是用开玩笑的口气说，他领导了一场被《纽约时报》称为"巴伐利亚滑稽歌剧"[13] 的运动。然而等到审判开始，这样的好日子也就没多少了。

在法官们准备进入法庭时，房间的两扇侧门出于安全考虑都是关着的。来自美联社的外国记者看到希特勒和鲁登道夫握了手，[14] 进行了友好的交谈。鲁登道夫看上去很镇定。希特勒则有些烦乱，看得出情绪紧张。这可以理解。

一旦罪名成立，刑法第 81 条规定最高可处终身监禁。不过对希特勒这种尚未取得德国国籍的奥地利人来说，还有另一条相关法律。《保卫共和国法》第 9 节第 2 款要求，犯有叛国罪的已决犯在刑满后需驱逐出境。

希特勒会不会被定罪、入狱、驱逐，进而被世人遗忘呢？

那天早上出庭时，他最担心的就是这样一个下场。[15]

第一篇　啤酒馆

在大城市邻近郊区[1]的某些街灯稀少、警察三两成行的角落里，往往有那么一些房屋，你上楼后到达的终点就是歪歪斜斜的顶楼，顶楼上住的是面容苍白、才气横溢的年轻人，他们是睡梦中的犯罪分子，常常在胸前叉起胳膊，低头沉思……

——托马斯·曼，《在预言家的屋子里》（*At the Prophet's*）

1923 年 11 月 8 日

一个阴冷、灰暗的上午，十点左右，一贯起得晚的阿道夫·希特勒在一阵剧烈的头疼中醒来，嘴里也在刺痛。[2]他的牙已经疼了几天了，但一直拒绝就医。没时间看牙医，他说。

今年四十三岁的希特勒在蒂尔施街 41 号租了一间靠里的小卧室。[3]这个约八乘十五英尺的房间没什么陈设，只有一把椅子、一张桌子、一个书柜以及一张大床，唯一的窗户被床头板挡住了一部分。墙上钉着几张画，亚麻地板上铺着破旧的厚毯。他很少请人到家里来，不过最近的这次生日，他在屋子里摆满了鲜花，还有一个装点着奶油钩十字的蛋糕。

希特勒扣上风衣腰带，手腕缠着马鞭，匆匆赶往位于谢林街 39 号的人民观察家报社——那是国家社会主义党的党报。报社就在慕尼黑的中世纪老城的北面，离其中一条林荫道仅几个街区。现年三十岁的主编阿尔弗雷德·罗森贝格正坐在三楼一个四面白墙、空空荡荡的房间里，这个心思细密的波罗的海德意志人已经以党的哲学家自居。[4]他穿着一件紫罗兰色衬衫，外面是棕色马甲和蓝色外套，系了一条鲜红的领带。办公桌上有一叠纸，上面是一把当镇纸用的手枪。

罗森贝格正在和三十五岁的党内同僚、有一半美国血统的恩斯特·汉夫施丹格尔投入地聊着，[5]这个哈佛大学出身的大个子行事张扬，涉猎广泛，家里拥有一家大名鼎鼎的艺术出版社。两人谈了今早的报纸，在这个深陷恶性通货膨胀的国家，报纸的售价是50亿马克。[6]不过还是比它的社会主义对手《慕尼黑邮报》便宜30亿马克。[7]

在走廊里跺脚走来走去的希特勒，打断了罗森贝格和汉夫施丹格尔的谈话，他在嚷着："戈林队长在哪？"[8]

谁也不知道。赫尔曼·戈林经常迟到，要么就是出去和朋友共进午餐了，通常是在慕尼黑最贵的餐厅。不过那天上午，戈林是在上门钦郊区的家里，和患有肺炎[9]的瑞典妻子卡琳在一起。

罗森贝格和汉夫施丹格尔起身迎接进屋的希特勒。希特勒先要两人发誓保密，然后直奔主题：罗森贝格需要画一系列海报，并负责出一份号外。[10]汉夫施丹格尔的任务是用最隐晦、低调的方式通知外国媒体，一定要在当晚前往贝格勃劳凯勒啤酒馆，但又不能透露原因。在这之后，两人要在晚上七点整到啤酒馆报到，带上手枪。

"该采取行动了，"希特勒说，"你们知道什么意思。"[11]

*　*　*

在那个几乎看不到星星的漆黑夜晚，[12]八点光景，[13]一辆艳红色奔驰车[14]停在了市中心以南大约一英里处的贝格勃劳凯勒门口。像这样的啤酒馆经常用于举办政治集会，[15]这里能提供充足的食物、酒水和空间，此外也指望这样一个热闹的环境有助于凝聚对党的忠诚。同时，啤酒馆也越来越多地成为干扰对手集会的一个机会。

然而那个晚上的集会规模超出了所有人的预料。他们只在《慕尼黑—奥格斯堡晚报》（*München-Augsburger Abendzeitung*）上发了一则小小的公告，另外还有大约五十份邀请函，大多是最后一刻发出的。然而当晚有约三千人赶来参加这场政治集会。

在过去四十五分钟里，慕尼黑市警方一直在限制人们入内。人群已经扩散到警戒线外的石阶和马路上，一直蔓延到电车轨道。

那辆奔驰打开了车门，希特勒刚一下车——用他的话说——就"被一大群人围攻"了，他们叫嚷推搡着，希望他能帮他们进入会场。[16] 他只是受邀前来，[17] 希特勒说，他无权决定谁可以进去。他径直走向拱门，[18] 进入啤酒馆。

希特勒带着罗森贝格走进贝格勃劳凯勒的宴会厅，那是个昏暗阴森的地方，缭绕着香烟和雪茄的烟雾。远侧有一支铜管乐队，正演奏着沉闷的音乐。怀抱啤酒的侍者围着木桌走来走去。空气里有一股牛排和酸炖牛肉味。

人群里有政客、外交官、记者、银行家、酿酒师和商人，许多穿深色套装或军装的男人，还有身着皮草和长晚裙、披金戴银的女人。衣帽间里满是佩剑、高帽和大衣。《慕尼黑报》的一位记者说，这座德国啤酒名城的政治和爱国精英[19]似乎都来了。

唯独只缺当晚的演讲人——巴伐利亚邦务委员古斯塔夫·冯·卡尔，原计划是由他来向支持者发表一场可能意义重大的讲话。他已经迟到超过三十分钟，人群开始躁动起来。

一头黑发、身穿黑色长外套的小个子卡尔终于走进了人头攒动的大厅。陪同六十一岁的卡尔前来的，还有巴伐利亚最高军事指挥官奥托·赫尔曼·冯·洛索将军，他戴着单片眼镜，脸上有军刀留下的伤疤，身穿军服，腰间佩剑。两人在警察的协助下[20]才得以挤到大厅前面。

活动筹办人——烟草商奥尔根·岑茨（Eugen Zentz）做了一番简短的介绍，随后卡尔走上讲台演讲——或者说朗读了一篇稿。稿子冗长而枯燥，讲得也索然无味。他谈到马克思主义的兴起和统治，以及慕尼黑应该如何抵制这"瘟疫"和"极致邪恶"。人群里的一名警方线人形容演讲像一堂稻草一样干巴[21]的历史讲座。[22]

"有谁听得明白卡尔想说什么吗？"[23]希特勒也不以为然。

按照既定计划，希特勒、罗森贝格和一小撮支持者在门厅集合。汉夫施丹格尔好不容易带着几个报社记者进了会场。他觉得大家太显眼了，于是奋力挤到吧台，买了几十亿马克的啤酒回来。

"在慕尼黑，"汉夫施丹格尔日后会说，"没人会怀疑，一个正把鼻子伸进大啤酒杯里的人能有什么不轨企图。"[24]

希特勒靠着柱子喝了口酒，等待着。

在附近一条街的一座闲置工厂里，二十六岁的雪茄商人约瑟夫·贝尔希托德[25]正在分发步枪、机枪、手榴弹和弹药。[26]他率领的这支小型精锐武装名叫"希特勒突击队"，是六个月前组建的，挑选队员主要看重的是勇气和忠诚。

突击队有大约125人，[27]接受了在街头或啤酒馆之类的封闭空间内作战的训练，经常执行一些"格外危险的任务"[28]，比如在一些行动中做先头部队，或者到最后来收拾残局。他们穿着野战灰军服和黑色长靴，戴着滑雪帽，上面有一个红底的骷髅。希特勒突击队日后将构成党卫队最初的骨干，[29]也就是那支穷凶极恶的纳粹党"卫队"。

贝尔希托德旁边站着一个虎背熊腰的男人，头上的钢盔有一个巨大的白色钩十字，腰间佩一把军官剑。他就是现年三十岁的队长赫尔曼·戈林，一名王牌飞行员，于1918年4月接替阵亡的"红色男爵"曼弗雷德·冯·里希特霍芬（Manfred von Richthofen），成为大名鼎鼎的"飞行马戏团"中队的指挥官。戈林不到一年前才加入希特勒的这个党，但立刻成为社会声望最高的党员。

此时的戈林还不是那个有吗啡瘾的胖子，不是那个每根手指都戴着戒指、被丽贝卡·韦斯特（Rebecca West）称为"妓院老鸨"[30]的戈林。他是一个英姿飒爽、趾高气昂的浪子，在慕尼黑名流圈子里有着"空中骑士"的美名。他得到过德国最高军事荣誉功勋勋章，号称在自己的空战生涯里亲手打下了至少二十七架敌机。战后他曾移居丹麦，然后是瑞典，在那里做过特技飞行员、开过私人包机，还曾是福克飞机制造公司的销售代表。

八个月前，戈林受命担任冲锋队指挥官，这是个有时不太服管束的庞大组织。国家社会主义党在20世纪20年代初创建的这支"会场卫队"[31]，已经发展成一个"运动与体操"团队，潜心磨炼队员的拳击、柔术和体操技能。冲锋队的组织结构日渐军事化，有连、营、团等编制，它的名称则是为纪念一战时德军的一支精锐特种兵部队。

冲锋队队员身着灰色制服，[32]大多是战争冗余物资，配滑雪帽、防风夹克，左臂佩戴一个10厘米宽的红臂章，上面有一个带圆底的钩十字。那身受德国东非殖民军着装启发的褐衫，要到几个月后才出现，并在1926年成为制服。[33]一个美国人见过这些人边高喊"消灭犹太人！"边在慕尼黑街头正步走的样子，说那是他见过的"最彪悍的凶蛮之徒"。[34]

在戈林的领导下，任何东西在冲锋队队员手里都可以变成啤酒馆打斗的武器：折断的椅腿、重型啤酒杯、暗藏的刀子、大头棒、警棍、指虎以及枪械。"够残忍才能让人记住"，[35] 希特勒说，他要求自己的这支私人军队打架不得临阵逃脱，"除非是断了气被人抬出去"。[36]

就在戈林和贝尔希托德紧急商量着计划的时候，一个负责侦察现场形势的人报告说，警方终于驱散了贝格勃劳凯勒门前的人群。[37] 现在入口可以通行了。此外，场外只看到十来个慕尼黑市警察。

贝尔希托德看了看表。[38] 他和戈林下令所有人登上待命的卡车。

没过多久，卡车的大灯 [39] 已经照亮了罗森海姆大道的一条昏暗小街。四辆平板卡车在贝格勃劳凯勒门前的马路中间停了下来。

"别挡道——说你们呢！"约瑟夫·贝尔希托德冲那几个慕尼黑警察嚷道。第一辆车上的冲锋队队员跳下车，挥舞着汤普森冲锋枪和刺刀。好几个警察以为这些人是德国陆军的人。[40] 用贝尔希托德指挥官的话说，这几个警察"猝不及防"——很快就被制服。[41]

戈林拔出剑，[42] 从卡车侧踏板上跳了下来。他大声表示柏林政府已被推翻，[43] 他的人只承认鲁登道夫和希特勒的政权。二十来个人跟随他进入啤酒馆，高喊："希特勒万岁！"

晚上 8:25，大约一百人已经分散到周围封锁出口、控制电话、遮挡窗户，在大厅里沿墙站成一排。一小队人举着钩十字横幅，还有一队人在通向啤酒馆的石子路上推着一架重机枪。

此时希特勒已经脱下风衣，露出一身尺码有些过大的晨礼服。他的胸前别着一枚一级铁十字勋章，一枚二级铁十字勋章。他拿起酒杯喝了最后一口，据说随后还摔了杯子。[44] 希特勒拔出他的勃朗宁手枪，[45] 指向天花板，朝着宴会厅的方向走去。

他的保镖——人称"红格拉夫"的乌尔里希·格拉夫紧随其后，[46] 这个四十五岁的屠夫和前业余拳击手蓄着浓密的八字胡。他身后还跟着几个人。"留神背后开枪。"[47] 希特勒对格拉夫说。

在讲台上，正盯着讲稿的古斯塔夫·冯·卡尔抬起头，看到人群中正闪出"一条小路"[48]。他一开始以为是来挑事的共产主义分子，[49] 正和几名军官坐在讲台阶梯附近的冯·洛索将军也这么想。

叫嚷声听上去像是一场迅速激化的争论。"站住！""退后！"[50] "你们要干什么？"酒客们站到圆木桌和椅子上，想搞清楚是什么导致了骚动。慕尼黑大学历史教授卡尔·亚历山大·冯·穆勒（Karl Alexander von Müller）看到烟雾缭绕的大厅里出现了一大片钢盔。他依稀能认出他们戴着血红的钩十字（swastika）臂章。

卡尔呆呆地站着。那群全副武装的男子推搡着向前推进，踹开挡道的桌椅，碗碟和啤酒杯被打落在地。[51] 大家惊愕地看着，以为即将目击一场刺杀。

到这个时候，偶尔的尖叫声已经被困惑与惶恐所取代。[52] 冲锋队员们在前厅布置好了重机枪，枪口朝向人群。[53]

希特勒来到前方离讲台五六步远的地方，站到椅子上喊了几句，大概是在要求人群安静下来，但是他的声音被淹没在了一片喧闹中。有人用手枪朝天花板开了一枪。台子附近的几个目击者说，开枪的是希特勒的人，可能是他的保镖。人群还是没静下来，于是希特勒举起他的勃朗宁扣动扳机，朝天开了第二枪。[54]

他从椅子上跳下，奋力向隔着一张桌子的讲台挤过去。一名警察——弗朗茨·洪林格尔（Franz Hunglinger）警司——挡住了他的去路。[55] 希特勒枪指警官额头，命令他闪开。邦警总长、总警监汉斯·冯·塞瑟骑士示意警官照做。

"全国革命已经爆发！"[56]希特勒在宴会厅前方嘶喊。六百名武装人员已经包围了啤酒馆，谁也不许离开。巴伐利亚和柏林政府已被推翻，他用尖厉刺耳的声音喊着，军营和警察总部已被占领。这些，自然都是虚张声势，但他的确希望能尽快成为事实。他出了不少汗。样子看上去是发疯了或者喝多了，或者两者皆有。

他转向前排的巴伐利亚三巨头：古斯塔夫·冯·卡尔、冯·洛索将军和冯·塞瑟总警监。他请他们和他一道去鲁道夫·赫斯早前订好的一个单间。[57]只需要十分钟，他说。[58]

几位大人物犹豫了一下，但还是同意了，缓缓离开宴会厅。[59]

加注一万亿的感觉是相当刺激的。[1]

——美国驻慕尼黑副领事罗伯特·墨菲

在 1923 年秋打牌时说

坐落于阿尔卑斯山脚下的慕尼黑是一块富丽绮靡的新古典主义宝地，到处是咖啡馆、小酒馆、啤酒花园、画廊和歌剧院。过去一百年，这里的人口剧增，从一个 3.4 万人的地方市场变成约 60 万人的繁华都城[2]。巴伐利亚国王路德维希一世和维特尔斯巴赫王朝（Wittelsbach dynasty）的继任者用慷慨的文化资助丰富了这座城市，让慕尼黑有了"伊萨尔河上的雅典"[3]的美誉。

1871 年普鲁士首相奥托·冯·俾斯麦首度将德意志统一成一个单一国家时，慕尼黑实际上是被强拉硬拽进入联邦的。新国家由普鲁士统治——其领土比其他二十个国家加起来还要大。慕尼黑突然发现自己成了边缘势力。它不再是一个主权国家的首都，而是第三大城市，远远不及更大、更富有也更具影响力的北方城市柏林和汉堡。

仿佛是为了弥补地位的损失，慕尼黑纵情享受着这座艺术与啤酒、温情与好客之城的独特。到了世纪之交，慕尼黑已经进一步远离首都。广泛的社会和文化差异导致了传统、随和、农业化的天主教南方和尚武、傲慢、工业化的新教北方的分裂。慕尼黑人最难听的一句骂人话是说某人是"普鲁士猪"[4]。

／ 012

第一次世界大战将这种本已十分紧张的关系推向了转折点。和德国的许多地方一样，慕尼黑一开始十分支持战争，以为会是一场速战速决的胜利。然而随着战争的拖延，一系列苦难来临了：物资匮乏、限额配给、黑市经济，还有各种代用品的普及，导致咖啡有一股大头菜味，[5]啤酒喝着像刷盘子水。[6]英国的禁运更是雪上加霜。全国营养不良致死人数达到七十五万左右。[7]

除了营造不切实际的期待，首都在战争动员管理中还过度扩大了联邦官僚体制。这样一来，饥饿而愤怒的人民自然就盯上了政客。事实上在很多慕尼黑人眼里，柏林比协约国更像敌人。发动并输掉战争的是普鲁士政府。此外，德国打胜仗的消息被严重夸大——败仗的消息却被封锁了——所以最后的投降让人们大吃一惊。

这场持续1560天的战争让德国付出了惨重代价，约200万人丧生，伤亡总数将近500万。[8]到1918年秋，这个国家每天要为战争付出1.36亿美元。靠借钱维持战争支出的德国政府背负了巨额债务。仅利息就已经超过了战前整个联邦政府的预算。经济危如累卵，基础设施破败不堪，人民对当权者信心尽失。

经过这么多的流血牺牲，到头来柏林政府居然签订了《凡尔赛条约》。大笔一挥，德国就失去了10%的人口、13%的领土、所有的海外殖民地，还在实质上失去了军队——只象征性保留10万人。德国还不能拥有飞机、潜艇、坦克、重型火炮以及载重1万吨以上的船只。第231条明确德国要为战争承担全部责任，并做出赔偿，赔款金额最终将超过330亿美元。[9]对许多德国人来说，这是一场"可耻的和平"[10]，民族蒙受前所未有的屈辱。

君主政体和大国地位一去不复返。德国不再是这块大陆上最富有、强大的国家。协约国嘴上说着民族自决，但在重新规划欧洲版图时，却把说德语的人民划给法国、比利时、意大利、丹麦、重建的波兰王国和新生的捷克斯洛伐克。获胜者的高尚理想和行动之间的确存在巨大差异，他们的虚伪和不公受到痛斥。

让君主和军国主义者大为惊恐的是，这个国家有史以来第一次建起了共和政体。更糟的是政权还首次落到了社会主义者手里，社会民主党近年在柏林以及北部和西部几个工业城市有了很大的势力。作为一个年轻的共和国的领导者，这些社会主义者是被临危扶持上台负责签停火协议的，以免让德国军方背上战败的骂名，同时也让慕尼黑又多了一个痛恨柏林政客的理由。

到了1923年秋，战后的幻灭已达至顶点。经过五年的动荡，这个国家已经处在无政府主义的边缘。敌对的政治派系之间爆发了名副其实的内战。法律与秩序已经瓦解，或者在渐渐消逝。巴伐利亚和莱茵兰正在酝酿着分裂主义运动。

慕尼黑的极右翼想回到君主统治和穷兵黩武的年代。激进左翼在苏联的列宁和布尔什维克感召下想发起一场革命。主流政党被夹在一个越来越狭窄的中间地带，希望稳住摇摇欲坠的共和国。大部分人在孤立和愤懑中进一步走向极端。德国正在变成"一个没有民主的民主政体。"[11] 社会民主党人保罗·洛贝（Paul Löbe）发出了这样的警告。

在巴伐利亚，国王治下享受的诸多特权已经不存在[12]，这让这个邦面临的问题愈发复杂。魏玛共和国一夜之间剥夺了巴伐利亚对其铁路系统、邮政和税收的控制权。许多邦民觉得，他们曾经引以为傲的王国已经沦落。

这些对未来的惶惑充分反映在了货币汇率的不稳定上。战争开支以及为此产生的借贷，导致战前汇率保持的4.2德国马克比1美元，到1918年12月已经跌到8马克兑1美元。这还只是个开始。1923 年 1 月，在德国没能按时支付赔款后，汇率跌到了将近 18000 马克兑 1 美元。法国立即指责德国违约，并入侵鲁尔区——德国剩下的煤、铁和钢产量有八成来自那里。德国工人利用政府出资支持的"消极抵抗"计划[13]进行了反抗，其中主要的行动是一场大罢工。为了支持他们，柏林开始印更多的钱。

近 2000 台印刷机加班加点印制钞票。德国马克的贬值已经失控。汇率在 7 月达到 35 万马克兑换 1 美元，再到 8 月的第一天已经是 100 万马克兑换 1 美元。一周后，马克兑美元汇率跌破 450 万，迅速来到千万、十亿、千亿级别，最终在 1923 年 12 月达到最低的 6.7 万亿马克兑换 1 美元。德国已经沦为现代工业经济历史上最惨痛的恶性通胀案例。[14]

在希特勒冲击啤酒馆两周前，一个面包的售价是令人咋舌的 18 亿马克；现在则已经达到 320 亿。用不了多久，买一个鸡蛋的钱，在战前可以买到 1000000000000 个鸡蛋。[15]在通胀梦魇之中，中产阶级的毕生积蓄化为乌有。多少年的省吃俭用换来一场空。

在这场货币末日（monetary apocalypse）中，大企业趁机压榨工人，支付给他们的微薄薪水每分钟都在贬值。装满小推车的成堆马克不足以支撑最起码的生活标准。手握坚挺货币的外国人，却在恬不知耻地低价抢购房地产或家传的宝物。德国成了一个吃不饱饭的亿万富翁的国度。随着货币变成一文不值的废纸，德意志帝国掠夺了人民的财富，成为希特勒所说的"头号骗子和无赖"！[16]

在许多民族主义者看来，意大利的法西斯党领袖贝尼托·墨索里尼是解决德国危机的榜样[17]。1922 年 10 月，他进军罗马夺取了权力，至少流传后世的故事是这么说的。事实上，墨索里尼率领的只是一支武器装备很简陋的小部队，由大概 2 万名拥护者组成，他们在城外停了下来，意大利陆军本可以轻而易举将其击溃。是国王维托里奥·埃马努埃莱三世任命了墨索里尼为总理。然而神话还是生根发芽了，在将来很长一段时间里，那些希望由一个充满生气与力量的领袖来解决民族问题的右翼极端分子，将从这个神话中汲取灵感。

"如果给德国一个德国墨索里尼，"希特勒在政变前夕对伦敦《每日邮报》记者说，"人民会跪下来膜拜他，比墨索里尼得到的拥戴更甚。"[18] 记者不以为然。私下里他不屑地表示希特勒只是个"信口开河的商人"[19]。但希特勒实际上已经决定效仿法西斯进军柏林了。

有多位顾问表示过，这样做是有必要的。希特勒一直在说要革命——而且高声斥责他的对手只知道摆空架子——但如果最终没能实现这个目标，对他和他的党将是灾难性的打击。冲锋队慕尼黑军团指挥官威廉·布吕克纳说，迟早有一天他会管不住手下的人。希特勒以他一贯的方式，把眼下的局面简化成非此即彼的选择：要么行动，要么等到别人行动时自己颜面扫地。

原本的计划是在 11 月 10 日周六晚出击。[20] 那毕竟是个周末，在希特勒看来是最适合闹革命的时间。这时候政府当局不上班，警察的人手减到了最低，路上车也少，不会妨碍他的卡车和部队调动。还有比较象征性的原因，次日上午——预计那时候革命已经成功——将是签订结束第一次世界大战的那部可憎的停战条约五周年。

然而到了 11 月 7 日，希特勒改主意了。[21] 他收到了古斯塔夫·冯·卡尔明天晚上要在啤酒馆集会的消息，担心这场活动可能会预告一个消息，可能是卡尔宣布自己的讨伐柏林计划，甚至宣布巴伐利亚独立。[22] 不过，即便演讲没有产生什么重大结果——希特勒估计这个可能性大一些——届时巴伐利亚政府的要人都会在啤酒馆——这是拉他们入伙，一同北上实施他的大胆计划的好机会。

希特勒认定，无论是哪种情况，考虑到当时空前混乱的局面，他都不能再等下去了，否则有被人抢风头、占先机的危险。[23]这样的机会可能再也不会有了。他下令在 24 小时内发起攻击。

/ 3　四发子弹

比如，国家社会主义党的冲锋队不是个绅士俱乐部。[1]

——赫尔曼·克利伯中校

武装人员押送三位巴伐利亚领导人到门厅，抬腿迈过机枪，[2]来到宴会厅外，与此同时，戈林的冲锋队正忙着把慕尼黑警察集中到一起。这支因为制服的颜色而被称为"蓝警"的部队总数大概1500人，[3]不过当晚当值的只有40人上下。戈林的人毫不费力地就把现场周围的绝大多数警察给抓了起来。

在前排嘉宾席附近的一张桌子边，一个穿着旧巴伐利亚军服的清瘦小伙子站在椅子上。此人就是鲁道夫·赫斯，[4]一名29岁的慕尼黑大学学生。他抽出一张希特勒此前递给他的纸，开始朗读起来。

那是一份名单，包括巴伐利亚总理奥尔根·冯·克尼林骑士，他的三名阁员，警察局局长卡尔·曼特尔（Karl Mantel）。[5]赫斯要求这些人站出来。他们被一一逮捕。[6]至于为什么要扣押这些人，没有任何解释。

被扣押的人由赫斯负责。这个安静、腼腆、内向的年轻人时常让人觉得很冷漠，甚至孤僻，不怎么能见到笑容，跟人眼神交流都极少。[7]和许多知名的早期党员一样，赫斯也是在国外出生的，他的出生地是埃及亚历山大港，他父亲在那里做批发出口生意。直到12岁那年，他才被打发回国，去了莱茵河边的巴德戈德斯贝格（Bad Godesberg）读寄宿学校。

赫斯战时曾在一支巴伐利亚部队服役（不过并非像普遍认为的那样，和希特勒在一个团），后来成了一名飞行员。两人直到

1920 年才认识；希特勒的一场演讲让赫斯振奋不已。他在同年7 月 1 日加入了这个 1600 人的政党，是当时刚建立的"情报部门"的活跃分子，最终成了冲锋队的一个营长。此外赫斯还继续研究地缘政治、写诗、听古典音乐，追求自己对占星术的兴趣，尤其重要的是，他和希特勒拉近了距离。

得到希特勒召见的时候，他正待在菲希特尔山（Fichtel-gebirge）的祖屋。他连忙赶回慕尼黑，受命在那天上午早些时候抓捕巴伐利亚总理和几名阁员。"一项光荣而重要的任务"，[8] 赫斯说。

他押着刚抓起来的 9 人顺着一道狭窄的楼梯来到啤酒馆二楼的一个房间，[9] 离啤酒馆经理科比尼安·莱恩德尔（Korbinian Reindl）的宿舍不远。又来了三名配备步枪和手榴弹的冲锋队队员，还有两个人在走廊把守。赫斯在等待进一步的命令。

与此同时，[10] 在楼下的保镖乌尔里希·格拉夫又递给希特勒一杯啤酒，[11] 然后检查了自己那把上了膛的毛瑟手枪。

"没有我的命令，任何人休想活着离开这个房间"，[12] 希特勒对着小房间里的巴伐利亚领导人吼道。他满头大汗，[13] 挥舞着手上的枪，时不时喝口啤酒润嗓——嗓子发干的毛病是在一战末期吸入毒气后留下的——他冲着他们喊叫的样子，仿佛在对一大群观众演讲。

德国会有一个新政府，希特勒说，并且会由他亲自领导。鲁登道夫将军负责军队，希特勒提出可以把三人安排在军中任职。

"我清楚诸位的难处，"希特勒说，"但是这事总得有人来做。"[14] 他试图晓之以理，解释当晚行动的原因，说服三人接受自己的新角色。"我的手枪有四发子弹，"希特勒接着说，"三发给跟我合作但背弃我的人，第四发留给我自己。"次日早上，希特勒用手枪顶着自己的太阳穴，再次表达了不成功便成仁的决心。

冯·塞瑟总警监提醒希特勒，当年早些时候他曾经承诺不发起政变。

"是有这回事，"希特勒说，"但是看在祖国的分儿上，请原谅我。"他没有进一步解释为什么没能遵守诺言。

洛索扭头和同僚耳语，被希特勒阻止。

这个计划真的有鲁登道夫的参与吗？洛索问道，显然是觉得奇怪，为什么鲁登道夫本人没有到场。

已经与他取得联系，希特勒说，很快就到。

卡尔提醒在场的各位，他对加入新政府是感到为难的，毕竟，用他的话说，他和巴伐利亚的几位同僚"被全副武装地押送出了会场"，人们对他们会缺乏信心的。他连演讲都没有完成。

希特勒看上去犹豫而惶恐。突然间，他仿佛想到了什么主意似的，一下冲出了房间。

众人一言不发。卡尔站在窗边凝神思考。[15] 洛索此刻靠着一张桌子在抽雪茄。塞瑟在门边。卡尔打破了沉默："他们居然敢把我就这么拐到这里来……不能跟个土匪似的就把人这么关着吧！"[16]

那位慕尼黑大学历史教授穆勒在宴会厅的桌边跟朋友聊着。有人问，希特勒是不是真的认为他可以这样横冲直撞就把事情办成了。还有人指出，卡尔现在有了一个他一直渴望得到的天赐良机，那就是参加谋反，创建一个新的民族主义政府，同时不需要承担策动或领导的责任。

"肯定是没谈拢，"穆勒说，"希特勒不是说十分钟解决问题，然后就回来吗？"[17]

人群开始躁动起来。

"这就是德意志忠诚？"有人喊道，"这就是德意志统一？"[18]

"南美！"一个人叫嚷着。

"戏院！"另一个人喊道。[19]

有吹口哨的，起哄的，甚至还有人拿希特勒的形象开涮。那件裁剪拙劣的黑色风衣[20]导致他被人比作饭馆大堂经理、小酒店礼宾员、已经拿出自己最上等的衣服的收税员，还有小地方来的新郎官儿，在自己大喜的日子里正手足无措。

赫尔曼·戈林拿着手枪上台，试图安抚骚动着的人群。希特勒的"意图是非常友好的"，他在喧闹的宴会厅里大喊着。结果戈林也不得不朝天鸣枪以引起人群的注意。他向观众保证希特勒此举"绝不是要跟卡尔作对"，也无意针对军队和警察。目标实际上是"柏林的犹太政府"。这话获得了一阵掌声。

大家需要有耐心。一个新德国正在诞生。何况，戈林用他那响彻宴会厅的洪亮声音说道："你们手里有啤酒。有什么可担心的？"[21]

尽管有戈林的这番笨拙的安抚，宴会厅里的许多人仍然在担心几位巴伐利亚领导人以及自己的安全。冲锋队队员已经控制了这里，他们列队站在墙边，把守着出口，全都武装到了牙齿，冯·洛索将军后来形容他们的脸"因为狂热而扭曲着"[22]。穆勒教授就担心冲锋队队员会把所有人关一晚上。更可怕的是这拥挤的啤酒馆里保不齐会有人做出愚蠢或草率的举动，导致场面混乱，最终酿成一场血腥杀戮。

这不只是一次战败。这是一个世界的终结。[1]

——瓦尔特·格罗皮乌斯（Walter Gropius）

离开小房间时，希特勒对一个戴着夹鼻眼镜的小个子谢顶男人说，该去把鲁登道夫叫来了。[2]此人是马克斯·厄文·冯·舒伊勃纳 – 里希特中尉医生，羽翼渐丰的国家社会主义党吸引到的众多神秘人物之一。

这个 39 岁的波罗的海德意志人来自里加，化学专业工程师出身，有广泛的社会关系。他 1910 年来到慕尼黑，[3]与他同来的还有比他大将近 30 岁的新婚妻子玛蒂尔德·冯·舒伊勃纳。两人是在 1905 年暴动时认识的，当时他所在的骑兵部队奉命守卫她父亲的产业。他走法律程序获取了妻子的姓氏，成为舒伊勃纳 – 里希特（他的本姓是里希特）。

舒伊勃纳 – 里希特在战时志愿加入了一支巴伐利亚轻骑兵团，而后在 1914 年 12 月进入德国驻土耳其埃尔祖鲁姆领事馆工作。他很快被提拔为副领事，凭借这一身份，他得以目睹对亚美尼亚人的种族灭绝。[4]在发回柏林的外交电文中，他描述了奥斯曼帝国在被俄国人击败后拿本国亚美尼亚少数族裔做替罪羊的情景，其中的细节令人发指。

一座座村庄被洗劫一空；女人和孩子被成群结队押送到别处"安置"，等待他们的是饥饿、疾病和屠戮，沿途随处可见烧焦的、被刺刀肢解的尸体。对于这场导致 30 万 ~150 万亚美尼亚人丧生的人道惨案，他的函件以及他对屠杀发起的正式抗议，至今仍是最为珍贵的早期亲历叙述之一。

　　吊诡的是，舒伊勃纳－里希特对迫害和屠杀弱势群体的愤怒，和他病态的反犹主义立场是并存的，随着时间的推移还会愈演愈烈。被调往波罗的海任德国第八集团军新闻官后，舒伊勃纳－里希特对俄国革命的影响深恶痛绝。他认为布尔什维克无非是恐怖、掠夺、奴役和饥饿，意在根除中上产阶级，毁灭西方文明。他还称那是个犹太人主使的阴谋。

　　1920 年 10 月，舒伊勃纳－里希特创办了一个精英秘密会社"重建会"（Aufbau），促进德国和俄国民族主义者的结盟。会社的目标是与"国际犹太人"对抗，推翻俄国和魏玛共和国的所谓犹太政权，并最终实现莫斯科和柏林的君主复辟。

　　舒伊勃纳－里希特正是在这种右翼阴谋氛围下初识慕尼黑的国家社会主义党的，彼时该党的简称"纳粹"还没有得到广泛使用。这个只成立了四年的组织，最初只是战后慕尼黑乱局中冒出来的四十几个大同小异的右翼极端组织之一。和当时的许多民族主义组织一样，这个年轻政党的成名靠的不是它支持什么，而是反对什么：它反共和国、反议会、反共、反犹。

　　然而与此同时，它在策略和组织层面上又有着相当的实力。[5]它拥有一个侧重宣传的政工部门。它下属的准军事组织冲锋队已经军事化，成为慕尼黑最早拥有真正意义上的私立军队的政党之一。他们积极征募年轻人，为自己注入了活力与热情。据后人的一项估算，[6]在 1923 年 11 月时，有三分之二的党员年龄在 31 岁以下。此外当然还有这个党的最大卖点：一个能让啤酒馆人山人海并点燃大家的狂热的讲演者。

　　在波罗的海老乡阿尔弗雷德·罗森贝格指点下，舒伊勃纳－里希特于 1920 年 11 月 20 日第一次去听了希特勒的演讲，他和罗森贝格是在里加认识的，两人当时同在一家联谊会。没过多久，舒伊勃纳－里希特就加入了纳粹党，和罗森贝格一样成了这个圈子的熟面孔。他们给人感觉是党内一个强势的派系，人称"波罗的海黑帮"。

接下来的三年里，舒伊勃纳－里希特鞍前马后为希特勒做了不少事。在他苦心经营之下，慕尼黑形成了一个不小的右翼俄国和乌克兰移民群体，其中许多人是老沙皇时代的贵族，为避革命和内战来到这里。他煽动反布尔什维克，动员他认识的那些担心左翼抬头的保守派实业家和地主捐钱。他还利用了自己在王室里的关系，包括巴伐利亚王储鲁普雷希特（Rupprecht）和俄国大亲王基里尔（Kirill）之类的人物。希特勒夸赞过舒伊勃纳－里希特的功劳："所有人都是可以替代的，"他后来说，"唯独他不行。"[7]

事实上舒伊勃纳－里希特正是怂恿希特勒发动啤酒馆政变的人之一。他从布尔什维克革命中吸取了教训，[8]认识到列宁和一个小团体是怀着决绝之心，靠胆大包天的行动才改变了历史进程。墨索里尼在意大利，穆斯塔法·凯末尔（后来得到"阿塔图尔克"这个姓氏）在土耳其，也做了同样的事。在他看来，慕尼黑右派的谋反也是十拿九稳。柏林的腐败政权已经松动。是时候把它掀翻了。

接到希特勒的命令后，舒伊勃纳－里希特奋力穿过此刻已经挤满了冲锋队队员的贝格勃劳凯勒前厅。三个人跟了过来[9]：他的管家约翰·艾格纳（Johann Aigner），鲁登道夫的侍从科特·诺伊鲍尔（Kurt Neubauer），以及鲁登道夫的女婿、在战争当中当过飞行员的年轻老兵海因茨·佩尔内。

一行人来到外面，经过一排停在啤酒馆门口作为路障的卡车——那是为了防备警方有人来增援。远处一辆电车发出断断续续的铃铛声，要其他车辆让路。[10]

一名冲锋队队员挥手将他们放行，四人要驱车去 14 英里外的一个地方接将军，他对这场行动的支持将是整场行动成败的关键。

那个晚上，埃里希·弗雷德里希·威廉·鲁登道夫上将正在自家楼上的书房里。他并没有像平常的傍晚时分那样，坐在写字台前，而是在房间里来回踱步。[11] 八点半刚过，电话响了起来，那一头传来一个声音表示，"迫切期盼"[12] 他能亲临贝格勃劳凯勒。

鲁登道夫后来说，他问出什么事了，对方只是说很快会向他禀报。他称自己没听出致电人是谁，并且事先也不了解希特勒的意图。(打电话的是舒伊勃纳 - 里希特)

58 岁的鲁登道夫将军正在艰难适应平民生活。他的军旅生涯始于 12 岁进入荷尔斯泰因一间军校学习。鲁登道夫出生于今属波兰的西普鲁士省份波森的克鲁瑟乌尼亚，是一个穷商贩的儿子——并非出身贵族——尽管当时以及此后人们一直错误地称呼他为"冯·鲁登道夫"。身为一介庶民的鲁登道夫没能成为显赫的骑兵团的一员，转而进入德国总参谋部，于 1894 年得到了参谋红杠。

在第一次世界大战的第一个月里，鲁登道夫凭借在列日要塞的一场出人意料的胜仗出了名。他在东线坦能堡取得了更加了不起的战绩，包围人数占优的俄军，俘虏 9 万余人。鲁登道夫和他的上司保罗·冯·兴登堡上将后来联手击败俄国，从而确立了鲁登道夫大战略家的名声。

当时还是驻德记者的 H.L. 孟肯（H. L. Mencken）形容鲁登道夫的智慧堪比"十个皇帝"，1917 年夏，他在《大西洋月刊》的一篇文章中详述了自己对将军的印象：

　　一旦拿定主意，他会立即着手行动……他有想象力。他能领会内在含义。他有远见。此外，他还乐于运筹帷幄，解决难题。而更重要的是，他没有儿女情长。你见过他饱含热泪谈什么祖国，或像兴登堡那样满口虚伪陈词吗？当然没有。他关心的只是博弈本身——而且在这方面非常擅长。

　　孟肯说，鲁登道夫被誉为"深不可测的战场尤利西斯"[13]。

　　然而对许多在指挥部和他打过交道的人来说，鲁登道夫是个傲慢、冷漠、离群的人，不懂得折中或者承认错误。而且他还不能忍受有人和他意见相左。他对下属总是绷着脸，所谓下属，在他看来就是几乎所有人，尤其是平民百姓。他整天戴着单片眼镜，以至于有传闻说他睡觉都戴着。缺乏幽默感是他的注册商标，这本身也成了人们逗乐的素材。

　　他的妻子玛格丽特说，鲁登道夫并不总是这么野心勃勃、冷酷无情。她记得有段时间他是"欢快而无忧无虑的"，他的面部表情还没有凝固成"那副无动于衷的顽固模样"。她认为是战争的经历——可能还有由此而来的崇高声望——把他锤炼成了一个威严而可怕的男人，感情"已经结成了冰"。[14]

　　然而随着德军在西线的溃败，那些反对他的大举进攻策略的人越来越有底气，鲁登道夫自己也到了几近精神崩溃的境地。他彻夜不眠，一点小小的刺激就能让他大发脾气，陷入不能自已的哭嚎。鲁登道夫对酒精的依赖加剧，开始沉浸于自己的想象，设想战壕里西班牙流感爆发，导致敌军大量减员，为德军赢得奇迹般的胜利铺平道路。

　　1918 年 10 月，鲁登道夫被解除军职。"皇帝把我给撤了"，他对妻子说，这件事完全出乎他的意料。他说他的解职以及此后一个月德国的战败是"我人生中最苦涩的一段时间"。曾经的指挥官,现在要乔装潜逃了,戴着假胡子、墨镜以及一本伪造的护照,先是去了丹麦,而后又在瑞典海斯勒霍尔姆一座乡村别墅里住了一阵子。

"还有谁能有我这么命苦",鲁登道夫后来写道。他将自己和古迦太基将领汉尼拔相提并论,后者在和罗马作战后过上流亡生活,最终服毒自尽。鲁登道夫说他已经生无可恋,感觉在和自己、和世界对抗。他白天花很多时间在树林里漫步,思考自己的战时经历,为日后的一系列回忆录做准备。

1919 年 2 月,鲁登道夫回到德国,后悔自己没有在战争末期果断采取行动——用他自己的话说——"[自己来] 独揽大权"。又过了一年,在参与了谋划欠周全的"卡普政变"——那是一场企图扶持右翼军政府上台的行动——后鲁登道夫再次被迫认输。他在 1920 年夏登上一列前往慕尼黑的火车,[15] 称这些经历丰富了他的阅历。卡尔的巴伐利亚盛情欢迎了鲁登道夫的到来。[16]

鲁登道夫开始死咬着一个说法不放,即德国输掉战争肯定不是因为他不计后果地把赌注压在西线,耗尽了人力和资源,也不是他坚持要开展无限制潜艇战,导致了美国的参战。事实上,是他的国家"被背后捅了刀子"。左翼政客的懦弱出卖了国家,先是在战场上的投降,而后《凡尔赛条约》的签署是第二次卖国。德国因此置身于孱弱而危险的境地,外国人像秃鹫一般,在一旁等待分食它的尸体。

在战后的世界里,将军看到了同样的一股叛国和懦弱的邪恶势力在兴风作浪,毁坏了他的祖国的道德品质。他尤其认为德国的衰弱与崩塌应归咎于犹太人、布尔什维克以及天主教徒,这些人被他悉数视为可憎的外国势力。他加入了舒伊勃纳 - 里希特的秘密会社"重建会",并于 1921 年 3 月结识了阿道夫·希特勒。[17] 介绍两人认识的是舒伊勃纳-里希特。

希特勒很快在公开场合称赞鲁登道夫是"德国最伟大的统帅"[18]。他说鲁登道夫新近出版的书《战争领导与政治》(*War Leadership and Politics*)帮助他理解了现代世界的许多重要真理,尤其是犹太国际阴谋势力如何在法国和英格兰拥有巨大影响力,甚至可能还掌握着协约国政府。鲁登道夫反过来也钦佩希特勒的"坚定决心",[19] 称他是仅存的一个还懂常理的政治领袖。

到了 1923 年夏天的时候,鲁登道夫已经把自己在慕尼黑郊外的别墅变成了名副其实的纳粹党总部——他的妻子形容那里的活动就像"鸽子窝似的进进出出一刻不停"[20]。她还说将军把自己的谋反大业隐蔽得很好。他会去自己的花园,像个退休老人似的修剪玫瑰,浇花,保养草坪,发生在身边的那些密谋似乎跟他毫无关系。

一行人从啤酒馆出发来到索伦-路德维格斯高地这处高档居住区,他们驶入海尔曼街,停在了五号宅邸门口。司机按了下喇叭。在后座的舒伊勃纳-里希特跳下车,和海因茨·佩尔内一同入内。[21] 鲁登道夫穿着一身棕色花呢狩猎夹克[22] 招待了他们。为了节省时间,他说,他决定不换制服了。

他们的确是要赶时间,但几乎可以肯定的是,将军这有违礼仪的反常之举是另有动机的。一旦计划失败,作为一介草民的鲁登道夫可以辩称自己对谋反一事毫不知情。

几人来到摆满书籍的书房,墙上挂着一张将军和兴登堡一起凝视地图的油画,草草聊了几句后,鲁登道夫披上大衣,拿着自己的绿色费多拉帽上了车。他们在雾气蒙蒙的夜里疾驰,[23] 用鲁登道夫的话说,是"狂风般的速度"[24]。天开始下起雪来。[25]

/ 5   "聒噪、粗陋、刺耳"

> 我经常要在艰难的状况下迅速做出决策，在这里就是
> 如此。[1]
>
> ——埃里希·鲁登道夫上将

希特勒过了很久才一个人来到宴会厅，没有像他承诺的那样，携三巨头一起回来——此时他发现人群越来越躁动，有跟他翻脸的危险。讥讽和嘘声不时传来。希特勒要求肃静，提醒他们别忘了前厅那挺机枪。

然后希特勒和之前的戈林一样向观众保证，这场全国革命的目标不是卡尔的巴伐利亚政权、警方或军队；只是为了反对"十一月罪人"把持柏林政府。他公布了自己的新内阁，甩出了仍未到场的鲁登道夫将军的大名，称其是拟建军队的总司令，他承诺他们已经做好"向邪恶巴比伦城——柏林进军"的准备。[2]

人群是如何反应的呢？

震耳欲聋的欢呼声抛却了一切怀疑，当时大厅中央一张桌子边的一名不在岗警察说道。他还听到有人喊："希特勒万岁！"[3]

于是希特勒要求在场的众人向巴伐利亚领导人卡尔、洛索和塞瑟表明他们的态度，他说他们此刻正"踌躇不决"。他有意隐瞒了几位领导人的抵制态度。"我能不能对他们说，你们会站在他们一边？"[4]

演讲谈不上有新意——演讲者"聒噪、粗陋、刺耳"[5]，瑞士报纸《新苏黎世报》（*Neue Zürcher Zeitung*）的一名记者说，但是观众高声表达了赞同。[6] 穆勒教授认为这是一场经典演说。事实上在他看来，这简直是一个魔幻、魅惑的瞬间。希特勒

彻底改变了他们的心态，"把他们像手套一样翻了过来"[7]，或者用汉夫施丹格尔的话说，就像大师演奏斯特拉迪瓦里琴一般驾驭着他们。

这排山倒海的赞同声传到了里屋。[8] 他的任务完成了。希特勒再次来到被扣押的领导人面前。"你们听到大厅的欢呼了吗？"他问。

啤酒花园外，年轻的希特勒拥护者马克斯——或"马克"塞瑟尔曼——正在跟一个站岗的朋友说话。在走到室内的灯光下欣赏那人的枪时，塞瑟尔曼凑巧透过窗户看了一眼。意外的是，他看到了里屋正在进行的谈判。卡尔当时坐在一张圆桌边，双手抱着头望向远方。塞瑟尔曼心想，他的样子看上去是被吓坏了。[9]

僵局在持续，里屋无法达成共识，宴会厅却越来越吵闹。突然之间，又一阵欢呼和喊叫声响起，同时伴随着敬礼和靴子碰撞的声音。有人喊了一个军事口令："立正！"[10]

鲁登道夫上将驾临贝格勃劳凯勒。[11] 当时在观众席里的同僚少将卡尔·奥古斯特·冯·克莱因亨策骑士（Karl August Ritter von Kleinhenz）说，他从未见过将军的表情如此凝重。[12] 希特勒在里屋门口迎接鲁登道夫。[13]

"先生们，我和你们一样意外"，将军说，他看也没看希特勒，直接对着三位巴伐利亚领导人说道。这显然是在表达一种轻蔑。

为什么那天鲁登道夫的脾气比往常还要暴躁？

可能是他不赞成希特勒的行动，认为时机尚不成熟。也可能是不满用枪逼着卡尔、洛索和塞瑟离开宴会厅的做法。或者是他不能接受自己一个战功彪炳的将军居然要听命于一个一等兵。然而另一方面，这一切都可能是为了掩盖他与这场行动的瓜葛。

鲁登道夫始终不承认自己在政变筹划阶段有任何参与，但多年后，和他一起去了贝格勃劳凯勒的女婿海因茨·佩尔内确认，[14] 他对此事并非不知情。然而不管他事先知道多少，无论如何鲁登道夫现在已经毫无疑问地和希特勒联手了。在那晚的谈话中，他首先提到一场"伟大的全国民粹运动"，并请求三巨头"与我们携手"。他向三人伸出了手。[15]

第一个向将军投诚的是洛索；他攥着自己的军刀，小声地表达了自己的认同，几乎像是在耳语。似乎在等别人先表态的塞瑟也伸出了手。然而卡尔依然不为所动。他觉得希特勒的粗鲁举动给他造成了"个人伤害"。鲁登道夫试图劝他缓和态度，还说卡尔不能"在这个节骨眼上辜负德国人民"。

卡尔不这么看，他认为这场政变要么成不了，成了也持续不了多久。[16] 只要希特勒能有耐心再等一两个礼拜，前景就可以理想许多。

这时候，巴伐利亚法官、前警察总长恩斯特·珀纳也来到小房间，此前他一直和警局里的老同事坐在宴会厅的一张预定桌边。珀纳是纳粹党发展初期的重要支持者。任警察总长期间，有人问他是否知道杀人成性的右翼恶棍正在巴伐利亚横行，他给出了臭名昭著的回答："是的，是的，就是太少了点！"[17]

珀纳被叫到里屋来是因为在希特勒身边就属他和卡尔最熟。两人从 1920 年 3 月卡尔上台以来一直在共事。

"我不能参与［这场政变］"，卡尔坚称，他自认是一名君主主义者，像这样惊天动地的行动，需要得到国王的首肯才行。他口中的国王指的是巴伐利亚王国的王位继承人，在一战结束时被废的王储鲁普雷希特。

"这正是我的看法，阁下"，有着六英尺二英寸的瘦长身形的珀纳俯身对卡尔说。[18] 作为国王的忠诚拥护者，他们有责任采取符合君主利益的行动。珀纳觉得卡尔看上去"心烦意乱"，在场诸位陷入"难堪的缄默"。[19]

希特勒站出来说，他只想匡扶社稷，纠正那些推翻王朝的罪人做的错事。何况，希特勒说，难道他们真的要回到宴会厅，宣布这一切"是不对的，今晚不会闹革命了"？[20]

大概 40~50 分钟后，卡尔屈服了。他接受了希特勒给的一个职位，条件是他在新政府中的身份将是"国王的总督"。[21]

作为军警界的代表，鲁登道夫和珀纳在当晚达成的协议中起到了重要作用。他们还出面劝说心存疑虑的政府首脑回到宴会厅，与纳粹党人一同走上讲台。洛索后来表示，他当时曾小声对同僚们说，要"演一出戏"。[22]

就在众人准备回到挤满了支持者和冲锋队队员的宴会厅时，卡尔突然踌躇起来，想要打退堂鼓。希特勒向这位不情愿的盟友保证，到时候大厅里将响起他这辈子都没见识过的热烈掌声。卡尔耸耸肩。无论如何，希特勒对他说："现在没有退路了！"[23]

/ 6 流光溢彩的都市

> 这座美丽、舒适的城市，曾经吸引了帝国最杰出的人物。怎
> 么现在他们都走了，取代他们的是所有腐烂而邪恶、在别的地方
> 找不到出路的货色？这些人仿佛被魔力吸引，纷纷来到慕尼黑。[1]
>
> ——利翁·福伊希特万格（Lion Feuchtwanger），
> 《成功》（*Erfolg*）

放在十年前，很难想象阿道夫·希特勒会有机会面见鲁登道夫将军这样的显赫人物，更不用说还结成了同盟。1913 年 5 月 25 日，时年 24 岁的奥地利穷画家希特勒首次来到慕尼黑。他的全部家当都装在一只黑色手提箱里。[2]

在施赖斯海默街 34 号的裁缝铺，他看到窗户上贴着的手写字条说"有带家具的房间可供体面男士租住"[3]，于是顺着一道阴暗的楼梯走上了三层的阁楼。与他同行的是三个月前在维也纳一个男士之家认识的鲁道夫·霍伊斯勒（Rudolf Häusler），一名 20 岁的失业商店售货员。[4]

那是个顶多八乘十六英尺的小房间，位于慕尼黑的波希米亚区施瓦宾的最西边。这里似乎到处是拖着画架、颜料盒、画布卷和作品集的艺术家。19 世纪末的时候，生活在这个区的画家、雕塑家已经比柏林和维也纳加起来还多。[5]

希特勒想成为其中的一员。他会画明信片和水彩画，大多是慕尼黑的宏伟建筑：有 300 英尺尖顶的圣母教堂；巨大的啤酒馆——普拉茨畔皇家宫廷啤酒屋；位于音乐厅广场的意大利式建筑"统帅堂"。而后他会去咖啡馆、啤酒馆以及城中各处的街角兜售他的作品。"刻奇"（kitsch）一词[6]据信就是这段时期在慕

尼黑出现的，用来指称卖给游客的廉价纪念品。

　　和那一带的许多艺术家不同的是，希特勒通常不会到户外的自然光下作画。他喜欢在自己的房间里，在俯瞰一个学校操场的窗户边摆一个画架。他用来临摹的明信片或照片是房东的儿子、12 岁的小约瑟夫·伯普——又叫"佩皮"——帮他弄来的，[7] 希特勒会用些硬币或糖果来犒劳他。他称自己在慕尼黑的最初 15 个月是他人生"最快乐，无疑也最充实"的时光。

　　他立刻喜欢上了慕尼黑。用他日后的话说，这是"一座德国城市"，和他过去五年所在的维也纳形成鲜明反差，后者被他鄙称为"一个种族混杂的巴比伦国"。然而根据希特勒的房东太太安娜·伯普（Anna Popp）的回忆，她的这位新房客并不怎么去发现这座城市，整天像个隐士似的把自己关在屋里。偶尔外出，通常会带些香肠或点心回来。除此之外他的大多数时间都用于画画和看书。[8]

　　在房东一家的印象里，从来没有人来看过他，也没有任何个人邮件，仅有的一次是在维也纳的妹妹宝拉突然来了封信。他似乎也没有结交任何好友。施瓦宾一带的一些居民记得希特勒，包括街角一家店的面包师，他能想得起来的只有此人爱吃甜食，有礼貌，还有那身长礼服很整洁，他的裁缝房东经常会给他熨烫。

　　没有证据表明希特勒当时曾像他日后声称的那样，如饥似渴地阅读柏拉图、卡尔·马克思[9]或阿图尔·叔本华等人的哲学著作。不过佩皮记得曾经替他去附近的巴伐利亚国立图书馆（Bayerische Staatsbibliothek）找书，比如克劳塞维茨的《战争论》（On War）[10]和《德国海军年鉴插图版》（Illustrated German Naval Almanack）。有一次房东太太问她的房客，这些读物对他的绘画能有什么帮助。

"亲爱的伯普太太，"她说他当时答道，"人活一辈子，谁知道什么东西能派上用场，什么不能呢？"[11]

希特勒到来之时，慕尼黑的确正值一个生机盎然的文艺"黄金年代"[12]。希特勒钟爱的作曲家理查德·瓦格纳就是在这里写下歌剧《特里斯坦与伊索尔德》《名歌手》和《莱茵的黄金》。为避反犹潮离开维也纳的古斯塔夫·马勒，也是来到这里，用一个有 858 名歌手的合唱团和 171 名乐手的管弦乐团首演了自己的《第八交响曲》。

还有许多艺术家来到慕尼黑，以便沉浸在这里的氛围之中，顺带享受相对低廉的房租。挪威剧作家亨里克·易卜生有段时间住在谢林街 30 号，跟未来的纳粹报社总部一条街。他就是在慕尼黑开始完全转向当代主题和挪威背景设定的创作的，其中不少开创性的社会现实主义剧作，包括《玩偶之家》[13]《群鬼》《野鸭》和《海达·高布乐》，正是在这里诞生。美国作家马克·吐温也曾在宁芬堡街 45 号小住，在那里写了《浪迹海外》，并完成了代表作《哈克贝里·费恩历险记》。

当然，自 1891 年易卜生离开后，慕尼黑的艺术家们又开启了其他一些带有先锋派色彩的现代主义美学运动。音乐中有理查德·施特劳斯对无调性和不谐和音的摸索，摒弃了旋律与节奏。绘画中有保罗·克利和瓦西里·康定斯基的抽象实验，后者尤以他对"纯粹绘画"的追求掀起了一场现代艺术革命，超越了希特勒崇尚的那种精心雕琢的自然主义再现。

从其他许多方面看，慕尼黑处在现代派和先锋艺术的前沿。得名于康定斯基名画的慕尼黑团体"青骑士"（Blue Rider）开创了一种雄浑的用色，启发了日后的德国表现主义。一个由离经叛道的建筑师和室内设计师组成的青年团体将这座城市变成了新艺术运动之都。分离主义运动在慕尼黑兴起的时间远比名气更大的威尼斯和柏林要早。[14]

希特勒客居的这座城市最早举办了巴勃罗·毕加索的个人画展，本地土生土长的贝托尔特·布莱希特自然也在这里上演了他的早期剧作。此时的慕尼黑号称拥有比柏林以及巴黎以东任何欧洲城市都多的卡巴莱。在土耳其街一家施瓦宾酒馆的里屋，就有一个名叫"十一刽子手"的卡巴莱团体，存在时间不长但极具创造力，产生了很大影响。穿着绯红色袍子、戴刽子手面具的表演者攻击世俗社会，将它的道德与陈规放在砧板上，展开鬼头刀一般锋利的批判。

在半个多世纪里，慕尼黑一直是一个推崇天下大同与包容的地方，对外国人、局外人和自由的思想者保持着欢迎的态度。无政府主义剧作家、诗人埃里希·米萨姆（Erich Mühsam）形容那些成群结队前往咖啡馆和卡巴莱的人是慕尼黑的波希米亚一族：

> 画家、雕塑家、作家、模特、闲人、哲学家、宗教创始人、革命者、改革者、性道德家、心理分析师、音乐家、建筑师、女工匠、离家出走的富家女、永远的学生，有的勤勤恳恳，有的无所事事，有的热爱生活，有的厌倦尘世……[15]

就在两个街区开外，跟希特勒同一条街上，住着一个木匠，他把一间房租给了一个俄国移民。此人自称是梅耶先生，但他的真名是弗拉基米尔·伊里奇·乌里扬诺夫，他是1901年搬到慕尼黑的，在这里，开始使用"列宁"这个名字。除了时常在施瓦宾人咖啡馆进行的知识分子辩论和象棋局，在一年半的时间里，列宁发表了革命小册子《怎么办？》，还办了一份《火星报》。列宁在慕尼黑的作品被偷偷送回沙俄，帮他争取到了不少新的追随者，包括约瑟夫·斯大林。列夫·托洛茨基还因此产生了搬到这里的念头，并于1904年成行，住了六个月。

慕尼黑是个既进步又堕落的城市，这让它显得跟呆板、规矩的皇城柏林截然不同。在希特勒到来前，慕尼黑居民托马斯·曼出版了中篇小说《威尼斯之死》，在对中产阶级腐化的描绘中捕捉到了这种世纪末的气氛。同在那个时候，一个穷困潦倒的前汉堡高中历史教员也刚搬到慕尼黑不久，他的名字叫奥斯瓦尔德·斯宾格勒（Oswald Spengler），[16] 通过一部划时代巨著《西方的没落》，他开始将这种毋庸置疑的瓦解主题转移到西方文明之中。斯宾格勒试图将历史变成哲学甚至预言，展望了西方即将到来的崩塌，以及一个新恺撒的上台，届时，他将得到乌合之众的盲目拥戴。

而这座耀眼的都会本身也走向了衰落。到了1920年代初，慕尼黑对画家、作家、音乐家和艺术家的吸引力已经跟此前半个世纪无法比拟。此时它孕育的是另一群人，他们追求的东西要残暴得多。现代主义先锋派与针锋相对的尚武、排外保守派将在这座城市爆发一场激烈冲突——这场慕尼黑之战，对德国乃至世界将产生深远影响。

在第一次世界大战爆发前，一些艺术家就已经开始离开这个沉醉于昔日荣光的地方，许多艺术家不满地表示，创作精神在这里受到限制，被迫要去与这座城市自身不服管束的做派保持一致。战争进一步加剧了这一趋势。青骑士画派的弗兰茨·马尔克（Franz Marc）和奥古斯特·马克（August Macke）自愿参战，都死在了西线。康定斯基于1914年彻底离开了。崇尚和平的钢琴演奏家雨果·鲍尔（Hugo Ball）和妻子艾米·亨宁斯（Emmy Hennings）搬到了苏黎世，1916 年在那里办了一个叫"伏尔泰卡巴莱"的咖啡馆 [17] 并开创了艺术抗议运动"达达"（Dada）。

留在慕尼黑的作家和演员们处境艰难，许多出版社和剧场关门了，有的则削减了剧目制作的预算。煤炭匮乏导致很难在冬天维持运营，战争年代的困苦让市民不愿意把钱挥霍在剧院或最新的小说上。更糟的是排外愈演愈烈，这座城市出了名的国际化面貌受到压制。剧场不再欢迎莎士比亚、莫里哀、拉辛、萧伯纳等敌国文艺人士的作品。

随着德国在战场上节节败退，1918 年 11 月 7 日，慕尼黑成为德国第一个推翻统治者的城市，持续了 750 余年的维特尔斯巴赫王朝覆灭。国王路德维希三世连夜逃出王宫，其中一位公主带上了用手绢包着的王冠珠宝，国王本人则抱着一盒雪茄。[18] 由于司机参加了革命，王室被迫租了辆车。路德维希最终成功抵达匈牙利，此生再也没能回到慕尼黑。

一个叫库尔特·艾斯纳（Kurt Eisner）的革命者出人意料地上了台，时年 56 岁的艾斯纳是社会主义报纸《慕尼黑邮报》的一名戏剧评论人。当时他在啤酒节举办地特蕾莎草坪面对人群演讲，不远处就是巴伐利亚雕像，在有自由女神像之前，那是世界上最高的铸铜雕塑。艾斯纳成功地煽动人们去冲击军营，夺取武器，而后占领了城中一些关键地点，例如火车站、报社和马替瑟啤酒馆。没有遭遇任何抵抗。

"我们的革命一滴血也没有流，多么美好啊！"艾斯纳说。[19]

面色苍白、不修边幅的艾斯纳留着花白的大胡子，戴着一个小小的夹鼻眼镜，身上的大衣脏兮兮的，如一位记者所说，"没见识的人想象中的波希米亚一族" [20] 就长这样。此外，这个理想主义者甚至都不是慕尼黑甚至巴伐利亚人。他是来自柏林的犹太人。

那年 11 月艾斯纳的就职庆典为他规划中的"轻盈、美丽、理性的国度"[21] 定下了基调。他让慕尼黑爱乐乐团在布鲁诺·瓦尔特（Bruno Walter）指挥下演奏贝多芬的《费德里奥序曲》；一班演员表演了歌德的《埃庇米尼得斯的觉醒》（*Epimenides Erwachen*）中的一场戏；一个合唱团演唱了一段亨德尔的《弥赛亚》；在这场宏大仪式的最后，观众和艾斯纳一起咏唱了他亲自谱写的诗歌《人民赞歌》。这位前剧评人实际上制作了一场超现实舞台剧，但正如柏林的社会主义报纸《前进报》（*Vorwärts*）所预言的，"幕布终会落下，一切都会结束"。

尽管摆出了大排场，基本的潜在经济和社会问题并没有得到解决。艾斯纳的受欢迎程度开始滑落。在 1919 年初的议会选举中，他的党得票率不足 3%。接着在 2 月 21 日上午，艾斯纳从蒙特哲拉宫（Montgelas Palace）出发前往议会大楼，可能是打算去辞职，但在走过一道门时，一个 22 岁的右翼骑兵军官正拿着枪等着他。这位安东·冯·阿尔克·奥夫·瓦莱伯爵（Anton Graf von Arco auf Valley）从暗处走出，开了两枪，一枪打中艾斯纳的头，一枪击中他的背部。艾斯纳当场死亡。

一夜之间，那些曾经批评艾斯纳的人开始称他为殉道者，他的拥护者行动起来，充分利用了这种民意的突然转向。25 岁的无政府主义诗人恩斯特·托勒尔（Ernst Toller），会同他的朋友、剧作家埃里希·米萨姆和其他一些施瓦宾咖啡馆的常客，趁机掌握了权力。理想主义泛滥成灾。

在许多人没有工作、住房甚至食物的情况下，这个政权的领袖们再一次呼吁创造新的艺术形式。研究莎士比亚的学者古斯塔夫·兰道尔（Gustav Landauer）负责改革教育，他打算废除大学学费、考试、学位和职称，此外还要取消历史课程，因为那被认为是对文明构成威胁的东西。小学教育的核心应该是沃尔特·惠特曼的作品。"世界，"改革派宣告，"应该是一片繁花的原野，每个人都可以采摘自己的那一份。"[22]

但是巴伐利亚桃花源未能实现。上台一个星期后，这群所谓的"咖啡馆无政府主义者"[23]被一个更极端的派别挤走，那就是布尔什维克，他们讥笑这场布尔乔亚改良，[24]提出要发起真正的革命。新组建的"红军"冲击了慕尼黑的银行、商铺、印刷厂和私宅，随意没收钱财、食物、衣物、珠宝等。他们解除了警察和民众的武装，将武器交给那些宣誓效忠政权的工人。

这场革命最受质疑的行动发生在 1919 年 4 月 30 日，慕尼黑红军没收了一些巴伐利亚贵族的财产，并把他们带到阿尔伯特·爱因斯坦曾就读的卢伊特波尔德文理中学（Luitpold Gymnasium）[25]杀死。对这残酷行径的描绘很快变得越来越夸张，称士兵们肢解了尸体，砍下生殖器，这在今后很长一段时间里成为极右翼的宣传材料。

到了 5 月初，布尔什维克上台四周后，一支受雇于共和国的右翼独立武装进军慕尼黑，意图恢复秩序。这个名为"自由军"（Freikorps）的半官方志愿部队比革命党人要残暴得多，杀了至少 600 名"布尔什维克"[26]，其中不乏冤死者。不过如此血腥的杀戮不妨碍自由军被当作解放者来赞颂。[27]

另一方面，慕尼黑的所谓布尔什维克政权在很多人的记忆里基本上只剩下"红色恐怖"，还有其领导者是犹太人的传闻。这段动荡的记忆会一直被右翼政客当作把柄，用于推进恶毒的反犹主义和威权统治。其中一个领导者就是古斯塔夫·冯·卡尔。

在 1920 年 3 月通过一场政变夺权后，卡尔着手把慕尼黑变成一片"法治之地"。[28]他欢迎右翼极端分子入驻这里，其中不少人进而成为战争和革命后涌现的一些准军事组织的成员。卡尔还把其中一些组织联合起来，形成一个叫作"市民自卫队"（Einwohnerwehren）[29]的松散联盟，其人数很快会超过30万。从执法到边境巡逻，这支地方志愿军被卡尔用于各种场合。他说他们就像"消防队"一样不可或缺。

对市民自卫队的支持让卡尔在极端主义圈子里颇有些威望。但是法国开始抗议这支"秘密军队"——在协约国施压下，柏林要求巴伐利亚解散该组织。卡尔一度表示誓与市民自卫队共存亡，[30]不过后来自卫队解散后他并没有下台。一直到1921年9月，卡尔才因为无法平抚右翼阵营的不满而辞职。

许多原先的市民自卫队成员改投随后出现的一些更极端、更排外的新准军事组织，包括纳粹冲锋队。

1923年秋，随着德国进一步深陷危机，巴伐利亚政府宣布进入紧急状态，任命卡尔为邦务委员，[31]这个新设立的职位拥有接近独裁的巨大行政权力。据当时的人说，卡尔将被当作一把抵御暴风雨的伞，待雨过天晴后就可以抛到一边。[32]

然而卡尔究竟该如何带领巴伐利亚逃脱这场灾难，却不存在清楚的共识。一些支持者希望他利用刚得到的专制权力来促成巴伐利亚君主复辟，并宣布独立。有的主张成立一个更大的"多瑙河君主国"[33]，与奥地利、德国南部的巴登和符腾堡合并。还有人认为巴伐利亚应该讨伐首都柏林，把左翼领导人赶下台，建立独裁政权以实现国家复兴。

众说纷纭之间，愤懑的巴伐利亚人中一些走向极端的群体得出了一个结论：没有外力的逼迫，卡尔根本无意采取真正意义上的行动。

> 哈佛和希特勒似乎风马牛不相及，但在我这里，两者是直接的联系。[1]

—— 恩斯特·汉夫施丹格尔

看到冲锋队队员推搡着把总理和其他政要押到楼上，恩斯特·汉夫施丹格尔担心这群痞子会伤害人质，或者至少会有损党在外国记者中的形象。他决定上去看看他们的情况。

他在吧台停了下来，掏出身上最后几十亿马克买了几杯啤酒，然后上楼进了小屋。所有人都接过了酒，只有内政部部长弗朗茨·施威耶例外，他拒绝与抓他的人共饮。这些人没有受到伤害，至少在汉夫施丹格尔看来是这样。

在希特勒的同道中，恩斯特·F.塞奇威克·汉夫施丹格尔是比较特殊的一个。这个 36 岁的世界主义者有一头浓密的黑发，六英尺四英寸的大个子，有个小名叫"小家伙"（Putzi）[2]。他父亲家三代辅佐萨克森－科堡－哥达公爵。他的母亲是美国人，家里出了两位参加过内战的将军：在西点军校立有雕像的约翰·塞奇威克（John Sedgwick），以及曾在亚伯拉罕·林肯的葬礼上扶灵的威廉·海涅（William Heine）。

"小家伙"在美国生活了 16 年，最近的一份工作是在家族的艺术品印刷和复制企业[3]的纽约分部当经理。他把作坊搬到了第五大道和四十五街的拐角，靠着这份工作认识了不少人，其中包括亨利·福特、查理·卓别林和 J.皮尔庞特·摩根。在那之前，他在哈佛读书，和 T.S.艾略特、西奥多·罗斯福总统的大儿子小西奥多·罗斯福等人有交情。"小家伙"弹钢琴颇有天赋，经常跟人说起有一晚在白宫地下室的一场雄鹿派对上纵情狂欢，没收住劲，把一台"华丽的史坦威三角钢琴［里的］七根低音弦"给弹断了。

1921 年夏，"小家伙"携生于美国的妻子海伦·涅梅耶（Helen Niemeyer）、他们的幼子埃贡乘"亚美利加"号轮船前往欧洲。他们发现，德国是"一间疯人院"，到处是政治和经济阴谋。那年年末，他在慕尼黑大学研究历史期间第一次看到了希特勒的一场啤酒馆演讲。"小家伙"被震住了，希特勒对观众的完全掌控令他惊叹不已。那一晚，"小家伙"激动得彻夜难眠。4

他当场就承诺了一笔借款，5 每月给纳粹党一笔钱，用于购买两台圆压圆印刷机给《人民观察家报》。在当时，许多德国报社在缩减规模或面临倒闭，希特勒的报纸却自创办以来首次扩大成了日报6。报纸的幅面也变大了，靠着"小家伙"从左翼讽刺杂志《傻瓜》（*Simplicissimus*）挖来的一个漫画师，报纸的设计得到改进，有了新的报头。他声称报纸的新格言——"工作与面包"7——是他想出来的，反映出报纸一心想要打动在经济困境中挣扎的大众。

汉夫施丹格尔在充满波希米亚风情的慕尼黑施瓦宾区根茨街有一间三居室公寓，就在大学的北面，过去几年希特勒是那里的常客。由于来得实在太勤，"小家伙"干脆管那里叫"根茨咖啡馆"。希特勒对他那出了名的甜食嗜好8毫不收敛，巧克力蘸着咖啡吃，9 或者大口吞吃堆着一大团奶油的面点。"小家伙"把他引见给了慕尼黑新潮人士的圈子；用一个纳粹党人的话说，"小家伙"已经成了希特勒这块平底锅派的"上层酥皮"10。

"小家伙"否认自己曾指导过希特勒的言行举止，不过希特勒这个日渐成形的新造型的确有他的影响。他让希特勒放弃了那顶黑色宽沿"黑帮帽"[11]，还有他在客厅里来回踱步时穿的那双笨重的旧军靴。不过，不管怎么努力，"小家伙"始终无法说服希特勒放弃牙刷胡——就是他所说的那块"可笑的小污渍"[12]。

而现在，"小家伙"又要着手打磨希特勒突兀的棱角了，这一次是面对国际媒体时的表现。任务是艰巨的。美国驻外记者、25 岁的得州人休伯特·伦弗洛·尼克博克（Hubert Renfro Knickerbocker）对希特勒的第一印象在记者中间是有代表性的：漠然的眼神，小小一撮胡子，一缕头发在前额晃荡，还有为了显得坚定而刻意伸出下巴的样子。"我一下笑了出来！"尼克博克说。[13]

当晚之所以有许多外国记者来到啤酒馆，包括尼克博克，都是"小家伙"的功劳。他在当天临近中午的时候花了一些时间去慕尼黑最上档次的酒店和餐馆寻找记者。在匈牙利餐厅，"小家伙"和《芝加哥每日论坛报》的拉瑞·卢（Larry Rue）吃了饭——这位外国记者界的新星凭借自己的飞行技能，可以开着自己的飞机赶往欧洲大陆的新闻热点发生地。两人吃着精美的鱼子酱、野鸡肉和奶油覆盆子，[14] 佐以白兰地和咖啡。"小家伙"向这位有"敏锐新闻嗅觉"[15]的记者保证，贝格勃劳凯勒的这个夜晚不会让他失望。

54 岁的慕尼黑警察局刑事处处长、高级督察菲利普·基弗（Philipp Kiefer）目睹了啤酒馆的事态发展[16]，担忧逐渐加剧。大概八点半的时候他正在衣帽间，听到了人群的扰动，而后是一声枪响。他走向门廊，看到一大队统一着装的人拿着卡宾枪或机枪正冲进来。

很快基弗就得知，他手下的 30 名警官中已经有不少被纳粹抓起来了。其他的警官则戴上钩十字臂章，表示对希特勒的支持。有人看到其中一个叫尤瑟夫·葛洪（Josef Gerum）的在门廊帮冲锋队队员架设机枪。

企图去召集援兵的基弗被希特勒的一个手下粗暴地下令不许离开或进入；任何人都不可以。于是他偷偷去找厨房里的电话，可惜有人占着。基弗不想冒险继续等下去，决定趁乱溜到啤酒花园，然后再躲过正在从卡车上卸武器的冲锋队队员。这一次他的计划奏效了。他发现厨房有个出口没人把守，很快就来到了街上。

在往南几个街区的第 15 区警署，基弗给总部挂了个电话，但是占线。最后他改拨主值班室，终于接通了；基弗报告，有武装分子占领贝格勃劳凯勒，封锁了周边地区，把所有酒客和他的巡警给困在了里面。作为高级督察的他"完全无能为力"[17]。

当值警官弗里茨·斯图姆夫（Fritz Stumpf）警监说他待会儿打过来。

于是基弗就等着。

漫长的十分钟过去，电话响了。

来电的是威廉·弗里克（Wilhelm Frick）博士，慕尼黑警察的政治情报和安全部门"六处"的处长。听取了啤酒馆事态的报告后，弗里克的指示很明确："其实你也没什么可做的。"[18]弗里克提醒督察，[19]许多手握大权的人物正在啤酒馆里，包括警察总长和多位政府官员。他们知道怎么办。

基弗傻眼了。难道这位长官还不明白，那些人已经被抓起来了吗？

当晚早些时候，早已下班的弗里克在警署逗留了许久。他问警官们打不打算去参加集会。此刻他似乎在拖延和逃避，迟迟不决定要不要去贝格勃劳凯勒解救人数和火力上都处于劣势的警察。他说当务之急是"避免流血"。[20] 他反复说"等候指示"。[21]

　　有一头灰白短发的弗里克现年 46 岁，已经坐上了慕尼黑政治警察的头把交椅。他是 1915 年 8 月 1 日从区总部开始干起的。此后靠着追捕发战争财的商人和黑市骗子一步步往上爬。[22] 弗里克拿到了一个法学博士学位，做过一段时间的执业律师。他已婚，有三个孩子，最大的 12 岁。这些情况总部的同事都清楚。但很少有人知道的是，威廉·弗里克博士最近加入了纳粹党。

/ 8   新政权

> 老百姓肯定吓蒙了。我不能用官员，人民已经不把他们放在眼里。最理想的是一个能说会道的工人……这个人不需要多少聪明才智，政治是世界上最蠢的东西了。[1]
>
> ——迪特里奇·艾卡特（Dietrich Eckart）

在宴会厅后方传来的一阵欢呼声中，刚才去了里屋的巴伐利亚领导人和陪同的国家社会主义党人一起走向讲台。

古斯塔夫·冯·卡尔第一个讲话，他做出了一系列的宣誓、声明和效忠承诺，以至于观众中的一些人觉得自己仿佛看到了弗里德里希·席勒的戏剧《威廉·退尔》（Wilhelm Tell）里的自由呼唤。[2]怀着"沉重的心情"，卡尔说，他决定"在这苦难深重的时刻"响应为国效力的召唤，担起"以副王之身份带领巴伐利亚走向未来"的职责。一名警方安插在人群中的线人注意到，掌声很热烈。穆勒教授认为这是到目前为止最响亮、最热烈的欢呼。[3]

希特勒热情地握了卡尔的手，几乎像是在拉扯或摇晃，而后他兴高采烈地宣布新政府成立，引起雷鸣般的欢呼声。他接着说，他会去实现五年前立下的誓言——当时他躺在帕塞瓦尔克的一间军医院里，治疗在芥子气攻击中受的伤——他会"不眠不休，直到把十一月罪人赶下台"。他准备在"苦难深重的今日德国的废墟上"建起……"一个强大而杰出、自由而宏伟的德国"。[4]

"希特勒万岁！"的喊声响彻大厅。[5]

新政权的所有成员在示意下纷纷表示他们会配合行动，用希特勒的话说，要将那些背叛国家、屠杀人民的罪人清除出柏林。

鲁登道夫用他最拿手的"铁拳"[6]风格做了简短的讲话，重申这场革命让他感到意外，但是他同意眼下是"我们的一个历史转折点"[7]。身形魁梧的"小家伙"站在椅子上，将演说翻译给外国记者。

穆勒教授看着希特勒，他站在台上，高兴得几乎站不稳。[8]鲁登道夫看上去也心潮澎湃，他的表情显露出，他相信这是一个意义深远的历史时刻，同时也笃定要迎接未来的挑战。观众高唱去年定为国歌的《德意志之歌》。和希特勒的新政府一起站在台上的恩斯特·珀纳说，那是自1914年8月宣战以来[9]他见过的最热烈的掌声。[10]

不过，并非所有人都被卷入歇斯底里的情绪中。一名警方线人听到人群里有人讽刺说，现在唯一缺的就是一个精神病医生。[11]

在宣布成立新的国家政府后，希特勒准备放人们出去了。[12]要离开啤酒馆的人首先要接受问话。良好的爱国者可以走。其他的——外国记者、共产主义者，或一切被怀疑会和新政权为敌的人——会被扣留。他让戈林负责此事。

希特勒去查看赫斯和被俘的巴伐利亚总理及其阁员的情况，他估计这些人永远也不会支持革命。他就此事给他们带来的"不便"道了歉，[13]承诺不会伤害他们，同时特意没有正眼瞧巴伐利亚内政部部长弗朗茨·萨瓦·施威耶。此人一直跟纳粹对着干，公开斥责他们"自行其是、肆无忌惮的恐怖组织本质"。[14]去年希特勒还向施威耶保证过，绝对不会发起政变。[15]

施威耶对待希特勒的样子"就像个愤怒的教员"。[16]他用手指戳着希特勒的胸口，怒斥他言而无信。

希特勒未作回应，转身向门口走去。

而后，他命令赫斯把人带走。[17]

/ 9 "安全送达"

> 如果行动的人能理解他们的所作所为造成的影响——不行动的人能理解他们无所作为造成的影响——那么人类就不会成为自己的天敌了。[1]
>
> ——恩斯特·托勒尔

慕尼黑的夜生活渐入佳境。上演贝多芬的《费德里奥》和《蓬帕杜夫人》的大歌剧院和园丁广场剧院刚刚散场。[2]准备纵情狂欢的人们坐着有轨电车前来，在市中心的餐馆、酒吧、卡巴莱和电影院大肆挥霍。

这其中就有来自威斯康星州的美国年轻人罗伯特·墨菲。这个身高六英尺二英寸、一头红发的健硕男人今年29岁，是一名美国副领事。[3]实际上自打他的总领事升职并调走后，他就是美国驻巴伐利亚的最高官员了。墨菲和他的妻子米尔德莉德（Mildred）住在摄政王子街，广场对面就是希特勒后来的住处。

墨菲夫妇两年前来到慕尼黑，这位外交官参与了战后美德两国最早的领事关系重建。他和一个小团队到库房取出家具，重新开放了在莱德勒街的领馆。此前的驻地是从一个学生兄弟会那里租来的。

墨菲在那年3月和希特勒第一次见面。会晤的地点——"一间阴冷、简陋的办公室，天花板上挂着一只电灯泡"[4]——反映了纳粹党刚刚起步的状态。墨菲的评价不高。他认为希特勒不可能征服见多识广的巴伐利亚人。后来他对美国众议院情报特别委员会说，只需要50000美元，他们可以彻底消灭整个纳粹组织。[5]

墨菲的外交生涯始于 1917 年 4 月 23 日，就在美国参加第一次世界大战 17 天后。他的第一份外交工作是去中立的瑞士伯尔尼做译电员，与未来的中情局局长艾伦·杜勒斯（Allen Dulles）共事。战后，墨菲回到美国，在乔治·华盛顿大学读完了法学学位。

墨菲从没想过会走上这样一条道路。他的父亲是一个爱尔兰裔铁路蒸汽装配工，四年级文化程度。墨菲从小生活在密尔沃基一个贫困地区。[6] 一份马凯特大学的奖学金改变了他的人生轨迹，没过多久，他就靠优异的公务员考试成绩在华盛顿的邮政总长办公室谋到一份差事。在为国效力和游历世界的愿望驱使下，他对国际关系产生了兴趣。

在慕尼黑领馆，墨菲的工作一般包括撰写经济报告、处理护照续期，检查签名以完成平均每天 400 份的签证申请。[7] 然而现在墨菲有一个重大事件需要报告。他以一名啤酒馆事件目击者的陈述为基础，给美国国务院发了一封标记为"紧急"和"机密"的电报：

> 希特勒言称新政府意在柏林，连夜战斗；称若破晓时仍未见新国民政府，则出此言者已死。[8]

他认为，华盛顿需要掌握此事的进展。

* * *

当晚，在慕尼黑城的另一头，有 1500~1800 人来到老字号大啤酒馆鲁文勃劳凯勒，要"与战友一同过节"[9]。从他们身上的徽章和臂章看，许多人来自已经结为同盟的各路准军事组织。

他们就是"战斗联盟"（Kampfbund）。这个组织是不到两个月前成立的，包括三个与犹太人、马克思主义者、反战主义者、民主主义者和《凡尔赛条约》支持者誓不两立的激进右翼团体。三个创始成员分别是纳粹冲锋队、与之关系密切的"高地联盟"（Bund Oberland），以及刚成立不久的"帝国战旗"（Reichskriegsflagge），当晚活动是后者主办的。

宴会厅里的装饰到处是帝国时代的白红黑三色，还有巴伐利亚的白与蓝。鹰和钩十字旗竖立在前方。两支乐队在演奏行军曲和歌剧序曲。

纳粹报纸《人民观察家报》此前宣布希特勒——战斗联盟的政治领袖——会登台讲话。不过走上讲台的是24岁的记者赫尔曼·埃瑟，他本来因为得了黄疸卧病在床，[10] 被硬拉来顶替希特勒。[11] 作为前《人民观察家报》编辑，埃瑟被认为是党内最有活力的演说家之一。他在煽动底层民众方面早已恶名远扬，用一个同僚的话说，他是"一个恶魔演说家，只不过是来自地狱更深层"。[12]

在当晚9点前的某个时候，埃瑟正在咆哮着"犹太巨贾"[13] 何其危险，一个公共电话响了起来，电话那头传来一个声音："安全送达。"[14] 电话是从贝格勃劳凯勒的厨房打来的。[15] 这个表示德国革命开始的暗号被迅速带到宴会厅，[16] 转达给坐在主桌的一个穿制服的男人。

他就是恩斯特·罗姆上尉，"帝国战旗"主脑，曾经是冯·洛索将军麾下一名参谋。[17] 罗姆五英尺五英寸的个子，沙褐色头发，绿眼睛，胸廓宽厚，下巴、面颊和鼻子上有明显的疤痕。[18] 他在他的军旅生涯里还负过另外十来次伤。用同僚卢克·吕德克的话说，他是个"活生生的战争缩影"。[19]

罗姆属于最早进入纳粹圈子的成员之一。1919 年 10 月 16 日希特勒的第一次重要演讲只有 111 名观众，罗姆就在其中。三个月后他入了党，成了与孤僻而冷淡的希特勒最接近的一个人。他是少数会用亲热的"你"来称呼希特勒的人之一。[20]

凭借自己在民族主义圈子里德高望重的声誉，罗姆帮助希特勒在德国部队中赢得了士兵们的信任，此外还有被《凡尔赛条约》解除军职、而后纷纷参加慕尼黑武装组织的老兵们。罗姆是死硬派巴伐利亚君主主义者，是准军事地下圈子里的重要人物。他私藏被《凡尔赛条约》定为非法的武器和战争物资，而且还随心所欲地将这些东西分发给各组织。他的这份功劳帮他赢得了"机枪王"[21] 这个绰号。

贝格勃劳凯勒的胜利让罗姆欣喜万分，他跳上台，对还在演讲的埃瑟耳语了几句。[22] 而后埃瑟把革命的消息通报给了观众，[23] 其中不少人已经痛饮了相当多的啤酒。

一阵短暂的平静后，人群爆发出震耳欲聋的欢呼。他们嘶喊、喝彩、拥抱，在场的不少军人扯下帽子上的共和国徽章。[24] 人们跳上了桌椅。铜管乐队的乐手在台上跳起舞来，然后开始放声演奏《德意志之歌》。[25] 在众人的欢腾咆哮中，罗姆扯着嗓子呼吁大家去与希特勒和鲁登道夫会合。

两支乐队都在大声演奏，一支在游行队伍前面，[26] 另一支在后面，鲁文勃劳的人群涌到大街上，吵吵嚷嚷地向贝格勃劳凯勒进发。喧闹声引得许多人从咖啡馆跑出来看个究竟。围观者也发出欢呼，向他们喊话鼓劲。在队伍前方，大号手的身后，是一个 23 岁的化肥厂帮工，手举着武装社团的旗帜。[27] 他戴着灰色滑雪帽、厚厚的无边眼镜，留着一撮牙刷胡。他的名字叫海因里希·希姆莱。

游行至啤酒馆途中，罗姆上尉派了一小队慕尼黑冲锋队队员去城中心的方济各会圣安娜修道院教堂。[28] 率队的是威廉·布吕克纳，[29] 一个高大魁梧的政治系学生，39 岁，一度是全国顶尖的网球选手。布吕克纳带领几人来到这座罗马复兴式双尖顶教堂，沿着一道石砌走廊下到一个点着蜡烛的地窖。里面的一个库房里存放着大量步枪。

几天前，修道院的僧侣被告知这些武器是用来防备一场共产党暴动的。修道院院长坡旅甲神父（Father Polycarp）觉得，那晚似乎没有看到有类似的威胁出现。他开始担心这些人的意图，于是打电话给他的朋友古斯塔夫·冯·卡尔，想问他该怎么办。

然而冲锋队队员们并没有等待他的答复，硬是冲进库房夺取枪支。他们强迫僧侣们手递手把 3300 杆步枪从地窖转移到停在公共广场的卡车上。还有一些僧侣提供了咖啡和朗姆酒。[30] 这些武器显然是违反《凡尔赛条约》的，藏在这里是为了避免被协约国当局查抄。

储藏在帕拉提亚团（Corpshaus Palatia）[31]——一个学生击剑社团所在地——的武器也是这样。门卫安德里亚斯·穆茨醒来，看到年轻的海因里希·希姆莱和一队"帝国战旗"成员就站在门外。一等他打开门，那群人就把他推到一边，直奔地下室而去。他们自己动手，把队友事先藏在社团保龄球场的步枪、弹药、头盔和其他补给搬了出来。[32]

接着，希姆莱一伙人跟罗姆会合，向贝格勃劳凯勒进发。[33] 在路上，一个骑摩托的信差带来了又一个行动命令，这一次的更加大胆：罗姆的人需要控制战争部，[34] 也就是冯·洛索将军的指挥部，以便将那里作为总部，制订攻打柏林的计划。

面对罗姆和百余名武装人员，[35] 在场的指挥官就算想拦阻也是徒劳，而他究竟有没有拦阻现在已经无从得知。他后来说他是不希望看到流血，并且考虑到罗姆的军阶和名声，他也相信了洛索和卡尔支持政变的说法。全程未发一枪。巴伐利亚战争部被人以阿道夫·希特勒的名义占领了。

在罗姆的人横扫教堂和学生击剑社团的同时，别的战斗联盟组织也在行动。希特勒派了高地联盟的一队人去陆军工兵营取武器。

1921 年 10 月由高地自由军演变而来的高地联盟，如今已经发展成为最庞大、强悍的准军事组织之一。[36] 其成员宣誓要为"德意志帝国伟业"而战，拒绝《凡尔赛条约》和"对德意志民族的死刑宣判"。联盟在巴伐利亚高地地区招兵买马。其标志为雪绒花。

高地联盟事先安排了机动训练计划，[37] 他们每周二、周四（以及周六下午）都有这样的行动，所以预计不会遇到任何抵抗。在得到武器后，高地联盟需要控制中央火车站，其目的用一名成员的话说，是要预防"东边的犹太异族刁民携大量外汇在最后关头乘火车仓皇逃走"[38]。

但是据贝格勃劳凯勒收到的报告，他们在接到命令几小时后仍然没能抵达火车站。延误的原因一时间还不清楚。经过当晚的一连串胜利后，信心过度膨胀的希特勒做了一个仓促的决定，要亲自前往那里解决问题。然而事后可以看到，在当时离开啤酒馆是一个大错。

在陆军工兵营，[39] 希特勒发现情况远比他收到的报告严重。负责训练的军官、第七工兵营一连的奥斯卡·坎茨勒（Oskar Cantzler）上尉带着几个人把高地联盟小分队的 400 人成功困在了训练大厅里。

　　这位狡猾的上尉用了一个让人防不胜防的简单方法。在高地联盟要求得到武器用于训练后，坎茨勒起了疑心。他说如果真要携带武器进行机动训练，他们必须留在室内。怒气冲冲的高地指挥官马克斯·冯·穆勒骑士（Max Ritter von Müller）鲁莽地把整队人都带进了训练大厅里。然后坎茨勒锁上了大门。希特勒的人进了圈套。里面当然是没有武器的，而且如果他们企图强行冲出去，坎茨勒在门口部署了两架机枪。

　　然而等到希特勒抵达时，坎茨勒还是拒绝打开兵营大门。盛怒之下，希特勒一度考虑调火炮把门炸个粉碎，好解决这个尴尬的局面。最终打消念头可能是因为，他想到完全可以回啤酒馆去，让冯·洛索将军下令放了高地联盟的人。

　　这趟毫无建树的兵营之行浪费了希特勒的宝贵时间，而且回到贝格勃劳凯勒后他还发现，卡尔、洛索和塞瑟都不见了。[40]

　　鲁登道夫将军觉得三位巴伐利亚领导人都已经疲惫不堪。[41]他们答应当晚过些时候在战争部与他会合，共商讨伐柏林大计，他相信了这番君子之言，于是放了他们。

　　希特勒完全没想到[42]鲁登道夫会让他们离开啤酒馆，不过一开始，他可能并不像很多人说的那么担心。他也相信巴伐利亚领导人支持革命的承诺。毕竟，有3000人见证了他们的效忠誓言。

　　希特勒的顾问舒伊勃纳-里希特就没那么放心了。他问鲁登道夫是不是真的认为三人会回来，毕竟放他们走的时候"连个警卫都没有"。

　　鲁登道夫向来不习惯有人对他的决策说三道四，他警告舒伊勃纳-里希特以及在场的所有人，一名德国军官的诺言是不容置疑的。[43]

/ 10 反政变

国家社会主义党领导人不具备领导角色所需的技能。[1]
　　——汉斯·菲尔（Hans Fell），"慕尼黑警察报告"，
1923 年 12 月 18 日

舒伊勃纳－里希特并非唯一对鲁登道夫的决定表达了担忧的人。这"完全是疯了"，在鲁文勃劳演说完后来到啤酒馆外的赫尔曼·埃瑟说。"谁让那几个家伙走的？……这么胡闹的事是谁干的？"[2]

"小家伙"也觉得难以置信。[3]他在历史中读到了太多这样的教训：怀着革命抱负的人，绝对不可以让当权政府的领导人来去自由。他和埃瑟回到啤酒馆内，据埃瑟说，两人在里面要了杯啤酒，商谈了一番。

此时的宴会厅基本已经空了，只有冲锋队队员和纳粹党员还在悠闲地喝着啤酒，大口吃着剩下的香肠。掀翻的桌椅胡乱堆在一起。碎玻璃满地都是。看上去就像狂欢节过后的慕尼黑。

天花板上的一个窟窿被认为是开启德国革命的第一枪留下的。纳粹党人马克·塞瑟尔曼（Marc Sesselmann）收集了一个啤酒杯的碎片，[4]据推测就是希特勒冲上台前砸碎的那个。一部围绕着啤酒馆政变展开的神话，已经开始成形。

晚上 11 点左右，希特勒、鲁登道夫和其他德国革命策动者乘坐三辆小汽车离开啤酒馆，前往已经被他们夺取的战争部商讨策略。此时他们还是认为，三名巴伐利亚领导人会去那里跟他们会合，制订攻打柏林的计划。

然而古斯塔夫·冯·卡尔没有去战争部，他选择回到自己的

公寓。他的公寓和自己的办公室同在一栋楼[5]——慕尼黑政治权力中心马克西米连街的一座爬满藤蔓的新哥特式建筑。

在被任命为邦务委员——一个为应对空前严重的经济困境而设立的职位，实质上是一个独裁者——的六周里，卡尔多次公开与柏林唱反调。作为出了名的君主派，他不反对推翻共和国，并且有好几次几乎就要参与谋反，甚至自己谋划。但是他担心这一次政变会失败。不幸的是，他当着挤在啤酒馆里的众人的面表达了对它的支持。

他走上楼，和女儿打了招呼，把大衣交给她。[6]他要了杯茶，然后匆匆换了身衣服，去三楼的125室，他的办公室。他的几名顾问已经在集结力量准备与希特勒对抗。

卡尔似乎被吓坏了。[7]对于在贝格勒劳凯勒公开表示认同希特勒，他说自己别无选择。然后他责备警方没有采取恰当的预防措施，而这就有些讽刺了，因为正是他自己要求在那天晚上减少警力的。他不想显得自己需要对自己的人民严加提防。

眼下的局势远非不可挽回，他的顾问艾伯哈特·考特尔（Eberhardt Kautter）说。考特尔是个老兵，曾经领导准军事组织"维京联盟"（Bund Wiking）在本地的分支，其前身是其中一个臭名昭著的自由军团体——埃尔哈特海军陆战旅（Marinebrigade Ehrhard）。考特尔说希特勒的行动很不明智，在巴伐利亚的支持者都不多，更别说整个德国了。如果卡尔能迅速行动，依然可以成为赢家。他提了一个建议。

卡尔应该暂废魏玛宪制，宣布建立独裁政权，自称是被废国王的特命总督，或者副王。他可以跟民众说这么做是为了打击共产主义威胁。不少准军事团体肯定会加入进来——他已经调动了自己的维京联盟。[8]人民也会站在他们这边。棋差一着的希特勒和鲁登道夫只有听命于卡尔，否则会被革命的洪流淹没。

在考虑这个提议的时候，卡尔显然意识到，当务之急是摸清他的同僚洛索和塞瑟在希特勒政变上的立场。三名领导人一直没机会在纳粹不在场的情况下坦率地交谈。

正在商谈时，电话响了。来者既不是洛索也不是塞瑟，而是卡尔的副邦总理、偶尔和他作对的教育和文化部部长弗朗茨·马特（Franz Matt）。马特那晚没去啤酒馆听卡尔的演讲，据他说是要和慕尼黑大主教和教廷使节尤金尼奥·帕切利蒙席（Monsignor Eugenio Pacelli）——也就是后来的教宗庇护十二世——参加一场宴会。

"希特勒到底要干什么？"马特问道。

"风风光光进军柏林"，卡尔说。[9]

那祝他好运了，马特嘲讽地答道。两人结束谈话时，马特已经得出结论，卡尔要么是希特勒的同伙，要么不具备赢下这一阵的能力。总之，他不信任这个人。

马特会在当晚建议内阁同僚向北撤退到六英里外的多瑙河畔城市雷根斯堡。[10] 他们可以在那里作为合法政府行使权力，以保全邦体。然而以当时局面的混乱，这些人无非是成了参与权力争夺的其中一个派系。

与此同时，反对政变的力量正在警察总部集结。

晚 9:15 前后，[11] 邦警司西格蒙德·冯·因霍夫男爵刚刚上完一堂关于骚乱控制的课。正要离开大楼的时候，一名警探"上气不接下气地"[12] 跑来报告了希特勒袭击啤酒馆的消息。慕尼黑的环境向来容易滋生谣言，不过因霍夫意识到，这次是真的。

弗里克依然在用那套谨慎行事的说辞阻止一切成规模的警方

行动。已经意识到这个同事在为谁效力的因霍夫假装同意，但是一等弗里克离开房间，他就开始打电话了。

因霍夫让邦警（因其警服颜色又被称为"绿警"）全员进入高度戒备状态，并派遣其他单位守卫慕尼黑的电话局、电话交换所、中央邮局以及关键政府大楼和桥梁，以防遭到攻击。

这位邦警司的迅速行动保住了关键的通信中心。尤其要考虑到，在他立下这个大功的过程中，警惕的弗里克博士时不时跑进办公室来查看他，还用他那僵硬、别扭的方式摆出一副漠不关心的样子。

因霍夫在那一晚还有一项功劳，那就是他和正在家中的慕尼黑守备部队指挥官雅克布·冯·丹纳骑士取得了联系，知会这一紧急情况。丹纳立即来到警察局，[13] 他也担心弗里克博士从中破坏，于是很快离开前往他的办公室，那是一座新巴洛克式建筑，同时也是陆军博物馆所在地。和因霍夫一样，他打算尽自己所能全力反对希特勒。

作为一名屡立战功的指挥官，丹纳的军人生涯始于义和团期间前往中国的德国远征军。在他看来，政变是一种反对合法邦政权的举动，是不可饶恕的。此外他还十分不满自己的直接上级冯·洛索将军，因为他不仅禁不住政治的诱惑，还没能管住那帮可鄙的纳粹狂徒。他说洛索是个"可悲的人物"，[14] 更是个"懦夫"。

抵达办公室后，丹纳意识到市内的兵营也已经靠不住。战争部被罗姆的"帝国战旗"占领了，有人在圣安娜教堂看到在行军的冲锋队。丹纳决定在慕尼黑市中心之外建一个与希特勒对抗的新指挥中心，就在城市西北部：深藏于第 19 步兵团兵营中的一座木头搭建的通讯站里。

他下令驻扎在奥格斯堡、兰茨贝格、雷根斯堡、纽伦堡等地的部队赶来增援，而后又向所有指挥官发出了一条明确的指示：来自冯·洛索将军的命令一概无须执行。丹纳并没有公开对长官的忠心表达质疑，而是称将军目前应被视为"被囚"[15]状态，所有来自他的讯息应予无视。换句话说，指挥官们只能听从丹纳本人或以他的名义发出的命令。

/ 11 主动权

> 我们必须争取主动，否则就被别人抢去了。[1]
>
> ——阿道夫·希特勒对恩斯特·珀纳说

鲁道夫·赫斯和他的冲锋队小队持枪押送七人上了停在贝格勃劳凯勒啤酒馆外的一辆卡车，这七人分别是巴伐利亚邦总理、三名阁员、王储鲁普雷希特的一名顾问以及两名警察，其中包括警察局长卡尔·曼特尔。随后卡车载着这些地位显赫的俘虏，向格罗斯黑塞洛黑的森林方向进发。

车队来到霍尔茨基兴街2号[2]一座装饰成姜饼风格的大房子前，停在了铺着石子的行车道上。这是著名的莱曼出版公司的创始人尤利乌斯·F.莱曼（Julius F. Lehmann）的家，他的公司专业出版医学著作以及民族主义和反犹书籍。经女婿弗雷德里希·韦伯医生——一名年轻的兽医，高地联盟的政治领袖——推荐，[3]莱曼同意把他的宅邸拿出来。

"诸位就当是来我家做客吧"，莱曼说。[4]

私下里，他对事先不打招呼就拿他的大宅关押人质是不满的。"这个布谷鸟蛋是我亲爱的女婿下在我窝里的，"他说。[5]

在这座没有供暖的冰冷的房子里，被他称为"宾客"的人被分开关押。每个临时囚室外有两名冲锋队队员把守，还有一些人在花园和周围的树林里巡逻，以防警方发现后前来营救。屋外架了一挺机枪，枪口朝向街面，还有一挺在正门的门廊里。交谈是严格禁止的，赫斯警告那些领导人，冲锋队队员们已经得到指示，一旦有人试图逃离此地，他们会开枪。

此刻，被占领的战争部已经挤满了罗姆的人，然而相比之下，纳粹党在哥尼流街的办公室却意外地安静。用"小家伙"的话说，这里通常是个酝酿"阴谋诡计"[6]的喧闹所在，如今却丝毫看不出来。办公室里只有三个人：24 岁的总务主任助理菲利普·布勒（Philipp Bouhler），还有两个 20 岁出头的打字员：艾尔瑟·吉斯勒（Else Gisler）和安娜·舒尔兹（Anna Schürz）。

布勒建议两个女人早点去吃晚饭，因为当晚的工作会很繁重。[7]然而，五个小时后两名打字员仍然在桌边待命。她们早已经把函件和其他一些文书工作做完了。没有进一步的指示，也看不到有任何其他活动的迹象，直到晚上 11 点后，布勒才冲进办公室，要她们收拾一下自己的东西。他们要转到一个新地点。

他们的老板、纳粹党总务主任马克斯·阿曼[8]为新政权物色了一个更豪华的总部。阿曼在战时是希特勒的军士长，至今仍是一副军士长做派。[9]他是个矮个子，一头金发，两个肩膀之间几乎看不到脖子。用"小家伙"的妻子海伦的话说，他是个"无情、冷酷的人……做事肆无忌惮"。[10]据说一个党员曾经被他一把抱住扔出办公室，因为此人居然胆敢要求查账本。[11]

几年后，美国的战时谍报机构、中央情报局前身 OSS 对阿曼的概括是，"一个知道自己是平庸之辈的平庸之辈"，[12]然而却毫不忌讳在自己不懂的领域做决定。此外报告还说，希特勒的领导技巧就是从这个蛮横、时显残忍的军士长身上学来的。

当晚早些时候，阿曼闯进一家银行，以希特勒政府的名义征用了那里。他选中的这家位于运河街 29 号的金融机构——"定居地与土地银行"——是他很熟悉的。他就住在这座楼的四层，曾经在银行里工作过。[13]

他们的这间阔气的办公室和规划军事行动的战争部遥相呼

/ 063

应。其中一个房间定为新的财政部，由戈特弗里德·费德尔博士主事，这位工程师和建筑承包商是党内资格最老的党员之一。1919年9月12日希特勒在施特恩埃克勒劳第一次参加党会议，讲者正是费德尔。[14] 他的题目是"用何种方式、以何种手段消灭资本主义？"

作为新成立的财政委员会[15] 的临时负责人，费德尔计划冻结全国所有银行账户；在那天下午早些时候，为了以防万一，他先把自己的储蓄取了出来。[16] 当晚，当希特勒冲上啤酒馆的讲台时，费德尔感觉仿佛刚刚从一场梦中醒来。

银行里还有一间办公室留作宣传中心，负责人将是矮个子、秃顶、粗脖子的尤利乌斯·施特莱谢尔，恶毒的反犹小报《冲锋报》的出版人。[17] 施特莱谢尔在纽伦堡一个小学当副校长，当晚抵达慕尼黑。[18]

此外还为鲁文勒劳集会的演讲者赫尔曼·埃瑟留了一间办公室。埃瑟被叫来为希特勒的政府起草一则公告，[19] 用在报纸和党的海报上。这就是为什么要让打字员随时候命。

次日清晨，第一则纳粹党公告将广为传播，热烈宣告新政府的成立，以及"德国历史上最屈辱的时期"[20] 结束。其中一些公告的署名是"阿道夫·希特勒，德意志国总理"，[21] 这是已知对他的这个未来头衔最早的提及。[22]

日后发布的公告将煽动公众采取行动，宣布"全面围剿……在1918年11月9日犯下叛行罪行的恶徒"。血红色的海报声称，凡爱国之士都应尽自己的一份力，努力抓捕德国总统弗里德里希·艾伯特及其政府部长——"不论死活"。[23]

在阿曼布置银行办公地的同时，希特勒派恩斯特·珀纳去警察总部和他的前同事与幕僚洽商。

抵达总部后，珀纳找到他的老朋友和门生威廉·弗里克博士，带着他去了已被冲锋队队员扣押的警察总长卡尔·曼特尔的办公室。是的，珀纳大方地说，这间办公室现在是弗里克的了。

由弗里克担任警察总长的主意实际上是古斯塔夫·冯·卡尔在贝格勃劳凯勒里屋提出的，他知道珀纳和弗里克曾融洽地共事过。1919 年 5 月，执掌警察部队刚两周的珀纳选择由弗里克负责势力很大的政治部。珀纳将自己的手下分成两大类：前途无量的官员，以及其他在他看来无非是为薪水和铁饭碗而来的人。他称那些人为"婊子"。

在珀纳看来，弗里克显然是为官之材。他做事有自己的一套，恪尽职守，并且证明了自己有坚强的意志。用珀纳的话说，他不是"墙头草"。[24] 珀纳和弗里克的合作如此密切，就像古代神话里的卡斯托耳（Castor）和波鲁克斯（Pollux）一样，形影不离且互补。

罗姆上尉对这个比喻做了解释。珀纳是个急性子，"精力旺盛，大胆，做决策很快"，[25] 不过一旦遇到强硬抵抗，他也随时会另谋他策。弗里克则要细腻、冷静得多，遭到挑战时极其顽强。两人在慕尼黑警察部队中打下了一个难以撼动的权力基础。希特勒指望他们替他实现这个效果。

在警察总长办公室，珀纳和弗里克筹划如何将希特勒的新政权介绍给它声称代表的人民。他们打算把慕尼黑的顶尖编辑和出版人叫到警察总部图书室，来一场午夜新闻发布会。[26]

新闻界人士到场后，珀纳向他们宣讲了爱国主义，警告他们要是不可"理喻"，拒绝以足够正面的方式描绘当晚的事件，下场可能会不太好。应该赞颂希特勒的新政权带领国家走出 1918 年的噩梦。珀纳说，只要编辑们在工作中表现出责任感，或者说"规矩"，[27] 就不会面临审查或其他令人不快的后果。

珀纳开始接受提问后，[28] 拥护王权的《巴伐利亚信使报》（*Bayerischer Kurier*）的保罗·埃根特（Paul Egenter）问，既然卡尔称自己是国王的副手，他是否得到了王储鲁普雷希特的支持。这是个好问题——答案是没有——但珀纳企图回避。珀纳还躲了接下来的问题，就是他如何看待卡尔的君主主义和希特勒的"共和 – 独裁"野心之间的根本矛盾。

《慕尼黑最新消息》（*Münchner Neueste Nachrichten*）的编辑弗里茨·葛里希（Fritz Gerlich）提到了关于冲锋队队员骚扰犹太人的一些早期报道。犹太工厂主路德维希·瓦瑟曼（Ludwig Wassermann）在离开贝格勃劳凯勒时遭到扣留。[29]

珀纳丝毫不以为意。[30]

我们尚不具备执行的权利或权威。[1]

　　　　　　——赫尔曼·戈林，1923 年 11 月 9 日

　　当晚早些时候，贝格勃劳凯勒已陷入一种敌对而危险的气氛中。山雨欲来的迹象很早就出现了。当活动组织者介绍古斯塔夫·冯·卡尔时，他对美好未来的召唤引来责难，有人喊道："不包括犹太人！"[2]人群中响起欢呼声。据犹太电讯社（Jewish Telegraphic Agency）特别记者马塔特亚胡·辛德斯（Matatyahu Hindes）的陈述，后来冲锋队又在宴会厅里搜寻需要抓的人，就像一群带着手枪的"乌克兰反犹暴徒"。[3]

　　在戈林痛骂了一阵柏林"犹太"政府后，冲锋队队员把外国记者集中在了宴会厅前部一个区域，拿枪指着他们。"记者都是犹太人，"他们轻蔑地说。当其中一名记者要求立即释放他们时，有人听到希特勒在数落他们："我们都等了五年了，你们记者等等无妨。"情况不断恶化，辛德斯身边的人群里有人开始唱民族主义歌曲，大喊："真可惜这里没有犹太人可杀！"

　　最终，这位犹太电讯社记者利用啤酒馆里的混乱，从一个没人把守的小门逃了出去——可能就是其他记者在厨房找到的那扇门。三天前在犹太电讯社的另一则报道中曾提到有这么一个威胁："鲁登道夫和希特勒向犹太人宣战。"[4]逃跑时他恐怕在想，啤酒馆里的人也许是要付诸实践了。

　　在另一头的阿特海姆角街 19 号，楼里满地是碎玻璃。
　　在敌对党派社会民主党的《慕尼黑邮报》报社外，纳粹党精

英突击部队"希特勒突击队"的队员争先恐后跳下卡车，在鹅卵石街道上设置路障。纳粹对这家"犹太报纸"[5]的批评报道以及对纳粹活动的揭露深恶痛绝。他们称之为"慕尼黑瘟报"[6]和"毒药厨房"[7]，后者是利用了一个流传几百年的古老说法，用来栽赃犹太少数族裔，煽动对他们进行集体迫害。

突击队指挥官约瑟夫·贝尔希托德用枪指着报社总务主任（business manager）的头，要他打开铁门。进入大楼后，突击队员开始捣毁写字台，推倒柜子和书架，往墙上泼墨水，切断电话线。[8]

还有一些人用枪托捣碎了四扇橱窗。[9]在这场疯狂的打砸中，约有 320 块玻璃——据后来检方的统计是 380 块——被打碎。被毁坏的办公室的景象日后会被做成明信片。[10]

"我们强行［破门］而入，把大楼掀了个底朝天，把我们能找到的所有印刷品都扔到了街上，"贝尔希托德后来说。[11]这其中包括了人事档案、订户的邮寄地址、广告商的账户信息、尚未完成的手稿，以及一切有社会民主党领袖或共和国旗帜的照片或半身像。[12]

行动中，曾有一名警察前来制止这场无谓的袭击。他很有可能只是来保住里面的印刷机，因为希特勒已经决定把机器交给战斗联盟的报纸《祖国》（Heimatland）。

希特勒突击队运走了大量设备，[13]包括五六台打字机、好几摞文件，另外从一个钱匣里抄走了约 6 万亿德国马克。车库也没有放过，他们企图偷走报社唯一的汽车。但是无法把车发动起来，于是拿走备胎了事。[14]

其中一名突击队员发现了报社主编和慕尼黑社民党领袖埃尔哈特·奥尔（Erhard Auer）的住址，他们打算接下来袭击他——可能从一开始就是目标之一。[15]等到贝尔希托德带人回到卡车上时，报社二楼阳台上飘扬着一面红黑白三色的钩十字旗，[16] 一名纳粹目击者形容办公室的景象是"冒着烟的废墟"。[17]

到了深夜 12 点半左右，15~20 名希特勒突击队员已经涌入胡桃街 10 号的楼梯，前往四楼的报社主编寓所。强行闯入的人当中有希特勒的司机、外号"莫里仔"的埃米尔·莫里斯，[18] 这个 26 岁的钟表匠是冲锋队的首任队长。[19]

"你丈夫在哪？"莫里斯用手枪指着主编妻子、55 岁的苏菲·奥尔的头问道。

她说她不知道。

莫里斯选择用暴力威胁，他要求她回答问题，然后推了她一把，她向后退了几步，差点摔倒在地。他的两个手下把她关进一个房间，然后开始搜查寓所。

埃尔哈特·奥尔的确不在家。他之前收到消息说他有生命危险，于是就去了同为社民党人的律师朋友威廉·赫格纳（Wilhelm Hoegner）在谢林街的寓所。事实上，奥尔的藏身地距离一个冲锋队的主要集结点就一个街区。

奥尔的大女儿苏菲要求这些不速之客尽可能小声点，因为她两岁的女儿在睡觉。莫里斯没有理睬，一边翻找着橱柜、脏衣服和床铺，一边问她父亲在哪。之后他砸了一个餐具柜，推倒了几个书架，看起来是在寻找武器或什么值钱的东西，顺便也在留意跟主编的下落有关的一切。"我们是主人了，现在我们管事，"莫里斯叫嚣道。[20]

在贝尔希托德下令停手前，莫里斯和他的同伙已经打开了保险柜，抄走了里面的东西——不过就是几封写给艾伯特总统的信，一些关于纳粹的文章，还有女儿以前的成绩单。

其中一些文件会带回啤酒馆，显得好像是满载而归，不过几个突击队头目显然有些失望。他们没找到奥尔，也没有任何有关他的下落的线索。到头来，他们只能拿走他的左轮手枪，还有一把老旧的驳壳枪，算是聊以自慰。[21] 他们还带走了奥尔的另一个女儿艾米莉的丈夫卡尔·鲁伯（Karl Luber）博士充当人质，[22] 直到他们找到那个胆敢指责纳粹是恐怖和种族歧视政党的主编。

当晚从慕尼黑多地传来袭击事件的报告，但不全是政变领导人授意或统一进行的。其中一伙人的头目是恩斯特·胡博纳（Ernst Hübner），一个年轻的银行职员。他当时在市政厅对面的多尼斯尔啤酒馆喝酒，并不知道贝格勃劳凯勒发生的事。酒过三巡，他偶然见到高地联盟的几个朋友，他们出来单独行动，伺机袭击"犹太人和其他人民的敌人"。胡博纳决定加入他们。[23]

在该组织内是个长官的胡博纳带队前往热闹的亲王宫饭店。"所有犹太人站出来！"[24] 他喊道。大家都没动静。看来没有犹太人在场，试图化解事端的经理说。于是高地联盟的暴徒又去了斯巴滕勃劳餐厅和精益酒店寻找犹太人。

不幸的是，警方的报告 [25] 对当晚的袭击事件提及不多，且不完整，日后对政变的陈述也偶尔掺入一些错讹。其中一个错得最离谱的说法是，当晚的肆意毁坏令希特勒深感不安，以至于他出面试图制止暴力行动，甚至将几名打砸了一家犹太店铺或熟食铺的党员开除出党。[26]

这个说法最早可以追溯到高级警长马特乌斯·霍夫曼（Matthäus Hofmann）的证词。然而霍夫曼是纳粹党员（而且与党高层关系不一般，希特勒入狱后，霍夫曼被乌尔里希·格拉夫选中负责照看他的狗）。即便是这样，根据这位警官的陈述也看不出希特勒曾出手干预，帮助犹太受害者。

别的且不说，按照霍夫曼的陈述，对犹太熟食店的袭击并不是政变当晚发生的，而是在那之前的某个未明确的时间。更何况，希特勒恼火的不是暴行的规模与残酷程度，甚至不是这件事造成的不良公众形象。希特勒对犯事的冲锋队队员的不满在于，他们在打砸那地方之前把党徽给摘了下来。

对慕尼黑的犹太社区而言，政变带来的是一个恐怖之夜。[27]类似胡博纳带领的这种团伙在市中心和火车站附近游荡，伺机抢劫或袭击犹太人。有的在邮箱上寻找看上去像犹太人的姓名，或在慕尼黑电话簿里翻找。他们砸了店铺的橱窗，比如方济会修士街的一家犹太人所有的服装店，而后把他们发现的犹太人拖走。

究竟有多少犹太人有过这样可怕的经历，现在已经不得而知。史学家埃里希·艾克（Erich Eyck）说有 24 人被劫持。[28]这个数字很有可能是低估的。舒伊勃纳－里希特的一个跟班当晚在啤酒馆离希特勒很近，他在自己的未出版回忆录中称，全城抓捕的人和在宴会厅里被扣押的人加起来，总共有 64 名犹太人被"暂时拘禁"。人质当晚是在贝格勃劳凯勒过夜的，其中许多人担心自己性命不保。

/ 13 午夜慕尼黑

孔雀是需要拔毛的，否则会毁在自己的羽毛上。[1]

——赫尔曼·戈林

在柏林，古斯塔夫·施特雷泽曼总理和财政部部长亚尔马·H.G.沙赫特（Hjalmar H. G. Schacht）博士正在大陆酒店的一个包间里吃夜宵。[2]晚上 11 点半，两人正在用甜点时，一个信差缓缓来到桌边，对总理耳语了一番，告诉他媒体报道了"慕尼黑的一场政变"[3]。施特雷泽曼起身告罪，匆匆赶往帝国总理府参加一个紧急会议。[4]

已经谢顶的施特雷泽曼作风勇悍、头脑敏锐，是魏玛共和国最卓越的政治家之一。那年秋天，上任才几个月的施特雷泽曼下了很大功夫，想带领国家摆脱通胀和孤立的混乱局面。英国大使戴伯隆子爵（Viscount D'Abernon）说他"行事颇无顾忌"，且"素喜剑走偏锋"。他还说，施特雷泽曼"与温斯顿·丘吉尔可谓同道"。[5]

与会的还有德意志共和国首任总统弗里德里希·艾伯特。这位 53 岁的社民党人只有八年级学历。他曾经是一名马鞍匠，[6]还做过别的营生，后来在不来梅买了一间酒馆，成了行会活跃分子。1919 年 2 月，艾伯特在新共和国的第一届全国选举中爆冷获胜。在位的四年半里，德国局势极为动荡，左右阵营的政敌对他百般诋毁。

面对慕尼黑的这场最新的危机，艾伯特总统、施特雷泽曼总理以及他们的顾问匆匆制定了对策。他们审查封锁来自巴伐利亚的新闻，冻结金融交易，把守道路、火车站以及其他与这个陷入动乱的南方邦之间的联系渠道。

对于希特勒政变会如何收场，一个关键因素显然是德国军方。军人会听从他们宣誓保卫的这个共和国的调遣，还是会支持民粹主义偶像鲁登道夫将军领导的叛党？

艾伯特总统直接向 57 岁的总司令汉斯·冯·西克特（Hans von Seeckt）大将提出了这个问题，将军曾在奥古斯特·冯·马肯森（August von Mackensen）麾下任参谋长，是德军在俄国、土耳其和东部战场取胜的策划者。此前西克特已经派兵到汉堡、萨克森和图林根平抑过共产主义叛乱。但是，这个出了名的右翼领袖会采取同样手段对付这次叛乱吗？

"总统先生，防卫军听我的，"[7]据报道，左眼戴着单片眼镜[8]的将军当时说。

但果真如此吗？包括施特雷泽曼总理在内的不少人不是很确定。德军有部队向鲁登道夫和希特勒投诚的消息已经陆续传来。即便多数部队会听命，冯·西克特将军又会发出什么样的命令呢？许多人认为他自己也在图谋篡权。他对共和国无疑缺乏好感。这位戴单片眼镜、城府极深的将军可不是凭空得到"斯芬克斯"[9]这个绰号的。

当晚，眼看革命和内战就要爆发，艾伯特总统启用了臭名昭著的魏玛宪法第 48 条——这是一个保障措施，让领导人在"德意志国公共安全和秩序……面临严重侵扰或威胁"[10]的情况下可以动用紧急行政权力。艾伯特最终将动用这项权力不下 136 次，[11]这种依赖对维持脆弱的共和国政权的合法性和稳定性无疑没什么好处。

而后艾伯特将紧急权力交给了冯·西克特将军。整个过程只用了几分钟。在如此短暂的时间里，将如此巨大的权力合法授予一名军队领袖，在德国近代历史上可谓闻所未闻。

当然，柏林的根本问题是：如果希特勒到头来还是杀到了首都，他会做什么？

他和同党会不会宣布巴伐利亚独立？这显然是他的一部分支持者想要的，但可能性不大。政变者当然希望艾伯特总统和他的内阁下台，但是他们会推翻共和吗？如果是这样，他们会不会用一个独裁或复辟君主政权取而代之？[12]如果是后者，会选哪个王朝？巴伐利亚的维特尔斯巴赫王朝，还是在一战结束前统治德国的霍亨索伦王朝？众所周知卡尔是支持前者的，鲁登道夫支持后者。有许多问题尚待解答，慕尼黑方面在细节上一直含糊其词。

另外有人还担心，一场德国革命会如希特勒承诺的那样，导致撕毁《凡尔赛条约》，立即终止所有赔款。即便政变不成，现在还存在一个可能性是法国会利用这个事件——作为一个"求之不得的借口"，以发起严厉的惩戒行动。教宗庇护十一世的枢机卿伯多禄·加斯帕里（Pietro Gasparri）就是这么看的。加斯帕里枢机还提醒说，政变会刺激巴伐利亚的分裂分子，给巴伐利亚和德国带来"不可预见的后果"。[13]

果不其然，法国对此事十分警觉。听到政变的消息后，法国驻德大使皮埃尔·德·马尔若希（Pierre de Margèrie）发出一份声明，向柏林强调他的国家在第一次世界大战中付出财力和人命，用了四年击败"普鲁士军国主义"，可不想到头来让它伪装成"一群誓要撕毁《凡尔赛条约》的民族主义独裁者"卷土重来。大使还说，英国也是这样的立场。[14]

回到慕尼黑，罗姆上尉正在战争部高声发号施令，[15]筹备与巴伐利亚领导人的会晤。在做好周边布防后，罗姆将洛索的办公室外的一间前厅设为战争室，也就是筹划攻打柏林的总部。

等到鲁登道夫和希特勒抵达时，这场重要会议已经准备就绪。但是卡尔、洛索和塞瑟在哪？

这时候他们应该已经抵达战争部才对。给卡尔办公室的电话打不通，让他们更加紧张的是，电话那一头一直在忙线状态。事实上等到有人接听电话的时候，对方会说卡尔已经在路上，或者去了陆军工兵营，或在另一条线上，如果是后者，那么会经过一段长时间的等待，莫名其妙地被挂断。洛索和塞瑟的情况也一样。

鲁登道夫并不担心几位巴伐利亚领导人的失踪，因为他们向他做了承诺。希特勒也不是太担心。[16] 不过焦虑的迹象是这时候开始显现的。据"小家伙"回忆，当时穿着初来这座城市时那身腰带风衣的希特勒，开始"像个亡命徒似的来回［踱步］"[17]。

冯·洛索将军的去向无疑成了很多人关心的事，而这正是他想要的效果。

其中有一群人绝对没想到当晚会见到他，那就是他在市内兵营的参谋。在发出一系列命令后，洛索的下属雅克布·冯·丹纳将军来到二楼的一间办公室。让他大吃一惊的是，原来冯·洛索将军已经坐汽车从贝格勃劳凯勒来到了这里。

"这一切肯定都是虚张声势，对吧，将军阁下，"丹纳问道。[18]

当然了，洛索回答，他对希特勒在宴会厅的"可耻偷袭"[19]表现出的恼怒和愤慨至少让在场的某些军官觉得，他是在自责。据邦警监汉斯·卑尔根（Hans Bergen）说，他当时在房间里来回走着，"极其激动和气愤"，[20]并且显然不太确定接下来该怎么做。

丹纳不信任洛索，不过他知道自己需要这个人，别的不说，要想获取由他的同僚卡尔和塞瑟掌握的资源，就得通过他。比如塞瑟作为邦警总长掌握着目前城中最庞大的武装力量 21，包括驻扎在营地里的约 1800 人。在军队增援抵达前，要想保持对慕尼黑的控制，和希特勒对抗，这些邦警部队至关重要。

于是丹纳认为，当务之急是转移到第 19 步兵团营地内的一个比较安全的地点。他们发信给在官邸的卡尔和在警察营地的塞瑟，要他们速来会合。一座原为通讯站的木头平房成了他们的新指挥中心，洛索、丹纳和他们的参谋将藏在那里，准备弹压希特勒的叛乱。

我不想太早亮底牌。[1]

—— 古斯塔夫·冯·卡尔

到了1923年11月9日凌晨大概1点或1点刚过没多久，[2]卡尔、洛索和塞瑟已经抵达新设立的平叛指挥中心。同时他们还收到了两条重要信息。首先是巴伐利亚王储鲁普雷希特强烈反对这场政变。[3]其次他们收到了柏林的总司令冯·西克特将军的表态，[4]称他也反对"这场疯狂的哗变"[5]。他下令巴伐利亚当局立即镇压叛乱，如若不然，他会亲自动手。

到了凌晨2:50，[6]离开啤酒馆四个多小时后，三位巴伐利亚领导人已经向帝国全境的电台发出了一份联合声明：

> 邦务委员冯·卡尔、冯·洛索将军和冯·塞瑟总警监反对希特勒政变。在武力逼迫下做出的贝格勃劳凯勒集会声明是无效的。务必小心有人滥用以上三人的名义行事。[7]

三人还起草了一份长一些的文稿用于对外张贴，其中痛斥希特勒"阴险狡诈，违背诺言"，[8]并誓称要果断行动，粉碎这一背叛行径。

此时纳粹党及其战斗联盟已经被宣布为非法并取缔。卡尔发出的第264号令[9]还要求查抄这些被禁组织的所有钱财、武器、装备、车辆等，并强调其成员可面临最多15年的徒刑。后续的命令要求，[10]对鲁登道夫、希特勒及其支持者应"当即"予以逮捕。

多篇反对希特勒的公告在城中各处张贴。然而这些公告需要和纳粹的那些宣告成功组建希特勒－鲁登道夫－卡尔－洛索－塞瑟政权的告示竞争。希特勒的人在报摊争夺战中占据巨大优势。

更糟的是，三人还需要驳斥即将发行的报纸上的说法。卡尔的顾问和讲稿作者、《慕尼黑报》主编阿道夫·席特（Adolf Schiedt）提醒他们，报社记者只能写他们在啤酒馆看到的东西，即巴伐利亚领导人支持革命的发言。换句话说，慕尼黑人将在早晨的报纸上看到对卡尔、洛索、塞瑟与希特勒结盟的连篇报道，对他们的否认则只字不提。为了避免混淆国民视听的"巨大危险"，[11] 席特吁请他们制止报纸的印行。

巴伐利亚当局一致认为这是个好主意，但是当晚情况一团糟，谁都顾不上去做这件事。在凌晨3点到4点之间的某个时候，席特终于找到了一台电话，与他的出版人汉斯·布赫纳（Hans Buchner）联系，此人还兼任慕尼黑编辑和出版人协会主席。"今晨慕尼黑全城的报纸发行应予禁止，"[12] 席特说，他要求布赫纳向同行转达这一命令，同时告诉他们，凡有违背者会被处死。

布赫纳对这一惊人命令的反应没有被记载下来，但是他顺从地给全城的同行打了电话。《慕尼黑最新消息》编辑弗里茨·葛里希在参加了警方的图书室新闻发布会后已经睡下，现在又被他叫了起来。

葛里希告诉他，报纸已经印了至少3万份，就快开始递送了。他说现在已经不可能停下来。就算他愿意照办也来不及了。

葛里希随即致电恩斯特·珀纳，[13] 抗议这种在最后关头妨碍言论自由的行为。

但这个消息让珀纳也感到意外。

在发布会后也睡了一会儿的珀纳说，他没有收到这样的命令。他可以肯定卡尔也没这么做过。肯定是什么地方出错了。已经睡不着的珀纳试图给警察总部的亲信威廉·弗里克打电话。[14]

电话交换台的值班警官说，另外还有几个人也来问弗里克，但他既不在办公室也不在住所，谁也不知道他在哪。

几分钟后，葛里希给珀纳回电向他证实，经过一番调查后，他敢肯定停发报纸的命令是卡尔的办公室下达的。这让珀纳大吃一惊。卡尔是他的老朋友。他要是下了这种命令，肯定会事先通知自己。但他还是开始担心起来。弗里克去哪了？不跟下属打招呼就离开岗位，这不是他的作风。

就在珀纳琢磨着这些的时候，门铃响了。[15]是马克斯·冯·舒伊勃纳－里希特奉命来让珀纳去战争部。他说情况有点不太妙。希特勒需要他立即过去。

/ 15 "我不是胆小鬼"

你的梦想恐怕很快就要破灭了。[1]

——艾伯哈特·考特尔（Eberhardt Kautter）

对一名希特勒–鲁登道夫政变支持者说

在步兵营碰头后，巴伐利亚领导人下达的第一批命令里有一道就是逮捕威廉·弗里克。[2] 慕尼黑的邦警指挥官约瑟夫·班泽（Josef Banzer）总警司和他的幕僚长西格蒙德·冯·因霍夫警司很乐意执行这个命令，因为他们对此人的动机早有怀疑。凌晨3点半左右，弗里克走进他们的办公室询问三名领导人的最新消息，这给他们的任务提供了方便。[3]

趁着因霍夫悄悄出门叫帮手，班泽设法若无其事地跟弗里克聊了两句。等他回来的时候，弗里克打算离开。因霍夫堵在了门口。

"弗里克先生，我很遗憾，但这是我的职责，"因霍夫说。[4]

班泽跟他摊了牌：弗里克被捕了。

"是谁的命令？"弗里克问。

"政府。"

"可是，哪个政府，总警监？"[5]

弗里克大吃一惊。难道真是古斯塔夫·冯·卡尔的命令，就是那个几小时前刚刚承诺支持希特勒政权的人？

因霍夫叫进来的两名警官把弗里克带到楼里的另一个房间。下一个任务是逮捕珀纳。

舒伊勃纳–里希特和珀纳来到战争部，[6] 房间和走廊里到处是士兵，有些在抽烟、闲聊，或者干脆打算睡一觉。三楼，希特勒正在和罗姆谈话，指责没有到场的冯·洛索将军辜负了他。在场所有人都表示赞同，只有鲁登道夫仍然拒绝相信一名德国军官会言而无信。

希特勒寄望用说服的艺术来化解危机。有 10 万份新政权的告示将会在城中张贴。像尤利乌斯·施特莱谢尔这样善于蛊惑人心的人物会出来演讲，[7] 慕尼黑各地会有 14 场集会。会有赫尔曼·埃瑟撰写的文章和公告。《人民观察家报》及其他的慕尼黑报纸会把这个消息传递到慕尼黑人的早餐桌上。"宣传，宣传就是一切，"希特勒说。[8]

在那家被征用的银行，埃瑟正在自己的新办公室里忘我地做着这件事。他的那些即将在报纸上发表的公告，加上他抱病在短时间内完成任务这一点，令希特勒的人对他称赞有加：

> 十一月罪人的革命止于今日……五年前，一伙聒噪、可悲的逃兵和罪犯从我们的监狱逃脱，在英雄的德意志人民背后捅刀子。这些民族的叛徒，向轻信他们的人民撒谎，许以和平、自由、美和尊严……结果呢？[9]

埃瑟接着描写了饥饿与困苦的人民，他们被"投机倒把分子和政治骗子"以及柏林那些将国家资产拱手送出的罪犯政客尽情宰割。强行施加的凡尔赛和平致使 1700 万德意志同胞"与我们分离，被百般羞辱"。与此同时，"一个曾经的妓院龟公"——他指的是艾伯特总统——"篡夺帝国总统之位，"这是在"败坏德意志人民与德意志共和国的荣誉"。

"只有傻瓜才会指望从这样的地方获得帮助。"

尽管在公告中洋溢着必胜的信心，埃瑟还是有担忧的。他把稿件交给了报社，阿尔弗雷德·罗森贝格正在那里焦急地等待着，[10]此后埃瑟去了摄影师朋友海因里希·霍夫曼（Heinrich Hoffmann）在街对面的工作室，向他吐露了自己的忧虑。

"全完了，"[11]霍夫曼记得当时他坐在一把扶手椅上说。他说，鲁登道夫和希特勒让巴伐利亚领导人离开啤酒馆是犯了根本性的错误。洛索会纠集军队——加上塞瑟的邦警——大举发起反攻。而纳粹的势头则在消失。

几个小时下来，政变无疑正在显露它的真面目。糟糕的计划，马虎的决策，草率的急中生智，这些都显示出政变严重缺乏对细节的关注。毫无章法的通讯联络和对冗长的演说和浮夸的声明的偏好也拖累了他们的行动。他们临时改变计划，将行动提前到11月8日，导致无法进行有效的准备和组织，更不用指望找到足够多的盟友。因此，国家社会主义党没能争取到充分的支持，无力抵挡掌握大量军事、工业和经济资源的对手。

希特勒和政变领导者们陷在了一个超现实的幻想世界里，错把愿望当成现实，他们不愿意承认巴伐利亚领导人不会与他们合作。到了那天早上6点，他们已经别无选择，只能正视现实。

最后让他们醒觉的是一个双方都熟悉的人物，55岁的慕尼黑步兵学校教官路德维希·利奥波德（Ludwig Leupold）上校。他在学校被人叫醒，说鲁登道夫将军要见他，于是立即赶往战争部。[12]经过漫长的等待，利奥波德被带进一个小房间，里面只有鲁登道夫和希特勒二人。对于让他们等了将近七个小时的洛索，鲁登道夫将军表达了不满。电话没人接；信差也一去不回。鲁登道夫径直问他洛索的去向。

他不会来的，利奥波德说。接着他又证实，洛索已经下令要军队反抗希特勒及其支持者。

据利奥波德后来说，鲁登道夫惊呆了。将军大概是最后一个意识到，洛索不打算跟他们并肩拼杀。

而后鲁登道夫要求教官去面见洛索，劝说他履行自己的诺言。

这场会面的最后，希特勒有一段长时间的咆哮，说他为德国做了四年的工作，他"准备为［他的］事业而战"。他高喊"我不是胆小鬼！"至于洛索，如果他为德国所做的事毁在此人手上，这名巴伐利亚将军就是在放弃"生的权利"。[13]

虽然有这番夸夸其谈，希特勒此刻肯定已经意识到，一旦调动了防卫军，他的人将很难守住战争部。他们决定撤回到贝格勃劳凯勒。[14] 这场政变要回到啤酒馆这个起点。在那片属于希特勒的天地，他们将筹划与当权者的决战，不管所谓当权者指的是什么。纳粹显然没什么准备，更别说行动失败之后能有什么替代或应变方案了。他们再次不得不见机行事。

在去啤酒馆的途中，希特勒顺便回自己的寓所换了身衣服。鲁登道夫和其他政变者会在贝格勃劳凯勒与他会合。罗姆受命留在战争部，不惜一切代价守住那里。

/ 16 决断时刻

> 如果有人给他建议或提出警告，他会说，"我应该坚持
> 自己的路"。至于那路会通向何方，他看不到，也梦不到。[1]
> ——玛格丽特·鲁登道夫

经过一夜的劳顿，约1000名冲锋队和战斗联盟的人此刻已经在啤酒馆里四散休息，[2] 有的在地上呼呼大睡，有的趴在桌上，有的直挺挺躺在拼起来的椅子上。运气好的可以吃上有黑麦面包、奶酪、香肠[3] 和黑咖啡的早餐，多数是从街对面一家餐馆抢来的。希特勒则享用了两个煎蛋、一片肝泥糕、两片面包和一杯茶。

整晚待在人民观察家报社的外国记者拉瑞·卢那天早上获准进入被占领的啤酒馆。他觉得那片地方像是一座战时的军营，到处是军粮、弹药和补给。小伙子们已经在花园里操练，尽管又饿又累。大家基本上都相信，向共和国发起的攻击已经成功了。

希特勒、鲁登道夫和几名顾问躲进了二楼一个小型私人餐室里。这里的气氛沉郁，与外面的热情高涨截然不同。"看起来我们的情况不太妙，"希特勒在上午早些时候跟保镖乌尔里希·格拉夫说。[4]

鲁登道夫还穿着那件花呢夹克，在变味的雪茄和香烟浓雾中喝着一杯红酒。希特勒在那件有腰带的风衣里穿了件暗色双排扣套装。一名《纽约时报》的记者那天上午看到希特勒凝视着一张慕尼黑地图，看上去"显然情绪不佳，十分劳累"。

希特勒以这个新独裁政权的领袖自居，但是他"看上去不太

像能胜任这个角色，"《纽约时报》记者还说。他似乎只是一个"穿着一件旧防水大衣、腰上别着把左轮手枪的小矮子，没刮胡子，头发蓬乱，喉咙嘶哑得几乎无法说话"。反观鲁登道夫就显得"极为友好"，不过"在和希特勒以及其他政治顾问交谈时显得焦虑且心事重重"。将军表示他迫切希望得到英格兰的承认，尤其谈到了"新德国的辉煌未来"。[5]

对于他们所处的困境以及合理的对策，希特勒与鲁登道夫显然有不同看法。希特勒对将军的敬畏在渐渐消失。他不再是一副阿谀奉承的样子，被同僚比作服侍将军的勤务兵，或是在伺候最尊贵的主顾的伙计。希特勒是不是已经在怪罪鲁登道夫放走巴伐利亚领导人？

希特勒说他只是希望再给他一个机会跟卡尔、洛索和塞瑟沟通。鲁登道夫反过来指责希特勒，说他当初就不该用枪逼他们进里屋。他当时相信他们已经达成共识。

这就是此刻他们的处境，他们的希望越来越渺茫，热情在消退，指挥陷入瘫痪，不知道该如何进行下去。希特勒坚持实施他构想的一个宣传攻势，派激昂的反犹主义者尤利乌斯·施特莱谢尔深入到慕尼黑"大街小巷去演说"。他让赫尔曼·戈林和马克斯·阿曼负责派冲锋队队员去印刷厂取海报，在全城张贴。

另外为了打点徒众，他们还急需用钱，为此希特勒命令一帮冲锋队队员去打劫两家商店，分别是散步广场上犹太人所有的帕库斯公司（Firma Parcus）[6]和达豪大街的埃·穆尔塔勒公司（E. Mühlthaler and Company）。选这两家企业是因为这是获取大量金钱的一个捷径：它们是印钞票的。

冲锋队队员那天上午搬回来14605万亿马克，[7] 20个箱子堆在前一晚乐队演奏的那个台子上，将近五英尺高。事实上乐队还在，但只是偶尔无精打采地演奏一下。又累又饿的乐手们抱怨说，这笔飞来横财跟他们没什么关系。

希特勒下的最后一道命令进一步疏远了鲁登道夫。他派了一名密使[8]代表他个人去贝希特斯加登（Berchtesgaden）见鲁普雷希特王储，恳请他出面，说是只要他一发话，卡尔就会支持革命。鲁登道夫并不拥护信奉天主教的维特尔斯巴赫王朝，但希特勒相信，鲁普雷希特的协助将是他们成败的关键。

在屋外，这个阴冷的上午依然在下雪。[9]街上空荡荡的，只有一些赶去上班的人，仿佛这就是一个普通的星期五。慕尼黑看上去完全不像是在经历革命的阵痛。[10]

对城里的大多数人来说，贝格勃劳凯勒发生的事情只能通过报纸知晓。纳粹报纸《人民观察家报》的头版大标题是"钩十字的胜利"，狂热地表示犹太人和犹太政权治下"饱受屈辱的五年"已经被希特勒终结。一个新时代到来了，报纸表示。德国雄鹰即将展翅高飞。

这一期报纸是阿尔弗雷德·罗森贝格精心策划的。他一一赞美了革命领袖：希特勒和鲁登道夫自然不可少，但和他们一同登台的巴伐利亚当权者也包括在内。卡尔是模范公务员，忠于祖国和人民；洛索被描绘成"大无畏的军事统帅"；塞瑟的形象则是勤奋工作，成为稳健的后援，并参与了重新唤醒"新国家社会主义德国"精神的行动。他们是将要创造历史的人。[11]

最先刊发的那批报纸很快被抢购一空。慕尼黑影响力最大的日报《慕尼黑最新消息》也对这场显然的胜利进行了生动的报道。[12]正如卡尔的顾问阿道夫·席特所警告的，媒体对尚在初期阶段的政变肯定会有帮助，它们会传播已经过去了12个小时左右的信息，还会给政变领导者带去鼓舞，让他们知道这场运动还没有失败。

而在其他地方，许多欧洲报纸收到政变的消息已经晚了，只能给出最基本的陈述。在巴黎，《晨报》表示鲁登道夫已经宣布成为独裁者，[13]巴伐利亚政府的领导人被慕尼黑法西斯关进了监狱。《小巴黎报》(Le Petit Parisien)则称，现在存在一种普遍的担忧，认为革命党会撕毁《凡尔赛条约》。[14]《泰晤士报》及其他几家英国报纸表示要小心德国分裂并走向内战。[15]

在大西洋对岸，报纸利用时差的优势对事件进行了更详细的报道。"阿道夫·希特勒的部队已经开始了攻打柏林的行动，"[16]《纽约时报》报道。那天早上他们刊发了六篇关于政变的文章。德国内外的大多数报纸都强调了鲁登道夫将军的角色，他无疑是此次政变中名气最大的人物。希特勒自己的《人民观察家报》是少数先提到希特勒的报纸之一。

其中一些报纸把希特勒说成只是个次要的配角，如《纽约世界报》(New York World)所说，是"鲁登道夫的助手"。[17]还有比如《每日新闻》这样的报纸把他的名字拼成了"Hittler"，[18]或像《纽约论坛报》那样，错把他当成一名副官。那一年刚刚创刊的《时代》杂志把他归为巴伐利亚君主派。[19]《十字架报》(La Croix)称他是"希特勒将军"。[20]

但希特勒不是将军、保皇派，不是鲁登道夫的助手，无疑也没打算去柏林。此刻他还在贝格勃劳凯勒啤酒馆二楼来回踱步，思考如何拯救这场失控的革命。

与此同时，恩斯特·罗姆和其他几名高层同僚正在把巴伐利亚战争部变成一座纳粹堡垒，周围布设了铁丝网和尖利的钢铁障碍，窗口架着机枪。他的一些手下把守着入口，在院子里巡逻。

他们几个则深藏于大楼三层的作战室，等待下一步行动。

希特勒和鲁登道夫已经有几个小时没有发来命令或消息。恩斯特·珀纳的警察总部也没动静，珀纳被希特勒派去那里查看弗里克的情况，而本应该已经到达那里的洛索将军更是不见踪影。罗姆后来说，他感觉"孤身一人，被抛弃，不知所措"。[21]

深受通讯不畅之扰的罗姆不久就要面对大批的国防军，这支受雅克布·冯·丹纳将军调遣的部队据说正在向战争部进发。其中一部分已经抵达路德维希街：两个步兵营、三个炮兵营、一个迫击炮连，另有八辆装甲车和大批分遣出去的邦警。军队的狙击手匆匆进入附近楼顶的战略位置，或者高楼层的窗口，就位后等待命令。

虽然政变面临抵抗，希特勒对慕尼黑当局依然有人员和枪械上的数量优势。希特勒的冲锋队和战斗联盟总共约有 4000 人；[22] 相比之下接受政府指挥的部队只有 2600 人，其中 1800 人是邦警。

不过大批援军正在从巴伐利亚周边地区赶来。已经调动起来的邦警单位控制了市中心的桥梁和主要道路。希特勒在一开始形成的兵力优势正在减弱。

在二楼的私人餐室，希特勒、鲁登道夫等人在商量对策。战斗联盟的军事指挥官赫尔曼·克利伯中校称前景"一片渺茫"，强烈主张"有序撤退"。[23] 戈林也认为该撤退，但前提是他们要能借此重整旗鼓，伺机再次发起攻击。同时他还提议把行动大本营转移到慕尼黑以南大约 40 英里处的罗森海姆[24]，离奥地利边境很近。那里是一个纳粹支持者相对比较集中的地方。纳粹党在慕尼黑以外的第一个分支组织就在罗森海姆，而且戈林对那里的路很熟，他就是在那里出生长大的。

希特勒一开始赞同这个方案，后来犹豫了起来，他指望巴伐利亚王储来救他，或相信宣传的力量能扭转事态。鲁登道夫则既反对希特勒的观望，也不喜欢戈林撤退到罗森海姆的计划。他鄙夷地说，后者是把国家革命带到前不着村后不着店的"土路"[25]上去。

上午11点多，有消息说邦警正在收紧对城中各处的控制，[26]包括在横跨伊萨尔河的桥上设路障，控制进入市中心的入口。革命的领导者们需要马上做出决断。再这么待在啤酒馆，他们会被包围，和罗姆一个下场。

鲁登道夫提议组织一场示威，或者说公开展示一下力量。他们应该让支持者在城里游行一遍，号召大家加入，至少能给他们鼓劲。此举还能让四周无所事事的人没那么懈怠和厌倦。如此坐等敌人不断增强实力、步步进逼，对士气是格外有害的。

也许通过展现群众的支持可以打消卡尔、洛索和塞瑟的抵制。另一个考虑是，军队要是看到游行的带头人是鲁登道夫将军这样受全民爱戴的人物，自然也不会开枪。"天塌下来部队也不会向我开火的，"鲁登道夫在前一天对同僚说。[27]他们的设想是士兵会纷纷倒戈，站到钩十字旗下。运气好的话，这股民族主义势头可以把希特勒推到柏林，就像墨索里尼被推向罗马那样。

现在不是优柔寡断的时候，鲁登道夫说，"我们游行。"[28]

/ 17 大院里

> 我是个顽劣而幼稚的人，反正比起有头有脸的市民过着
> 的规矩生活，我更喜欢战争和动荡。[1]
>
> ——恩斯特·罗姆上尉

戈林下令让希特勒突击队指挥官约瑟夫·贝尔希托德发起最后的搜捕。部队需要抓慕尼黑市长爱德华·施密德（Eduard Schmid）和市议会中的社会民主党党员，用他的同僚克利伯中校的话说，就是那个"红、更红、最红党"。[2]

但是这支约 50 人的远征军[3]在前往市中心的路上遇阻，讽刺的是，造成麻烦的恰恰是希特勒亲手委派的演说家尤利乌斯·施特莱谢尔。在慕尼黑最大的广场玛利亚广场，他的煽动已经导致严重的交通堵塞。

新政府会"把犹太奸商吊死在路灯上"，[4]施特莱谢尔站在一辆敞篷车的后座上咆哮着。希特勒会取缔"犹太"股票交易所，将所有银行国有化。他承诺饥者得食，而那些在掠夺而非治理的恶人会被绳之以法。"屈辱的时代到头了，"施特莱谢尔高声说道。

希特勒突击队的这支特遣分队[5]绕过了人群——其中许多人正在高喊"希特勒万岁！鲁登道夫万岁"——最终抵达市政厅。[6]

贝尔希托德带着十几名持机枪和步枪的队员冲了进去，[7]疾步上楼闯入议会，大喊一声你们被逮捕了。他命令所有社会主义者、马克思主义者和犹太人站起来。没人做出反应。

倒是有一位市议员——副市长汉斯·库夫纳（Hans Küffner）——胆敢反问：你怎么定义社会主义者？[8]

这位 62 岁的副市长被抓着领子往墙上撞。阿尔伯特·努斯

鲍姆（Albert Nussbaum）议员[9]被揪住手腕和后脖领，左侧太阳穴被枪管捅了一下。议员们被逐一拖到外面，在一群已经被煽动得怒火中烧的民众面前经过。人们啐口水、推搡、叫骂着，要求对他们严加惩治。

战时做过航空摄影、几个月前被任命为希特勒个人摄影师的海因里希·霍夫曼带着相机和玻璃底片，骑着自行车来到广场。在他拍下的一张令人胆寒的照片中，[10]市长和七名市议员被押上一辆卡车，即将前往贝格勃劳凯勒。

骚乱期间，钟琴在11点钟用机械小丑和骑士的舞蹈报了时。

在北边不到1英里的地方，德国防卫军正向被占领的战争部进发。邦警负责两翼和后方的保护。附近房子的窗口架起了机枪，枪管对准那座石砌建筑的正门。

罗姆的人在战争部周围和院内布防。海因里希·希姆莱在路德维希街的铁丝网路障上挂起一面"帝国战旗"的旗帜。窗口的机枪瞄着正在行进的军队。罗姆骄傲地说，他的人都是"不离不弃的兄弟"。[11]

双方形成僵持后，防卫军的行动指挥冯·丹纳将军派出一队人举着白旗上前谈判，[12]希望对政变者晓之以理，给他们最后一个机会，自己从楼里走出来。

其中一名代表，就是罗姆上尉曾经的指挥官和恩师、少将弗朗茨·沙瓦·冯·埃普骑士（Franz Xaver Ritter von Epp）。[13]埃普率领过的"埃普团"是最强大的自由军团队伍之一，参与了对1919年慕尼黑共产主义暴动的镇压。他还为纳粹党筹集了大约60000马克用于收购报社。[14]总之，埃普在极右翼圈子里是很有声望的权力掮客。

看热闹的人群——其中一些人还冲谈判人员挥舞着拳头——注视着埃普和同僚通过了罗姆的岗哨，进入战争部。

抵抗是徒劳的，有人听到谈判代表跟罗姆说。[15]卡尔、洛索和塞瑟已经决定举全邦之力反对政变。罗姆"人数和火力都在绝对下风"，[16]除了投降别无选择，埃普说。罗姆拒绝了。他是在执行命令，要让他收兵，唯有鲁登道夫发话。

但是其中一名谈判代表说，政变已经成功了。柏林已经启动第48条，向冯·西克特将军授予至高无上的权力。他们向罗姆保证这会是"一场体面的投诚"。[17]

罗姆要求和他们的指挥官冯·丹纳将军通话，双方约定停火两小时，以便在土耳其街的邦警营地谈判。然而在他走后没几分钟，战争部外就传来枪声。[18]

谁先开枪当然是存在争议的。防卫军称开枪的是罗姆的人，在被占领大楼的一座侧楼里。罗姆的人说他们一枪未发，开枪的是控制了战争部后面一座车库三楼的防卫军。然而几年后罗姆承认，罪魁祸首可能是一个跟他的手下共事的暴脾气。

第一声枪响化成了激烈的交火，仅邦警就开了17枪。[19]蹲在考尔巴赫街附近一堵墙边的两名防卫军士兵受伤。[20]在战争部东侧大院里，[21]罗姆手下的年轻银行职员马丁·福斯特（Martin Faust）[22]也中枪了，子弹从他右耳后侧穿了过去。他脸朝下倒在地上。

福斯特的上司西奥多·卡塞拉（Theodor Casella）中尉高举右手大喊，[23]让所有人停止射击。他赤手空拳跑到福斯特身旁，结果自己大腿中了一枪。两人都被希姆莱带人抬了回来。福斯特已经死亡，卡塞拉被送到附近的若瑟芬医院，于当天下午死亡。啤酒馆政变有了第一批烈士。

千万别去，罗森贝格先生。那纯粹是自杀。[1]

——印刷工阿道夫·穆勒（Adolf Müller）

前慕尼黑警察总长恩斯特·珀纳本应参与希特勒政府的一项制止恶性通胀的计划。其中一个首要目标是制止"犹太人和政治敌人的资本外逃"。[2] 在上午 8 点有一个会，商讨行动的细节。但是珀纳没有露面。

他的同事马克·塞瑟尔曼打电话到他家问情况，珀纳的妻子玛格丽特接的电话，声音很激动。"那么，你们还不知道？"她问道。卡尔的支持已经不存在了。希特勒的人被出卖，珀纳已经被捕。当局搜查了他们的住所，"像一群猪猡"翻找写字台，搬空了文件柜。"赶紧逃命，"她建议，"全完了。"[3]

那天早上珀纳的确已经被捕。[4] 得知三名领导人发起抵抗后，希特勒派他去了警察总部，让他利用自己的关系控制那里，以备革命之需。然而和弗里克一样，他立即被班泽和因霍夫两位警官逮捕了。感觉就像"被打了一记闷棍"，[5] 珀纳说。

纳粹现在只剩下两个主要的抵抗据点：啤酒馆和战争部。但是希特勒和鲁登道夫目前在哪个地点呢？[6]《柏林日报》（Berliner Tageblatt）晨版问道。这个谜在报纸付梓之时仍未揭晓。

快到正午的时候，约 2000 人[7] 在贝格勃劳凯勒外排成松松垮垮的队形。队伍前端是两名旗手，其中一人手持一面带钩十字的黑白红三色旗帜，另一个人拿的是蓝色钻石加高山火绒草的高地联盟旗。

他们身后是穿着风衣的阿道夫·希特勒，手上拿着皱巴巴的费多拉帽，腰间别一把勃朗宁手枪。在他左侧紧挨着的是舒伊勃纳－里希特；[8] 右侧是鲁登道夫将军。他们的身后有克利伯中校、乌尔里希·格拉夫和赫尔曼·戈林。游行队伍即将出发，将这个希特勒日后称为"［他］人生中最孤注一掷的大胆决策"[9] 付诸实现。

"情况看来很不妙，"舒伊勃纳－里希特对罗森贝格说，[10] 他的这个老朋友刚刚从人民观察家报社赶来，站在队伍前列。舒伊勃纳－里希特还向希特勒表达了担忧，称那可能是他们最后一次走在一起了。[11]

清晨的雪已经停了，微弱的阳光[12]奋力穿透阴郁灰暗的天空——用一名游行者的话说，那是冉冉升起的德国自由太阳。[13] 过去几个小时里，邦警已经集结起来，部署到各个战略要地，巩固对火车站、电报局和电话交换所的控制。希特勒一度试图夺取的警察局如今也已经被现政府掌握。

不过面对不断增强的防卫军和邦警，戈林有一个计策。他想把刚抓来的市长和市议员放到游行队伍里。[14] 如果警方胆敢朝他们开枪，戈林就会威胁"处决所有人质"。[15] 假如警方愿意合作，这些政客也仍是宝贵的资本，可以用来交换己方被抓的珀纳和弗里克。

听到这个计划后，希特勒突击队的约瑟夫·贝尔希托德或是他身边的某个人表达了异议，认为杀人质"用子弹太不值了"，[16] 建议让他的人用棍子。然而希特勒的决定终止了这场讨论，他要把犯人送回到贝格勃劳凯勒的关押地。[17] 他不想成就殉道者。[18]

大概在这个时候，午间报纸《慕尼黑报》已经上市了。在付梓前，报社主编、卡尔的讲稿作者阿道夫·席特设法加了一条新闻，讲的是巴伐利亚领导人对政变的拒绝。报纸还发表了一篇短评，指责希特勒的欺骗与背信弃义。"希特勒政变——卡尔遇劫"，[19]大标题如是写道。巴伐利亚邦已经做好了捍卫政权的准备。

纳粹游行队伍向西北方向的市中心行进，其中不少人整晚待在啤酒馆，饿着肚子，宿醉未消。他们挥舞着钩十字旗帜，高唱他们的颂歌《冲锋歌》（Sturm-Lied）："醒来吧，德国！扯断你的锁链！"这首歌的曲作者迪特里奇·艾卡特是亨里克·易卜生的《培尔·金特》（Peer Gynt）德文版译者，还写了一个作品的改编版搬上德国舞台，大获成功。艾卡特错过了冲击啤酒馆的一幕，于是在伊萨尔门火车站附近的人行道看了游行。

与此同时，街上除了少数拥堵路段以外依然川流不息，电车照旧接送着周五早间忙忙碌碌的人们。游行队伍在这座超现实城市中穿行。支持纳粹的人开始加入他们，用克利伯中校的话说，"就像一大群蜜蜂"[20]。街头小贩向这些似乎已经在庆祝胜利的人们吆喝着，乐手们在吹号打鼓。

当时在游行队伍中的汉斯·辛克尔（Hans Hinkel）多年后回忆道，现场流溢着"欢天喜地的热情"。"我们是工人、学生、官员、市民、手艺人，老老少少，"[21]他说，大家团结在一起，满怀激昂而崇高的热忱。

宣告德国革命的海报还在，宣布巴伐利亚当局反对革命的也不少。有些人停下来观看、欢呼，或高喊"万岁！"有的则在笑。年轻的法律系学生汉斯·弗兰克（Hans Frank）[22]那天在博物馆桥[23]架设了一挺机枪。有看热闹的问他，玩这么危险的玩具有没有经过妈妈的同意。

希特勒的游行队伍15分钟后到达了伊萨尔河上的路德维希

桥。人称"绿警"的邦警 24 已经先于他们一个小时左右来到这里，是一个 30 人的小队，配有重机枪，他们受命阻止政变者过桥。

游行队伍沿着下山路向着桥头走去，其中不少人也认为，警察要么会加入他们，要么就袖手旁观。然而，在现场的邦警指挥官吉奥格·胡弗勒（Georg Höfler）警督却命令手下严阵以待，拦住政变者。戈林没有理会。于是警察在号令下装上了实弹。

"不要向自己的战友开枪，"戈林向桥上的警察防线喊话。25

警方还没来得及做出反应，一阵军号声响起，贝尔希托德的希特勒突击队冲了上去，将警察推到一边，收缴了他们的武器，有的还吃了几记枪托。游行队伍里还有一些人向警官吐口水，恶语相向。至少 28 名警察被俘，26 手放在头上被押回啤酒馆。这在后来纳粹的宣传里被说成是"警察倒戈"。

希特勒的游行队伍过桥来到伊萨尔河对岸，沿着茨韦布吕肯街向西走，街边开始出现许多人，有的挥舞着钩十字旗，有的加入队伍里。"全城的态度，"目击者约翰·艾格纳说，"无疑都是支持我们这场冒险的。"27 队伍穿过伊萨尔门，来到宽敞的塔尔街，向着市中心的狭窄街道进发。

史学家卡尔·亚历山大·冯·穆勒在玛丽亚广场一处街角观看了这场喧闹的游行。在他看来，大步向前的鲁登道夫是"老德国陆军最伟大的将领之一"。28 相较之下他身后那些人像"一群乌合之众，乱哄哄的"。29 他们看上去是一些"孤注一掷的革命党人"，有人讥讽他们是希特勒的外国军团。连当时也在游行的汉斯·弗兰克都觉得他们像"一支未战已败的军队"。30

正在玛丽亚广场吃午饭的年轻编剧卡尔·扎克梅耶（Carl Zuckmayer）觉得游行是一场喧闹的胜利庆典，仿佛又一个啤酒节。31

越过了卢比孔河，当然就要进军罗马了。[1]

——阿道夫·希特勒，1924 年 2 月 26 日

那天上午 11 点过后不久，"小家伙"离开啤酒馆前往党报《人民观察家》的办公室。眼看大势已去，他决定回一趟家，据他说是"做好逃亡准备"。[2]正在收拾行李的时候，他的姐姐艾尔娜来电告诉他游行队伍进城的消息，这样的事"小家伙"当然不想错过，于是改变主意，前去和游行队伍会合。在老绘画陈列馆，他撞见一群人正朝他的方向逃跑，他们是从音乐厅广场过来的。

"太可怕了，汉夫施丹格尔先生，"一名冲锋队队员对他说，"德国完了！"[3]他说军队向爱国义士开枪，血流成河。鲁登道夫带领他的追随者走上了玛丽亚广场。但是他并没有像队伍里许多人以为的那样，在广场停下来。他也没有带着大家拐进一条小街，回到啤酒馆去——这也是队伍里一些人预想的计划，其中包括负责为他制订军事计划的赫尔曼·克利伯。

他选择右转进入维也纳街，然后再右转进入佩鲁贾街。他对自己的这一举动始终没有给出充分解释。"人活到了一定时候，"将军日后会说，"就会按本能行事，不知道为什么。"[4]他们会不会是去解救被围困在战争部的罗姆，并让两支部队会师呢？

有这个可能，但一些参加了游行的目击者在途中曾听闻，一个警察提示鲁登道夫[5]，邦警部队和一辆坦克正在音乐厅广场等着。鲁登道夫可能在根据这一情报行事，不过他没有理会其他的建议——也就是继续走宽阔的马克西米连街，以免力量汇聚于一处。游行者转而走上了王宫街，那是一条途经王宫的狭窄街道，

据推断其优点是可以从警方的背后包抄过去。[6]

音乐厅广场上的邦警二队指挥官是一级警督米夏埃尔·冯·戈丁男爵（Michael Freiherr von Godin），[7]一名 27 岁的巴伐利亚贵族。他的哥哥埃默尔里希[8]在战争末期做过希特勒所在军团的指挥官，事实上正是他向上级提议授予希特勒一级铁十字勋章。

戈丁知道不能让纳粹党人从窄街道转入宽阔的空间，那样他们就可以发挥数量上的优势——大约是 2000 比 100。

来到王宫街的游行队伍已经亮出步枪、手枪和刺刀。士兵们嘶喊、欢呼着，高唱民族主义颂歌《噢，崇高荣耀的德意志》（*O Deutschland hoch in Ehren*），他们的声音在王宫高墙间回荡，变得愈发响亮。

在街道尽头通往音乐厅广场的地方，统帅堂上已经架起一挺机枪，邦警猫着腰躲在雕塑后面。一级警督冯·戈丁叫了几个人站在游行队伍前面。他命令队伍停止向前。

游行者没有理会他的指示，继续往前走。

"不要开枪，鲁登道夫和希特勒在此。"[9]保镖乌尔里希·格拉夫喊道。国家社会主义党人不断向着枪口行进。希特勒和舒伊勃纳-里希特挽着手臂，相互支撑着向前走。[10]

* * *

究竟谁开了第一枪？无论是在当时还是后来，都没人能给出一个有说服力的答案。政变者认为错在警方，警方说是政变者。戈丁说他的警队只用了"枪托和警棍"，[11]直到第一发子弹贴着他的脑袋飞过，击中邦警尼克劳斯·霍尔韦格（Nikolaus

Hollweg）警监的头部。戈丁称当时还没等他下命令，警方已经几乎同时开火还击。希特勒的人也一样，窄小的街道里枪声震耳欲聋。

这个说法没有多少中立的目击证人能证实。一名退休学校教员[12]当时正想通过统帅堂附近的警方警戒线，她听到远处走来的游行队伍发出山呼海啸的"万岁"声。而后她周围的一排戴着钢盔的警察突然蹲了下来，她确定先开枪的是他们中的一个人。

学生阿诺·施密特（Arno Schmidt）那个上午也在那一带，他说当时一名警官向前跑了几步，然后单膝跪地，率先开了枪——而且不是朝天，而是让自己的枪保持着"完美的水平"[13]。另有多名目击者说，在听到第一阵枪响时，也是警察在持枪保持射击姿态，而希特勒的人则没有。[14]

参加过政变的人还说，[15]他们当时在巷子里人挤人，一旦开枪难免打到自己人。[16]此外，有很多枪没有撞针，可能是被暗中破坏的修道士拆掉的。还有一些人没有弹药。在游行开始前，希特勒曾下令枪械要退弹，[17]不过究竟有多少人照做就不得而知了。不少政变者要么没听见这个命令，要么根本没当回事。

负责把俘获的警察押解到啤酒馆的贝尔希托德回来了，正好目睹了接下来发生的事。歌声和叫喊声被枪声打断，而后是"吓人的机枪声大作"！

在那之后，"一切就只剩下恐怖、痛苦和混乱"。[18]

警察从正面和侧面[19]向游行者猛烈开火。音乐厅广场，统帅堂的阳台，王宫的高塔，普莱辛宫的后巷。一切都是在"转瞬间"[20]发生的。鲁登道夫这样形容那场短暂而惨烈的街头战斗。

希特勒是最早倒下的人之一。可能是被舒伊勃纳－里希特或他的保镖拽倒，或者是像他在一战的枪林弹雨中当通讯员时那样，本能地找掩护。他按住剧痛的左肩，担心自己中枪了。他身上的血其实是舒伊勃纳－里希特的，他被击中肺部，当场丧命。[21] 子弹离希特勒只有大概 1 英尺。

这位纳粹党党魁倒地时摔得很重，以致肩膀脱臼。[22] 保镖乌尔里希·格拉夫为了保护希特勒受了重伤，[23] 可能救了他一命。格拉夫的肺部、胸部、两条大腿以及右臂都中了枪，[24] 其中右臂的子弹穿过肘部到了肩膀。还有不少人和他一起倒在地上。其中一个穿黑色外套的大块头浑身是血，他相信那就是鲁登道夫。

戈林的大腿和腹股沟中枪。[25] 他爬到了王宫的一个石狮子后面，身体痛苦地扭曲着。好几个同伴冲上去救他。罗森贝格也倒下了，正在四处找掩护，结果很快发现，他被另一个在向警方射击的纳粹党人当成了沙袋。最终罗森贝格跑到了安全的地方，就在那座石狮子附近。他看到一个政变者倒在人行道上，脑袋被炸开，脑浆流了出来，"冒着热气"。他的身体还在抽动。

克利伯中校为躲避子弹往统帅堂跑去。他看到有个穿深棕色大衣的男人倒在血泊中，以为那是鲁登道夫。街上倒着两面战旗，下面盖着两个死人。克利伯还认出了已经死了的舒伊勃纳－里希特。他记得一个警察朝一名已经牺牲的战友开了三枪，"每中一枪尸体都会从地上弹起来一下"。[26]

接着从王宫的一扇窗户飞来好几发子弹，没打中克利伯，大概都进了统帅堂的墙壁。他决定倒在地上装作已经中枪，但愿这样他们就不再朝他射击。在混乱中，克利伯记得当时他以为自己马上就要被击中了，心里咒骂着警察。[27]

子弹似乎是从四面八方射来。不少游行者跑进了门廊，或是转身躲到自己所在的游行队伍里，因而导致更多的混乱与恐慌。高地联盟的汉斯·里克梅尔斯（Hans Rickmers）看到自己身后有个穿毛皮大衣的女人单膝跪地，[28] 还有个穿雨衣的女人摔倒了。这时候，他感到脑后受到一记重击，踉踉跄跄地逃走，最后在一家汽车俱乐部楼上找到了一个医生，以及一瓶烈酒。他后来说，当时风传鲁登道夫遇害了，他感到仇恨、愤怒和绝望。里克梅尔斯在三周后离世。

慕尼黑冲锋队头目威廉·布吕克纳躲进了一家药房。他后来说，自己平生参加过那么多巷战，"最令人作呕的就是音乐厅广场那片浴血之地"。他说他以此为"奇耻大辱"。[29]

政变者四散逃跑。高地联盟的奥托·恩格尔布莱希特（Otto Engelbrecht）向鲍恩格尔格餐馆[30] 跑去；在邮局上完夜班后来参加游行的约翰·普雷姆（Johann Prem）跑到了内政部，[31] 没命敲打门房宿舍的窗户，直到有人开门。他的膝盖、下巴和右肩被子弹擦伤。冲锋队二连的卡尔·凯斯勒（Karl Kessler）毫发无损地跑到了附近一间咖啡馆。[32] 他在那儿遇到的一个战友就没那么好的运气了。他被击中了头部。

"这真是疯了！"冲锋队队员理查德·科尔布（Richard Kolb）喊道。[33]

虽然流言纷纷，但鲁登道夫其实既没有遇难也没有受伤。事实上他临危不惧、在枪林弹雨中坚定前行的表现很快将传为佳话。牛津大学史学家约翰·W. 威勒－本内特（John W. Wheeler-Bennett）称传闻中他昂首挺胸的架势[34] 是"老帝国军人的最后表态"。[35] 不过有的目击证人认为，实际情况跟这个正在成形的传奇是有出入的。

美国副领事罗伯特·墨菲正好在附近，他一口咬定鲁登道夫的表现和常人并无不同：他"紧贴着地面躲避子弹"[36]。他只是个凡夫俗子，在根据自己的战场本能行事。还有不少目击者的描述与此相符。事实上另一个相反的谣言很快也会传开，这个谣言说鲁登道夫一直趴在地上装死，最后是在警察的喝令下才站起来。不管怎么说，鲁登道夫可能没多久就站起来，向着广场对面的警察走去了。一颗子弹也没沾到他。

鲁登道夫的侍从科特·诺伊鲍尔则腹部中弹，看来当时他是飞身挡在了将军身前。[37] 舒伊勃纳－里希特的侍从约翰·艾格纳爬过来帮忙，他感到脖子一热，[38] 发现自己的脑后有血。他也以为自己中枪了，但那其实是旁边一个喉咙中枪的人的血。

有不少警察的确是奉命向地面射击的，但是子弹击中路面和墙壁反弹，[39] 在花岗岩上崩出碎片，刀片般锐利的石头可以嵌进人肉和骨头里。

"到处是倒地不起的人，"约瑟夫·贝尔希托德回忆道，"他们在地上痛苦地扭动，有的已经死了，有的正在死去，而子弹仍然在将死亡与杀戮不断带向乱作一团的人群……死者躺在地上，将生者绊倒；灰色的铺面路被鲜血染红。这整件事就是一场骇人的大溃败。尖叫和哭喊声不绝于耳，疯狂的射击永无休止。"[40]

在一条窄巷子里，弗里德里希·韦伯医生将身体紧贴着一座宅子的围墙，哭了起来。[41] 这是一场屠杀。

枪声响了不到一分钟，等到硝烟散去，啤酒馆政变已经不复存在，只剩下一片狼藉。前往柏林的游行止步于音乐厅广场，只走了一英里。街上满是已死和将死之人，残缺不全、血肉模糊。

20 人丧生，包括四名警察：尼克劳斯·霍尔韦格、弗雷德里希·芬克（Friedrich Fink）、马克斯·朔勃特（Max Schoberth）和鲁道夫·肖特（Rudolf Schaut），最后这位五个月前刚结婚。玩具店老板奥斯卡·克尔纳（Oskar Körner）[42]将盈利的相当一部分捐给了纳粹党，这一次游行他走在第三排，丢了性命。另有不少人受伤，可能超过 100 人。19 名伤者被送往慕尼黑大学医院急救室，外科教授费迪南德·绍尔布鲁赫（Ferdinand Sauerbruch）医生和他的下属为了救他们的命忙得团团转。[43]

有个头部中枪 [44] 的青年男子入院数日一直没有明确身份。在他死后人们才得知，他既不是游行者，也不是邦警；他是名侍者，叫卡尔·库恩（Karl Kuhn），当时正穿过广场去上班。一个叫苏珊·圣·巴贝·贝克（Suzanne St. Barbe Baker）的英国女人运气好些，她当时想去英国领馆延长在慕尼黑逗留的时间。她从音乐厅广场的"战场"逃了出来，爬到了一家玻璃已经全碎的咖啡馆避难。

警方尽全力抓捕游行者，首当其冲的是那些躺在地上一边哀号一边咒骂当局的人。鲁登道夫投降了。政府居然向他和他心目中的赤诚爱国者开枪，这令他大感震惊。他拒绝对方 [45] 以"阁下"或将军相称，并鄙夷地发誓这辈子再也不穿德国军服。

另一个中枪的，也就是前排那位被误以为是鲁登道夫的黑衣大汉 [46]，是恩斯特·珀纳的朋友、巴伐利亚最高法院首席法官西奥多·冯·德·福尔滕（Theodor von der Pfordten）。他的口袋里有一份带着血迹的新德国宪法草稿。其中描绘了一个严酷的威权主义政权，主要诉求包括废除议会、将犹太人驱逐出境、没收犹太人财富、将政权的敌人关进他称为"集合营"[47] 的地方。在那个上午，王宫外的一条窄街上，这份草稿成了一个令人胆战心惊的预兆，提醒人们此事意味着怎样的后果。

/ 20 逃亡

鲁登道夫被捕。希特勒成功逃脱。[1]
——1923 年 11 月 11 日《每日邮报》(*Daily Mail*)
(布里斯班)

混乱之中,希特勒跟跟跄跄跑到了一个安全的地方。[2]在马克斯－约瑟夫广场的财政部附近,冲锋队医疗队队长沃尔特·舒尔茨(Walter Schultze)医生将一脸茫然的领袖送上在那里候命的汽车。有目击证人称见到汽车载着一个面色苍白的人迅速离开了。[3]

肩膀剧痛不止的希特勒正处在震惊与困惑之中,此刻他已经没什么选择。他对自己的计划一直胸有成竹,以至于最起码的应急或替代方案都懒得制定。如今游行以一场彻头彻尾的惨败收场,他得临时想一个撤退方案了。

希特勒的手下死伤惨重,而他自己却逃跑了。用前自由军成员、日后知名的反纳粹人士弗雷德里希·威廉·海因茨(Friedrich Wilhelm Heinz)的话说:"自大狂阿道夫溜了……把他的人丢在那里不管不问……你难道还指望他能有别的反应?"[4]

后来开始流传一个故事,替希特勒这个有失刚勇的举动找补。据说[5]他是在街角看到一个负伤的小男孩,为了救他而离开现场的。在纳粹日后的描述里,他甚至是背着那个 10 岁孩子走的(用他那脱臼的肩膀!)。

此外还有一些谣言和半真半假的传闻在解释希特勒的行为。例如,据说他是被迫跑走的,警察在追捕他,他的车被机枪扫射。希特勒跟鲁登道夫比起来肯定是很不堪,后者没有抛弃他的战友，并且普遍认为——尽管不太可信——他是毫无畏惧地迎着枪林弹雨向前走的。

大腿和腹股沟受伤的戈林在王宫外的石狮子边痛苦挣扎。有支持者把他架到了同在王宫街上的一个庭院。尽管伤者是希特勒的冲锋队指挥官，楼里的两个人[6]——皇家巴伐利亚家具厂的犹太老板罗伯特（Robert）和马丁·巴林（Martin Ballin）——还是收留了他。罗伯特的妻子贝拉一战时护理过伤员，她在楼上的会客厅做了急救。

他们的邻居、内科医生埃米尔·纽斯塔特（Emil Neustadt）透过临铁阿提纳街（Theatinerstrasse）的一扇窗户看到了全过程。枪声过后他就出门了，街上没过多久已经几乎空无一人，只有穿着制服的人在跑来跑去。有一堵墙边靠着几个冲锋队队员，"身上挂着彩，衣服扯破了，在痛苦呻吟着"。[7]医生给伤势最重的两人打了针，他们基本上已经失去知觉。他始终不知道这些人的姓名以及他们的下落。

在阿尔西街，一辆汽车从正在狂奔的"小家伙"身边驶过，急刹车停了下来。车里坐着他的朋友赫尔曼·埃瑟、迪特里奇·艾卡特和海因里希·霍夫曼。他跳上车，前往摄影师的工作室，而后从那里分头出城。"小家伙"在另一个朋友保罗·冯·辛慈（Paul von Hintze）将军的帮助下弄到一本假护照，很快就越过了边境。

一伙政变者逃到了音乐厅广场附近的一间女子学校，躲进了壁橱和床底。还有一些冲锋队队员去了霍滕胡弗点心店，在烤箱下、面粉袋和蛋糕盒里、咖啡机背后藏了武器弹药。[8]汉斯·弗兰克一伙人去了艾勒斯咖啡烘焙公司，把他们的冲锋队装备藏在里屋，装成一伙早晨喝咖啡闲聊的人。

31名政变嫌疑人被警方逮捕，[9]实行"暂时监禁"，等候起诉。很快又有203人被以较轻的罪名逮捕，如攻击当局或散发革命小册子。抓捕行动会持续一段时间。到了下午两点，罗姆已经投降。[10]他的人受命来到战争部大院，被解除武装和徽章，据说还脱掉了制服。在与其他被关押的纳粹头面人物会合时，罗姆的情绪很糟。

警察封锁了音乐厅广场和王宫一带；路面上到处是尸体、丢弃的钩十字旗和臂章。人们赶开尸体上的鸽子，把尸体集中到王宫庭院内。伤者也被运到那里抢救。伤势较重的会用汽车送去医院。

"我快疯了，"管家约翰·艾格纳说，他是靠一个同情他们的警察帮忙才进入禁区的。他看到王宫正门摆着一具具尸体。其中有舒伊勃纳-里希特和他的好友、鲁登道夫的侍从科特·诺伊鲍尔。"我失魂落魄，彻底垮了。"[11]

这场街头战斗的最初报道语焉不详，且时有矛盾的说法。包括柏林《福斯日报》、巴黎《费加罗报》和伦敦《泰晤士报》在内的多家报纸称，[12]希特勒和鲁登道夫据守在战争部，打算战斗到底。《小巴黎报》称攻击地点是在老绘画陈列馆附近的阿努尔夫王子营，[13]报道描述了鲁登道夫和希特勒是如何被军方抓获的。同期报纸里还有一篇文章却是准确的，称希特勒负伤了，但是已经逃走。

最初的一些传闻说希特勒逃到了罗森海姆、[14]特罗努恩，[15]或是伊萨尔谷的某个地方。据说是聚集在慕尼黑东部的保皇党人[16]在保护他，准备做最后一搏。《小巴黎报》的说法则截然不同，宣称他已经越境抵达蒂罗尔。"结局好，一切都好，"报社驻外记者说，因为希特勒回到了奥地利的老巢。[17]

在慕尼黑以南约 35 英里处的乌芬村，汉夫施丹格尔的家族别墅里，"小家伙"的妻子海伦在二楼起居室和儿子埃贡吃晚饭。晚上 7 点过后不久，女仆进来说，有人在小声敲门。

由于之前听闻"有一些危险团伙在乡下流窜活动"，她已经紧锁大门，合上窗板。她来到楼下，隔着闩住的门和陌生人讲话。"让我大吃一惊的是，"海伦后来说，"我认出了那个虚弱但确凿无疑的声音，是希特勒。"

她这样描述门廊的情景："他站在那，面色惨白，没戴帽子，脸和衣服上都是泥巴，左胳膊耷拉着，肩膀歪着的样子有些奇怪。"舒尔茨医生和勤务员在使劲架着他，不过在她看来，他们的情况也没好多少。用她的话说就是"狼狈不堪"。

他们的确考虑过逃到奥地利。通常的说法是希特勒直接否决了这个提议，估计是缘于他对祖国的厌恶，不过据当时在车上的医生说并非如此。和其他许多政变者一样，[18] 他们是往奥地利去的，但在去往加米施的路上，大约在穆尔瑙一带，他们的车抛锚了。

考虑到警察在搜捕，希特勒和另外两人判断进镇子里找汽修工风险太大，于是决定进附近的树林等天黑。就在这段时间里，希特勒想到了汉夫施丹格尔在乌芬的宅子。他们让司机负责处理汽车的问题，然后去和戈林取得联系——他们完全不了解他的伤势情况。希特勒、舒尔茨和勤务员[19] 随即走小路步行前往汉夫施丹格尔的家。

以希特勒肩膀的伤情，这段路程想必十分艰难，最终他们来到村子里。海伦把众人带到了楼上的起居室。

"Also doch？"她问，意思是，"那么，都是真的？"

希特勒只是低下了头。

海伦询问了丈夫的情况，她从早上到现在一直不知道他的下落。

希特勒心想，游行的时候"小家伙"正在报社，于是表示他应该很快就到了。

希特勒的状况很糟糕，情绪低落。经过两个不眠之夜，他已经累坏了。他说起鲁登道夫和保镖乌尔里希·格拉夫的死，他认为这个消息是真的，并表示他也宁可死掉，好从这痛苦中解脱出来。与此同时，他还把政变的失败归咎于鲁登道夫将军让三人离开啤酒馆，破坏了计划。接着他的情绪突变，开始发誓"只要他还有一口气……就要继续战斗"。[20]

海伦建议正在发高烧的希特勒休息一下。医生和他的勤务员帮他上楼，进了一间阁楼卧室，在那里处理肿胀的左肩。肩关节脱臼了，关节窝有骨折。在她未出版的手写札记中，海伦写道，从那扇关着的门里传出的痛苦惨呼，在楼下都能听到。

再过一会儿，希特勒已经蜷缩在那间摆满了书的阁楼里，身上裹着"小家伙"去哈佛时用的英式旅行毯，[21] 他通常把毯子放在一个木箱上面。勤务员在楼上的另一间客房里睡觉，房间所在的区域是他们去年夏天刚装修过的。[22] 与此同时，舒尔茨医生和海伦聊了那天上午游行到音乐厅广场后的种种怪事，对现在手头的选项做了一番权衡。

至于司机能否修好或藏匿抛锚的汽车，他们心里完全没底，更别说联系到戈林了。他们能确定的是，警察会在主要公路、街道和铁路巡逻搜捕希特勒。乌芬的居民相互间关系紧密，有陌生人到来的消息很快会传开。希特勒不能一直待在这里。

> 亲爱的罗森贝格，这场运动现由你领导。[1]
>
> ——阿道夫·希特勒，1923 年 11 月 11 日

戈林在制订逃跑计划。幸亏贝拉·巴林[2]在她的位于慕尼黑市中心的公寓里给他处理了伤势，他现在可以给妻子卡琳打电话了。正发着高烧的卡琳从病榻上下来，打车去同情纳粹的医生埃尔文·冯·阿赫（Alwin Ritter von Ach）的办公室见他。

几名冲锋队队员搀着戈林上车——据卡琳回忆，当时他身上裹着"毛皮和毯子"[3]，还因疼痛而"神智混乱"——往南逃到 60 英里外的加米施。在那里，他们在朋友家中躲了两天，但开始有好事者来问东问西，想一睹这位曾经参战的飞行员、纳粹冲锋队指挥官的风采，于是他们不得不离开。

为了帮他脱困，克利伯中校把戈林的名字弄进了死亡名单，[4]发表在了《慕尼黑最新消息》上。其他一些畅销的日报也跟进报道了这个消息，《慕尼黑—奥格斯堡晚报》就猜想，这位著名飞行员会不会就是"第二十个死者"[5]。然而警方仍在继续搜索。

与此同时，在贝格勃劳凯勒，戈林的助手尤利乌斯·绍布（Julius Schaub）在看守着被他们劫持的市长和市议员。下午 1 点左右，一个去参加游行的希特勒突击队员回来了，[6]脸上带着血，情绪十分激动。他对政府咬牙切齿。他指责他们制造了一场屠杀，杀死了希特勒、鲁登道夫以及其他一些游行人士。人质们很担心成为报复目标，他们被押上一辆敞篷卡车，向东南方向的城郊驶去。

阿尔伯特·努斯鲍姆议员企图和一个看守交谈，一个冲锋队军官拿着手枪走过来："再说一个字，我毙了你们两个。"[7]

卡车停在了一片树林里。市长和议员们当然已经想到了最糟的结局。[8]让他们长出一口气的是，对方要的只是他们身上的便装，不是他们的性命。顺从地交出帽子、夹克和大衣后，人质被押上车去往附近一个叫赫亨基尔兴的村子。[9]

接着过了没多久，市长连同几名政客就被释放了。据警方报告，这一切全靠了一位机灵的市政厅员工，他乘车一直尾随冲锋队的卡车。[10]在他们歇脚的一家酒馆，他赶上来跟他们说，议员们需要尽快回到办公室，签署文件授权向无家可归者发放救济。冲锋队的人显然不想成为救济金发放延误的责任人，他们相信了这个说法。在要求他们不得透露任何有关劫持的细节后，议员们获释了。市长驱车回到自己的办公室，其他议员则上了下一班开往慕尼黑的火车。[11]

此时在出版商尤利乌斯·莱曼的别墅里，鲁道夫·赫斯和被劫持的阁员开始听到政变失败的传闻。鲁登道夫据信已经殒命，希特勒"头部中枪"，[12]还有一些同僚据称已经在大屠杀中毙命，甚至被砍了头。有初步报告似乎可以证实，一伙高地联盟的人在逃亡途中打劫印刷厂，整整抢了20万亿马克。

/ 112

这是最恐怖的时候，人质之一、总理奥尔根·冯·克尼林忆起这段劫难时说。别墅的主人也警觉起来。即便冲锋队不打算报仇，他也担心这里会被警方包围，到时候冲锋队队员们会最后拼死一搏。

虽然花园有武装把守，但这里很难再继续待下去了。警察无疑会发现，别墅里的食物和补给也已经所剩不多。于是赫斯决定另作打算。他把两个地位最显要的人质——内政部部长弗朗茨·施威耶和农业部部长约翰·沃策尔霍弗（Johann Wutzlhofer）——转移到阿尔卑斯山上的某个更安全的地方，也许找个滑雪旅舍或小屋。[13] 他们可以在那里拿人质谈判。

下午 4:10，[14] 赫斯和两名俘虏出发了，同行的还有几名冲锋队员和 20 万亿马克的钞票。他要去的是巴特特尔茨，他认识那里的一个兽医，是高地联盟的人，可以带他们进山。

他们翻山越岭，穿越杳无人烟的幽暗森林。据人质施威耶说，途中赫斯四次停车，用前灯照着树林，然后和一名冲锋队队员下车。这位部长担心的是，这是在找地方处决他们。[15]

积雪覆盖的山路曲折狭窄，完全不适合汽车，他们的行进越来越困难。雾气和黑暗进一步增加了危险，最后他们不得不调头往回走。这样的条件下，他们是无法抵达小屋的。他们没有必要的登山装备，两名年迈的人质也无法承受这样的挑战。

他们转而选择了附近的一座房子。赫斯和他的向导前去寻找、打探那个地方，把人质和那 20 万亿马克交给冲锋队队员看守。在冰冷的车里，时间过得很慢。赫斯已经走了一个多小时。

这段时间里，明显处于紧张与焦躁状态的冲锋队队员下了车，在商量些什么。过了一会儿，他们回来了，让人质感到意外的是，他们发动汽车，向慕尼黑方向驶去。在经过霍尔茨基兴时，他们停了下来，突然就释放了人质。两位阁员遭遇的这场可怕劫难，就这样结束了。[16] 那几万亿马克，则从此人间蒸发。

/ 112

被赫斯留在出版商的别墅的那五名人质，[17] 也在周五晚上获得了自由。赫斯走后的最初三个小时，局势一度十分焦灼。供电被切断了，他们担心要被当局包围甚至发生枪战。然而冲锋队队员们干脆陆陆续续离开别墅，有的是三三两两结伴而行，有的是一个人。最后莱曼打电话给警方，报告有高官被扣押在自己家里。

等回到原地时，赫斯惊讶地发现车已经不见了。他四处寻找人质和看押他们的人。他对此事深感自责。和希特勒一样，他很快也开始表达自杀的想法。不过实际上他联络了未婚妻伊尔瑟·珀尔（Ilse Pröhl），然后和几个朋友一直躲到1924年春天。

没有慕尼黑啤酒客的掌声，他就神气不起来了。[2]

——奥托·斯特拉瑟（Otto Strasser）评希特勒

到了 11 月 9 日午后，警方已经清理了贝格勃劳凯勒啤酒馆内剩余的希特勒支持者。他们还解救了关押在二楼密室的最后一批囚犯，查抄了大量武器弹药，装了将近四卡车。[3]

在清点了一片狼藉的啤酒馆后，贝格勃劳凯勒的经理[4]向已被取缔的纳粹党开了一张总额 113440 亿马克的账单。除了大量的食物、啤酒和咖啡消耗，账单还列出了许多丢失和损坏物品的费用：143 个啤酒杯、80 个玻璃杯、98 张板凳、2 个乐谱架、1 面镜子、148 付刀叉。奇怪的是对天花板上的枪眼只字未提。

下午 3 点左右，[5]洛索传话给古斯塔夫·冯·卡尔："阁下，鲁登道夫 - 希特勒政变已被挫败。"[6]但慕尼黑市中心的情况看上去远不是那么回事。

示威者涌入音乐厅广场，高喊"希特勒万岁！"和"打倒卡尔！"[7]不少人对警察挥舞着拳头，大骂他们是"叛徒""走狗"和"犹太人后台"。[8]约翰·塞尔比（Johann Salbey）警监记得当时人群在"叫嚷、吹口哨、起哄和恐吓"。[9]对此他的反应是命令下属亮出警棍，把闹事者里最恶劣的抓起来。

/ 115

另一位警官——高级警长阿方斯·格鲁伯（Alfons Gruber）希望让人群冷静下来，他让手下用大啤酒杯在统帅堂门前倒了 18 杯水，[10]清洗地上的血迹。与此同时，尸体仍在王宫的院子里。由于城中气氛越来越紧张，警方要求入夜前任何人都不许搬动尸体。

的确有一些冲锋队队员在重新集结。市内许多地方可以见到这些人在唱歌、叫嚷。人群聚集在医院和国立剧院外，还有一些人似乎是要去王宫，他们认为鲁登道夫就被关押在那里，当局担心他们会企图营救他。由于暴力威胁逐渐加剧，邦警决定先不撤下街角那些机枪。

有传闻说躲在山中的希特勒会卷土重来，仿佛现代版的腓特烈一世。有人说见到他在巴伐利亚南部小镇奥特芬的一个狩猎屋里，或者是蒂罗尔州的库夫施坦。[11] 还有人猜他已经逃到了因斯布鲁克和萨尔茨堡之间的某个奥地利小村庄。不管在哪，总之很多人相信他正在集结支持者，[12] 准备发起一场包围慕尼黑报仇雪恨的大行动。

到了下午 6:00，警方报告有约 1000 名"希特勒的人"[13] 在向火车站行进。再到 8:45，有一伙人在《慕尼黑最新消息》报社外转悠，数量为 1500~2000 人。警方担心报社和《慕尼黑邮报》一样遭到灾难性的袭击。

市民看起来已然失控，有关骚乱和劫掠的谣言四起。据《芝加哥周日论坛报》报道，在慕尼黑的东部，骑警[14] 持骑枪冲击了人群。五名伤者被担架抬走，另有多人受轻伤，包括伦敦《每日画报》记者珀西·布朗（Percy Brown），他在试图拍下这个混乱场面时被打了一顿。

有不少慕尼黑居民对巴伐利亚政府心怀怨恨，认为它镇压民族革命，动用"多瑙河哥萨克"[15] 对付人民。他们认同希特勒突击队指挥官约瑟夫·贝尔希托德的话，他后来控诉"反动派彻头彻尾的懦弱"和"对这一切的背叛"[16]。反对卡尔和背信弃义的三巨头的示威持续了整晚，一直延续到周六。

警察在街上巡逻，封锁主要广场，公共机构的屋顶布置了枪手。公共场所禁止三人以上聚集，[17] 不得散布非官方渠道得来的宣传页、传单或海报。晚 8 点开始宵禁。咖啡馆、餐馆和啤酒馆要在晚 7:30 之前关门，其他形式的公共娱乐一律禁止，如戏剧、音乐会、电影和舞蹈。由于担心希特勒要对慕尼黑发起袭击，城中主要车站被封锁。

在警方试图控制市中心的同时，国家和国际媒体在盘点这场未遂的政变。"冯·鲁登道夫将军"是"过去四年里德国最危险的人物"，《纽约世界报》在 11 月 10 日的文章开篇犯了一个常见错误，给将军的名字凭空加了一个尊贵的"冯"。然而如今他已经"走上穷途末路"：

> 为了实现重新团结条顿人民的远大志向，鲁登道夫走向了疯狂的境地，他与希特勒联手，希望人民能够凝聚成一股扎实的战斗力量，进而征服世界。希特勒昨晚仓促行动，在慕尼黑宣告法西斯革命的到来，鲁登道夫也被他拖下水。

于是政变"就像被扎爆了的气球一样……"[18]

警方的行动标志着"这场滑稽戏的结束"，恩斯特·费德尔（Ernst Feder）在《柏林日报》上写道——"第二次鲁登道夫政变"输得比上一次还要惨，也就是 1920 年试图在柏林夺权那次。乱党的行动给他的感觉就是一场小孩子的恶作剧，无论战略还是战术都有漏洞。虽然高喊着要向"十一月罪人"寻仇，希特勒和鲁登道夫其实自己也成了十一月罪人。[19]

关于希特勒的下落甚至是他的背景，到这时候都还没有多少可靠的信息。《纽约时报》11 月 10 日刊发的报道是当时最为详

/ 117

尽的一篇，其中称希特勒是一名来自奥地利的标牌画工和"外来煽动者"，甚至不是一个"德国的德国人"。不过希特勒的年龄被写成了 39 岁（应该是 34 岁），出生地是维也纳郊外（应该是因河畔布劳瑙），并且说他是在奥地利陆军服役（应该是巴伐利亚的利斯特团），1922 年 1 月初到慕尼黑（应该是 1913 年 5 月）。[20]

《纽约时报》相对准确的地方是称希特勒为啤酒馆演说大师，有着充沛的活力。他非常擅长利用人们的不满情绪。举国的愤恨与失落被希特勒编织成了一派德国屈从于共产主义者和叛国贼的景象，这些人又转而听命于犹太人和企业家。希特勒是一名非凡的煽动家。报道说，他以战场归来的巴伐利亚老兵为骨干建起了这个小小的政党，带着他们到处亮相，为他的演讲增加戏剧化效果。

局势令法国的《法兰西共和报》感到担忧。它提醒读者注意，不要把啤酒馆政变简单归结为一场共和国与君主派之间的战斗，更不是和平民主与军事应对的冲突。事实上它是两种不同独裁构想的战争，而报道认为，最危险的不是音乐厅广场上被镇压的那方。多家左翼报纸同意这一看法。作为失败的一方，希特勒看上去荒唐可笑，不像阻止他政变的邦政府那么可怕。在未来几个月里，这个错觉会越来越强烈。

背信弃义之举无处不在。[1]

——《慕尼黑—奥格斯堡晚报》

随着古斯塔夫·冯·卡尔收紧对城市的控制，慕尼黑警方搜查了哥尼流街 12 号纳粹党总部。他们把那里上上下下翻了个遍，没收了这个非法组织的所有财物：各种办公设备和家具——桌子、文件柜、书架、餐具柜、打字机，以及一台用来复印的沙皮罗油印机。

警察还没收了挂在墙上的艺术品。其中有一些风景画和静物画，一定程度上反映了希特勒作为画家的口味。此外还有肖像，包括腓特烈大帝、奥托·冯·俾斯麦、兴登堡元帅，当然还有阿道夫·希特勒自己。比较意外的是警方发现了两幅"吉卜赛人"[2]的照片，其中一幅是一个小男孩，一幅是女孩，他们认为这应该是某党员的私人物品。

其他被查抄的物品有图书馆藏书、雪茄盒、一双鞋、六袋土豆、一辆米法牌自行车、一把配有弹药的猎枪，还有大量纳粹党信纸，后来被警察拿去当便笺纸用。其中最值钱的应该是七辆小/ 119汽车和卡车，包括戈林的梅赛德斯以及他送希特勒去贝格勃劳凯勒开的那辆红色奔驰。不过现场找到的六个铁保险箱都是空的。党员路德维希·艾斯（Ludwig Ess）[3]已经把全党 55787 名党员的身份卡带走了。

到这个时候，当局已经掌握纳粹党与外国联系的铁证。[4]起先引起他们注意的是政变当晚在奥匈边境的一次戏剧化的抓捕。被捕的是法兰茨·乌兰（Ferenc Ulain），一名狂热的反犹主义者，极端右翼组织"觉醒的匈牙利"领导人。

在乌兰的行李中，警方发现了这个匈牙利组织和希特勒的部队签订的一份"初步协议"[5]，"觉醒的匈牙利"也打算在布达佩斯发动政变。德国和匈牙利的这两个右翼组织有不少共通的地方，其中包括反犹和对《凡尔赛条约》的痛恨。匈牙利也遭到瓜分，失去了至少三分之二的领土，约 350 万人被划给邻国。

乌兰的这份协议是由希特勒的下属在 1923 年 11 月 2 日带到布达佩斯的。协议规定由希特勒提供士兵和他们瞒着协约国私藏的武器。而掌握着大量田产的匈牙利方面则拿农产品交换。然后希特勒可以用这个食物供给源来赢得德国民众的支持——此举实际上预示了他后来在 1930 年代提出那些受欢迎的举措，通过将经济转向军事生产来创造就业。

这个计划里还有一个要素。这个匈牙利组织计划把国内所有犹太人集中起来，然后向国际组织发出警告，如果协约国或者其他什么人胆敢干预，他们就屠杀人质。

然而这个跨国同盟在慕尼黑和布达佩斯都没能成功。只是由于经济和社会仍未脱困，掩埋在灰烬下的躁动余火也始终没有熄灭。

* * *

政变从根本上动摇了慕尼黑。依然支持卡尔的《慕尼黑报》说，由于希特勒鲁莽、草率的行动，民族复兴的一切希望都破灭了。各界人士纷纷指责希特勒蛊惑人心，宣扬一种离奇而病态的意识形态。《德意志报》（*Deutsche Zeitung*）出版人形容他"歇斯底里……被浮夸虚荣的魔鬼［迷了心窍］"。[6]

然而街头却是另一番景象。卡尔似乎成了巴伐利亚最招人恨的人。[7]

刚刚获释的邦总理奥尔根·冯·克尼林在 11 月 10 日下午召集了一次内阁会议，[8]讨论政府是否需要撤换卡尔。他还提出解除洛索和塞瑟在军队和邦警的职权。

司法部部长弗朗茨·格尔特纳站出来替卡尔说话，并问道：撤掉卡尔的依据到底是什么？

克尼林直截了当地说，他支持了政变，并且在讲台上慷慨宣誓。

格尔特纳说，卡尔是不是真这么想还有待商榷。此外，如果的确是逢场作戏，那他又有什么错？且不说有没有做戏，军队和邦警的成功平叛可是卡尔、洛索和塞瑟的功劳。

有人插话说，不，不是他们。无论在当时还是后来，这一点都经常被忽略，但这的确是事实。等到卡尔、洛索和塞瑟从啤酒馆回到办公室时，主要的工作已经由他们的下属丹纳和因霍夫完成了，包括征调援兵控制慕尼黑关键建筑和通讯中心。

关于巴伐利亚领导人在政变中起到的作用，接下来会有一场争论，而这次保密的内阁会议给争论划定了一个笼统的边界。不过会议记录显示，会议曾被窗外街上传来的叫嚷声打断："打倒卡尔！支持希特勒！"[9]

* * *

回到乌芬，[10]希特勒已经决定逃亡到奥地利。为了躲过警方巡逻队的抓捕，他让勤务员穿上一件旧夹克、戴着"小家伙"的帽子去慕尼黑，还拿了一袋黄油和鸡蛋。他的样子就像是个去乡下走亲戚的，希望这样能瞒过警方的眼睛。

他的任务是找到伊琳娜·拜希施坦，也就是那位富有的钢琴制造商的妻子，此人住在柏林，不过经常去慕尼黑，在那里有产业，另外在四季酒店开了间套房。希特勒是在1921年6月结识这位地位显赫的贵妇的，并且她还成了希特勒最重要的支持者之一。[11] 他就是通过她认识了[12]巴伐利亚许多有分量的人物，包括理查德·瓦格纳的遗孀柯西玛以及在拜罗伊特的瓦格纳圈子。拜希施坦有足够的权势、金钱和人脉，可以把他悄无声息地弄出这个国家。

于是，在勤务员去附近的村子搭去慕尼黑的火车后，舒尔茨医生又等了一会儿，跟他保持一个适当的间隔，再出发去相反方向的一个车站。他的目的是带回来一个外科医生，治疗希特勒的肩膀。

与此同时，在11月10日星期六的多数时间里，希特勒和海伦·汉夫施丹格尔只是在等待医生和逃亡用的汽车。他们坐立不安，无法静下心来吃饭——只有幼小的埃贡例外，他的调皮嬉闹跟以往没什么不同。

海伦心里清楚，现在最重要的是不能让两个佣人和儿子埃贡走漏了家里来人的消息。

快入夜的时候，医生和一个朋友乘着借来的车来了，不过对希特勒的肩膀仍然没什么办法。他们再一次前往慕尼黑。希特勒和海伦再一次守着这座空房子，思考、等待着。

消息开始一点点传到耳边。

漫长的等待仿佛没有尽头。

到了夜里11点前后，已经就寝的海伦被她的厨子叫醒，说有人在外面等着。来人自称是戈林队长的园丁，说他带了鲁登道夫将军的口信给"住在咱家里的一个人"。怀疑有诈的海伦假装不知道这个陌生人在说什么，把他打发到了附近一间旅馆，答应他一旦有人来了就联系他。

会不会司机已经联系上戈林了呢？

海伦跑到楼上通知希特勒。根据她的描述，希特勒觉得的确像是戈林的园丁，但不能确定。他们决定让海伦明早给这人打电话，请他到家里来。希特勒相信自己到时候躲在楼上看，可以分辨出来。

次日早上，那人来了，希特勒认定他的确是园丁，于是来到楼下会客室和他见面。会面时间很短，而后希特勒就回楼上打了个盹，海伦始终也不知道园丁此行的目的。"小家伙"一直怀疑此人其实是个线人，打算向警方告发希特勒的行踪。

11 月 11 日星期天，原本应该在欢庆共和国成功被推翻的希特勒，仍然躲在汉夫施丹格尔的阁楼里。他穿着一条借来的白色睡裤和深蓝色毛圈棉浴袍，这身宽大的衣服在汉夫施丹格尔身上是合适的，希特勒穿起来就格外显瘦小。这想必挺适合他那有伤的肩膀。希特勒跟海伦开玩笑说，这一身松垮垮的，让他觉得自己是个古罗马元老。

正午时分，希特勒和海伦、埃贡吃了他到这里的第一顿也是唯一一顿好饭。希特勒的情绪似乎不错，跟埃贡开玩笑说他需要一个"金发碧眼的姐姐"。海伦把孩子放到婴儿床上睡觉，然后回到客人身边。希特勒已经在会客室里踱步，东拉西扯地说着啤酒馆政变，在想他的同志们是死是活。他提到了自己在政变中的几个错误，发誓下次绝不再犯。

拜希施坦那辆送他去奥地利的车，到底在哪呢？

海伦说她可以联系她的水管工，她知道那人是个狂热的纳粹支持者，他有一辆摩托。希特勒可以躲在侧斗里，上面盖些枕头、毯子和篷布。没人会起疑心的。希特勒拒绝了。

＊　　＊　　＊

　　快到傍晚的时候，窗板已经合上，窗帘也拉了起来。希特勒再一次在屋里踱步，"没有声音，但情绪激烈，"海伦回忆道。到了大概5点，她的婆婆来电话说警方在搜查她在乌芬之外的另一处房子。那座与世隔绝的大宅无疑是个不错的藏身地。

　　11名警官搜了两个小时，直到其中一人听到了海伦和婆婆的通话。他抢过话机，喝问电话那头是谁。海伦说明了自己的身份，警察于是问她是否知道丈夫的下落，以及上一次见到阿道夫·希特勒是什么时候。

　　"今天，"[13]海伦答道。意外的是，她丝毫没有打算替家里这位客人打掩护。

　　"被逮住了！"在她未发表的陈述里，就只是说了这么一句。

　　海伦去二楼起居室跟希特勒说，警察肯定正在往这里赶。于是，用她的话说，希特勒"彻底沉不住气了"。

　　"这下一切都完了，"她记得当时他嚷道，"都是徒劳！"[14]

　　然后他一把抓起了柜子上的手枪。有一个说法（并且写进了历史书）是，惊慌失措的希特勒差一点就自杀了。最早这么说的是"小家伙"。据他说，希特勒的确打算结束自己的生命，不过被海伦救了下来。她用了丈夫教的一个"柔术窍门"[15]夺过了手枪，"小家伙"自己则是在哈佛读书的时候跟一个波士顿警察学的。接着手枪据说被她甩进了一个面粉桶里。

　　然而海伦在她的手写札记中给出了不同的说法，而且要更可信一些。她只是平静而又坚决地抓住他的胳膊，把枪拿走了而已。而且她还痛斥希特勒，才第一次遇到挫折，就产生了这么没意义、没出息的念头。她没提到用什么柔术技巧解除希特勒的武装。趁着希特勒坐下来绝望地抱着头的机会，她拿到了枪，藏到她临时想到的地方：埋进一桶面粉里，并且是在另一层楼。多年后，海伦还在想，她是真的阻止了希特勒的一次自杀，还是无非又见识了一次"他那些寻死觅活的戏码"。

等她回来的时候，希特勒还是坐在原地，沮丧地抱着头。在等待警察上门的过程中，海伦问有什么要交代给他的追随者的，"趁现在还有时间"。[16] 于是希特勒连忙口述了他的"政治遗嘱"，[17] 大致说了说他对继任者的选择。

新任党魁的人选出人意料。不是戈林、赫斯、阿曼或者其他政变中的显要人物。不是党的创始人之一安东·德莱克斯勒（Anton Drexler）；也不是尤利乌斯·施特莱谢尔，他在政变当晚曾收到希特勒匆匆写下的便条，将"整个组织"[18]交由他打理。可能希特勒只是指政宣工作，不过施特莱谢尔很快会争辩说他的意思就是整个纳粹党。

希特勒选中的是阿尔弗雷德·罗森贝格。

海伦想必也大吃一惊。她和丈夫一样，一直不喜欢这个人，认为他是个冷漠、自行其是的人，连领导一个报社的本事都没有，更别说一个政党了。用罗姆的副手卡尔·奥斯瓦尔德（Karl Osswald）的话说，罗森贝格是个懦夫，在他身上看到的"更多的是狗屎而不是爱国之情"。[19]

连罗森贝格自己也没想到会被选中。"有关组织事务的秘密，希特勒是从来不会跟我说的，可是现在，我要在这么一个危急关头接手！"[20] 他在自己的回忆录里写道。给人的感觉几乎就是，希特勒有意找了个不受欢迎的平庸之辈，以免此人太有魅力，到头来成了个威胁到他的对手。与此同时，其实更有可能是希特勒在压力之下仓促决定，[21] 在少数几个仍在慕尼黑并且绝对忠诚的人当中选了一个。

由于警察随时可能到来，希特勒的遗嘱和手枪一样，被藏进了面粉桶里。卡车引擎声和狗吠声意味着他们越来越近了。警察很快包围了房子。走到门前的是 29 岁的一级警督、来自威尔海姆的鲁道夫·贝尔勒韦尔（Rudolf Belleville）。他并不是很乐意干这个差事。

首先因为今天是星期天，他的手下很多在休假。为了出这趟任务，他还得去本地一家酒厂借辆卡车。此外，一战的时候他跟鲁道夫·赫斯是战友，在同一支空军部队里当炮手，1920 年加入纳粹党。他根本不想逮捕阿道夫·希特勒。

贝尔勒韦尔敲了门，问能不能搜查房子。海伦带他上了阁楼，经过短暂的犹豫之后，她打开了房门。一位叫约翰·巴普蒂斯特·洛里茨（Johann Baptist Loritz）的政府高级官员描述了接下来的场面：

> 希特勒穿着白色睡裤在房间里站着，手臂上缠着绷带……希特勒心不在焉地望着他。在得知对方是来逮捕他后，希特勒伸出手，表示悉听尊便。[22]

这时候外面气温已经很低，海伦提出借几件"小家伙"的衣服给他。希特勒没有接受，只是在别人的帮助下穿上了不合身的大浴袍。他就穿着这一身，外加那件披在外面的大衣，被警察押送到了门口。

小埃贡挣脱了佣人，从厨房跑出来，冲着把"道夫叔叔"带走的人喊"坏蛋，坏蛋"[23]。希特勒拍拍孩子的脸，和海伦以及两个佣人握了手。而后一言不发地跟着警察离开了。

　　在警方开着征用来的酒厂卡车离开约一小时后，另一辆车停在了宅子门口。马克斯·阿曼送来了拜希施坦的车 [24]，希特勒本应坐着这辆车逃往奥地利。

/ 24 绝境

> 狱卒人选上我们得小心，否则他会给他们来场演说，让
> 他们开始为革命欢呼。[1]
>
> ——奥托·冯·洛索将军

监狱看守弗朗茨·汉姆里希睁着眼躺在宿舍里，听着钟表的滴答声和走廊上巡逻的同事发出的有规律的脚步声。那天晚上雨下得很大，[2] 窗户都在发颤。这时候，门铃声和敲门声同时响起。一个助手说典狱长要他马上过去。

典狱长奥托·赖博尔递给他一封电报，[3] 上面说希特勒已经被抓，当晚会送到这里来。需要做一些安排。[4] 从巴伐利亚第 7 师调来了 32 名士兵用于加强戒备，以防希特勒的支持者劫狱。届时会有巡逻队，院子里布设机枪，另外新加了一条直达军营的电话线，以备不时之需。

莱希河畔兰茨贝格隐匿在慕尼黑以西约 40 英里处的阿尔卑斯山里，怎么看都不像一座现代的邦监狱，更像一座乡间别墅或中世纪遗迹。然而这个有两座洋葱顶大楼和巨大的正门的监狱，其实是 14 年前才落成的。它的四座主翼楼呈十字形排开，共关押了 500 名囚犯，中间是一个中央监视站。这种"全景监狱"的建筑模式让狱卒可以看到每一名囚犯，囚犯反过来则看不到狱卒。

然而阿道夫·希特勒的关押地不在兰茨贝格的这个区域。

自 1919 年以来，兰茨贝格一直兼用于关押政治犯和被定罪的决斗者。这些人会得到"堡垒监禁"（Festungshaft），属于一种"礼待关押"。这种 1813 年在巴伐利亚建立起来的关押形式，

是专为那些罪名较轻、社会地位较高的人准备的。比起强调肃静、禁闭的关押以及高强度劳役的监狱（Gefängnis）及其更严厉的形式（Zuchthaus），堡垒监禁不会带来同样的污名，对囚犯的要求也和其他机构不同。

在兰茨贝格，处于礼待关押之下的囚犯有专门的耳房，位于一座独立的附属建筑物内，这座两层楼的现代建筑被称为Festung，也就是"堡垒"。耳房通过一道走廊与主监狱联通，囚犯不需要穿囚服、接受强制理发、打扫自己的囚室，可以免去许多限制措施的制约。他们甚至不需要一直待在囚室里。

他们白天可以去其他囚犯的房间串门，每周有六小时的接待访客时间，并享受每天最少五小时的放风。他们可以在囚室里摆设图画或花卉之类的装饰，还可以买雪茄、香烟、葡萄酒，每天在餐厅可以喝到一升啤酒。堡垒监禁是德国最高级别的徒刑，根本上意味着"囚犯的活动与生活方式接受监管，从而失去自由"。[5]

当晚快 10 点半的时候，门钉密布的正门徐徐打开，囚犯在门外等候。戴着帽子、身穿深蓝色带肩章制服[6]、腰带系着钥匙的兰茨贝格狱卒走上前去。他对阿道夫·希特勒的第一眼印象是："一缕黑发耷拉在苍白的脸上……双眼冷冷地盯着前方。"

成为第 45 号囚犯的希特勒被录入档案："天主教徒，34 岁，父亲是一名奥匈帝国林茨海关官员，1889 年 4 月 20 日生于上奥地利州因河畔布劳瑙，未婚。职业：据称为作家，此前为艺术家……双亲：皆已亡故。他和在维也纳的妹妹没有通信。他住在慕尼黑蒂尔施街 41 号。"[7] 档案还记载了他在第 16 预备役步兵团的服役情况，以及在军中得到的嘉奖。

在众多警察和一条牵在手上的狗的簇拥下，希特勒来到了二楼的5号牢房[8]——整个耳房里最大、最亮堂的一间。面积有九乘十二英尺，配一张铺着毛毯的铁床，一个床头柜，一张餐桌，一张写字台，一个橱柜和两把椅子。白天的时候，阳光透过上了铁条的窗户照进来，照亮粉刷过的墙壁。这就是兰茨贝格的所谓名人牢房。之前关在这里的是刺杀了慕尼黑社会主义者库尔特·艾斯纳的安东·冯·阿尔克·奥夫·瓦莱伯爵，他被转到了医务所营房，给这位新囚犯腾地方。[9]

希特勒拒绝了送上来的面包和汤，直接躺了下来。他很累了，并且显然很痛苦。监狱医生、66岁的约瑟夫·布林斯坦纳（Josef Brinsteiner）给他的诊断是"左肩脱臼，肱骨头有一处骨折，导致非常痛苦的创伤性神经症"。[10]医生估计这个伤会"导致左肩［永久性］局部僵硬和疼痛"。

不过随着体检的继续，医生还会有一个意外发现。[11]希特勒患有隐睾症，一个睾丸没能下降至阴囊。这个说法在学术界最早是由俄国作家列夫·贝兹曼斯基（Lev Bezymenski）于1968年提出来的。他的依据，据称是1945年5月由苏联进行的尸检，但史学界对此一直存有怀疑。不过兰茨贝格的医生没什么意识形态动机，事实上他对希特勒还颇有好感。于是根据这个新发现的报告，我们意外地发现俄国人的这个判断并非无凭无据。[12]

* * *

/ 129

从得知政变消息那一刻起，阿根廷报纸《阿根廷日报与周报》（*Argentinische Tag-und Wochenblatt*）记者卡尔·克里斯蒂安·布莱（Carl Christian Bry）一直处于吃惊状态。希特勒和同党试图推翻政府，但他们是在政府大楼或军营里吗？哪怕警察局里也行。可是，他们是在一家啤酒馆。"这是典型的希特勒，典型的慕尼黑，"他揶揄道。[13]

11月9日，布莱急匆匆下楼去取一份纳粹报纸《人民观察家》，里面那些无意而就的幽默"宝藏"令他啧啧称奇。荒唐而浮夸的句子，与对犹太人的恶毒攻击交织一处，一切都是为了推动一个好似劣质犯罪小说的叙事。现在政变失败了，希特勒被捕了，布莱欣喜地表示他没有"高估希特勒"。不过他也没想到希特勒会这样"匆匆收场"。[14]

共产主义通讯社国际通讯社（Correspondance Internationale）的维克多·塞尔吉（Victor Serge）说，希特勒真的以为，只要找个啤酒馆，"拿把左轮枪往天花板开几枪"，他就"成了德国新皇帝似的？"路透社预言，这场所谓的革命将被作为史上最短暂的革命为后世所铭记。

希特勒的确将被载入史册。纳粹党已被取缔，其党员四散逃亡，陷入分裂与争吵之中。希特勒的事业还没开始多久，似乎就已经结束了。他自己肯定是这么看的。啤酒馆政变眼看将成为一个笑话。

"这场贝格勃劳凯勒政变，是史上最疯狂的闹剧，"《纽约时报》认定。这群靠"啤酒和演说"调动起来的人马虎而业余，更适合"滑稽戏的舞台，而不是推翻柏林政府这样严肃的行动"。[15]《小巴黎报》形容这是一场彻头彻尾的歌舞杂耍表演；[16]《晨报》将它比作一次"狂欢节式的历险"。[17]

"江湖骗子希特勒"的末日到了，《福斯日报》说。[18]《法兰克福日报》刊发了纳粹党的讣闻，[19]《纽约时报》的西里尔·布朗（Cyril Brown）表示，"慕尼黑的这场流产的业余政变……

无疑将终结希特勒和他的国家社会主义党人们"。[20]

与此同时，古斯塔夫·冯·卡尔正逐步恢复过来。卡尔得以继续掌权，很大程度上是因为有司法部部长弗朗茨·格尔特纳的支持。[21] 其他议员同意格尔特纳的看法，认为现在撤掉卡尔会显得是希特勒赢了。

当晚，总理克尼林会同格尔特纳，去和卡尔、洛索和塞瑟谈话。又一场气氛紧张的会议。三位巴伐利亚领导人为他们在政变夜未经授权擅自行动做了辩解，并且认为他们非但不该辞职，反而应趁乱为卡尔争取更多的权力。塞瑟使用了"无上权力"[22]这样的字眼。

格尔纳特是保住了卡尔，但巴伐利亚内阁还是没想好接下来要怎么做。总理显然想撤下卡尔、洛索和塞瑟，但他意识到他们会反抗，而他不确定政府有没有足够的力量逼他们下台。另外，正如其他阁员所说，面对极右翼即将展开的大规模宣传，政府需要靠这个联合阵线共同御敌。

接下来的几周里，卡尔、洛索和塞瑟会分头行动，力求影响巴伐利亚舆情。他们封禁了支持纳粹的右翼报纸，[23]如《祖国》和尤利乌斯·施特莱谢尔的《冲锋报》，还顺势取缔了一直在批评邦政权的共产党。随之而来的是对社会主义媒体实施禁制以及更严格的审查，不过这项扼制讨论的宏大计划后来会给他们带来麻烦。

在巴伐利亚之外，尤其是那些社会主义或左倾的报纸里，卡尔和纳粹、极右翼的区别，远不是他自己想象的那么大。他先是去玩火，被烧到了又装成一脸吃惊的样子。还有人在想，与其说卡尔是背弃了誓言，倒不如说是"出卖"了希特勒，被德国企业大亨——要么就是支持王储和巴伐利亚分裂主义的君主－耶稣会派——招安了。甚至还有人认为,卡尔背叛希特勒,是因为一个卖地毯的犹太富商用七张波斯地毯收买了他。[24]

"到处是锃亮的钢盔和步枪,"弗朗茨·汉姆里希这样形容加强了军事警戒的兰茨贝格。[25]另一个狱卒奥托·鲁尔克(Otto Lurker)也回忆说,当时走廊传来武器的咣当声[26]和沉重的脚步声。看到这么多士兵在周围走来走去,希特勒表示他担心自己就要被行刑队枪决了。[27]

即便他真这么想过,在得知邦检察官即将来问讯以后,估计也已经改变了。正在进行审前调查的检察官是想了解一些事情的真相,但是希特勒拒绝合作。他威胁要自杀,然后开始了一场持续至少一周、可能达到十天的绝食。

看守用老办法劝他进食,即把饭放在他的牢房里,到下一顿饭来了再拿走。他们还用了各种各样的说辞,想打动这个顽固的囚犯。据汉姆里希回忆。他就"坐在那儿,活脱一个小小的、萎靡的倒霉蛋,脸刮得马马虎虎……带着冷漠、疲倦的笑容听着我那些简单的词句"。[28]布林斯坦纳医生在这段时间的记录显示,希特勒的体重从160.9磅(73公斤)掉到了149.9磅(68公斤)。[29]

1923年11月19日,监狱心理医生阿洛伊斯·玛利亚·奥特(Alois Maria Ott)给希特勒做了检查,发现他的情绪已经十分低落。希特勒控诉了支持者和德国人民的背叛,并表示他为了他们受的这些罪毫无意义。他打算让他们好好尝尝自己种下的苦果,这样他们就知道没了他会有多惨。"我受够了,"希特勒说,长时间的咆哮让他嘴角泛出了白沫,"要是我有把枪,我会做个了断。"[30]

希特勒看来跟许多到兰茨贝格看他的人说过类似寻死觅活的话。安东·德莱克斯勒是当月晚些时候来的，他看到这个瘦削、苍白的囚犯坐在窗边——绝食让他"更瘦、更弱、更白了"。此外，希特勒似乎在努力给人留下一个印象，就是他无法接受有16个人在他的领导下失去生命的事实。

"他陷入了极度的绝望，"德莱克斯勒后来说。他愤愤地表示，花了这么多心血去经营这个党——"我们所有的辛劳、筹划、奋斗、克制、拼凑和节省"——到头来一场空。德莱克斯勒说希特勒的哀怨是会传染的，不过他声称，希特勒不管前途多么黯淡最终还是没有放弃这一点，应该还是有他的一份功劳。[31]

在捷克斯洛伐克创立了苏台德纳粹党的德国人汉斯·克尼尔施（Hans Knirsch）在11月23日去探望了希特勒，他也发现这个身陷囹圄的人"抑郁至极"。[32]克尼尔施想让他少胡思乱想，要是没有他，这个党以及党的计划肯定会崩溃。但据克尼尔施的回忆，当时希特勒摇摇头，"怯生生地说，谁会愿意追随一个经历如此惨败的人"。[33]他"没权利活下去，"希特勒还说，在导致了如此惨痛的伤亡后，他自己别无选择，唯有"绝食而死"。[34]

根据克尼尔施的讲述，他叱责希特勒背弃自己的支持者，并提出政变其实是一场胜利。从短期看，它提振了民族精神。而长远看则有助于他们走向最终的胜利，因为失败是斗争的必要一环，也是成功的前奏。

与德莱克斯勒和克尼尔施一样，许多来探望的人都觉得自己鼓励了希特勒，甚至打消了他自杀的念头。据"小家伙"说，他的妻子海伦也属于这一类。他说，她提醒希特勒当初在自己的庄园里劝阻他自杀，可不是为了让他"在兰茨贝格把自己活活饿死"。[35]此外，如果他执意要这么做，等于正中敌人下怀。她可能是给希特勒递了张便条，总之在监狱档案里找不到她的探视记录，在她自己的未发表回忆录里也没有这样的激励言辞。

监狱记录里倒是显示有个不太寻常的探视者，真的给这个郁郁寡欢的囚犯注入了活力。1923年12月3日，一名访客登记了一条德国牧羊犬，这只名叫"狼"[36]的狗是希特勒前一年收到的生日礼物。[37]

/ 25 审判前的审判

我得承认，当时他给我的感觉不像是个多了不得的人，非凡就更谈不上了。[1]

——副检察官汉斯·埃哈德第一次问讯希特勒后

鲁登道夫将军的确已经获准回到索伦－路德维格斯高地的宅邸接受软禁。他把自己锁在书房里，潜心准备他的辩词。[2]妻子玛格丽特说他现在的状态比政变前还要投入。他的待客不受限制，因此迎来了各色拥护者和素不相识的人，他清理了堆满书籍、杂志和报纸的咖啡桌。[3]"他对他们［来客］讲述的每个故事，他们的每一个意见，都十分看重，"她说，此外他还把这一切都视为"马赛克画的组成部分"。[4]

鲁登道夫选择加入这样一场愚蠢的政变，可谓有失明智，坊间对此反应不一，有意外、嫌恶、取笑，也有惊愕。他的批评者推测将军可能羞愧之下已经自尽了，省得接受叛国罪审判蒙受更多的耻辱。鲁登道夫的墓志铭已经写就："一名优秀的战士，不慎触上空想政治的暗礁。"[5]

与此同时，戈林越境进入奥地利，在因斯布鲁克一个私人诊所卧床养伤。由于大量失血和疲劳，他的身体很虚弱。枪伤令他备受折磨，而且伤口受到感染，可能是在王宫附近子弹击中石头激起的尘垢导致的。[6]他几番失去知觉，想象着自己再一次走上街头战场，时而发出骇人的大叫和呻吟，时而啃咬自己的枕头。[7]

戈林就是在这时候开始注射吗啡的。[8]这很快成了日常习惯，最终变成持续多年的嗜瘾。没过多久，吗啡就导致他进了瑞典的兰格勃罗疯人院，在多次尝试治疗这个昂贵的嗜瘾后，他开始了日后为世人所熟知的暴饮暴食。

12 月 24 日，注射了吗啡的戈林挂着拐杖颤颤巍巍离开诊所，据卡琳说脸色"雪白"。9 两人仍然不能回慕尼黑，他们的宅子受到监视，10 信件被人拆看，银行账户被冻结。11 他们搬到了蒂罗尔庄园酒店，有冲锋队队员送来了圣诞树，每根蜡烛都装饰了白、黑、红色的丝带。在酒店老板和其他支持者的慷慨相助下，蒂罗尔庄园让他们得以恢复习以为常的奢侈生活。

相比之下，其他逃亡的纳粹党人就只能如"小家伙"所说，"流浪汉一样"12 远走他方了。当时"小家伙"用墨镜和新蓄的"弗朗茨－约瑟夫式羊排络腮胡"作为伪装，使用了假护照。他在一群铁路工人的协助下越过了德奥边境，他们中有不少人是在经济陷入混乱后转向右派的。其中一个人把他安顿在了库夫斯坦一家花店里，他睡在地上，周围是一排排的菊花。

在奥地利期间，"小家伙"去探望了希特勒的同父异母姐姐、时年 40 岁的安格拉·豪巴尔（Angela Raubal），她住在维也纳勋伯格街一座公寓楼上，家境贫困。20 岁的时候，她嫁给了林茨的税务官里奥·豪巴尔，不过这段婚姻并不长久，丈夫在七年后早逝。安格拉现在要养活三个年幼的孩子。

他们的生活条件让"小家伙"感到意外。透过她勉强打开的门——在他看来是因为觉得丢脸——他看到了一个污秽不堪的房间。"小家伙"请她和她的大女儿去咖啡馆，在那里，他发现安格拉很腼腆，而她女儿倒是落落大方。她就是时年 16 岁的吉莉，阿道夫·希特勒的未来情妇。13

那年 12 月，安格拉前往德国探望了狱中的希特勒。14 她发现这个异母弟弟 15 的情况没她想得那么糟。经过定期的按摩，他的胳膊在恢复，[16] 不过仍然只能抬到肩膀高度，并且动的时候会疼。他开始吃东西了；绝食后的第一餐吃的是一碗米饭。

他的牢房里堆满了礼物。有一套德国哲学家阿图尔·叔本华的五卷本文集（1920 年版），[17] 一本德语字典，一本内容不详的"外文"书籍，此外还有纸张、两支羽毛笔、一个笔架。这些都是 12 月 4 日由希特勒的律师洛伦兹·罗德送来的，希特勒在1922 年结识了这位 41 岁的慕尼黑公设辩护人。后来希特勒的同僚在啤酒馆袭击了一个敌对的演说人，于是请了罗德代理诉讼。

在安格拉来到兰茨贝格前，有人刚刚送来了薇妮弗雷德·瓦格纳——也就是作曲家理查德·瓦格纳的儿子齐格弗里德的英国妻子——的圣诞包裹。里面有一张毛毯 [18]、一件夹克、长内衣、袜子、香肠、烤面包片，还有一本丈夫的剧本《马林堡的铁匠》（*Schmied von Marienburg*）。几位探视者注意到，希特勒正在恢复往日那种高涨的热情。

《纽约时报》发了一篇关于他在兰茨贝格关押情况的报道。"作为关押地，[这里]肯定谈不上太糟糕，"[19] 文章开头说道，其中列举了这个在押犯享受的种种优待，比如书本、锻炼，以及对囚犯不加严苛限制的先进模式。希特勒把这种宽大待遇充分利用了起来，唯独锻炼在当时被他以肩膀伤势为由拒绝了。文章称审判短时间内不会进行，因为巴伐利亚政府要等希特勒的人气降下来。

然而民众对希特勒的拥戴没有分毫减弱的迹象，至少许多右翼和民族主义群体是这样。他们中有部分人呼吁政府 [20] 给予特赦，或者某种形式的大赦。慕尼黑工业大学德国哲学和历史系教授理查德·杜·穆林·艾卡伯爵（Richard Graf du Moulin Eckart）博士和古斯塔夫·冯·卡尔私下见面时提出了这个问题，被巴伐利亚领导人拒绝。

对于希特勒和政变带来的问题，一则政府内部备忘录拿出的计划要更有见地一些。[21] 其中建议实施一项三管齐下的策略，重点是对谋反主脑发起严厉检控，全面解除私人准军事组织的武装，集中力量搜查并阻断其资金流，让他们无法维持报纸、宣传册、20 人的办公室以及各种各样的宣传活动。至于这份建议能引起多少注意，就不得而知了。

那年圣诞节，位于慕尼黑波希米亚区施瓦宾的花丛咖啡馆上演了一出"活人画"[22]，题为《狱中的阿道夫·希特勒》。幕布升起，观众看到一个背对着他们的男人独自坐在写字台前，双手抱着头。窗外飘着雪。一个天使飞进孤独的牢房，带来了一棵发着亮光的圣诞树。台下一个男声合唱团唱起《平安夜》。

在演出的高潮，那个男人缓缓转身面向观众。不少观众一时间以为台上的就是希特勒本人。摄影师海因里希·霍夫曼对自己能找到如此合适的演员很是得意。灯光亮了起来，霍夫曼说有不少人噙着泪水，轻声啜泣，匆匆收起他们的手帕。

政府在 12 月宣布，审判将由一个多名法官组成的合议庭进行，没有陪审团。"普遍的看法是他［希特勒］会被处决，"《纽约时报》报道。[23] 还有一些观察人士，比如美国驻慕尼黑副领事罗伯特·墨菲，预测希特勒会在服完长期徒刑后被驱逐出境。[24]

希特勒仍然拒绝与政府合作。在威胁自杀和发起短暂的绝食后，他现在又拒绝说话了。54 岁的检察官路德维希·施坦莱恩是一个保守派巴伐利亚人，面对这个顽固的囚犯，他束手无策，[25] 最后只能把问讯交给自己的副手。后者就是汉斯·埃哈德，一个出身班贝格天主教徒家庭的年轻律师，时年 36 岁，不过样子看上去还要再年轻许多。埃哈德上个月刚刚被提拔到这个位置。事实上在希特勒冲进啤酒馆的时候，他担任此职只有七天。[26]

不过埃哈德将证明自己是一个有抱负的人选。作为一个地方政府官员的儿子，埃哈德小时候曾想当一名法官。在慕尼黑和维尔茨堡的法学院，他表现出了天分，以极优等成绩毕业。战时他是军事法庭助理，随军去了俄国、塞尔维亚和法国，获得了包括一枚二级铁十字勋章在内的许多嘉奖。

而后他和妻子安娜·伊利奥诺尔（Anna Eleonore）——又名"安娜洛尔"（Annelore），父亲是个酒厂老板——以及三岁半的儿子卡尔汉斯（Carlhans）一起搬到了慕尼黑。埃哈德热爱阅读，在一个弦乐四重奏里拉大提琴，不过他不太有时间去做这些事了。他现在接手的是自己职业生涯中最受瞩目的案子。

这位年轻的检察官是个心思缜密的人。他日后会说，常有人评价他缺乏活力，或者在面临重大决定时太过犹豫，他觉得会这么想情有可原。这就是他的性情：慎重，自省，有条不紊。他的其中一个座右铭是"了解自己，永远保持自控"。还有一个是"明辨本末，期待最好的结果，但行事要讲求实际"。面对即将到来的严峻考验，这些历尽艰辛得来的智慧，无疑正是埃哈德十分需要的。[27]

1923年12月13日，年轻的检察官乘火车来到兰茨贝格，[28]用施坦莱恩的话说，此行是想试试能不能"从希特勒那里问出点什么"。那是颇为难熬的一天。埃哈德在一张小桌边，对面的希特勒坐在藤椅上，胳膊仍然吊着。

埃哈德问希特勒是不是还在疼。

没有回答。

准备好谈话了吗？埃哈德接着问道。

希特勒看着他，那双灰蓝色的眼睛透着"严厉与憎恨"，[29]

喷射着怒火。埃哈德后来说，他当时感觉希特勒"想要把我一口吞了"。[30]

埃哈德告知他有权聘请律师。

依然没有反应。

他只是尽自己的职责，埃哈德接着说，他尽可能保持语气平静，像对待"一只生鸡蛋"[31]一样小心翼翼。

"我没什么可说的，"希特勒脸朝向墙壁，终于开口了。他还说，他是不会被律师的把戏蒙骗的，他想说的话，都会写进他计划中的回忆录里。

埃哈德进一步追问他的行动、同党和背景，希特勒不为所动，声称他不会"给你一份毁了［他的］政治生涯的供述"。

埃哈德反驳了他，说无论是对他自己还是和他一起受指控的人，合作都是符合他们的利益的。希特勒耸耸肩。他需要考虑自己在历史中的角色，一个法庭的裁决对他是没有意义的。

于是埃哈德想到了一个办法。他让速记员收拾打字机离开房间。他则收起了纸笔。埃哈德称他对希特勒的政治理念很感兴趣，他想聊聊。"没有记录，没有规则，"他说，"我们只是聊天。"

用埃哈德日后的话说，这个简单的招数"立竿见影"。[32]

希特勒开始长篇大论，仿佛自己现在不是在监狱探视室面对一名检察官，而是在啤酒馆里对着狂热的支持者讲话。他无法对一个简单的问题做出清晰、简洁的回复，满口污言秽语，时常唾沫飞溅。埃哈德后来开玩笑说他应该带把伞去。[33]

滔滔不绝的咆哮持续了五个小时。[34]结束时，检察官感谢了希特勒的这次"发人深省的面谈"，[35]而后将他能想起来的关键点全都敲打了出来。那是一份15页的文件。[36]它成为一个重要的起点，从中可以看到希特勒接下来的策略，但是埃哈德担心希特勒会如他威胁的那样，把最佳的论据留到法庭上。

到了1924年1月，检方已经把主要被告的数量减到10人。除了阿道夫·希特勒，还有仍在软禁中的埃里希·鲁登道夫将军；战斗联盟指挥官、据称是政变的军事计划制订者的赫尔曼·克利伯中校；法官、前警察总长恩斯特·珀纳；以及他在警察局的亲信威廉·弗里克博士。

战斗联盟的三个重要准军事团体的头目也包括在内："帝国战旗"的恩斯特·罗姆上尉，高地联盟的弗里德里希·韦伯，慕尼黑冲锋队头目威廉·布吕克纳。最后两名年轻的被告是政变中的小人物：鲁登道夫的女婿海因茨·佩尔内以及学生罗伯特·瓦格纳，瓦格纳被指煽动慕尼黑步兵军官培训学院的学员参加政变。

所有被告都被控犯有重大叛国罪。法典第80条对此罪的界定是企图以武力更改德国或诸邦的宪法。（相比之下，叛国罪指的是向外国势力泄露国家机密。）一旦被判重大叛国罪成立，可处终身监禁或堡垒监禁。

那么还有导致四名警察死亡、绑架政府部长、袭击犹太市民、偷盗数万亿马克以及冲击《慕尼黑邮报》呢？值得注意的是，这些罪行完全没有被纳入指控。这种将本案注意力完全集中在重大叛国上的策略将会招来不少批评。

此外，为什么审判要放在慕尼黑呢？

按理说，这场"阿道夫·希特勒审判"[37]根本不应该在这里举行。在《共和国保护法》通过后，一个专门的国事法庭（Staatsgerichtshof）[38]于1922年7月21日在莱比锡成立，负责审理重大叛国案件。当初社会民主党控制的议会促成这项立法为的是遏制一股最终导致犹太裔德国外交部部长瓦尔特·拉特瑙（Walther Rathenau）遇刺的政治骚乱和杀戮潮。

然而巴伐利亚拒绝承认这部法律。反对它的人认为，这是一个原则问题，在中央政府的步步进逼之下守住（尚存的那些）邦权是无比重要的。此外，巴伐利亚本身就有用于惩戒叛国罪行的机构，也就是1918年11月紧急成立的所谓人民法庭，[39]用于检控非政治犯罪，如谋杀、误杀、强奸、入户盗窃、纵火或抢劫。后来该法庭将管辖权扩展到其他犯罪，包括重大叛国。

1919年7月重新成立的人民法庭有一个非同寻常的特性。它绕过了传统的司法系统，侧重没有上诉权的快速裁决。称之为"人民法庭"是因为，它是一个由五名法官组成的审判庭：其中包括两名法律专业人士，以及三名从男性国民中选出的普通百姓。不过在实践中，主审法官对几名平民法官的筛选是有很大决定权的。这种影响，加之不存在任何的司法复核，使人民法庭的主审法官实际上成了——一位慕尼黑律师所说的——"司法国王"[40]。

现在巴伐利亚司法部认定，这个法庭对本案有司法管辖权。不过人民法庭的问题在于，自1919年8月魏玛宪法生效后，像这样的地方司法机构已属违宪和非法。不少人猜测，巴伐利亚之所以无论如何都不肯服从宪法，是因为当局想保护被告人，同时更有可能的是想保守他们自己的秘密。

无论怎么强调他们镇压了叛乱，卡尔、洛索和塞瑟在政变中的牵连无疑成了他们的污点。经过当局的示意，加上迫切想和这场惨败保持距离，他们在正式声明中称1929年11月8日到9日的事件是"希特勒政变"。希特勒也乐得接受这个称呼，明确他在此事中担负的责任，哪管这对他实际的角色存在多少夸大。

然而，在法律上有理有据的柏林，为什么没有出手干预呢？首先，如果坚持要求纳入联邦司法管辖，可能需要动用武力，[41] 这是当局想要避免的，毕竟政变刚刚结束不久。此外施特雷泽曼的政府在 1923 年 11 月 23 日未能通过信任表决，总理已经辞职。新一轮选举在即。此刻的柏林政客不愿意去捅慕尼黑这个马蜂窝，做一些让许多巴伐利亚选民极度不满的事。

于是在柏林看来，让本案在慕尼黑审理似乎是一个最不得罪人的方案。然而对慕尼黑来说，麻烦才刚刚开始。

首先他们找不到一个足够大、足够安全的法庭来举行这样一场重大审判。有人提出奇思妙想，说就在贝格勃劳凯勒进行，被当局否决。还有一些不切实际的提议也未予采纳，比如在城外一个叫施特劳宾[42]的小镇，甚至就在兰茨贝格监狱[43]。不过在后者被否决之前，典狱长已经兴冲冲地开始装修堡垒的二楼，为审判做准备。他还为鲁登道夫选了一个双人监室，亲自挑选一名狱卒负责伺候他。

到了 1924 年 2 月，巴伐利亚司法部已经确定以防卫军步兵学院为审判地点。这里曾经是巴伐利亚军队的战争学院，后来成为一所极具威望的军官培训学校。由于大部分学员是希特勒支持者，曾经举着钩十字旗上街誓要推翻政府，这所学校在啤酒馆政变后被关闭。[44]

有传闻说审判只会进行几天，选择息事宁人的巴伐利亚当局到时候会结束这场势必丢人现眼的大戏。还有人预测连这一步都做不到，审判很有可能在最后关头推迟或取消。据说古斯塔夫·冯·卡尔是在幕后主事的马基雅维利式人物，慕尼黑的弗兰肯斯坦博士[45]敲敲打打造出了一个可以把他毁掉的怪兽。

巴伐利亚当局显然希望能悄悄地从速审理。越少人注意越好。而希特勒一方则正相反。"小家伙"记得审判前有一次去探监时的对话。"他们能拿我怎么样？"[46]希特勒问道，他的膝上坐着在吃糖果的小埃贡。他只需要揭露巴伐利亚当局的合作，整个检控的根基就坍塌了。

人民法庭把开庭时间定在了1924年2月18日上午。但正如一些持怀疑态度的人所料，在距离开庭还有几天的时候，日期突然推迟了。[47]而到了原定开庭日期当天，又传来惊天动地的消息：古斯塔夫·冯·卡尔和冯·洛索将军双双辞职。[48]

柏林方面一直都在向巴伐利亚施压，要求他们将有"反叛"[49]行径的最高军事指挥官解职。到了这个时候，巴伐利亚内阁已经不再支持他，也不打算保卡尔，而卡尔对这份差事也已经心生厌恶。在他看来，这是让他去负责处理难题，同时又不给他解决问题所需的权力。

不过，如果这些动作是企图打消有关高层丑闻和掩盖真相的传闻，效果就很一般了。慕尼黑现在成了臆测与谣言贩子的乐园。而政府缺乏坦率的沟通，自然让这一切愈演愈烈。

各路爱国社团联合起来呼吁停止诉讼，在他们看来，审判将成为民族的耻辱。一个知名的老兵团体甚至求到了保罗·冯·兴登堡元帅那里。[50]不过这位大名鼎鼎的领袖拒绝介入，理由是他知道自己的战时同僚鲁登道夫将军不会想要这种特殊待遇。

随着新开庭日期2月26日的临近，许多人怀疑审判是不是真的会举行。如果举行，会不会完全闭门举行？[51]还有人在想证人有没有胆量露面。比如卡尔就收到了死亡威胁。他换了办公室，雇了保镖，[52]拒绝在歌剧院或戏院露面，[53]除非是在一群警探簇拥下一直待在后台。有一个说法[54]是法庭的传票寄到了他最新的藏身处：一家疯人院。

还有多名被告[55]据称健康状况不佳，无法出庭作证。希特勒的肩伤需要手术，他的支持者们设法争取再次延期。还有人说他情绪抑郁，需要精神治疗。[56]弗里克称自己失眠[57]、心悸、气短，有自杀念头。珀纳因为一种未披露的肠胃疾病被紧急送往医院，导致有人离谱到猜测他是被投毒。[58]据《人民信使报》（*Völkischer Kurier*），有三到四名被告再次开始了绝食抗议。[59]

开庭前，慕尼黑咖啡馆和啤酒馆里流传着各种谣言，其中最匪夷所思——也最让人担心——的是死硬派纳粹流氓痞子会涌进城里，潜入法庭制服现场的安保，将被告劫走，然后准备发起事先计划好的第二次政变。[60]希特勒党人警告，这一次他们不会失败。

巴伐利亚加强了军警力量，承诺一定严阵以待。

第二篇　**法庭**

就算世界毁灭，也要让正义得彰。[1]

——主审法官吉奥格·奈特哈特

1924 年 2 月 26 日

在通往一座巨型红砖建筑正门的人行道上，穿着厚实冬装的男男女女排起了长队。门口有两个警卫，而这座城堡似的建筑的高墙之外，全副武装的邦警在街头巡逻。铁丝网、钢铁路障以及大约 50 名邦警封锁了道路，只允许行人和官方车辆通过。

只有少数人有幸弄到了官方签发的通行证，[2] 在这个下着雪的寒冷早晨，[3] 他们通过警戒线[4] 后上楼，穿过一条长长的走廊，这里的戒备愈发森严了，有成排手持卡宾枪的警察把守。在进入二楼临时搭设的法庭前，还需要再接受两次搜身。"在我漫长的职业生涯里，"《高卢人报》(Le Gaulois) 驻外记者写道，"这是第一次见识此等规格的警方措施。"[5]

冬日的阳光透过四扇大窗照进透着凉风的前学员食堂，在墙纸和天花板的粗重橡木梁上投下几近发红的光斑。[6] 旁听席挤满了人。从早上 8 点左右开始就没有空位了。右翼报纸《巴伐利亚祖国报》(Das Bayerische Vaterland) 记者有一个不满之处：观众里太多女人了。[7]《格拉芬格市场周报》(Markt Grafinger Wochenblatt) 记者看不惯的则是：太多外国人。[8]

房间长约 53 英尺，宽 38 英尺，对于这样一场重大诉讼而言似乎太小了。[9] 此外《柏林日报》说，传音效果也很糟。[10] 约 300 名记者申请了媒体旁听证，只有 60 人获批，[11] 也就是说到场的记者、专栏作家、漫画家以及各种特稿作者，大多没那个运气。有旁听证的记者于是就挤在旁听席的中央，[12] 他们的前面是一些衣着考究、有门路的人物，最有利的位置都被他们占了。[13]

房间的前部摆了十张小桌，五张是给被告的，另外五张给他们的法律顾问。他们身后是一排给证人的座位，大部分属于军人、邦警、公务员和前军校教员。讲台原本是放在楼里一间原教室里的，现在临时用作审案。一位《慕尼黑邮报》记者发现，原本用作原告席的桌子上有个墨水涂画的钩十字，开庭前一天当局悄悄换上了一张干净桌子。[14]

那天早上快 8 点半的时候，一列警官押送 10 名被告人走进法庭。队列最前面的是鲁登道夫将军，[15] 穿一身深蓝色套装，[16] 不是他曾经鄙夷地发誓再也不会穿的军服。他坐在前方的一个小桌子前，手一直插在夹克口袋里，《西方闪电报》（L'Ouest-Éclair）记者说衣服看起来是新的。[17]

有记者认为他的样子显得矜持而高傲，俯视着观众，对他脚下万物怀有一种蔑视。还有人嗅到了不耐烦，仿佛在不满这个胆大包天的法庭居然用鸡毛蒜皮的小事来麻烦他。不过也有人猜测，在刚毅的仪态之下，将军内心深处怀着焦虑，担心这场诉讼会对他的名誉不利。右翼记者和民族主义人士则只看到一个高风亮节的战士泰然迎向着自己的命运。

这位天下闻名的德国人身后跟着阿道夫·希特勒，他跟鲁登道夫保持几步距离，腋下夹着一只厚皮革公文包，蓝眼睛扫了一眼现场众多的支持者。他和鲁登道夫坐在同一张小桌前，显得对将军毕恭毕敬。《人民信使报》记者认为，希特勒看上去在监狱里休养得不错。

"这个花哨的小地方男人，一头油光光的黑发，一身常礼服，仪态笨拙，巧舌如簧，难道这就是恐怖的叛乱分子？"在法庭里第一次见到希特勒的《芝加哥每日新闻》记者埃德加·安塞尔·莫维尔（Edgar Ansel Mowrer）说，"他看上去就是出差在外的服装公司推销员。"[18]

突然之间，房间里所有人都站了起来，椅子在木地板上摩擦，发出仿佛"一群蜜蜂"[19]离开蜂巢的声音。五名身穿飘逸黑袍的法官走了进来，此外还有两名替补。他们来到房间前方枝形吊灯下的一张 20 英尺长的呢面桌前，在各自的黑色皮椅上落座。

戴着传统高贝雷帽的主审法官是吉奥格·奈特哈特，[20]一位 55 岁的上邦法院院长，也就是德国司法体系中级别最高的承审法官。奈特哈特是一位慕尼黑知名商人之后，作为法官，他以反对自由主义和民主倾向著称。要知道，当时法官这个群体本来就出了名地热衷祖护专制思想。他的仪表严肃而庄重，留着修剪成三角形的山羊胡，看上去好似刚从威廉二世皇帝的法庭走出来。

奈特哈特生于 1871 年 1 月 31 日，距离奥托·冯·俾斯麦在普法战争结束之时宣告德意志国诞生刚刚过去 13 天，他的成长伴随着德国军事和工业力量的惊人崛起。他似乎始终无法接受祖国在一战中的失利，以及魏玛共和国的民主化。事实上，非要说的话，这些只能是加剧了他的右倾，从他的判词可以看到一种日趋严重的意识形态偏见。

希特勒案会不会得到秉公审理？绝对不会，法国共产主义报纸《人道报》（L'Humanité）驻外记者预言。在这个右翼巴伐利亚反动派的法庭里，想都别想，[21]而且另外几个法官有可能更极端：包括 57 岁的上邦法院仲裁官奥古斯特·莱伊恩戴克（August Leyendecker）和三名非专业法官，[22]分别是做保险生意的菲利普·赫尔曼（Philipp Herrmann）和克里斯蒂安·齐默尔曼（Christian Zimmermann），以及印刷装订商、文具店老板莱昂哈德·贝克（Leonhard Beck）。

魏玛统计学家埃米尔·尤利乌斯·龚贝尔（Emil Julius Gumbel）的研究表明，法国记者的判断不无道理。他对 1918 年到 1922 年夏的政治谋杀进行的分析揭示了明显的倾向性。在 354 起案件中，右派被告得到无罪判决的不下 326 起。[23] 没有一例死刑，只有一例终身监禁。而左派被告在 22 起案件只有 4 起得到无罪判决，有 10 例死刑和 3 例终身监禁。刑期长短也佐证了双重标准：左派平均为 15 年，右派平均 4 个月。魏玛是创立了一个共和国，但皇权时代那些负责司法解释的法官们仍然在位。

早上 8:52，[24] 奈特哈特法官未做致意或介绍性的陈述，径直开始了被告人点名。阿道夫·希特勒，34 岁，身份为来自奥地利布劳瑙、现居慕尼黑的作家[25]；埃里希·鲁登道夫特意出言纠正了家乡"克鲁瑟乌尼亚"一词的拼写错误；恩斯特·珀纳，在被问及身体是否已经从近日的疾患中康复，可以接受庭审时，他点了点头。英国驻外记者、《每日邮报》的 G. 沃德·普莱斯（G. Ward Price）说他看到主审法官向被告们笑了笑。

那天早上已经有传闻说，[26] 奈特哈特对几位被告表现出了非同寻常的敬仰，[27] 私下里赞扬鲁登道夫是"德国仅存的美好的一面"，并对希特勒说他很遗憾没能早点和他见面。传闻之盛，以至于法官觉得有必要在法庭上提一提。他坚决否认曾以那种方式与希特勒打招呼。《小巴黎报》记者看到旁听席里有人露出了怀疑的笑容。

在这个问题上，几乎可以肯定法官说的是实情，因为他和希特勒并非素昧平生。1922 年 1 月，[28] 希特勒在鲁文勃劳啤酒馆的演说中袭击某巴伐利亚政敌[29]后被告上法庭，承审法官就是奈特哈特，当时他面临 3~6 个月的徒刑。然而奈特哈特给了一个轻判，刑期仅 1 个月，[30] 一点象征性的罚款，并缓刑至 1926 年 3 月 1 日。在本案审理过程中有许多相关的信息始终没有披露，其中就包括希特勒此前已经被定过罪——而在啤酒馆政变时正在缓刑期间。

被告人点名后，奈特哈特要求检方开始读起诉书。"1923 年 11 月 8 日，在慕尼黑贝格勃劳凯勒，"代行上司之职的汉斯·埃哈德说。[31] 由他来开场是理所应当的。[32] 首先他的发言更有力，此外，几乎可以肯定的是，[33] 起诉书大部分是这位勤奋的副手起草的。埃哈德很快就赢得了赞誉，《巴伐利亚信使报》称他是整个法庭里最有头脑的人。[34]

希特勒以军事行动般的精密手段占领了啤酒馆，埃哈德在陈述起诉依据时说。宣布罢免巴伐利亚现政府后，希特勒企图建立一个新政权，作为"成立帝国政府的跳板"。等到有朝一日挥师首都，就会和那些被他称为"毁了德意志的罪人"进行一次"总清算"。

埃哈德将 10 名被告合在一起，全都告了重大叛国罪，只有一个例外，就是鲁登道夫将军的女婿海因茨·佩尔内，他只是被控"重大叛国罪行的从犯"。接着，检察官开始分别针对每一个被告。

埃哈德称希特勒是"整场行动的灵魂人物"。

鲁登道夫得到的指控是在心怀不满的爱国者中散布言论，称他会用自己作为功勋将领的名誉和才能为政变背书。此外，他的行动并非一时兴起，而是早有预谋。"我们的判断是，"埃哈德说，"在 11 月 8 日之前，鲁登道夫对这场有计划的行动已经有了切实了解。"[35]

接下来的一个多小时里，[36]埃哈德一直在痛斥被告人。这份概括了论据和罪证的稿件排字细密，厚达 42 页，具有相当的分量。不过也有人不这么认为。用被告罗姆上尉的话说，希特勒的支持者会觉得检察官"出言不逊"，旁听席里至少有一名外国记者说自己心不在焉。给他留下印象的主要是，他从来没见过一份法律文件这么频繁地提到啤酒。

那天上午大约 10:20，首席检察官路德维希·施坦莱恩提出了一个策略性的要求。他称本案"对国家安全和公共秩序构成威胁"，[37] 要求接下来的审理中旁听席清场。

对控辩双方来说，这个问题干系重大。如果审判转为闭门进行，希特勒就会失去他最宝贵的资本。他仍然可以发表长篇大论，对证人百般盘问，这些都是德国法律允许的，他还可以——据一名目击者说——在证人席"像火山一样爆发"，不过只有少数人能欣赏到这些戏剧性的演出。

希特勒的辩护律师洛伦兹·罗德反对检方的动议。德国人民有权自行判断被告是否有罪，这种最后时刻提出闭门审判的手段显然会导致人民与本案脱节。对事实的公开核查不会给国家带来什么损害；恰恰相反，这是应尽的职责。三位辩护律师支持了他的这个理由。

奈特哈特下令法庭清场，以便私下讨论检方的保密动议。施坦莱恩强调，讨论结束后，在论证本案的过程中，他势必会介绍一些事实，可能会揭露德国军方与慕尼黑准军事组织之间的联系——这些联系可能是见不得光的，几乎肯定违反了对德国武装力量的规模和范围做出了限制的《凡尔赛条约》。

他在暗示的是，希特勒的审判会不会发展成为国际事件，甚至可能导致与法国、英国以及其他监督条约执行的战胜国开战？此事需小心对待。施坦莱恩说，法庭"是在广大民众面前审理此案，这民众实际上就包括了全世界"。[38]

不行，韦伯的辩护律师阿尔弗雷德·霍尔博士表示，这位矮小结实的前飞行员在凡尔登之战中失去了一条腿，需要挂着拐杖。众多旁观的外国人士的看法与此次诉讼是无关的。"让法国人和英国人知道巴伐利亚有人想要清理一间柏林猪圈，"霍尔说，"能有什么坏处？"[39]

大家都想听到被告人是如何解释11月那个晚上的所作所为，鲁登道夫将军的辩护律师威力巴德·冯·策奇维茨附议。这是有必要的，因为他的当事人受到的指控只能用"荒诞不经"[40]来形容，他应该有权在公众面前为自己辩护。

从来想到什么说什么的鲁登道夫将军也加入进来，很快开始跑题，对起诉书本身发起攻击。他的声音沙哑，嗓音尖得让人有些意外。他说在看到这些控罪时，他"甚为惊讶"，[41]然后称起诉书本身就是重大叛国。"如果我是检察官，"鲁登道夫还说，"我会对这名检察官采取行动！"

"这就有点太过了，"奈特哈特法官说。[42]

就在关于合宜程序的争论进行到白热化时，阿道夫·希特勒第一次发话了。他承诺自己和其他被告人会谨慎行事。就像战士在为国而战，希特勒说，"我们不想因为我们的辩护给德国造成伤害"。

与此同时，希特勒希望区分"害德国"和"害几个对德国构成严重伤害的人"。他想要的只是一个公开自辩的机会。"我们不会害德国！"[43]

检察官很快意识到，让一个啤酒馆煽动家站上讲台是很危险的，他称希特勒的"公共利益"[44]诉求只是一个伪装，目的是让他的夸张表演有观众，在法庭上制造耸动效应。两位辩护律师表示反对。

在这场争吵中，汉斯·埃哈德一度对所有人大吼，让他们不要忘记检方只是在尽自己的职责。然后他对着鲁登道夫将军说，他至少应该懂得恪尽职守的重要性。此外，埃哈德也不打算就这么蒙受重大叛国的指控。如果鲁登道夫再提起这个不可理喻的说法，他接着说，"检方自然会以最严厉的方式做出尽职的反应"。

这一下众人又开始你言我语乱作一团。

"检方不想再被指控叛国！"埃哈德在吵嚷声中吼道。[45]

奈特哈特法官立即终止了争论，并下令所有人不得泄露出去。随后他与合议庭全体退至法官办公室，商谈闭门进行叛国罪审判的动议。

快到吃午饭的时候，他宣布了最终决定。

"本案将公开审理。"

但他加上了一个条件："本庭会就具体情况决定是否需要将公众排除在外。"[46]

这种妥协是给检方的一点甜头，进而会导致许多将诉讼程序转入秘密庭期的动议——出现这些要求的频率和时机，只能让人们对审判的公正和法官的动机产生许多怀疑与不屑。希特勒将以高超的技巧利用这一点。

而另一个后果就更是意义非凡了。这样一来，希特勒就不只是对着法庭发言，借助耸动的新闻标题和大量媒体报道，希特勒现在可以触及空前广大而重要的观众群。啤酒馆一役希特勒兴许是输了，但奈特哈特法官刚刚给了他赢下权力之战的第二个机会。对一个来自奥地利布劳瑙的无名作家的检控即将成为近代史上最重大、最具决定性的审判之一。

> 我下定决心为自己辩护，拼死也要反抗。[1]
>
> ——阿道夫·希特勒，1924 年 2 月 26 日

在观众的翘首企盼下，法庭重新开放，主审法官将希特勒传至证人席。所有目光都集中在这名被禁政党的领袖身上，他头发整齐地分开，淡蓝色的眼睛直视前方，纤长的手指[2]跟他普通大小的手掌比起来有些不成比例。他会像一个演员一样对这双手进行夸张的使用。慕尼黑《汇评》（*Allgemeine Rundschau*）记者形容他的脸像"一名颇神气的奥地利军士"。[3]

按照当时德国刑法程序的惯例，审问是由主审法官主持的。然而问题很大一部分来自检方。因此，在诉讼的这个阶段，法官应该是在替施坦莱恩和埃哈德说话。

在生平介绍中，最早提出的一个问题是证实奥地利出生的希特勒不是德国公民，因而一旦被判重大叛国罪成，是需要被驱逐出境的。

"1912 年来到慕尼黑的时候，"希特勒这样描述自己初到德国的情景，"我不是要学习［成为一名建筑画师］。我已经完成了学业。但我得谋生。"他表示自己当时的理想是成为一名建筑师和建造师。[4]

没有人注意到，他在这里成功地误导了法庭，其中涉及一段自己毕生都将遮遮掩掩的过去。他抵达慕尼黑的时间不是 1912 年，而是整整一年后。[5]他的这个谎可能让他得以掩盖一个事实，即他是在没有做兵役登记的情况下离开奥地利的，当时当局正在以逃避兵役为由追捕他。[6]德国警方依靠奥地利同行提供的情报

在 1914 年 1 月逮捕了希特勒，将他送回他的祖国。然后 1914 年 2 月 5 日，希特勒没能通过规定的入伍测试。奥地利征兵委员会认定他"不适合战斗和辅助性职责，太弱"。[7]希特勒在证人席上耍的这个心眼，让他免于被揭穿当年的丑事。

在不知道此事且对他的过往未做彻底调查的情况下，法庭反而强调了希特勒在德国的杰出军旅生涯。奈特哈特宣读了他的事迹。希特勒在 1914 年 8 月志愿入伍，第一次世界大战期间在一个巴伐利亚步兵团服役整整四年，多次得到嘉奖，包括那天早上他佩戴的一级铁十字勋章。希特勒的部队文件对他的表现总结是"极佳"。

由此在法庭里留下的印象[8]是，战时希特勒曾在壕沟里拼杀。但他实际的主要职责只字未提，从 1914 年 11 月开始，他在第 16 步兵团某营做过通讯员（Meldegänger）。在做这份差事的时候，他自然是见识过交火的，不过绝大多数时间是在后方，在参谋总部和营部主官之间送信。

他多数时候可以保持双脚、军服和毛毯的干燥，这是他那些壕沟里的战友无从享受的。他的食物相对容易下咽一些，喝的东西也更充足，尽管他只喜欢加了代用蜂蜜的甜茶。他的信差皮包没有发霉。虱子和大大小小的老鼠离他很遥远，更不用担心冻疮、斑疹伤寒还有随时遭到敌人的轰炸。那些人称"前线脏猪"的老兵管希特勒这种相对养尊处优的人叫"后方白猪"。[9]

法官询问了希特勒"为德国而战"[10]时负的伤。

"战时负伤方面，我的左腿大腿被弹片击中，后来还中了毒气，"希特勒说，两个都是事实。第一次负伤是 1916 年 10 月 5 日，[11]通信兵所在的掩体入口中了一枚手雷。第二次是两年后的 1918 年 10 月 13~14 日夜里，在伊珀尔郊外，当时英军的一次芥子气攻击烧伤了他的皮肤，导致视网膜受损和咳血。一开始"完全瞎了"，他在法庭上说，当时担心自己会从此失明。[12]

在 11:53 的时候，也就是公开审理开始几分钟后，奈特哈特宣布法庭进入午休时间。在法官的小心讯问之下，希特勒给人们留下的第一印象很明确：一位杰出的德意志爱国者，志愿参军，因骁勇善战得到重大嘉奖，为了报效侨居国差一点丢了性命。作为一场非德籍公民因重大叛国罪受审的诉讼，如此开场十分不寻常。

休庭期间，警察将被告人押到二楼走廊另一头的囚室。[13]那里准备了八个房间，[14]另外还有两个房间是供那些不需要一直待在这里[15]的被告就餐和休息用的，其中包括每晚会回到自己的别墅的鲁登道夫将军，以及因病得到这种特殊待遇的恩斯特·珀纳。

希特勒住在接近走廊尽头的 160 房。里面陈设非常简单。在这个原本是军校学员宿舍的房间里，唯一的奢侈品是一张白色的桌布，上面放了一瓶花。审案期间，希特勒和其他被告每天可以在后院锻炼两个小时，偶尔可以去学校的体育馆。如有需要的话，他们也可以抽烟，喝少量的啤酒。

法官和法庭工作人员、检察官和媒体、证人以及各刑警和安全部门人员都有专门的房间。罗德和辩方法律顾问也有休息室。房门就在法庭的后面。律师们还在同一条街的一栋楼里租了一套位于三楼的套房。他们预计，由于工作量巨大，他们不会有多少闲暇时间，更别提回家了。

/ 158

下午 2:30，法庭开始了下午的审理，奈特哈特法官要求希特勒作开庭陈词。

"法官大人，"黑色大衣上别着一级和二级铁十字的希特勒站在法庭前方开始发言。[16]如柏林社会主义报纸《福斯日报》的记者所说，希特勒将会用一场强有力的演出展现出他那毋庸置疑的技能——这位记者称他在吸引无产阶级上是个"天才"[17]。

一开始，希特勒的举止是谦恭[18]而克制的，几乎有些紧张。[19]随着陈述的进行，《法兰克福日报》发现，他开始用一种尖锐、刺耳的声音，就像一个突击队员在激动地发号施令。他可以自如地调节声音的粗细，时而柔和时而强烈，调门陡然升高或下降，在情绪的最高点则几乎变成沙哑的嘶叫。而这位记者还说，这一切都被他利用来制造戏剧效果。

这是一场精湛的演出，《格拉芬格市场周报》说。[20]《十字架报》外派记者认为，希特勒更多的是以当世护民官自居，在对旁听席而不是法官讲话。[21]《巴黎之声》（L'Écho de Paris）记者将他比作在街角兜售的骗子。[22]

证人席上的希特勒自信满满、喋喋不休，时不时显露出欢快的样子。为了强调他的陈词，他会举起一只手，食指朝天，或举起双手，掌心相对，同时抬头望着天花板。有时候他会挑衅地直指邦检察官。如炬的目光反映了他炽烈的情感。一位《小巴黎报》记者由此判断，不难想象为什么此人可以在啤酒馆里得到巴伐利亚年轻人的认可。[23]

那天下午希特勒讲了至少三个小时。[24]旁听的众人将对希特勒的自传有一个初步印象。这场精心编制的陈词展现了令人瞠目的事实操控能力。

被告人希特勒首先回顾了自己的一段过去，也就是他的军旅生涯，那显然是一段可以引以为傲的时光，也是他的抗辩中极具价值的一部分。他提醒法庭自己在军中六年得到了"极佳"的评定，并自称他由此懂得了作为一名战士"要尊重上级，绝无异

/ 159

议，完全服从命令"。

　　希特勒对军人背景的强调十分见效，以至于新西兰的《奥克兰星报》（*Auckland Star*）在报道中通篇郑重其事地称他为"希特勒中校"。[25] 一名英国联合通讯社记者给他的称呼是"冯·希特勒先生"。[26]

　　在努力表明自己有着一个战士而非叛徒的性格后，希特勒开始谈起自己的青年时期，称那也是他的一段性格塑造时期，影响了他的观念形成。17 岁的时候，他搬到了维也纳，并称自己在那里"被迫要自食其力"。那天下午，这个词他重复了许多遍。正如多位记者所指出的，他的用词，时而是低地德语的措辞，时而又变成自学成才 [27] 之人才有的表述方式。

　　在维也纳，希特勒说他发现了现代世界的两个重大危机。首先是"广大人民承受着巨大的苦难和贫困"；其次是"种族问题"，导致大众在他所说的"所有雅利安人的头号敌人和对手"面前不堪一击。希特勒没有绕弯子，他说当他离开那座以多元化著称的城市时，已经是"一个彻底的反犹主义者"。[28]

　　这个主题希特勒在后面还会展开，他强调自己在维也纳产生的反犹观念，并且这些痛苦的教训成了他世界观的一块"花岗岩基石"[29]。这个说法后来成为他的自传的基础，多年来一直被写进他的传记，不少史学家已经开始对它的准确性产生怀疑。

　　别的不说，至少现在找不到任何一条 [30] 可以证实的反犹言论是出自他的维也纳时期（1907 年 9 月 [31] 到 1913 年 5 月）。1930年代的纳粹研究专家尴尬地发现，他当时最好的朋友是犹太人［一个名叫约瑟夫·纽曼（Josef Neumann）的擦铜匠］；他的画商是犹太人［塞缪尔·摩根斯特恩（Samuel Morgenstern）］；他的相当一部分主顾是犹太人。在维也纳跟希特勒走得最近的人

/ 160

都想不起来他有过任何反犹的表示，倒是有不少人坚称，他当时还没有产生如此强烈的仇恨。

实际上，今天所知希特勒最早的反犹言论出自他移居慕尼黑以后。到了1919年秋天，对犹太人的仇恨言论在他的政治演说里已经很常见。由此也许可以推测，希特勒的极端反犹更有可能是在一战德国战败，慕尼黑爆发左翼革命，以及1919年在德国军队里接受思想灌输之后产生的。

如果真是如此，希特勒为什么在证人席上（以及后来的《我的奋斗》中）费尽心机把自己的仇恨源头引到维也纳？一个可能的原因很快会浮现出来。

希特勒并非像他声称的那样，是1919年3月随部队回慕尼黑的。[32]实际上应该是当年的1月，最晚2月中旬。这消失的四到六周，正好是慕尼黑左翼革命政权上台的时间——经德国史学家安东·约阿希姆斯塔勒（Anton Joachimsthaler）核实，希特勒曾为这个政权效力。

他是一名Vertrauensmann，也就是革命委员会的第二步兵团复员营"代表"，[33]德国战败后，革委会趁乱夺取了权力。他的其中一项职责是传播"教育"或宣传材料，以争取士兵对左翼政权的支持。那年春天晚些时候，希特勒还赢了一场选举，成为工人－士兵革命政权——也就是慕尼黑的"红色共和国"——的助理营代表。

从赫尔曼·埃瑟到埃米尔·莫里斯，希特勒的许多同党在慕尼黑那场短暂革命中加入过社会主义政党。[34]不过和他们不一样的是，希特勒始终没有承认过。[35]他回避了这个话题，坚持含糊其词的说法，称他如何如何反对那场运动。一旦被迫要谈——毕竟现在是在证人席上——他就会篡改时间，避免有关这段往事的真相败露。

　　然后他紧接着就开始长篇大论，对这些左翼意识形态发起恶毒的攻击，尤其是越来越活跃的马克思主义。在他看来，马克思主义对所到之处的文明构成了威胁。它教规规矩矩的德国百姓去对当权者挥舞拳头，企图建起一个"国中之国"——讽刺的是，这跟检方给他安的罪名是一样的。

　　主审法官并没有打断希特勒这段冗长的咒骂。旁听席里有不少人显然怀有相同的想法。希特勒说共产党"不是人"，还迫不及待地得出毋庸置疑的结论："要拯救德国，唯有让最后一个马克思主义者改弦更张，或将其毁灭。"[36]

　　柏林共产主义报纸《红旗报》（*Die Rote Fahne*）提醒人们别上当，文章点出了希特勒的意图，他在用编造出来的个人苦难故事和他的"社会主义速成课"蒙骗不明就里的群众。这家报纸后来称希特勒和他的同党是"种族主义捕鼠人"，他们为了吸引容易上当的大众，散布"绝望与惶惑"的意识形态。[37]

　　希特勒的确一点时间都不耽误，把对他的叛国审判变成了纳粹宣传的舞台。[38]与此同时，他还在描绘一幅招揽追随者的自画像。将自己的反犹和右翼源头拉回到战前的维也纳时光，效果也非常好，而曾经为一个如今被他痛斥的敌对政党效力这件事也就瞒住了。

　　伦敦《泰晤士报》报道，那天下午，慕尼黑法庭里的观众是支持希特勒的。[39]被希特勒称为纳粹"运动"的这个政党并不以"谋求议会席位"为目标。它的主旨是要改变德国的命运。

　　当国家在他看来"被大卸八块"的时候，他不可能袖手旁观。法国夺走了德国工业心脏地带鲁尔，还在努力让一个大国解体，成为许多更小、更弱的邦。德意志共和国从一开始就没有处理好这场危机。然后恶性通胀开始了，德国陷入经济混乱。千千万万人倾家荡产——用他的话说就是"口袋里最后一个马克都被人抢走"。

德国人民吃不饱饭，那些本可以养育他们的土地被懦弱的政府拱手送了出去。而困境"每分每秒"都在恶化。200万热爱祖国的年轻人战死沙场，难道就换来这些？希特勒问道。[40]

过去四年里，他在慕尼黑各地的啤酒馆演说，提出了很多类似的观点，但这一次，他的观众之多是他自己从未经历过的。来自德、法、英、美等国家的大报记者纷纷摘录他的言论，传达给世界各地千千万万的读者。这样的曝光度，他花多少钱也买不来。

奈特哈特对被告人丝毫不作约束，于是希特勒可以游走于各类话题间。《慕尼黑邮报》发现，他的语调更像是个宣传者或煽动者，而不是被告人。世人的瞩目让希特勒十分受用，他在法庭上讲演如何发动战争，终于实现了他本想通过政变实现的目的。

要想获得胜利，他说，一个国家需要集中前线和后方的资源，他的人在啤酒馆做的事就是出于这样一个根本目的。鲁登道夫可以在战场上得胜，而希特勒可以将人民团结起来共赴国难。他是这场运动的鼓手。他看起来是个友善的人，尽管会有种浮夸、做作的感觉，注意到他很有些派头的瑞士《公正报》（*L'Impartial*）写道。[41]

接下来，投观众所好的希特勒开始自夸，称他已经证明自己的纳粹党可以实现怎样一番大业。他声称，这个组织从在某啤酒馆里屋成立时的六个人[42]发展成了数百万之众。这是又一个会在《我的奋斗》以及后来的许多场合得到重申的谎言。根据1919

年 9 月 12 日希特勒首次参加会议时的记录，有 41 人到场，这还不算他以及和他同去的人。在警方突查前从纳粹党办公室抢救出来的文件显示，当时的党员数为 55787 人，到不了几百万。然而希特勒的这番误导性陈述令右翼媒体十分赞赏。

"我需要郑重声明，"[43] 希特勒继续用激昂的语调做着自我宣传，"对于一件我知道我能做到的事情，我是不会谦虚的。如果一个人认为，自己是受到了某种召唤去做一件事，那他就有义务去做！"[44]

而后希特勒转到和他一起走上贝格勃劳凯勒舞台的巴伐利亚领导人。他说卡尔同意与他合作。塞瑟则说过，一场民族革命眼看就要爆发，他们为此已经准备好了炸药和导火索。洛索看起来也是同意的，至少——照希特勒略带嘲弄的说法——从未拒绝过。他们都怀着向柏林进军的大志。唯一的区别，希特勒说，就是这些所谓的领导人缺乏"纵身一跃的意志"——就像"在障碍前失去了勇气的马"。[45]

那么，希特勒在最后总结道，如果他和其他被告犯了重大叛国罪，巴伐利亚这三巨头肯定也是有同样罪行的。"这几个月来，唯一在讨论的事情，就是我们现在要因为这些行为出庭受审。"[46]

卡尔、洛索和塞瑟在设法避开自己的言行造成的后果，希特勒则不同，他似乎准备好了捍卫自己的行动与信念。"我来这间法庭可不是要否认一切，"[47] 他自夸道，"所有的责任以及相应的后果，都由我一人承担。"与此同时，在被问及是否承认检方提出的具体罪行时，他却反悔了。照他的说法，"对 1918 年那些卖国贼，不存在什么重大叛国！"

在结束陈词前，希特勒提出了最后一个请求。他提醒法庭，自己无论在战场上"作为一名服从命令的士兵，还是在国内"，都是在保卫德国。此外，"自少时我就不觉得自己是个奥地利人"。实际上他认为自己是最优秀的德国人，"全心全意为自己的人民着想"。他请求法庭允许他继续留在这个国家。[48]

许多媒体在把审判当成一场拳击赛来报道。希特勒显然是赢了第一回合。不过从法律层面来看，检方有理由感到满意。施坦莱恩认为，在他的长篇大论中，希特勒提供了"可以充分证明其罪行的证据"。于是检方做了当天的最后陈词，接着奈特哈特摇铃宣布："对证词的查验将揭示更多事实。"[49]

> 那时我已得出结论，在巴伐利亚，完全分不清楚谁是主谁是仆。[1]
>
> ——恩斯特·珀纳

1924年2月27日星期三，审判的第二天。摄影师和拍摄组[2]只允许在大楼外面拍照，前提是持有特殊许可证。鲁文勃劳及附近的其他啤酒馆禁止举行政治集会。警察再次封锁了周边的街道，这引发了当地居民和商铺的抗议。一个摩托车经销商[3]尤其对自己的生意受到的干扰大为光火。

安保人员严格查验了各种颜色的入场证件[4]：绿色是检方、辩方律师和法庭官员；黄色是邦政府部门；棕色是贵宾和被告的亲属；蓝色是媒体人士，只能进入媒体室的记者则是白色。民众的通行证是临时发放的，通常有效期为一天或半天。这些证件由奈特哈特亲自签发。

已经有人指责主审法官在发放珍贵的旁听证时存在偏袒。一位从柏林赶来的知名共产主义者遭到轻慢的拒绝，而对右翼有好感的观众会比较容易弄到一个席位。很快有人开始指责奈特哈特，说他在旁听席里塞进许多慕尼黑《汇报》所称的"希特勒那伙人里的渣滓"。[5]

慕尼黑庭审现场的警力[6]似乎比第一天还要多。建筑周边、附近的街道和法庭外的走廊上，头戴钉盔、腰别手雷、肩扛步枪的男人挤得满满当当。《纽约先驱报》（*New York Herald*）揶揄这"合围之势"[7]比啤酒馆政变吓人多了。

"啤酒爱国者"[8]和他们那场微型"啤酒馆革命"[9]无疑还

是很受欢迎的笑料。"政变审判成笑谈",《温哥华太阳报》（*Vancouver Sun*）的标题写道。[10] 希特勒和他的同党誓要清除社会主义、共产主义和犹太敌人，合众社记者写道，但是他最后这场"可笑的啤酒窖政变"[11] 只是一出滑稽戏。一群巴伐利亚爱国人士纷纷追随起鲁登道夫这样一个普鲁士宿敌，以及"捷克斯洛伐克人"希特勒，其中的讽刺意味引来《小日报》（*Le Petit Journal*）的讪笑。[12]

虽然在柏林、巴黎之类的地方沦为笑柄，希特勒和其他被告人在慕尼黑的人气仍然很高，之前一天的演说得到右翼媒体盛赞。"布鲁登堡街上到了拼死一搏的时刻，"一位《巴伐利亚祖国报》记者写道。[13] 他还说，希特勒的状态极佳，他从未见过如此鼓动人心的精彩演说。

看到被告人再度对犹太人发起攻击，这位《祖国报》的反犹作家也十分欣慰，说这让他想起了"老希特勒"[14]。这指的是1919~1921年那个尚未成为纳粹党党魁的狂热煽动家希特勒，而在他看来，后来希特勒为了顾及更广大的受众，对自己的宣讲语气做了些缓和。

在一定程度上，正是这种声望促使当局在审案期间让被告人住在这座老军校里。除了安保上的考虑，还因为不用每天抵达和离开，从而避免被告人得到群众欢呼喝彩的尴尬场面。

不过鲁登道夫受到了优待。这位曾经的指挥官可以每天晚上回到自己的大宅，伦敦《每日快报》已经在称审判是一出"闹剧"，它的副标题应该是"鲁登道夫的洗白"。文章预测将军可能会被判无罪，然后就像个淘气的小学生一样离开，还客气地要求他"下次别这样了"。[15]

让左派报纸格外开心的是，希特勒攻击了与他同属右派的巴伐利亚保守主义领导人。柏林社会主义报纸《福斯日报》问了一个和希特勒一样的问题，"为什么卡尔没有被捕？"[16] 法国共产主义报纸《人道报》（*L'Humanité*）也在拿希特勒和卡尔的关系做文章，尽管他们刊登的一张据说是希特勒的照片，其实是古斯塔夫·冯·卡尔。[17]

到了审判的第二天，法庭的进度已经滞后。前四名被告人这时候本应已经做过陈词，但希特勒的演说把整个下午的时间都占了。偏题、转向以及其他各种分散注意力的事情才刚刚开个头。

早上 8:35，奈特哈特法官传召第二名被告人出庭，也就是高地联盟的弗里德里希·韦伯医生。战后涌现的许多激进右翼准军事组织中，高地联盟是财力最为雄厚的一个。[18] 它脱胎于凶蛮的高地自由军，后者参与了 1919 年慕尼黑共产主义革命和 1920 年鲁尔左翼暴乱的镇压。从奈特哈特的介绍听来，这位被告俨然是一位自由战士。

政变后，韦伯出版了一本题为《真相》[19] 的小册子，对巴伐利亚三巨头的串谋做出了煽动性的指控。多家报纸报道了这件事，迫使政府做出一连串的否认。然而韦伯的说法并没有就此消失，站在他这一边的《上巴伐利亚人》（*Der Oberbayer*）说，考虑到韦伯德高望重的名声，这些指控是很难反驳的。[20]

身材高瘦的弗里德里希·韦伯医生胡子刮得干干净净，看上去比他 32 岁的年龄还要年轻，他的职业是慕尼黑理工学院兽医系研究助理。慕尼黑《汇评》认为他本人的样子就是个学生。[21] 他戴着一副小小的圆边眼镜，谈吐平静而简洁。这和希特勒有天壤之别，柏林《福斯日报》称后者的演说是"宏论"，[22] 指的是它的篇幅而不是品质。

在那天上午韦伯的证词有许多看点，比如从中可以了解希特勒的一些早期支持者的动机。韦伯说，按照他的经验，武装社团吸引了两个极端群体。一个是想要恢复一战后失去的帝制与皇权道统的爱国者。另一个是要求进一步走向民粹主义和革命的德国人，例如废除贵族头衔，消灭阶级隔阂。这些人的意愿是截然不同的，之所以能走到一起，靠的是三个原因。据《小巴黎报》记者观察，此时观众已经被他的论述深深吸引。[23]

首当其冲的是对《凡尔赛条约》的痛恨，他们认为这种强加的和平以不公正的方式剥夺了他们的人口、领地、资源和尊严。其次，在"挣脱这可耻的"[24]条约的桎梏之前，他们必须先击败所谓德国自由的头号敌人，他把这些敌人笼统地概括为"马克思主义、犹太人以及对大众和多数群体唯唯诺诺的民主议会体制"[25]。在上战场前不先解决自家后院的威胁，德国爱国者可能会再次被人"从背后捅刀子"。这就带出了让他们团结起来的第三点：需要"发起一场精神圣战和道德重建，首先是对我们自己，然后通过我们来触及尽可能多的人民"。

这就是一条自由新德国之路——阿道夫·希特勒是实现这个未来的最佳机会，韦伯说。这样的背书极具说服力。

在奈特哈特的追问下，韦伯确认了希特勒在之前一天的许多证词。倚仗鲁登道夫将军的名望，啤酒馆政变的策划者预计可以得到北德陆军的支持。他们相信，军队和战斗团体的联盟可以推翻柏林政府，他们"无计可施，只能屈服于压力，从政界消失"。[26]

事实上韦伯称，如果不是相信有巴伐利亚军队和邦警的完全支持，希特勒根本不会行动。他提到与冯·洛索将军和塞瑟总警监多次私下会面商谈行动筹备事宜。

"你最早得到［巴伐利亚领导人倒戈的］可靠通知是什么时

候？"奈特哈特问道。

"我们没接到过可靠通知，"韦伯说，"直到他们开始向我们开枪，我们才知道。"[27]

奈特哈特问韦伯是否想过会有其他的结果。

如果卡尔、洛索和塞瑟"没有如此可耻、可鄙的背信弃义之举，"他答道，"我们在德国的最终目标显然是可以实现的。"[28]

在问讯环节的最后，主审法官问了被告人的两名幼子——阿诺德和弗里德里希——的年龄，随后第二检察官汉斯·埃哈德接手，立即就打乱了韦伯的阵脚。

希特勒及其同谋欲向柏林施压，以达到他所说的"你们自己的目的"，被告人是否了解这一庞大的计划，埃哈德问道。

"我抗议使用'追求我们自己的目的'这一表述，"韦伯说，"我们从未追求自己的目标，永远只是为了德国。"

"哟，你好像很敏感啊，"第二检察官嘲弄地说。[29] 接下来，他进一步质疑了鲁登道夫的威望："你难道没听说，鲁登道夫将军在军中没什么影响力，尤其是在北德？"[30]

这番话在旁听席引起不小的躁动。"太过分了！"[31] 有人喊道。还有人说，在德国法庭里不应该问出如此不敬的问题。《晨报》的一名记者看到，鲁登道夫在一片嘈杂声中站了起来，对这种人身攻击表达了不满。[32]

奈特哈特喝止年轻的检察官，提醒他在法庭必须遵守秩序。

法官和观众的反应丝毫没有吓倒埃哈德，他说他在追问的是一个关键。

然而赢得满堂彩的是韦伯，他用一段长篇独白表达了自己对鲁登道夫的尊敬甚至仰慕，他说他被鲁登道夫深深打动，认为他是第一次世界大战乃至德国历史上最伟大的指挥官。

"好，这就是我想知道的，"埃哈德说。

"事实上你想知道的是别的，"辩护律师卡尔·科尔猛地站起来[33]反驳道，语气中透着不屑。[34]这个身材壮实的矮个子用洪亮的声音祝贺韦伯，称他对检察官的侮慢做出了高贵的回应。观众再次欢呼起来。[35]奈特哈特敲了敲法槌。他们这不是在戏院里，主审法官说。

待场面平静下来后，韦伯表示，和很多说法正相反，他从未听说卡尔、洛索和塞瑟当时在里屋是被禁止相互交谈的。被告人语调的镇定自若，导致他几分钟后的表现让人感到意外。埃哈德用了一个简单的问题给他下了个套：他们进入里屋的时候，他有没有听到洛索跟他的一个助手说了些什么？

他们是不允许说话的，韦伯说。紧接着他意识到自己的前后矛盾，试图纠正。希特勒的律师洛伦兹·罗德也连忙来协助。巴伐利亚领导人是可以在房间里自由行动的，对不对？

韦伯证实了这一点。

但是门口不是有一名警卫吗？奈特哈特问道。

"在门外。"

"所以他们几位是不可以离开房间的？"[36]

韦伯再次露出马脚。

在下午的庭期中，巴伐利亚法官、前慕尼黑警察总长恩斯特·珀纳走上证人席。他时年 54 岁，属于被告中年纪比较大的一位，已谢顶，没有蓄须，曾经断过的鼻子上有一副夹鼻眼镜。柏林《福斯日报》记者认为他的样子更像波希米亚人而不是德国人。[37]

和希特勒一样，珀纳无意否认自己在此事中的角色。[38]他提到政变前夕希特勒曾来找他，大致讲了讨伐柏林的计划，希望他出面协助。珀纳承认了他在啤酒馆里屋发挥的作用，即劝说卡尔与希特勒一同起事。他没有看到任何迹象可以证明，巴伐利亚领导人在耍花招、假装，甚至都不存在异议。[39]

证人席上的珀纳语调缓慢而谨慎，极少有手势，握着拳的左手一直放在背后。[40]他的发言克制而平白，语气中显然没有透露任何的悔意。他问道，冯·洛索将军作为一名军官，面对鲁登道夫这样的司令官，怎么会先是宣誓服从，而后又有意蒙骗呢？更有可能的情况是，珀纳提出，洛索是加入了政变，但后来后悔了，于是编造出"在演戏"[41]的说法。

辩护律师想继续就珀纳和卡尔的关系提问，尤其是考虑到两人在1920年3月曾试图推翻共和国未遂。法官显然对这个方向感到不安，提出留到保密庭期再问。

但是希特勒的辩护律师洛伦兹·罗德坚持要问，表示"根本无法"[42]想象这个话题怎么会关系到国家安全大事。如果将重要的证词转入秘密环节，"给人感觉有双手在小心翼翼地保护卡尔，"将会有损法庭的声誉。鲁登道夫的律师表示赞同。

施坦莱恩完全反对这个提问方向。"我认为这些问题于〔被告人〕罪行之评断毫无干系。"[43]在这次庭审过程中，检方将多次重复这一观点，因为辩方采取了一种消耗与覆盖战略，让检方淹没在无数旁枝末节之中。

当天的最后，法官问珀纳是否会去游行反对政府，他说他肯定会。德国政客是罪人和"杀人犯"，他们谋取不属于他们的权力，疯狂侵吞赃物。然后珀纳说了一句让法庭愈发沸腾的话，他带着嗤笑[44]对法官说："你们说的'重大叛国'这档子事，过去五年我们一直在干！"[45]

/ 29　闭门审理

　　我尝试着用冷静而庄重的方式问了希特勒一个问题。[1]

——汉斯·埃哈德

　　1924年2月28日星期四早上，观众遭遇了一次意外的延误。大雪席卷[2]了慕尼黑乃至从比利牛斯山到亚平宁山脉的相当一部分地区，鲁登道夫将军的车似乎是在来法庭的路上抛锚了。[3]

　　其他被告人在聊天看报，打发时间。上午9:20左右，大楼外响起欢呼和拍照的声音，将军搭乘一名支持者的车赶来了。然而审理仍未开始。据法国哈瓦斯通讯社（Agence Havas）记者称，有人弄丢了130室[4]的钥匙，也就是合议庭存放庭审记录的地方。[5]

　　被指控为啤酒馆政变军事策划人的赫尔曼·克利伯中校走上证人席。48岁的克利伯体格魁梧，浓眉毛、宽肩膀，外表看上去十分整洁，用《小巴黎报》记者的话说，就像要参加婚礼的新娘。这位记者是在报道德国民族主义期间认识克利伯的。他的结论是，这辈子没见过哪个德国人像这位"巴伐利亚巨人"[6]这样，对法国怀着如此深的仇恨。

　　克利伯回顾了自己的军旅生涯，侧重于战争末期的悲凉遭遇，尤其是奉命随德国停战使团前往比利时斯帕。那是一段屈辱和刺痛的经历。他永远不会忘记那种愤怒与沮丧的感觉，一边要在西线与"残酷无情，什么坏事都干得出的敌人"作战，一边要忍受着国内"那一帮帮的卖国贼"的攻击。

　　接下来，他厌恶地看着这群卖国贼背弃他们对德意志皇帝的誓言，却反而得到了新共和国的权力。谈起战后在法据普法尔茨地区的时光，他咒骂签署停战协议的"十一月罪人"，因为他们不允许他用鞭子抽对方的法国将军，在他看来，那是"这种家伙应得的教训"。陈词期间，奈特哈特漫不经心地警告被告人保持克制。[7]

法国民族主义报纸《法兰西行动》（*L'Action Française*）记者在文章中说，现在看来克利伯是跟希特勒一样的狂热之徒，并且把他的名字错拼成了"Hittler"[8]。有不少国际记者此时仍无法正确拼写头号被告人的姓氏。[9]《高卢报》（*Le Gaulois*）和德国电讯联盟社（Telegraphen-Union）的新闻通讯在开审后相当长一段时间里仍坚持在"Hitler"里多加一个"t"，不过后来越来越少见了。

借着介绍个人经历的机会，克利伯夹带了一些关乎近代德国起落兴衰的轶事。他回忆了在斯帕签署停战协议后，他的火车离开车站的情景，当时他攥着拳头对着窗外大喊："咱们来日方长！"比利时人则用"如潮的怒火、吼叫、石头和手枪子弹"招呼他。在那一刻，克利伯说他发誓"决不罢休"，要把在车站的宣言变为现实。[10]

克利伯以"一个忠诚的巴伐利亚人"的身份表示，他希望吞并奥地利——用他的话说是"德属奥地利"——并恢复祖国的力量与威望。在这方面，他和希特勒有不少共同语言。然而希特勒在这个问题上的理念甚至立场并不是吸引他的主要因素。实际的原因与此毫不相干，克利伯说，不过他不太想公开谈论。[11]

奈特哈特领会了他的暗示。于是，刚刚经历了早上的延误的观众，在才听了15分钟的证词后，又不得不离开宝贵的旁听席。法庭将进入秘密审理环节。在接下来的审理中，这样的秘密庭期还有不少。

英国、法国、意大利、西班牙、瑞士、斯堪的纳维亚、美国乃至阿根廷和澳大利亚这样遥远的国度都在密切关注此案。不少外国记者对主审法官关门审案的决定表达了质疑，尤其是巴黎来的记者。

《小巴黎报》猜测，克利伯的保密证词涉及德国人为反抗《凡尔赛条约》而在暗地里组建的军队。[12] 还有多家报纸猜，克利伯要透露的是，在他制订的攻击共和国的计划中德国军方会给予多大程度的支持。很多人判断，无论是什么，这些讨论可能的确是非常有必要遮掩起来。

克利伯的闭门证词的确会成为不少报章大肆报道的话题。一开始，克利伯站在自己的角度谈了在这场不可避免的、"无论我们愿不愿意，终有一天要打起来的伟大解放战争"[13] 中，德国爱国社团发挥的作用。然而，外界对这些社团存在根本上的误解。

公众当然是认为，民族主义准军事组织是得到军方和警方协助的。事实恰恰相反。克利伯赞扬了德国的平民百姓，他们冒着巨大的个人风险藏匿武器，避免被监督《凡尔赛条约》执行的协约国调查员发现。这是一个吃力不讨好的差事，他说，随时都会有检察官找上门来，这是当着施坦莱恩和埃哈德的面指桑骂槐。德国爱国者是勇敢无畏的，尽管要受到他们自己的"罪恶政府"[14] 颁布的法律约束。

"中校！"奈特哈特说，"你在说罪恶政府。这是我不能容许的。"[15]

接着被告解释了他为什么支持希特勒。德国军队需要吸引民众，尤其是劳动阶级。问题是战争结束后工人纷纷投奔社会主义和共产主义政党。没有哪个德国爱国者，或者说民族主义政党或领袖，能够争取到他们，他很快注意到，有一个人可以：阿道夫·希特勒。

希特勒的魅力和演说技巧，配合他"不可思议的意志力"[16]，让他具备了得天独厚的优势，有助于德国为下一场势在必行的战争做准备。无论是可以参加战斗的年轻工人，还是可以为军队制造武器、生产物资的老年工人，他都能争取到。在克利伯看来，"没有这些工人，我们不可能发动解放战争"。[17]

透过闭门审讯中的这次直截了当的承认，可以了解到一些军官最初是如何被这个啤酒馆煽动家吸引的，而他的对手往往会低估他，甚至把他当成一个卓别林式的小丑。克利伯接下来要给出的详尽证词，若是传出去将会掀起轩然大波。

他证实，讨伐柏林的筹备工作一直是明确告知巴伐利亚领导人的。冯·塞瑟总警监甚至还协助他操练人马。克利伯提到1923年10月与塞瑟的一次会面，当时他们俯身查看德国地图，计划了北上首都的行军路线以及途中的部署区域。

克利伯说计划的目标是在"边防警察"[18]的协助下夺权，而那些警察无一不是各种爱国战斗社团的成员。塞瑟认可了那个计划。一切都是清清楚楚的，他说。直到10月的时候，"进军柏林还是确凿无疑的事"。[19]

他拿出了他的人收到的一份关于北上的具体命令，[20]日期是1923年10月16日，表示大家可以传看。

"现在？"奈特哈特问道。他警告克利伯，这样的文件依法必须上呈法庭。

克利伯还是把文件递给了法官。上面附有一张地图，标示了前往首都的路线。

施坦莱恩看了看那张纸。这真的是在说部队调动吗？

"还有筹备，"克利伯答道。

埃哈德问是谁起草的计划。

"从柏林来的。"

埃哈德检查了命令。这件事非同小可，他表示很惊讶，冯·塞瑟总警监在预审陈词里对这道命令只字未提。

"没什么可惊讶的，"克利伯反驳。他们得到了巴伐利亚当局的全力配合。[21]

被告人韦伯医生和恩斯特·珀纳证实，北上的准军事社团在调动中是伪装成应急警察部队。

审判席上的其中一位法官警告被告人，不得将这一信息告知公众。[22]

希特勒也在这次秘密审理中加入了一些信息。冲锋队队员也在接受德国军队的训练。一开始是在军营进行的，后来那里已经容纳不下他的人，于是邦警提供了场地。他们从1923年1月开始一直与政府当局有这样的合作，当时法国入侵鲁尔，军方高层担心他们可能很快要投入战争。训练的强度在秋天开始加大。

事实上，希特勒说，是军队和邦警在催促他们行动。到了1923年11月，冲锋队已经躁动不安。他说，军营里整天谈论打仗，再加上训练，根本没办法约束他们的情绪。

"他们是在军营里训练？"奈特哈特问道。

是的，希特勒说，并且这项指令巴伐利亚当局是知情且支持的，他们还提供了部分制服。

"是国家防卫军的军官？"

"是的，国家防卫军的军官。"[23]

这无疑违反了《凡尔赛条约》。在秘密审理中，克利伯一度表示，一旦媒体掌握了这样的信息，"所有人都会来讨伐我们，爱斯基摩人都会来"。[24] 毫不夸张地说，会是一场国际丑闻。而当初导致法军入侵鲁尔的原因，还不及这个严重。

那天下午 2:37，仍然是闭门审理，克利伯的律师呈交了一系列说明部队调动和行军计划的机密文件。克利伯说，让他的人去跟德国军队和邦警作战的想法荒诞至极。他们是盟军，不是敌人。

为支持同僚的说法，希特勒就他的行动又透露了一个不想公开说的事。他承认曾下令去盗取印刷厂的钞票，称军方承诺在"调动的时候"[25]会提供资金，然而 11 月 9 日上午他无法联系上冯·洛索将军。当时他需要钱给他的人买早饭，以避免暴力事件发生。

"我判断当时是势在必行，这种情况下，需要采取一切手段，"希特勒说。[26]

埃哈德问希特勒如何看讨伐柏林的可能性，毕竟此事会导致严重的国际后果，希特勒回之以一段长长的独白，涵盖了几个世纪的国际关系和大国政治。他简述了法国如何一直在寻求"德国的巴尔干化"，[27] 把它分成若干小的、可控的部分。英国也把德国当成人质，用在它拿手的势力平衡算计中，力求避免任何一个国家成为欧洲大陆的主宰。"曾经是西班牙，[28] 后来是荷兰，再之后是法国，最后，是我们。"面对如此决绝的敌人，德国唯有利用它们之间的裂隙，因为它们自身的利益会不断催生分歧和冲突。

接着希特勒批评柏林缺乏民族主义和战斗精神，辜负了德国人民，导致战败以及当下的苦难。他还说，各国历史证明，首都是无法领导一场民族复兴的。造就阿塔图尔克的不是君士坦丁堡而是安卡拉；墨索里尼崛起于意大利北方而不是罗马。慕尼黑和德国的重生也会是这样，希特勒说。

此外，考虑到对德国犯下的罪行之深重，希特勒不指望事情能以和平方式解决。相反，这需要"施展巨大的、空前的武力[并且]可能还要忍受相当痛苦的折磨"。[29] 他本人为这项事业做了赴死的准备。他无怨无悔。如有必要，他发誓会再来一场政变；他相信如果不是巴伐利亚领导人辜负了他，这一次应该是会成功的。

检察官问希特勒是否认为他能得到多数人民的支持。

不能，当然不能，希特勒冷笑着说道。历史的书写者不是多数群体，而是个人，或者说"英雄"，他往往要顶着多数民众的反对来行事，将自己的意志施加于社会之上。他不是叛国者，他的同僚们也不是。"重大叛国是唯一一种因失败而受惩罚的罪行。"

基于这一点，始终未被主审法官打断的希特勒接着对检方发出警告。"不要以为这场审判能毁了我们！你们可以若无其事地把我们关起来——你们可以。但德国人民不会毁了我们。我们的监狱会打开，有朝一日，遭到指控的人，会反过来指认罪人！"[30]

> 在这片谎言、欺骗和背信的沼泽前，鲁登道夫是一座高山。他会永远傲然而立。他的王冠上的珍珠没有因为与强盗勾结而掉落。[1]
>
> ——赫尔曼·克利伯中校

这场审判在德国乃至世界各地成为新闻热点。对许多左翼报纸来说，尤其是柏林和德国北方那些，这就像是希特勒和他的党羽在上演一场可笑的马戏或哗众取宠的舞台剧。而南方那些右翼报纸，比如《罗森海姆汇报》（*Rosenheimer Anzeiger*），则认为，柏林本以为审判会是"一场聚会"，然而实际上更像是一出"慕尼黑悲剧"。[2]

次日，也就是 2 月 29 日早上，昏暗、阴郁的法庭没有像之前那样迅速坐满人。许多人估计今天又会有长时间的延误，或者很快就会开始秘密审理。[3] 还有人觉得，这场奇怪的审判为什么老是关注一些与正题无关的细节。"如果公开审理部分就只是些反法国、反比利时的演说，"伦敦《泰晤士报》记者这里指的是克利伯的证词，"那么这审判根本没什么必要继续下去。"[4]

希特勒在 1924 年闰日（2 月 29 日）的早上走入法庭，精神抖擞地环顾四周，此时留给公众和媒体的座位实际上有一半还空着。鲁登道夫和他的顾问走在希特勒后面，然后是一群慢悠悠的辩护律师，他们的长袍在地板上发出嗖嗖的刮擦声。

《慕尼黑—奥格斯堡晚报》赞扬了辩方的克制，努力回避可能有碍德国利益的敏感问题，不过他们的律师就不行了。罗姆上尉的首席顾问克里斯托弗·施哈姆受到了攻击。所有律师都要面对这个挑战，即在为当事人辩护的同时不危及国家安全。作为一名得体的德国人，他说他希望明确一点，那就是他和他的同事会以祖国利益为重。

他还希望大家注意《人民信使报》的一篇文章，其中讲到一个人在慕尼黑搭电车时恰好坐在了两个旁观审判的漫画家中间。其中一人据描述"看起来是个保加利亚或匈牙利人，至少是典型的斯拉夫人"，[5] 他把合议庭的其中一名法官画成了奸诈的骗子，另一个被认为是犹太人的漫画家则画了一幅讽刺画，把鲁登道夫画成了形容憔悴、面颊深陷的泼妇，两眼无神地望着前方。施哈姆请求法官将"这类人"逐出法庭。奈特哈特同意了。

既然说到媒体报道，路德维希·施坦莱恩也提到一篇文章，其中形容他在听希特勒的发言时始终带着嗤笑的表情。[6] 他郑重声明事实并非如此。然而柏林的聪明人想必对此感同身受，他们觉得，这么一场浮夸拙劣的审判，又有谁能一直保持严肃呢。

克利伯中校继续作证。在排除了昨天出庭时讲的几乎所有内容后，出于公众利益的考虑，克利伯用一种慎重的、经过过滤的方式，解释了自己作为军事指挥官在占领啤酒馆行动中的作用。他的发言斟字酌句，小心翼翼地避免提及任何有关又一场战争的必然性，他的人马得到的军方操练，以及其他所有可能引发国际社会震怒的东西。

在表示对自己的行为负全权责任后，克利伯描述了希特勒和其他谋反者的动机，从中揭示了巴伐利亚当局的配合。他向法庭陈述了他和洛索在政变两天前的一次对话，后者当时表示如果有51%的成功机会，他就支持讨伐。克利伯随后表达了对这种思维的鄙视，认为这不是一个战士该有的，更别说还是巴伐利亚最高军事指挥官。德国军队在上一场战争中要是抱着此种心态，那么在 1914 年 8 月就投降了。

这就是为什么希特勒的人冲入了啤酒馆。他说他们是在给磨磨蹭蹭的三巨头打开一扇门——然后找准时机推他们一把。他又换了个比喻，说他把这看作是一块"跳板"以及"一点点怂恿"，帮助领导人克服恐惧，加入进来。[7]

被告人承认"安全送达"[8]这个暗号是他想出来的，表示在贝格勃劳凯勒成功发起了革命，没有流血。他还承认把这几个字写在了后来被警方发现的一张纸上，但没有亲自或命人给罗姆中尉或弗里克博士打电话。

奈特哈特提醒他，纸上还写了"先报弗里克"，此外还有"鲁文勃劳凯勒"。[9]这几个字是通过电话传到啤酒馆的吗？

"简单说，不是。"

法官告诉他，检方已经确定了打电话的副官的身份。

"我的意思是，如果是要公开的话，"克利伯改口了，"那我承认。"

这个小小的争议体现了辩方的一种策略，他们通过运用这一策略制造了灾难性的效果。他们有时候会在法庭上否认一个事实，如果被纠正，他们就会说自己只是在为维护"国家安全"而隐瞒。这让辩方立于不败之地，然而对检控阿道夫·希特勒的施坦莱恩和埃哈德而言，就是又一项挑战了。

和之前的被告一样，克利伯似乎决意要帮鲁登道夫免除政变的任何责任。他在证词中说，这位德国指挥官满怀对巴伐利亚领导人的怒火，因为他们的背叛导致革命失败，而且在邦警向他们开枪前没有任何警告。这份证词，在旁听席引发激烈的反应。

克利伯接着赞扬了鲁登道夫的信誉，与这方面严重不足的卡尔、洛索和塞瑟有云泥之别。被告还对警方的行为倍感震惊。当一名警官听到鲁登道夫被杀的传闻时，有个警察说，"那是最佳对策了"。[10]

观众顿时开始起哄。

"骇人听闻！"有人大吼。[11]

"可耻！"还有人嚷道。

"这叫什么警官！"[12]

法官敲响法槌。

检察官也表示反对。"我想请你们不要忘记，这只是一面之词，其中有非常严重的人身攻击。"他吁求对"这类极端刺耳的见解"至少应予以斥责，且法庭在听到另一方的说法前不应妄下判断。

这下变成奈特哈特法官对检察官有意见了。"我不认为在审案期间斥责主审法官是公共检察官的事。"[13]《柏林日报》记者说他的语气听来"十分严厉"，法官的这番话引来一阵阵叫好。[14]

借着法官这通非难的势头，辩护律师卡尔·科尔决定对检察官发起攻击。克利伯对巴伐利亚领导人的负面看法"是全德上下每一个体面人都会有的"，不知道施坦莱恩是否认为自己是个体面人，律师自言自语道。

"这太过分了！"奈特哈特说，"这样的人身攻击我是不会容许的。"[15]

待气氛和缓下来后，克利伯强调，前往市中心的游行并没有滋事的打算。他重申他的人受命枪弹退膛，不得开火。他们本来也没有与防卫军或邦警开战的想法，并且他说，这一点从他们的队形看就已经很明显了。在行军的时候，任何有经验的军事指挥官都不会让部队排得那么密穿过一条处在敌人火力范围内的狭窄街道。

检方没有问他，部队的负责人花了多大力气，或者说有没有花力气去监督这些象征性命令的执行情况。他们的人这时候都饿着肚子，多少有些不满，他们自己也承认当时怀着拼死一搏的想法，很难控制住。检方同样没问，既然打算进行一场和平示威，那何苦要背着笨重而吓人的武器。

倒是希特勒的辩护律师洛伦兹·罗德问了一连串的问题，确认克利伯在 1923 年的前 10 个月里与卡尔、洛索和塞瑟多次见面。然后罗德直截了当地问被告，如果不是确信他的好友冯·塞瑟总警监会参与，他是否还会在 11 月 8~9 日行动。

"我不会对我的老朋友采取任何行动，"[16]克利伯说，他和冯·塞瑟年轻时就认识，保持了 35 年的友谊。"我对他的参与没有一丁点的怀疑。"

辩方律师卡尔·科尔趁机想再次确认，邦警在向游行队伍开枪前是否给出过哪怕一次警告。克利伯说没有。

何况辩方说，游行者的选择已经不多。在震耳欲聋的噪音里，他们没法靠喊叫来通知他们的人。就算可以，他们身后有太多人，这导致他们没法停下来，或者在狭窄的街道里掉转头。此外，如果游行者可以继续往前再走 50 米，进入开阔的广场，克利伯表示，这场和平示威可能就自然而然地结束了，20 条人命也可以保全。

辩方律师科尔此刻已经十分激动。"按照我方的看法，统帅堂事件只能是'谋杀！'"[17]

主审法官一言不发，更别说表达反对了。其他辩护律师也加入进来表示赞同。《人民信使报》记者说，科尔的话像扔进法庭的一颗炸弹。[18]

/ 31 无知的杰作

鲁登道夫是一个超级爱国者吗？[1]

——《卡尔加里先驱日报》（*Calgary Daily Herald*）

仰慕鲁登道夫的人不想看到这位爱国主义偶像公开受审的场面。反对他的人也认为，他不会出庭。考虑到此事关系到国家安全，他们说，奈特哈特可能会要求让鲁登道夫在保密庭期作证，因为这位暴躁、不可捉摸的将军口无遮拦，想到什么就说什么。于是到了那天下午 3 点，在得知鲁登道夫的确会公开作证后，法庭里充满了期待。

仍然拒穿军服的将军穿着一身蓝色套装，[2]胸前别着一枚一级铁十字勋章。[3]他的长篇发言可能持续长达三个小时，在此期间，鲁登道夫会把他的角框眼镜[4]夹在额头上，翻着他的手写讲稿——他煞费苦心地把稿件副本先期发给了记者。然后他会把眼镜放回到鼻梁上，透过镜片看着法官。人们常说鲁登道夫不是个演说家，而在柏林《福斯日报》看来，他显然也不打算在这方面有什么建树。

他会犹豫，话说一半停下来，在成叠稿纸中笨拙地翻找着某一张纸。他在出汗，手在抖，看起来十分不自在。这种不自在并非因为紧张，一些民族主义支持者解释道，那是因为邦政府的背叛让他怒不可遏。

"我无法像希特勒那样，在昨天的闭门审理中用精彩绝伦的发言表达自己，"鲁登道夫用他那尖利刺耳的声音说道，这种声音在法庭里会不太容易听清。不过他认同希特勒对德国困境的分析，认为那并非外国势力导致，而是"因为我们自己的罪行"。[5]

他具体提到了国内的三种敌人，认为是他们导致了这个国家的破败和堕落。首先是马克思主义者，或者说共产主义者，他们在战时就反对德国军队，认为战场上的胜利"损害了他们的政党利益"。接着他攻击了犹太人，[6]说他们在从身体和道德上腐化日耳曼种族，并且他们在国家事务上的发言权应该跟一个外国人——比如英国人或法国人——没什么不同才对。最后，他指责天主教会在国家解放和未来重生过程中也是一股负面的力量。

发言过程中全场寂静无声。[7]

《罗森海姆汇报》等右翼报纸的记者称将军的讲话"将本次审判推向一个全新高度"。[8]也有许多记者对虚夸、散乱的发言大加嘲弄，比如《纽约时报》的托马斯·R.伊巴拉（Thomas R. Ybarra）称之为"一件政治无知的杰作"。[9]

至于他和巴伐利亚三巨头的关系，鲁登道夫回到了他熟悉的领域，详述他对冯·洛索将军的"坚定信心"，[10]并且他很确定，本案被告人与巴伐利亚领导人是在合作的。他们看上去完全可信。鲁登道夫的猜想是，怀着野心的高层政客已经习惯了手中的权力，不愿意放弃。

而后鲁登道夫形容游行是一次和平行动，意在说服人民——"一支启蒙的队伍"[11]。他说当警察开始向他们开枪时，一切都改变了。希特勒的党成为"出卖、背叛祖国和未遂谋杀企图"的受害者，但鲁登道夫预言，"烈士的鲜血"终将给这个党注入新的力量。

他认为种族的复活对这个国家的重生至关重要。他们不想看到德国被法国人——或他刚刚痛斥的马克思主义者、犹太人或天主教徒——玩弄于股掌。"我们想要……一个只属于德国人民的德国——一个强大、有力的德国，同时也和俾斯麦时代一样，是一个和平的港湾。"[12]

然而这样一个强大的民族国家该如何实现，他并没有给出明确答案。在许多左翼报纸看来，鲁登道夫只有一个解决办法：要由他来掌权。这名被告人是个危险人物，柏林《前进报》（*Vorwärts*）写道。他是"当初导致德国成为一座废墟的那种心态"的死灰复燃。

在奈特哈特即将结束当天的审理之际，埃哈德抓紧时间问了一个问题，他问将军是否意识到，他在政变中的行为伤害的不只是巴伐利亚邦，还有德国的国体。

"我们反对的只是政府官员，"他说。[13]

法庭给了鲁登道夫一些礼貌的掌声。一个赞赏他的右翼记者说，这位战场上的常胜将军，走下证人席时仍然保持着不败的战绩。那天下午鲁文勃劳啤酒馆的伙计拦下了正在离开的将军座驾，向他奉上一大杯啤酒。[14]

在法庭外长走廊的另一头，恩斯特·罗姆上尉坐在原为军校宿舍[15]的房间里，日子过得还挺惬意。[16]跟1907年他作为学员的时光比起来，现在的吃喝无疑要好很多。审判期间的伙食有啤酒、维也纳香肠、碱水包、奶酪、黑麦面包以及其他巴伐利亚特色食物。据说这属于法庭管理方的一种思想战术，意在避免被告人再次发起绝食抗议。[17]

辩方律师的气势汹汹让罗姆深感欣慰。他认为法律团队在策略和战术协调上可以更有效，也许可以果断地利用他们在人数上的优势，但他不想吹毛求疵。他们打了检方一个措手不及，审判的形势看起来不错。

能再次见到被告席上的这些同伴，也让罗姆很高兴。慕尼黑的法庭是他们在政变后的首次重聚。罗姆认为希特勒尤其情绪高昂，看到同伴们没有把啤酒馆惨败归咎于他，并且都做好了在法庭上战斗的准备，他无疑是长出了一口气。

1924 年 3 月 1 日 8:40 刚过，罗姆走上证人席。他是身穿制服抵达的，浅褐色的短发仔细地梳成中分，出庭时会戴上一副夹鼻眼镜。他后来说，他的策略就是忠于自己和大家，尤其重要的是，避免走上他所说的"羞愧与忏悔之路"。[18]

被告一上来先是发表了一篇全面的声明，为当天的证词定调：

> 法官大人，今天我要为自己正名。不得不说，我至今无法理解，我要为一件在我看来再自然不过的事自辩，而我，对我在 1923 年 11 月 8 日那一天的所作所为也没有任何悔意。[19]

他难道还没犯罪吗，记者们问道，重大叛国，攻占政府机关，绑架政府人员，盗取数万亿马克，还有导致四名警察丧生？

罗姆的语调高傲而铿锵，他的回答简洁明了，有种忽高忽低的韵律。[20]他的样子僵硬而自负，下唇专横地绷着。

他看上去很符合人们想象中的普鲁士战士，《道义报》(La Justice)记者说，此外声音也很像。《柏林日报》觉得他"相当无趣"，[21]唯一看点也许是作为一个标本代表了战后德国出现的那一类唯利是图的不法之徒。

"我是一名军官，一个战士，"罗姆说，[22]他说他希望自己的思想和行动能在这里公开得到评判——这也是日后他在回忆录开篇会说的话。他的话语间带有一种"好像在哼哼的怪声"，[23]可能是因为他的鼻子在战时受过伤，或者接受了不太成熟的整形手术。

罗姆似乎很乐于强调他对王朝的崇敬，他认为那是使德国走向强盛的原因。期间他还宣称自己从未忘记效忠国王的誓言。被人逼着要放下那神圣的承诺，令他"沮丧不已"[24]。他拒绝了他们，同时也不理解为什么其他的战士可以背信弃义。

罗姆忠于被废的帝王，然而《汇评》的记者惊讶地发现，他对希特勒的忠顺似乎更加狂热。[25] 接下来罗姆开始回忆纳粹建党之初的火热岁月，十几号人在达豪街一家酒馆开会。罗姆对共和国抱着无限的恨意。他称德国总统为"艾伯特同志"，[26] 奈特哈特没有要斥责他的意思。

比起希特勒或鲁登道夫，观众对他的证词的兴趣小了很多。不少记者表示根本就是索然无味，他们顶着困意听罗姆大谈哗变的一些琐碎细节。"屋外是提不起劲的天气，[屋里是]提不起劲的无聊，"《巴黎之声》说。[27] 记者还说，人们终于开始期待来一段闭门审理，好让他们从这冗长乏味的证词中解脱出来。

奈特哈特问罗姆有没有考虑自己的行为是否合法。

他和他的人是在欢呼而不是沉思，罗姆答道。

"你很高兴，这可以理解。但你有没有思考过这件事是否合法？"

"没有，"罗姆重申，"我们的热情非比寻常。"[28]

他的律师、资深法务顾问克里斯托弗·施哈姆博士——他的儿子加入了罗姆的"帝国战旗"——此时提起了战争部食物和其他给养被盗的事。

罗姆说抢夺物资的事完全是子虚乌有。

奈特哈特法官打断了他，称这方面的问题与本案无关。旁听席里有几名记者感觉，法官的重点并非确保审理的重点放在重大叛国上，而是想要掩盖一场丑闻。这个想法情有可原。

在其中一次闭门审理中，罗姆承认政变期间从印刷厂盗取的钱有四分之三下落不明。他说在他的人投降时，那些钞票还在战争部的一个办公室里，他认为是攻下战争部的邦警和防卫军偷的。此事后来不了了之。

陆军库房在被希特勒的人占据期间失窃，这件事同样没查出个结果。丢失清单[29]上列出了总计 5700 余项财物，包括 299 件衬衫、528 双袜子、125 顶野战帽、87 顶制服帽、87 双步兵靴、78 双骑行靴、65 顶钢盔、65 只臂章、49 双皮手套以及从歌集到卡宾枪背带的各种物品。

罗姆坚称他在鲁文勃劳的活动与贝格勃劳凯勒是不相干的，至于他的人通过电话收到"安全送达"这个暗号，他完全不知情。他的说法同样没受到追问。对这名被告的质问索然无味，也得不到什么信息。

下一个出庭做自我介绍的被告是威廉·布吕克纳，这个健壮的大个子率领三个排的慕尼黑冲锋队队员控制了贝格勃劳凯勒。除了威风的身形和还算入时的打扮外，在场的许多记者对这个政治学专业出身、现年 40 岁的男人印象不佳。柏林《福斯日报》记者认为他是个"相当迷糊的絮叨政棍"，[30]喋喋不休地说着他那些混乱的观念，透着一种粗野的犬儒态度和骇人的冷酷。

和他手下的许多冲锋队队员一样，布吕克纳追随希特勒是因为他"对付马克思主义毫不手软"。他显然痛恨这种思想以及其他的左翼学说，一度要骂遇害的社会主义领袖库尔特·艾斯纳是猪，话说到一半咽了回去。国家社会主义者与这些内奸展开了斗争，用他的话说，在这可悲的局面下，希特勒似乎是唯一一个能"拯救德国"的人。

布吕克纳说，希特勒的一个成功秘诀是，他"也许是第一个能让我国萎靡不振的青年重获理想的人"。比起当下这帮完全无力面对混乱局面，被协约国吓得瑟瑟发抖的当权者，希特勒实在太不一样。

"我们想要、需要一个深爱着祖国，同时有着满腔热忱与怒火的人，"布吕克纳宣称。希特勒正是以这种特质吸引着德国人民，没有哪个领导人可以与他相比。此外他的支持者来自各个阶层：中产阶级、公务员、商贩、学生和工人。在政变前，布吕克纳对希特勒已经"笃信不疑"，他说，然而在狱中度过三个月后，这种信心又有了难以估量的巩固。[31]

在最后，布吕克纳始终保持着不逊的态度。经过在狱中的深思熟虑，他断定：

> 我必须得说，作为一名德国人，能够参加 11 月 8 日和 9 日的事件，我很骄傲——无比地骄傲。今天，如果再次置身这种处境，我无疑仍会追随我的领袖鲁登道夫和希特勒，与上一次不会有任何不同。[32]

对于罗姆，多位记者[33]给出了合理的评估，称这是一场短暂而没什么内容的讯问。那一天的最后，被告人在他的发言中详细解释了自己的观点：魏玛共和国不存在宪法。

> 他让我们行动了起来，然后他停住了，于是我们就从他
> 身上辗了过去。[1]
>
> ——罗伯特·瓦格纳，关于冯·洛索将军

阿道夫·希特勒的审判正以一种难以置信的方式展开，奥地利小说家约瑟夫·罗特（Joseph Roth）写道。主要被告是一个没文化的家具软包匠，自称是作家，但大家都信了。他用了几个小时大谈他那无足轻重的人生，被阿谀奉承的报纸一字不落地印发出来。他的同党是个名誉扫地的将军，从历史的"死者名册"[2]里拽出来的，他的出庭只能证明一件事：他没看过军事书籍以外的书。然而要论愚蠢，罗姆上尉才是其中的佼佼者。这个人真的相信德军有不战败的可能吗？罗特问道。

《法兰克信使报》（*Fränkischer Kurier*）则正相反，认为本案的真正问题在于，这样一件德国内部事务，竟然允许外国人入内旁听，是法庭的一个"不可思议的蠢行"。《德意志日报》（*Deutsche Tageszeitung*）也这么认为。各路敌人都在幸灾乐祸。形成鲜明反差的是《科隆报》（*Kölnische Zeitung*）之类的民主派报纸，他们不满地表示，这场审判的重点很奇怪：为什么共和国受到的质问比被告人还多？

3月3日星期一早上 8:52，奈特哈特法官开启了又一个充满争议、各说各话的庭期。审判的第六天，将再度成为一个匪夷所思的奇观，让人难以分辨法官、检方和辩方的区别。

57 岁的辩护律师、代理海因茨·佩尔内的海因里希·鲍尔（Heinrich Bauer）立即站了起来，对两份慕尼黑左翼报纸的审

判报道表达不满。他说辩方并没有一味发表"最不着边际"的演说，充斥着"炫耀和个人的野心，生怕被其他辩方律师盖过风头"。[3]他称他们唯一的目的就是寻求真相，希望奈特哈特没收这些不轨记者的旁听证。

卡尔·科尔提了一个相对有实质意义的观点。他说起昨天的一项控诉，即巴伐利亚领导人的行为无异于谋杀。科尔查阅了警察手册，把在和平示威活动中应对游行者的正当程序读了出来。

警方必须有三次尝试，可以是通过号手、鼓手或信号员，每一次都要有现场主官发出的明确警告。警方必须给人群留出离场的时间。这些规定无一得到遵守。事实上警方是立即向示威者开火的，尽管游行队伍中有一名德国陆军元帅和许多参战老兵。难以理解为什么会有这样的行为。

"民众称音乐厅广场的流血事件为谋杀，毫无疑问，必须对卡尔、塞瑟和洛索先生发起控罪！"他要求立即逮捕三名领导人。[4]

凭借像这样的言论，卡尔·科尔很快确立了最凶悍辩方律师的声名。伦敦《泰晤士报》形容他脾气"暴躁"。[5]极右翼报纸《人民信使报》的一个记者都说，科尔说话不过脑子。他是一台大热新闻制造机，渴望得到关注，而且也的确做到了。每次他一张嘴，观众席就兴奋异常。[6]

施坦莱恩选择先避开这种戏剧化的手法。"对音乐厅广场事件的初步调查尚未得出结论，"他宣称，同时他也表示对当局的清白有信心。[7]奈特哈特开始进行后面的事项，没有让辩方继续把话题带离主线，即从对希特勒的审判转向一场对邦领导人的谋杀控诉。

今天出庭的被告人是政变里的次要人物。首先上场的是罗伯特·瓦格纳中尉，这名29岁的军校学员被控动员他的步兵学院同学去支持希特勒。他是第一个身着军装进入法庭的被告人，出庭作证时也是如此。一个倾向辩方的《人民信使报》记者说他看上去英姿飒爽。

和其他几位被告人一样，瓦格纳称他对社会主义者和共产主义者的厌恶始于1918年和1919年的革命动乱。而后他说了一个出人意料的亲历故事，是他与总统的侄子"艾伯特上士"[8]的一次遭遇，此人据说在瓦格纳所在的团挑起了一场兵变。他说这件事给他灌了满满一杯苦酒。

瓦格纳的话在媒体报道中引起了不小的关注，但是这个所谓的"艾伯特上士"并非总统的侄子，连亲戚都不算。事实上总统在战争中失去了两个儿子，还有一个负伤。被告所说的这个人是假扮的，这一点当时还不为人知，导致法庭里的人们开始想，目前身处困境的总统的这位传说中的侄子是否背叛了他的祖国。

在述及军官学院事件时，瓦格纳解释了为什么他和同学们毫不怀疑巴伐利亚当局是支持政变的。在那里当校长至1922年的冯·洛索将军命令学员参加希特勒的集会。学校教员也告诉他们，卡尔准备挥师柏林，并且希望希特勒能出来主事。

瓦格纳的证词所透露的一些巴伐利亚民族主义的幕后故事，让人甚为好奇。作证期间瓦格纳承认，他不接受重大叛国的指控是因为——用他的话说——宪法已经不复存在。此外，只要在社会民主党政府治下，用"协商和谈判"[9]来解决国家问题，德国永远得不到自由。

柏林《福斯日报》记者注意到，在瓦格纳作证时，法庭前排几名身着制服的军官显出不自在的样子。[10]

等到被告人开始讲述11月8日在步兵学院的经历时，检方提出转为闭门审理。

37 岁的辩方律师瓦尔特·汉密特表示反对。事件本身也许有可怕的牵连，但他认为没理由向公众保密。瓦格纳的证词完全没有可能威胁到国家安全的东西。

然而法官裁决同意检方的提议，下令清场。

在闭门庭期中，瓦格纳称参加政变的军校学员们并没有违背纪律、服从以及对国家的忠诚。恰恰相反，他们只是在执行命令。11 月 8 日的行动，是几个月的秘密训练与筹备的结果，旨在为德国争取自由。这难道是背叛？

埃哈德问被告，作为一名军官，他是否曾向宪法宣誓？

瓦格纳承认宣誓过。

那么，埃哈德问道，他是否履行了义务？

瓦格纳试图说明，他没有背弃誓言。他和他的同学们没有做错事，因为巴伐利亚军方支持了这项运动。他们从一开始就丝毫没有怀疑自己的行动是合法的。主审法官提醒被告，他此前的证词说，在他看来宪法已经"不复存在"[11]。

埃哈德转向法官，说幸好他们是在秘密审理中，因为看到像被告人这样的一名年轻的国家防卫军军官藐视宪法，会给人们留下很糟的印象。如此明目张胆的违法行为，德国会怎么看？更遑论全世界了。

"这是个问题还是谴责？"奈特哈特法官问道。

无法保持沉默的被告人开始攻击埃哈德。第二检察官这是要抓住他年轻这一点，瓦格纳说，尽管"[他们之间的]年龄差距也没那么大"。[12]（埃哈德的长相显年轻。他 36 岁，比被告大 7 岁。）

此外，如果检方那么担心审判带来不好的印象，瓦格纳的律师说，那就应该面对本案暴露的最不堪的丑闻：军校里"从指挥官到年纪最小的军官"[13] 有约 250 人为了同一个目标去努力,他们现在都好好的,包括巴伐利亚领导人卡尔、洛索和塞瑟,唯独邦政府要拿他的当事人问罪。

随着争议再一次转变为对当局的攻击,辩方律师洛伦兹·罗德说他的当事人希特勒注意到,其中一名防卫军代表在向检方发出暗号。他希望立即制止这种干预。

施坦莱恩说他完全没注意到有这样的信号。

不能再这样审下去了,主审法官说,这是在让所有人蒙羞。他无意去弄清楚军方代表是否真的试图与检方联络。他的对策还是老一套,敦促大家保持小心谨慎。

上午 11 点半左右,法庭重新开放,瓦格纳重述了他的证词,没有提到任何可能被认为有碍国家安全或令军队蒙羞的内容。这份经过删改的证词让人觉得乏味且无关痛痒,在德国和国际媒体上较少提及。

经过一段意外的延误——在此期间辩方律师聚在一起商谈策略——下一个出庭作证的被告是鲁登道夫的女婿海因茨·佩尔内。他的证词在哈瓦斯通讯社看来几乎没什么内容,属于迄今最无聊的证词之一。[14] 无论是在政变还是审判中,佩尔内始终是个次要人物——而《巴伐利亚信使报》认为,这个角色跟他是相称的。[15] 伴随着耸人听闻的爆发、喋喋不休的争吵,还有越来越频繁出现的闭门庭期,这场希特勒的审判将走向一个更糟糕的方向。

/ 196

/ 33 弗里克博士

我把那么多警官打发走是因为，我认为舞蹈将于明早开始。[1]

——威廉·弗里克博士

"喜剧，喜剧，可悲的喜剧，"安德烈·佩尔（André Payer）在《新闻报》（*La Presse*）上写道。[2] 他指责这场审判就是一出荒诞的闹剧，用的是观众已经看过的剧本，演员的才能也已经撑不起他们要饰演的角色。鲁登道夫尤其像是个选角失误。他看上去老迈而疲惫。他不通常理。《纽约时报》记者托马斯·R.伊巴拉说，他只是一味地倾倒着"词语，词语，词语"，但是除了"让极端日耳曼民族主义出丑"以外并没有什么作用。[3]

瑞士《新苏黎世报》说鲁登道夫上演了一出"幻灯戏"，[4] 强调了天主教徒、马克思主义者和犹太人的威胁。不过对将军的不满显然主要是他将天主教描绘成德国的敌人——在一个天主教徒甚众的国家，这不是受欢迎的立场。

教廷驻慕尼黑大使尤金尼奥·帕切利蒙席留意这一趋势已经多时。在写给枢机卿伯多禄·加斯帕里（Pietro Gasparri）的一封加急信函中，他谴责纳粹企图挑起人民对教会和教宗的仇恨，将耶稣会描绘成一个邪恶的国际共济组织。这些宣传和纳粹运动本身一样"粗俗而暴戾"，[5] 不过从它的报纸过去几个月发出的种种咆哮来看，他并不感到意外。

科隆大主教是最早对鲁登道夫的言论发起抗议的人之一，他指出笃信本教的国民曾在德意志国建国过程中发挥了作用。《巴伐利亚信使报》发表长篇文章驳斥鲁登道夫的"与罗马开战"[6]

的观点。从罗马的《意大利晚报》（Corriere d' Italia）到伦敦的《每日邮报》，许多报纸摘录了这篇文章，并历数天主教徒对这个国家的价值。

当初难道不是本笃十五世和他的枢机卿伯多禄·加斯帕里出面干预，制止协约国将威廉二世、兴登堡以及许多德国知名将领作为战争犯告上法庭？这些躲过一劫的人当中，就包括鲁登道夫自己。

还有曾在鲁登道夫将军麾下精忠报国、战死异乡的天主教士兵呢？还有那些犹太士兵，为德国献出了生命，到头来却被他们的司令官恶语中伤？《时代》杂志写道，鲁登道夫的发言"写得拙劣，读来也拙劣"。[7] 其中的理念就更糟了。伦敦《观察家报》称他的话根本不着调。

鲁登道夫在法庭上发起的攻击本是打算展现他者之恶，结果只是"暴露了他自己的本性"，[8] 德国天主教中央党报纸《日耳曼尼亚》（Germania）写道。凡是听过鲁登道夫在慕尼黑法庭上的发言的人，有谁会觉得他是一位深谋远虑的大将军？顶多就是一个年轻的参谋。《福斯日报》觉得他更像是个精神错乱的步兵学员。《前进报》直接说他是头蠢驴。

对于鲁登道夫的怪异表现，《巴黎之声》记者有个猜想。从这位被告人多年来接受的采访看，他总结将军这个人"性情冲动，野心勃勃"，[9] 苦于自己在共和国政权中只是个次要角色。这种苦闷让鲁登道夫开始不顾一切——且容易被骗——以至于被希特勒这样的平庸之辈拉拢。

还有的更进了一步，提醒大家正是鲁登道夫糟糕的判断力导致德国战败。他不理解自己的国民，显然对这个世界也不太理解，仿佛一直活在俾斯麦的时代。连一些鲁登道夫的支持者也表示将军误入歧途了。"令人遗憾，"《德意志汇报》（*Deutsche Allgemeine Zeitung*）写道。

希特勒的审判还启发一些人去反思德国极右运动的本质。要理解"希特勒－鲁登道夫乱象"，[10]《前进报》写道，免不了要先分清因本次审判受到关注的两个新兴阵营。一个阵营大多为天主教徒和君主派，认为他们的主要敌人在柏林，或者觉得社会民主主义者和共产主义者是更大的问题。另一派人的精神根源是尼采，还有阿蒂尔·德·戈比诺伯爵（Arthur comte de Gobineau）和休斯顿·斯图尔特·张伯伦（Houston Stewart Chamberlain）之类的种族主义理论家。这个种族主义群体用钩十字作为符号，极为反犹，同时加入了一种反基督教观念，不过后者程度相对低一些。鲁登道夫的长篇大论打动的是第二类人。

这个分析还可以补充一点，就是鲁登道夫在他的极右翼支持者当中造成了分裂，而希特勒没有。他横跨这两个阵营，正如他此前已经证明的，他很擅长将两群不太相干的人揉在一起，一方是纷纷去参加冲锋队的暴徒，另一方是相对循规蹈矩的中产阶级支持者，在恶性通胀中遭到重创。鲁登道夫的光环在消失，希特勒却从中赢得不少好感。城中甚至开始有传闻说，[11] 希特勒会利用这次的人气提升 [12] 去竞选议员。

不过，首先他得撑过这次审判，逃脱长期徒刑和驱逐出境的惩罚。

第十个，也就是最后一个出庭作证的被告人是威廉·弗里克博士。作为慕尼黑警察六局，也就是政治情报部门的负责人，弗里克被控"玩忽职守"，[13] 没有将贝格勃劳凯勒的紧急事件告知邦警和安全部队。

这位 46 岁的被告人举止温和典雅，[14]《柏林日报》一位记者说他"又高又瘦，像一棵杨树"[15]。这场官司引来的关注让弗里克颇觉有趣。在写给姐姐的信中，他说他一不小心成了一个欧洲名人。不过，在出庭作证的时候，就看不出幽默或打趣的痕迹了。

弗里克首先陈述了自己的政治观点，重点是他的以国为权力化身的概念："没有［这一点］，一个国家就没有权力、尊严、威望或政府策略。"[16] 在他的职业生涯中，这一权力原则一直是一个根本——无论是在本国还是海外。"我此生片刻未曾被马克思主义、和平主义或民主的思维方式误导，"他骄傲地宣称。

弗里克对当今德国政府深恶痛绝，认为它是无能的化身。政权要受一个"不可救药的政党制度"摆布。国际关系上跟跟跄跄——像"一只皮球"——"被人厌恶地踢来踢去，把力气都用在对敌人或外国援助的可悲抱怨上，做出无力，进而显得荒唐的抗议。"

弗里克证词中格外惊人的一部分出现在下午，当时他只是在随意甚至即兴地谈着自己作为慕尼黑警察局政治部门负责人的工作。弗里克承认从 1919 年开始，他一直利用自己的职务支持刚刚起步的纳粹党——他说那个时候这个组织"还小，很容易被压制"[17]。弗里克选择希特勒的党是因为它可以在"被马克思主义感染的工人"群体中立足，因而有希望成为"德国复兴的胚芽"。[18]

11 月 8 日政变发生时，弗里克正在警察总部，因为他要在那里开会到当晚 6 点半。他记得自己当时在考虑要不要参加啤酒馆的集会。"精彩的演讲我已经听得够多的了，"[19] 他说，估计当晚也不会有什么不同。不过晚饭过后他改了主意，打算还是去。

正在这时，他看到晚报已经来了，于是判断可能比他预想的要晚。他选择待在办公室工作。

弗里克对检方指控他玩忽职守的每一个事例都做出了解释。对于这种找借口和逃避的策略，柏林《福斯日报》的总结是："他什么都没承认，寸步不让"[20]。他的话语间显得他认为自己应该得到英雄的待遇，这位记者接着说，尽管在那个晚上他拒绝面对任何的危险。

在弗里克看来，啤酒馆政变的惨败归根结底责任在巴伐利亚当局，尤其是邦务委员古斯塔夫·冯·卡尔。如果卡尔能把变卦的消息告知他们，那么，弗里克对法庭说，他可以在午夜新闻发布会上知会报社的编辑们，王宫外那场毫无必要的流血就可以避免。

> 我想，是希特勒先生认为，［啤酒馆目击者的］证词可能在一定程度上是不可信的，因为他们当时可能受到酒精的影响。[1]
>
> ——费力克斯·路德维希·波特默伯爵
> （Felix Ludwig Count Bothmer）将军

经过六天的审理，被告人终于完成了开场陈词。然而对审理的质疑越来越多。《慕尼黑日报》注意到，希特勒和他的同伙每次走进法庭都显得兴高采烈、胸有成竹，[2]宣扬着一模一样的政治极端主义。他们在发言时不用担心被打断，显然想说多久就多久，想不说话就不说。而在气氛紧张起来的时候，奈特哈特会介入，转为秘密审理了事。

警方抱怨他们的部门遭到被告人肆意的攻击，而奈特哈特都懒得"抬抬指头"制止他们。军方也有类似的批评，此外还有多位巴伐利亚内阁成员，这样一场丑剧让他们十分愤怒。

"被告人不是在接受审问；他们是在发表演说，"内政部部长弗朗茨·施威耶在3月4日的内阁会议上厉声说道。他们想干什么就干什么。部长称法官的纵容已经严重到居然允许其中一名被告人——韦伯医生——周末离开关押地，在城中散步。[3]

／ 203

这场审判让媒体忙得不亦乐乎。如果他是主审法官，《巴伐利亚祖国报》的一名记者说，他会终止这场拙劣的演出。[4]不过，他发现其中还有一些未发掘的潜力。应该把审判录下来播出——德国第一家电台四个月前在柏林开播。这样一来，全世界不但能读到，还能听到这出难以置信的闹剧，法庭可以卖广告。他开玩笑说，希特勒的洪亮嗓音可以用来给牙膏或痔疮疗法打广告。

施坦莱恩同样遭到批评。《巴伐利亚祖国报》斥责检察官是个可悲之人，让被告人没完没了地夸赞自己的英勇事迹，准确说是罪行。社会主义报纸《慕尼黑邮报》也这么认为。报道夸大了检察官的名气小，称这是他的"首次登台"，同时预言可能也是最后一次。

对施坦莱恩有好感的人则认为不要急于下结论，至少要等合议庭对检方整理的证据质量有了解后再说。1924 年 3 月 4 日星期二，审判进入第二阶段，传召第一批证人并权衡证据。

不过那天上午稍稍有些延误，安保人员需要仔细查验各类旁听证和入场卡。然后是已经成为惯例的抱怨和投诉。这一次，希特勒的律师洛伦兹·罗德提出了一些严重的异议。

罗德首先想抗议一种蓄意掩盖事实和影响证人的企图。他声称——并非全无依据——这种控制巴伐利亚报纸的做法始于 1923 年 11 月 9 日，它们受命不得刊载任何与古斯塔夫·冯·卡尔认可的官方看法冲突的内容。

在平息对方的反对后，罗德接着说，有两份在传阅的文件对政变过程给出了一个巴伐利亚政府认可的版本。其中一份是长 46 页、没有署名的所谓"蓝白册子"[5]——这个绰号来自巴伐利亚的传统色彩。另一份是有冯·洛索将军签名的秘密报告。这两份小册子和备忘录[6]在军队、邦警以及各官员俱乐部内传播。其中指示各部门领导人了解案件"真相"，并敦促他们分享给自己的属下。

罗德拿出了报告的一个副本，上面标有"秘密！"和"机密！"[7]字样。希特勒的律师翻看着文件，把一个圈出来的段落读了出来，内容是禁止对本文件进行复制或摘选。接着罗德查验了文件，并与证人的审前讯问进行比对，观众此时已经被深深迷住。"我发现冯·塞瑟总警监的［审前］声明和这份文件是逐页对应的，几乎是逐词。"[8]

他读出了其中一段来证明他的说法。

主审法官显然有些不安，企图阻止罗德，他建议罗德等一等，要用自己的证据开示来与证人对质。

罗德提醒合议庭，他在谈论的可是一项试图影响本案证人的统一行动——法庭应该在审阅证词之前了解这一真相。他还声称，根据他的调查，这份报告必定是由三巨头传布出去的，可能是冯·洛索将军，起草人是冯·塞瑟总警监，至少也是他的某个邦警下属的手笔。

此外，罗德想要指出一些不寻常之处。德国法律规定每一个证人必须独立做出陈述，但这一点显然没做到。卡尔、洛索和塞瑟是在审前调查的最后分别接受问讯的，然后他们可以阅读此前已有的陈述，甚至用在自己的陈述里。他保证这些严厉的指控都能拿出证据来。

奈特哈特再次阻止了他，称这些目前是无从证实的。

然而罗德不依不饶，并且得到鲁登道夫的首席律师威力巴德·冯·策奇维茨的支持。后者更进了一步。他说，一个简单的事实可以解释这份机密报告和本案起诉书之间的"惊人一致"[9]，那就是两份文件可能有同一个来源：检方。另外四名辩护律师立即表达了认同。

/ 205

这时候，施坦莱恩一跃而起，强烈否认他的办公室与这份文件有任何关联。他和下属都完全没有参与机密报告的起草或传发。

无论是从哪里来，鲁登道夫的第二辩护律师沃尔特·鲁特格布鲁恩指出，事实上多名已安排出庭作证的证人收到了这份文件。出于审案的需要，至少应该当庭朗读它的内容。

法官决定退庭审议这项动议。

与此同时，美联社驻外记者惊讶地发现，辩方是可以自由活动的。[10]阿道夫·希特勒在向旁听席的女人献殷勤，吻她们的手，被《汇报》形容"举止如纨绔子弟"[11]。还有人看到他和一名衣着惹眼的男子交谈：此人身穿战地灰色军官大衣，[12]上面别着黑白红三色的帝国帽章，毫不掩饰对魏玛共和国的侮慢。法官已经完全失去对法庭的控制了吗？

奈特哈特走出来宣布，暂不宣读小册子的内容。他承诺到后面会准许宣读，具体会由他来决定。但那一刻始终没有到来。

在法官传召第一个证人前，检方提出闭门审理。这些证人都来自国家防卫军，他们的证词可能会威胁到国家安全。

辩方反对。法庭没有闭门开庭的必要，鲁登道夫的律师策奇维茨说；现在需要做的是防止旁听席里的军中人士对证人进行不正当的影响，甚至是胁迫。他随即吁求主审法官将那些人驱离法庭。

这时候，旁听席里的两名军人站了起来，要求准许他们在作证期间旁听。

法官进入当天上午的第二次退庭审议，五分钟后回到法庭，再次做出支持检方的决定。民众需要离开法庭。奈特哈特还准许军方代表留在法庭。

开始闭门审理后，[13]第一批安排了10名左右证人出庭，第一名证人——58岁的汉斯·蒂绍维茨·冯·蒂绍瓦将军（Hans Tieschowitz von Tieschowa）——当天上午走上证人席，他是步兵学院的指挥官，他的学员是此次政变的支持者。

对于步兵学员在11月8日夜里的这种似属叛国的行动，证人的解释是他们相信一场大规模的全国起义即将爆发。在爱国之情的驱使下，他们没有意识到自己正在犯下反对国家的罪行。

随着提问继续偏离对被告重大叛国的审判，转向巴伐利亚领导人串谋的可能性，奈特哈特把证人打发了下去。在闭门庭期第二位出庭作证的是步兵学院教官路德维希·利奥波德上校，就是他在 11 月 9 日一大早去通知鲁登道夫，洛索已经决定反对政变。

问了半天没问出什么名堂，直到鲁登道夫插进来问证人是否记得，当时他承诺不会向防卫军或邦警开枪，并要求把这话转告冯·洛索将军。

利奥波德表示确有此事。

洛索反过来是否曾想过捎信给鲁登道夫，也许想警告他防卫军有开枪的打算？

不，他没有，证人表示。

主审法官决定终止利奥波德的作证，并表示其他九名防卫军步兵学院的证人没有出庭的必要。检控双方破天荒头一回都没有反对。对施坦莱恩和埃哈德而言，这些证词可能有损巴伐利亚领导人——他们的主要证人——的名誉，这对他们没好处，甚至可能进一步加深与政变的牵连。罗德和辩护团队也觉得，在闭门审理的情况下，他们准备的那些战术策动和一惊一乍的花招没有多少施展的机会。

/ 207

那天下午 2:52，[14] 法庭重新向公众开放，来自慕尼黑警方的一连串证人将依次出庭，媒体因此称这一天是"警察日"[15]。11 名证人鱼贯而过，不过不少人只是给审理平添更多的困惑。

其中 42 岁的政治警察部负责人弗里德里希·贝恩罗伊特（Friedrich Bernreuther）不得不承认，由于弗里克的干预，他并不知道啤酒馆发生的事。他进一步表示，在得知有如此重大的危机时，一名警官的职责是向邦警、市司令官、保安队和刑警报告。

"具体发生了什么，我并不知道，"贝恩霍于特说。[16]

施坦莱恩和埃哈德很清楚是怎么回事。弗里克根本没那么做。

另一名证人、慕尼黑警察政治部门的海因里希·巴尔斯（Heinrich Balss）博士说，他曾看到弗里克得知要被提拔为警察总长时的表情。当时他看着弗里克的眼睛，感觉被告对这个消息深感意外，完全不像听到了喜讯。他还证实弗里克从未用这个新官衔自称，也不允许其他人这么称呼他。

埃哈德问，希特勒是真的表示要成为德国的领导人，还是只是声称是运动的吹鼓手？

证人表示记不太清了。他在报纸上看到很多东西。就在埃哈德进一步逼问之时，希特勒插话说，他非常肯定自己宣布过，他希望"承担国家临时政府的政治领导工作"[17]。他拿出一份《慕尼黑最新消息》，[18] 在全场的注目之下，希特勒开始大声朗读上面报道的他那场啤酒馆演说。

而后希特勒看着检察官，[19] 突然显得异常的激动，仿佛此刻回到了贝格勃劳凯勒。他怒吼道："对十一月罪人的追责和清算，终归是我的头等大事，检察官先生，就算现在做不到，咱们来日方长！"[20]

欢呼声响彻法庭。

"关于不公开的讨论，我不能再做详述"——在公开讨论中，按照目前的情况，这样的言论足以引致一些可能造成严重破坏的结论。[1]

——路德维希·施坦莱恩

时至 3 月初，慕尼黑狂欢季渐入佳境，而希特勒的审判被认为是城中最大的狂欢。[2]柏林《福斯日报》称这是德国近年来最奇异的政治事件。《巴黎之声》称之为"对正义的嘲弄"。[3]

主审法官奈特哈特看来已经不堪重负。他坐在椅子上一动不动，这场磨难仿佛已经耗尽他的精力，法庭里越来越热，他在与疲劳甚至睡意做着斗争。有一两名记者说看到他在别人陈词时打过瞌睡。

奈特哈特的另一个问题引来了更多的批评，那就是他给人一种在偏袒辩方的印象。他文雅而恭逊，但可能有点过头了。《加拿大报》（Le Canada）惊讶于奈特哈特会当庭称呼鲁登道夫为"阁下"。[4]事实上他对所有被告都使用这个称谓，只有一个例外：阿道夫·希特勒。这个首要被告人没有那个身份，于是仍然是"希特勒先生"。[5]这种鲜明的差异，可能愈发提升了希特勒的平民化形象。

／ 210

《小巴黎报》也嘲笑了主审法官的谄媚，仿佛是在说"希特勒先生，能不能向您提个问题？"《新闻报》则说，接下来，他连最无伤大雅的问题都得包裹一层限定条件。[6]记者 H.R.尼克博克认为，奈特哈特根本就是吓蒙了，当他终于鼓起勇气向一个被告发难时，连雪白的山羊胡都在颤动。[7]

此外，面对希特勒和其他被告人的大放厥词，奈特哈特没有表现出要阻止的意思，哪怕他们管被推翻的统治者叫"国王陛下"[8]，不把共和国放在眼里。维也纳的《维也纳报》（*Wiener Zeitung*）觉得，像瓦格纳这样身着军装的青年军官在斥责总统的画面尤其让人难以接受。[9]

还有许多地方遭到指责。以"国家安全"为名进行的那些无理由、无意义的秘密审判，引起了一些左翼和中间派报纸的不满。这一点在德国乃至国外都留下了不好的印象。而在《日报》（*Der Tag*）那里，这却是值得称赞的地方。在该报看来，这是整场审判少有的几个与希特勒无关的可取之处。它认定主审法官保守国家机密的决定是正确的，没有让那些虎视眈眈的外国人得逞，他们都想知道防卫军手里有多少加农炮、机枪等战争物资。

3月6日，奈特哈特在上午9:15再次放观众入场，旁听第八天的这场简短但激烈的庭审。他开始宣读一系列信件，都是对某些证词的抗议，尤其是有关巴伐利亚军队和邦警配合啤酒馆政变的指控。主审法官也认为，遭到诋毁的政府当局理应得到一个自辩的机会。

辩方律师沃尔特·鲁特格布鲁恩对法国《晨报》的配图表达了不满，其中将他的当事人鲁登道夫将军描绘成了一个脾气暴躁的老头子。这些被他称为可鄙、愚蠢的"涂鸦"[10]的画作，"无疑是没资格叫作'讽刺画'的"。他赞扬了奈特哈特将这类人逐出法庭的决定。

他还对其他一些讽刺德国及其爱国公民的外媒文章表达了抗议。尤其是《纽约先驱报》。在一篇题为《啤酒革命领袖》（"The Leader of the Beer Revolution"）[11]的文章里，这家美国报纸嘲弄了一场持续不到 30 分钟、最后以"希特勒仓皇逃跑，高贵的鲁登道夫将军哭喊着'我投降'"收场的谋反。

另一位辩方律师卡尔·科尔起身表达抗议。不过这次不是替他的当事人、慕尼黑冲锋队指挥官威廉·布吕克纳说话，而是他的朋友威廉·魏斯（Wilhelm Weiss）上尉。此人原为遭封禁的报纸《祖国》的出版人，接着在后续的刊物《人民信使报》任主编，他因涉嫌参与政变而被捕。[12]科尔攻击检方"肆意抓捕"[13]像魏斯这样的无辜者，却让那些真正有罪的人逍遥法外。

法官打断了他，"我们现在处理的不是魏斯的问题，而是希特勒及其同党的问题"。[14]

两者是相关的，带着点巴伐利亚口音的科尔高声说道。现在的问题是古斯塔夫·冯·卡尔空前严重的权力滥用。科尔问道，如果要抓人，难道那些造成 11 月 9 日流血事件的人不应该抓起来？

旁听席有人在喝彩，[15]奈特哈特再次驳斥了辩方律师离题且无礼的言论。科尔拒不相让，说他在最后的陈词里还会再提起，因为法庭需要知道真相。

这时候，显然已经很烦躁的施坦莱恩站了起来，[16]没有了一贯的气定神闲。他先是不知道咕哝了些什么，[17]而后表达才清晰明确起来。"本案审理过程中，我反复遭到恶意中伤，"施坦莱恩说，这时候他的话开始磕巴起来，是一种断断续续的尖利嗓音。他的声音越来越响亮、坚决，[18]说他一直在克制地回应不间断的伤害和频繁的人身攻击，努力维持庄重的态度。"但今天我受够了！"[19]

对突如其来的大爆发本已见怪不怪的观众，在震惊中目睹了接下来发生的事。

怒不可遏的施坦莱恩表示他不能再参与本案的审理。他转向汉斯·埃哈德，请他接手后面的工作。随后，他拿起自己的公文包冲出法庭，摔门而去。[20]

法庭里一片寂静。观众、被告和法官面面相觑。一脸惊愕的副检察官提议休庭。

主审法官徒劳地想要避免此事成为又一桩引人注目的丑闻，斥责辩方律师使用"侮辱性的表述"。[21]

科尔接受了这一指责，不过在他做出抗辩时，埃哈德插话重申了他的休庭建议，接着他也离开了法庭。

"反正检察官有的是！"科尔讥讽地说。[22]

法庭里爆发出一阵笑声。不少人鼓掌[23]大喊："好样的！"[24]

"检察官遭羞辱"，[25]远在新西兰奥克兰的报纸都用上了这样的头条标题。《纽约时报》的托马斯·R.伊巴拉用"大吵大闹"形容当时的场面，还提到一些德国报章现在已经称希特勒审判是"德国有史以来最大的丑闻"。[26]

极端右翼媒体对施坦莱恩和埃哈德发起了又一轮人身攻击。此事"精彩地展现了检方的敏感"，[27]《人民信使报》嘲弄地说。一名邦检察官主动认输，逃离法庭，如此玩忽职守可谓闻所未闻。希特勒、鲁登道夫和其他被告人每天都在法庭上遭到攻击——审判本身就是一种侮辱！——然而他们并没有逃走。

不过不少人对这位深受困扰的检察官表达了同情，毕竟他要日复一日地面对这样一个充满敌意的氛围。《巴伐利亚信使报》记者赞扬施坦莱恩有着"天使般的耐心"。从这场"怪诞的审判"一开始就困扰着他的不公正待遇，终于让他不堪忍受了。[28]

《福斯日报》也说，检察官的不满就像一道闪电，让人们瞬间看清了这场审判的状况。希特勒等被告人摆出一副"日耳曼英雄"[29]的样子，而面对如此不可思议的场面，不管是出于好感还是无能，法官们竟然一言不发，任凭检察官在徒劳地努力证明他们的罪行。《柏林日报》认定施坦莱恩离开法庭没有错。在他的职权范围内，面对如此"空前绝后的司法丑闻"，也只有这样的回应才算不失体面了。[30]

还有人猜测施坦莱恩可能是长出了一口气，这场艰难的审判迟早会迫使他担负起一项吃力不讨好的工作，那就是对巴伐利亚政府的许多权势人物发起检控。无论怎么看，伸张正义的希望都很渺茫。不少人公开表示，面对这场在《小巴黎报》看来"带有闻所未闻的歌舞杂耍式特征"的审判，最好是能离开慕尼黑，远离奈特哈特法官的法庭。[31]

/ 36 当务之急

一场远为险恶的阴谋正在酝酿中，其意在更迭德国的现行宪政，据推测，这一目标目前仍然有极端民族主义者的支持。

——1924 年 3 月 13 日伦敦《泰晤士报》[1]

《福斯日报》认为希特勒的审判读来就像一部连载小说。全过程本来应该只需要两周，结果现在可能还要再用上三周。检方预计要传大概 80 名证人，辩方 150 名。有些报纸的报道给出的数字还要高。由于一个笔误，法国哈瓦斯通讯社给出了最高的预测，"超过 2000 人"[2]。

1924 年 3 月 7 日，奈特哈特宣布开庭。在卡尔·科尔代表辩方律师道歉后，施坦莱恩同意回到法庭——司法部部长弗朗茨·格尔特纳起的作用可能也不小。[3]法官重申，他希望这场审判能有礼有节地进行，避免一切"为法庭尊严所不容"[4]的事件。如若不然，他会对被告人进行分别审判。一切都安静了下来，《巴黎之声》饶有兴味地说，仿佛暴风雨过后透过乌云的一抹蓝天。[5]

法官和律师都装作什么事都没发生过，不过包括《人道报》在内的多家报纸还是嗅到了一点丑闻的气味。这种突然而意外地出现的一团和气，表明法官、检察官和辩方律师在求同存异，[6]联合起来防止这场丢人现眼的审判被转到莱比锡的邦最高法院。不少批评人士称这是有可能的，并且也不失为结束慕尼黑这场司法闹剧的好办法。

《慕尼黑邮报》尤其不太相信表面的和谐能保持下去。文章说，就算辩方律师无奈之下走上了前往卡诺莎的忏悔之旅[7]——

这里指的是 1077 年，神圣罗马帝国皇帝亨利四世前去寻求教宗格里高利七世的宽恕，结果被迫在暴风雪中等待了三天——然而这并不能改变形势对其有利的现实。

就在主审法官准备传召当天上午的第一名证人的时候，希特勒的律师洛伦兹·罗德提了个建议。他说他清楚审判庭有权决定以何种顺序传召证人，然而他提出，法庭应该放弃一系列的证人，因为他们只能就自己在啤酒馆的所见所闻作证。奈特哈特应该传召的是对本案会有重大影响的三个人：卡尔、洛索和塞瑟。他们的证词可以让法庭明白，他们的行为是"彻底的虚伪"，还是"严肃的合作"，顺便还能尽快地得出裁决，完成人民法庭的使命。8

奈特哈特没有理会他的建议，按原计划传召了下一位证人。

此人就是《慕尼黑日报》主编阿道夫·席特，卡尔的新闻主管，也是邦务委员在啤酒馆政变之夜的演说稿作者之一。罗德提出反对，认为他不是中立人士。作为一个受雇于卡尔的人，9 席特应该更适合被当成一个重大叛国罪的共犯，而不是证人。法官再次没有理会他。

席特显然很不自在，说话犹犹豫豫，声音很低。他认为 1923 年 11 月 8 日晚在啤酒馆的集会是"有益甚至必要的"，可以让卡尔有机会展现他"与马克思主义搏斗"的决心。10 活动本意是动员他的支持者，他们中的一些人对柏林迟迟不能建立起一个民族主义政权十分不满。

/ 216

然而考虑到这场讲话的性质，席特当晚发现，聚集在啤酒馆外的人远比他预想的要多。他费了好大劲才挤到宴会厅前方给他预留的位子。随着希特勒的到场，以及一系列向新成立的国家政府的宣誓，席特意识到，他实际上目睹的可能是一场革命。

他当时是否认为卡尔在演戏？

不，他没有，[11]证人说，不过他开始思考并且最终认定，他无法解释卡尔的行为。到最后，啤酒馆的冲锋队开始放人时，席特是带着忧愁和不安离开的。

辩方律师科尔于是开始利用证人攻击卡尔，他问这位巴伐利亚领导人作为"国王的总督"的就职演说，和他维护共和国宪法的誓言如何能够共存。

奈特哈特否决了这个问题，不过三名辩护律师同时出言阻挠。"绝对不可以！"奈特哈特说。[12]

接着席特顺利应对了一系列问题，或者用《小日报》驻外记者的话说，是"被12名律师用相当不友好的问题滋扰"。[13]主审法官一度问席特，在计划啤酒馆集会前，他是否跟什么人联系过，证人迟疑了一下，然后直接拒绝回答问题。更加让人意外的是，《人道报》发现，奈特哈特法官毫不犹豫地容许了这样的回绝，仿佛在掩盖一桩因卡尔而起的丑闻。[14]

得出这个结论的不只是这家法国报纸。在柏林，社会民主党的鲁道夫·布莱特沙伊德（Rudolf Breitscheid）在国会起身表示，卡尔、洛索和塞瑟理应和希特勒一同受审。退一万步讲，巴伐利亚政府哪怕有那么一丁点的警觉和远见，啤酒馆政变本身就不会发生。关于高层人物串谋推翻德意志共和国的说法，必须加以调查。

在上午和下午的庭期中，一共有17名证人在法庭前匆匆而过。他们大多是啤酒馆的目击证人，并且显然是卡尔、洛索和塞瑟的支持者。

下一个证人费力克斯·冯·波特默伯爵将军就符合这个特征。

"此事给我的印象是，"波特默评价希特勒冲击啤酒馆的行动，"这是一场精心准备的、野蛮的伏击，靠某种预防措施挫败它是不可能的。"[15] 他接着说，他没有看到任何证据能证明，卡尔和三巨头是真心参与。将军有种居高临下的威严，以至于《高卢报》注意到，连辩方都难得地没插嘴。[16]

当时坐在讲台附近的历史教授卡尔·亚历山大·冯·穆勒不这么认为。他丝毫没有觉得，三巨头对政变的参与是在表演。他身边的人也都这么想。希特勒、鲁登道夫和巴伐利亚领导人看上去都太严肃了。仿佛历史的篇章正在展开。

还有一位证人，外交部高级参事、就政变写过多份备忘录的卡尔·索默尔（Karl Sommer），描述了他在希特勒攻入宴会厅时感受到的恐惧。他第一时间担心的是极左派来袭，因为这是卡尔的反马克思主义集会。

"高级参事好像在读稿子一样！"希特勒的律师提出反对。[17]

"我不是在读，我认为我有权利使用笔记辅助我的陈词，帮助我回忆。"

除了手上的文件，这位证人还读到了其他东西。他显然知道蓝白册子，[18] 也知道在卡尔、洛索、塞瑟的支持者中间传阅的机密备忘录。军方和邦警的所有证人到现在基本上都已经看过。

/ 218

其中不少人似乎更关心的是替巴伐利亚领导人开脱，而不是回答关于本案的问题。其结果正如罗德所预料，导致了含糊与困惑。这个庭期一直拖到快8点，并且如瑞士《时报》（Le Temps）所说，没什么有意思的地方。[19]

然而，通过法官在问讯方向上的拿捏，实际上可以看到这场慕尼黑审判的一个重要动因正在浮现。传统上认为奈特哈特是一名民族主义者，偏向阿道夫·希特勒一方。这个说法并没有错，但主审法官的另一个优先级更高的事项被忽视了。不久人们就会发现，他最关心的是保护卡尔、洛索和塞瑟——进而也延伸到他们所领导的巴伐利亚政府、军队和邦警。这种对高层权势人物的袒护，将让希特勒在慕尼黑审判中得到一个千载难逢的机会。

希特勒连穿马甲的墨索里尼都谈不上。[1]

　　——1924 年 2 月 28 日《工人意志报》（*Arbeiterwille*）

（奥地利格拉兹）

　　1924 年 3 月 8 日，审判第十天一开始就是一个秘密庭期，奈特哈特警告绝不可将审理的内容透露出去。接下来的打算是重新开放法庭，传后面的七名证人，其中防卫军六人，邦警一人。

　　闭门出庭的是 54 岁的雷根斯堡第 20 步兵团团长汉斯·埃策尔（Hans Etzel）上校。埃策尔说他在啤酒馆政变前一天去战争部开了一个会。冯·洛索将军讨论了希特勒发起袭击的可能性，并且明确表示如果这个鲁莽的狂徒过早行动，他将指挥巴伐利亚军队予以抵抗。

　　主审法官问证人，他是否记得，冯·洛索将军曾用"我们不会参与这种发疯的事情"[2]这样的措辞来拒绝希特勒的计划。

　　埃策尔确认使用了"发疯"这个词。他还证实，相比于希特勒和鲁登道夫上台，洛索倾向于由柏林一些未具名盟友组建的一个专制政权。问题是北边似乎没人打算动手。

／ 220

　　奈特哈特举了一些据说是洛索对希特勒的评价，问证人是否记得。其中一句说："希特勒［成事的］希望不大，因为他相信一切由他自己一个人就可以解决。"埃策尔表示确有此言。

　　"在他看来，关于希特勒是德国墨索里尼的证据，目前还没能看到。"

　　埃策尔说这句也有。[3]

　　上午 10:30，奈特哈特请民众进入法庭。在下一名证人出庭前，鲁登道夫将军想要发表一份声明。

指挥官表示，检方试图在法庭上营造一种误导性的印象，即他和其他的被告人在攻击防卫军，这一点有必要做出澄清。事实绝非如此。在被控重大叛国的这十人当中，有九人曾在军中服役（唯一例外是弗里克博士）。"在我们眼里，防卫军是老陆军的延续，"将军说道。

德国的基本问题，鲁登道夫接着说，不在这些被告身上，而在他们的敌人，那些想方设法伤害这个国家及其军队的名誉的人。"本着我们对祖国的爱，对防卫军的爱，对防卫军的尊严与荣耀的关切，他们每一个，我们都不会放过。"

旁听席开始高喊"好样的！"

鲁登道夫这里自称要对抗的敌人都是什么人？是检方，还是他之前在法庭上点过的共产主义者、犹太人和天主教徒？这一次，仿佛是对之前遭受的批评有所顾忌，他选择不明确说出来。

卡尔·冯·希尔德布兰特（Karl von Hildebrandt）少将走上证人席，准备为鲁登道夫恢复名誉。在沿着差不多的线索陈述的过程中，他就鲁登道夫将军与希特勒打交道的方式给出了一个有意思的说法——日后在希特勒夺得权力的过程中，他所阐述的这种妄想会被许多怀着野心的政客反复拿出来说：鲁登道夫相信，他是唯一一个能够影响希特勒的人。

证人还说，鲁登道夫并没有与维特尔斯巴赫王朝和巴伐利亚为敌。恰恰相反，对于生活在这片南方土地上的坚毅、爱国的人民，还有这里的"湖光山色，乡野美景"[4]，他是充满敬意的。换句话说，他并不是他的敌人所描绘的那样，是个典型的普鲁士军官。

在证词的最后，证人对鲁登道夫评价德国天主教敌人的争议性言论做出了解释，说那是在攻击天主教中央党，而不是教宗、梵蒂冈或善男信女们。这个时候，希特勒不能再继续待在聚光灯外了；他对法庭说，他也是一名天主教徒。[5]

　　和之前一天一样，最初的一批高级别证人[6]说话都小心谨慎，好像在努力避免说出一些未经许可的证词。还有一些人，比如战争部参谋长奥托·冯·贝尔海姆（Otto von Berchem）中校，则出言捍卫军队的尊严，为他们在镇压政变中起到的作用辩护。

　　"我相信您大概可以理解，就因为尽了这份该死的职责，我们终于招来了这么多人辱骂我们，向我们啐口水，"贝尔海姆说，接着又改口说是"我们这份艰难的职责"。这番话引起法庭一阵骚动。[7]

　　过了一会儿，鲁登道夫打断证人，说夺取战争部的命令虽是以希特勒的名义发出，但命令本身正是冯·洛索将军签署的。

　　贝尔海姆迟疑了。的确有一道命令，他说，但那是四个月前了。他不可能记住自己过手的每一道命令。"阁下您也做不到吧。"[8]

　　旁听席开始起哄。

　　他说的是事实，证人说，鲁登道夫不可能记得他在四个月前发出的每一道命令。

　　弗里德里希·韦伯的辩护律师阿尔弗雷德·霍尔表达了他的愤怒。他本来还有别的问题，但考虑到证人对一位德国英雄如此轻蔑，他不打算问了。旁听席爆发出更加响亮的欢呼。

　　这些辩护律师真是一群"古怪的先生"，《柏林日报》写道。[9]当贝尔海姆这样的证人用事实来回答他们的问题，或者拒不配合他们的手段，把一场对已认罪的共和国叛徒的审判变成侮辱政府、军队和邦警的讨论会，他们觉得这是对他们的不敬。然而，最古怪的还是要属奈特哈特法官了。

旁听席那些起哄的，给鲁登道夫鼓掌，对证人发出讥讽，为什么他不采取行动呢？毕竟整座大楼挤满了警察。为什么不把那些惹是生非的人赶出去，至少没收他们的旁听证？显然，奈特哈特对被告的好感——更糟的是，他生怕刺激他们，导致巴伐利亚邦政府违反《凡尔赛条约》的事实，以及他们自己的反柏林计划败露——促使他不能在审判中采取主动。如果奈特哈特不能维护法庭的尊严，《柏林日报》认为，德国政府应该阻止这出"司法喜剧"[10]，将诉讼转至莱比锡的邦法院，那才是理应审理此案的地方。

临近中午的这段庭期揭示了不少事实，也出现了不少"状况"。当天最后一个出庭的是在政变镇压中发挥了重要作用的西格蒙德·弗莱希尔·冯·因霍夫警司，是他让部队进入戒备状态，并控制了城中的一些战略要地。弗里克和珀纳两名被告也是他逮捕的。

法官还没完成证人的宣誓，希特勒的律师罗德就要求中止仪式。既然这是一场重大叛国的审判，这名证人本身就应该受审。这是在秘密庭期中已经证实了的，罗德声称，十位被告在政变之夜的行动跟因霍夫警司这种政府当局的叛国者比起来实在算不了什么。

施坦莱恩表示反对。

因霍夫说，尽管辩方试图造成那样的印象，但警方并无意向希特勒的人开枪，也无意加入他们。他们的职责是打击一切试图推翻政府的暴力行动，这和革命者持有的政治信念无关。

罗德问证人是否知道冯·塞瑟总警监给邦警下发的"密令"[11]。

因霍夫说他不能公开回答这个问题。

眼见接下来一连串问题仍然撬不开证人的嘴，辩方律师瓦尔特·汉密特也旁敲侧击地表示，因霍夫对啤酒馆政变中官员合作的情况了解，不只是他在法庭上说的这些。"我会很注意的，"汉密特闪烁其词地提起与政府当局的某些秘密会议。[12]

"事实上，我不知道你在暗示什么，"因霍夫答道。[13]

在这里，辩方律师再次利用了法官对国家安全的担忧，他对秘密庭期的依赖，以及民众对闭门审判内容的不知情。

当天的最后，辩方律师霍尔要求略过这些烦冗多余的问题和无关大局的证人，直接传召巴伐利亚领导人卡尔、洛索和塞瑟出庭，了结这些争议。令旁听席的许多观众感到意外和欣喜的是，这一次主审法官说，对他们的盘问将于周一上午开始。

/ 38 危险的游戏

> 我没把这太当回事。当时感觉几乎就是希特勒在分配职
> 位：你当皇帝，你当教宗，然后你是国王。[1]
>
> ——奥托·冯·洛索将军

1924 年 3 月 10 日，法庭将开始听取巴伐利亚政府高层的证词，他们已经成为辩方关注的焦点。气氛十分紧张。警方的警戒线和安保检查再度全面启动，以至于慕尼黑人打趣地管法庭叫"占领区"[2]。

上午的庭期照旧是以一系列的抗议、澄清和纠错开始。辩方律师吉奥格·葛茨想要驳斥《德意志汇报》的观点，该报称这位辩护律师的抗辩聒噪而粗鲁，反复打断别人，却什么也不能证明——唯一说明的是限制律师自由的必要性。他说辩护人的成功并不在于迷惑证人，干扰法庭的证据评估工作，而是试图去明确事实。要是某些媒体人士面对复杂的案件理不出头绪，他也无能为力。

讽刺的是，在反复要求传召卡尔、洛索和塞瑟后，现在却有一名辩护律师——奥托·加德曼——对此举表达了抗议。作为"整个计划的操纵者"，[3]加德曼说，这些人理应以被告的身份上庭，接受重大叛国罪的审判。

希特勒的律师洛伦兹·罗德不同意同事的看法。不过他认为加德曼不是完全没道理：巴伐利亚领导人无论如何都谈不上"公平和中立"[4]。罗德希望他们能如实承认自己在此事当中的角色，明确他们负有和被告同等甚至更多的责任，因为整个计划是在他们的示意下开始运作的。

这下轮到检方开始抗议。所有这些说法都缺乏证据，施坦莱恩说。双方吵作一团，直到奈特哈特宣布传奥托·冯·洛索将军出庭。这时候，全场安静了下来——一片"死寂"，[5]《柏林日报》说，所有眼睛都盯着法庭的门。冯·洛索将军走了进来，[6]手上拿着一叠纸慢慢走向证人席。他身形高挑，披着一件黑色长礼服，因为被解职后他已经不允许穿着军装。已经56岁的洛索看上去体型匀称、精力充沛，做好了大战一场的准备。

奈特哈特法官提醒证人，他有权拒绝自证其罪，拒绝回答任何在他看来可能构成损害的问题。主审法官还提示他，在发言时要考虑到对德国外交关系可能造成的影响。

整个上午洛索一直在发言，时常显得兴致勃勃，让他那洪亮、铿锵的嗓音飘荡充满整个法庭——就算充满伦敦阿尔伯特音乐厅也没问题，[7]《每日电讯报》记者说。他并不像许多证人那样坐在桌前，而是在法庭前方四处走动，时不时回到他布置好用来放笔记的讲台。

洛索的谈吐听上去就是个习惯了交际沙龙和会客厅的巴伐利亚官员。与此同时，他又时常显得很动情，用锐利、生硬的手势配合他的言语，露出牙齿的样子简直像只在狂吠的军犬。此外他还避免和多数被告人有眼神交流，尽管有时候会盯着希特勒或鲁登道夫看，透过他的夹鼻眼镜射出一道锐利的目光。《巴黎之声》记者说他看上去巴不得要跟他们"刀兵相见"。[8]

冯·洛索将军从一开始就承认，他试图与北方的某些未透露姓名的权势人物结盟，他说这些人也希望能让德国从"日趋绝望的状况"中解脱出来。他们的计划实际上是建立一个国家委员会，或者说一个拥有"独裁权力"的右翼政权。不过他强调他们的目标不是发起政变。[9]

/ 226

他们打算在臭名昭著的魏玛宪法第48条的基础上实施法律和宪制策略。根据这条法律可以在危急时刻建立一个临时独裁政权，弗里德里希·艾伯特曾136次启用该法，[10]直至1925年2月下台，共和国的动荡不安跟这条法有莫大的关系。

他们的计划问题出在柏林。首都的政客和盟友拖了他们的后腿，顺便也让希特勒这样的局外人钻了空子。对此洛索毫无保留：

> 这些人，在政治和爱国集会上为了证明他们的民族行动主义什么都敢说；他们狂热的爱国情绪已经让他们忘记如何冷静思考；他们行事的根本动力就是政治野心。[11]

这些人发表着看起来"有点幼稚"[12]的演说。他们丧失了一切理智。这其中最突出的就是阿道夫·希特勒。

证人和希特勒只是在政变前大概9个月的时候才认识的，不过他对这个性急的年轻人给出了精辟的评价。"希特勒的雄辩是出了名的，一开始，这种迷人和善于启发的能力给我留下了极佳印象，"洛索说，"很明显，希特勒在许多方面是正确的，但是听他讲得多了，第一印象就开始慢慢消退了。"

接着他开始详述自己对这位国家社会主义党领袖的敬意是怎样消失，并且很快演变为彻底的厌恶的：

> 我注意到，他的长篇讲话翻来覆去就是那几点：他的观点，其中一部分对有民族意识的德国人是显而易见的道理，还有一部分则是在证明，对于什么是可能的、可实现的这些现实和尺度的问题，希特勒毫无概念。

因此，证人说，任何一个人只要头脑清醒，能够抵御对理性的冲击，就不会受希特勒的演说影响。

同理，和希特勒交谈也是件让人抓狂的事。永远是希特勒在说，其他人很难发表什么见解，更别说反对了。冯·洛索将军说希特勒是个不善于倾听的人，很难让他接受与他的既有观念或意愿冲突的建议。

一开始，希特勒还显得缺乏个人野心，把自己说成是吹鼓手，想要为"将来出现的人"铺平道路。然而到了 1923 年 10 月，洛索已经明显感觉到变化。此时的希特勒在慕尼黑的舞台上趾高气昂，他是"德国墨索里尼"，是能给收留他的这个国家带来重生的人。

洛索承认他在多个场合见过希特勒，甚至也得知了他的计划。他说自己之所以牵涉其中是因为，他想给这个有力的政治宣传家施加影响，他似乎是唯一能触及工人阶层的人。用他的话说，他的目标是把希特勒"拉回地面"。而后他干脆地承认了自己的角色：他们不想"暴力镇压希特勒的运动"，因为他认为它"内里是健康的"，可以在这个基础上发展，用一种更具建设性的方式将它引向合理的、现实的目标。[13]

结果到最后，洛索发现希特勒根本就不适合做领袖，独裁当然就更不行了。他很擅长为一项事业造势，但是其他方面就没什么才能。证人的结论是，基本上希特勒只是"一个虚张声势的小地方政客"。[14]

不幸的是，引人遐想的新闻标题和一连串的臆测——洛索那双沾了血的手在政变里起了什么作用——淹没了他对希特勒领导风格的缺陷以及行事动机的深刻见解。不过，透过洛索的证词还是可以看到，为什么一些地位显赫的人物——哪怕那些不存在反犹立场的——会被希特勒这样一个意气用事、充满仇恨的人物迷倒，进而愿意去包庇与保护他。他们想要的回报是他在街头的号召力。这是一场危险的游戏，而洛索是最早意识到这一点的人之一。

在希特勒和辩方的证词中有不少错误和对事实的歪曲，洛索说。他带着点怒气地表示，要想一一澄清，"我得说上好几天"。[15]

那天接下来他说了几个小时。他说，自己与政变者达成的所谓共识，或者他们打算对柏林采取的行动——用他自己的话说——是"凭空捏造"[16]。他说 11 月 8 日去啤酒馆的时候，他以为就是一场古斯塔夫·冯·卡尔的普通政治集会。他完全没考虑做什么特别的防备，甚至连手枪都没带。

希特勒往讲台方向挤的时候，洛索表示当时脑子里"思绪万千"。这场狡诈的袭击让他"愤怒且无比厌恶"，这不仅是一种背叛，更糟的是，还有可能破坏他们自己的爱国运动计划。洛索带着"极度的悲伤"看着他们的计划徐徐展开。当前危急的局势本是他们行动成功的保障，现在全白费了。

"还能怎么办呢？"洛索问道。

首先，三巨头不能在啤酒馆直接对希特勒发难，因为那里有太多武装支持者。稍有意外或轻率之举，都可能导致某个暴徒慌张之下开了火，触发一场"全面而毫无意义的枪战"。同理，洛索说他当时判断三人在啤酒馆里屋也无法与希特勒对抗。

旁听席的起哄声打断了他的陈词。奈特哈特威胁再不恢复秩序他就休庭。

"要把祖国从这深重的险境中解救出来，"洛索这样解释自己在那天晚上的所作所为。他承认他的策略是"骗倒希特勒和他的同党，就像此前［希特勒］骗倒卡尔、塞瑟和我一样"。

他说上台的计划是他想出来的。根据同事卡尔和塞瑟"一闪而过的眼色和小声的言语"，他知道他们会配合。在和冲锋队队员一同去啤酒馆的路上，洛索说了一句"演场戏！"于是三人一直等到可以自由行动后才使出全力抵抗希特勒。这是他们的职责所在，无论他们有多不乐意或丢脸。[17]

接着洛索问，为什么希特勒和他的人在证人席上说到他们时带着"轻蔑……［说成是］可怜虫，彻头彻尾的蠢货"[18]，然而他们却想"把本邦最重要的职位交给我们"[19]。这样的自相矛盾该如何解释？

然而这里面的并没有他说的那么难以理解。被告们在1923年的秋天希望卡尔、洛索和塞瑟能与他们联合。然而希特勒冲击啤酒馆的拙劣计划连慕尼黑当权者都争取不到，更别说推翻柏林政府了，此时他们迅速抓住巴伐利亚领导人自己已经承认的两面三刀，把失败的责任推给他们。

在奈特哈特宣布开始盘问时，辩方律师阿尔弗雷德·霍尔说他有一系列"极为重要的问题"[20]，不过要等法庭听取了塞瑟和卡尔的证词后才拿出来。希特勒也是这么打算的，尽管他还是一跃而起，对着乱哄哄的法庭大喊："洛索先生的陈词是不实和错误的！"[21]

本庭期于下午6:33结束。

/ 39 逃脱毁灭的命运

> 简而言之，我们所到之处，看到的只是一堆堆冒着烟的
> 瓦砾，毁灭，到最后就是彻底的崩溃。[1]
>
> ——古斯塔夫·冯·卡尔

经过连续几周的降雪，1924 年 3 月 11 日，第十二天的审判在春天的希冀与众人的迫切期待[2]中开场了。前邦务委员古斯塔夫·冯·卡尔应该在今天出庭作证，驳斥关于他是政变同谋的指控，顺便澄清一些至今困扰着希特勒审判的含混与矛盾之处。

卡尔在一个侧门下了车，躲过了准备拍摄他的到场的摄制组。早上 9 点刚过，主审法官正携其他法官进入法庭时，卡尔悄无声息地走进来，[3]向法官席匆匆鞠了个躬，走上了证人席。

61 岁的卡尔是个敦实的小个子，一头黑发，有时会把浓密的胡须往上翘。油光光的头发[4]梳成中分，硕大的脑袋陷进滚圆的肩膀。他谨慎地扫视四周，带着漫画家会喜欢的那种愁容。《西方闪电报》形容卡尔的样子像个"真正的多瑙河乡下人"。[5]

有人认为他看上去紧张而矜持，非常依赖自己的笔记。还有《巴伐利亚信使报》之类的报纸说他有一张经典的扑克脸，难以捉摸。[6]卡尔的声音犹豫[7]而细弱，即便到后面开始有了力量，音调也还是很平。他简要回顾了 1923 年秋天德国出现的经济动荡和政治混乱，他的这个掌握巴伐利亚大权的职位，就是因此而取得的。

奈特哈特法官要求证人不要一味读稿子。

在表示接受这个批评后，卡尔继续谈论他如何希望通过"政治压力"[8]而非武力来应对危机。他说邦务委员办公室在 1923

年 9 月开始察觉到希特勒－鲁登道夫政变的迹象，但是反对这种残酷的方式，因为它将对巴伐利亚和德国产生"极恶劣的、灾难性的"[9]影响。他预计会爆发内战，可能还要与法国及其盟国开战。

此外，卡尔问道，难道希特勒及其党羽没意识到，军队缺乏"服装、鞋袜、装备、弹药、武器和钱？"[10]这个说法格外像是在向国际社会保证，德国没有在重建军队，从而违反《凡尔赛条约》。

"我的第一反应是愤怒和厌恶，"卡尔回忆希特勒冲击集会那一刻的感受。让他愤懑不已的是，自己的爱国政权居然会受到一群号称"心系国族"的人攻击。当他意识到这一鲁莽之举可能导致"我们的国内和国际政治面临灭顶之灾"时，他感到"深切的悲哀与焦虑"。

他想过去争取啤酒馆那些为他的演说欢呼的人们。他作为演说家自然跟希特勒没法比，但真正促使他没有行动的原因是现场有许多神经紧绷的武装冲锋队队员，以他们兴奋的状态来看，恐怕会毫不迟疑地使用手中的武器。他担心会造成"不可想象的不幸和流血"。[11]

卡尔提到，他在讲台上小声跟洛索和塞瑟说话，敦促他们寻找逃脱之法。他说他始终很镇定，心里想着的是人民的福祉。他们决定玩一个事关重大的哑谜，由此来换得自己的自由。

奈特哈特法官再次要求证人不要读稿子。[12]

/ 232

巴黎《晨报》驻外记者[13]也对卡尔有怀疑，不过是因为另一个原因。他对事件的描述和洛索基本上是一样的，有时候是逐字逐句的相同。

接下来卡尔解释了自己在政变之夜的行为。无论在事态发展的哪个阶段，证人口中的自己都是一个无私的领袖，毫无野心，只为共和国大局着想。

上午约 11:25，奈特哈特法官问还有谁要提问。

施坦莱恩提出转为秘密审理。

没人反对，奈特哈特将民众请出了法庭。

在一段漫长的庭期里，卡尔承认巴伐利亚防卫军在扩编，但并不是像辩方说的那样，是发起政变的前奏，而是针对共产主义暴动进行的安保预防措施。他还承认防卫军补充了一些爱国社团的志愿兵。他坚称那是为了协助警察预防萨克森和图林根的共产主义叛乱，不是在准备进军柏林。

主审法官宣布可以提问后，鲁登道夫问他，当局计划扩编几个营的防卫军。

卡尔说他不知道。

在自问自答前，鲁登道夫指出卡尔所说的增兵命令是 10 月 9 日下达的，但隔了超过两周才执行。如果动员真的是为了应对共产主义威胁，为什么要等这么久？

卡尔说他无法解释推延的原因。

"你是不是根本就不知道这件事？"奈特哈特问。[14]

"不知道。"[15]

鲁登道夫接下来的问题引发了更多的疑问，他问卡尔是否知道那道防卫军命令（Ia Nr. 800/23）[16] 反复使用"行动"一词，而不是在单纯的警察部队调遣中会用的"调动"。"行动"是一个军事术语，鲁登道夫说道。

卡尔说他不记得这道命令。"可能是经过我的手，但我不记得了。"[17]

鲁登道夫接着提请大家注意，防卫军的扩编并不是如卡尔说的那样，只是一小群志愿兵。它的规模扩大了两倍。[18] 如此大幅的扩军，卡尔还能做何解释？

"我不知道，"卡尔说。

经过进一步的盘问，卡尔托称他不知情，要么就说相关的事情并不在他职权范围内。只是偶尔塞瑟告诉他他才知道。

塞瑟怎么说的？奈特哈特问。

"我不记得了。"[19]

在接下来的一段漫长而艰难的审理中，卡尔一味地否认、躲避，摆出一无所知的样子。有时候辩方会提出他们听不清或听不懂的回答，愈发加剧了他的不自在。

卡尔以保密为由拒绝回答一个关于警察在 10 月底贮备弹药的问题——辩方嗅到了其中的讽刺意味，提醒他现在就是在闭门审理。

"这的确是很不寻常，"[20] 被一连串的拒绝回答激怒的奈特哈特法官终于说道。

不胜其烦的卡尔一度对法官说："我每天从早到晚要负责许多官府事宜，无暇顾及这些小事。"[21]

经过近三个小时的休庭后，法庭于下午 4:10 开始进入公开环节，这场对古斯塔夫·冯·卡尔的盘问是人们期待已久的。然而接下来将是更多的否认、躲闪和歪曲，甚至根本就是谎言。目前看来，澄清事实的希望再度破灭了。

在开庭时，奈特哈特要求辩方律师提问要有选择、有条理。罗德问卡尔，他在下午读的那篇打字稿有没有复印和分发出去过。

这些只是他的笔记，卡尔说，但另外可能还有一些副本。

/ 234

追问之下，卡尔承认他给了洛索和塞瑟一份。他说有必要"核对我在这里说的一切，看看是否与事实一致"。[22]

罗德问三位巴伐利亚领导人有没有见面讨论证词。

卡尔否认了。

法官打断了罗德的进一步提问。接着希特勒就卡尔的邦务委员任命发出了一连串的问题。但他也被奈特哈特阻止。

这一次，罗德和希特勒并不只是在利用旁听席的偏向。他们实际上在进行一次法律策略的转变。如果无法将卡尔和三巨头确立为政变的主动串谋参与者，那么他们就得选择另一个攻击的思路了。具体来说：检方的控罪是被告人图谋用武力改变宪制。然而这是不可能的，因为从卡尔被任命为邦务委员那一刻起，宪制就不复存在了。

施坦莱恩立即表示反对。"邦务委员的权力是明确源自［紧急］法令的。"[23]

罗德反驳道，事实上他无法找到可以佐证这一解释的法律条文或法令公报，或是任何的官方文件。也许卡尔或者检方可以说明这一结论是如何得出的，让大家长长见识。

这个出乎意料的辩词促使奈特哈特宣布短暂休庭。法官们回来后宣布，出于"国家安全"的原因，这个方向的提问不能再继续。罗德试图改一个措辞，但被法官再次制止。越来越不耐烦的法官再次打断他的话，问辩方是否还有其他的问题。

罗德列出了一串他想问卡尔的问题，都是围绕他的权力的法律基础，以及他的行为的合宪性。卡尔再一次仿佛成了被告人，这位前政府官员苦于无法打消他曾越权行事的印象，而在另一位辩方律师海尔穆特·梅耶看来，这一点是"本案的关键"。[24]

奈特哈特宣布合议庭进入当天下午的第二次休庭，并在会商

München,den 7.November 1923.

Euer Hochwohlgeboren

bitte ich hiermit um Ihre Beteiligung an einer Vertrauens-
kundgebung für den Herrn Generalkommissar in der am

Donnerstag,den 8.November

abends 1/2 8 Uhr

im Bürgerbräukeller, Rosenheimerstrasse, stattfinden-
den Versammlung bayerischer Erwerbstände und vaterländischer
Vereinigungen. Exzellenz von Kahr hat zugesagt, bei dieser Ge-
legenheit eine grosse programmatische Rede zu halten.

Mit deutschem Gruss!

E. Zentz

Vorsitzender des Heimatdienstes Bayern.

■ 少数得以留存至今的 1923 年 11 月 8 日夜贝格勃劳啤酒馆活动邀请函。

■ 上：希特勒突击队，这支突击部队负责压制现场的警察，控制啤酒馆。

■ 下：希特勒突击队将慕尼黑市议员扣为人质。

■ 上：恩斯特·罗姆上尉的部队控制战争部后设置路障。手举旗帜的士兵是年轻的海因里希·希姆莱。

■ 下：骑警在 1923 年 11 月 9 日早晨清理街道。有传闻说希特勒已经被杀，还有的说他已经撤离，准备集结支持者再次攻打慕尼黑。

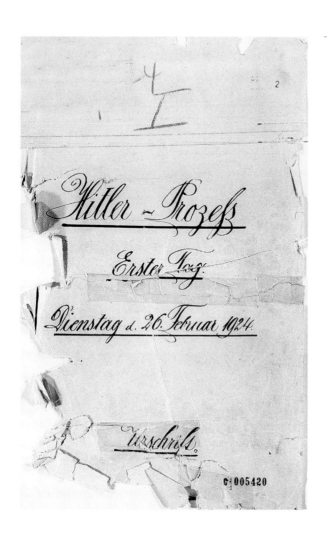

■ 希特勒审判的官方庭审记录厚达将近 3000 页。

■ 上：阿道夫·希特勒在法庭上发言。小桌边坐着负责记录庭审过程的速记员。

■ 下：希特勒和他的律师洛伦兹·罗德（右），他的律师费直到希特勒掌权后才付清。这一幅以及后面两幅素描都出自艺术家奥托·D. 弗朗兹（Otto D. Franz）之手，是罕见的希特勒审判场景描绘。

■ **上**：负责检控阿道夫·希特勒的副检察官汉斯·埃哈德（右）面临着可怕的考验。左侧坐着首席检察官路德维希·施坦莱恩。

■ **下**：主审法官吉奥格·奈特哈特。靠着他对右翼的好感以及详尽的媒体报道，希特勒在这场审判上得以触及此前不可想象的大量观众。

■ 此前从未发表的一幅卡尔·奥古斯特·耶格尔（Carl August Jäger）的速写描绘了一个神情烦躁的希特勒，当时他有可能会被逐出德国。

■ 到底谁在受审，希特勒还是魏玛共和国？批评人士问道。这幅画描绘了一个乱哄哄的法庭，直到 1924 年才在《慕尼黑最新消息》上首次发表。

■ 法庭内禁止拍照，不过有些人偷偷带了相机进去。这是一张质量相对较高的庭审照片。

■ 希特勒、鲁登道夫和其他被告人在审判期间稍事休息。

■ 上：随着审判接近尾声，法庭现场的安保再次加强。

■ 下：宣读判决书前，阿道夫·希特勒和其他被告人在院子里合影：（左起）海因茨·佩尔内、弗里德里希·韦伯、威廉·弗里克、赫尔曼·克利伯、埃里希·鲁登道夫、阿道夫·希特勒、威廉·布吕克纳、恩斯特·罗姆和罗伯特·瓦格纳。唯一不在其中的被告人是恩斯特·珀纳。

■ 希特勒的牢房，后来配备了打字机和一面纳粹旗。希特勒获释后，一同受审的恩斯特·珀纳曾在这间牢房短暂服刑。

■ 左：希特勒在兰茨贝格的牢房里。

■ 右：在兰茨贝格，希特勒读书、接待访客、写作《我的奋斗》。希特勒说他在监狱那段时间就
是公费接受大学教育。

■ 阿道夫·希特勒和狱友们在兰茨贝格的惬意时光。站着的埃米尔·莫里斯是囚犯乐队成员。手拿杯子的赫尔曼·克利伯为囚犯报纸撰稿。囚犯们还排演过一出嘲讽模仿审判的剧，最后希特勒得到的惩罚是被逐出兰茨贝格。

■ 希特勒与他的司机、冲锋队首任队长埃米尔·莫里斯在花园漫步。兰茨贝格的囚犯有充足的时间回顾（以及重塑）过去，规划未来。

■ 1924 年 12 月 20 日，重获自由的希特勒离开兰茨贝格。

之后表示禁止辩方再提这些问题。

等到罗德重新提起这个话题时，奈特哈特再次裁定不合程序。

于是，铁了心要阐明自己的观点的罗德问卡尔，他是否真的如他声称的那样反对政变，为什么等了将近五个小时［其实更接近四个小时］才告知其内阁成员打算抵制政变？

"事情没那么简单，"[25] 卡尔说，不过他没能向法庭说清楚到底什么地方比辩方所说的更复杂，以及为什么。

在检方狼狈不堪的一天即将结束时，辩方继续质疑卡尔作为证人的可信性，以及他作为啤酒馆政变的无辜受害者的身份。奈特哈特则一边要顾及这位显要人物的名誉，一边在担心审判给人造成的印象，而他的担忧，是有充分理由的。

/ 40　第十三天

我以为法庭是打算容许辩方律师开口讲话的。[1]

——洛伦兹·罗德

　　为了争取被取缔的纳粹和战斗联盟报纸的读者，《人民信使报》在提到希特勒、鲁登道夫和其他被告人面临的控罪时，一贯会加上引号。他们的行为，文章问道，真的是"重大叛国"吗？报纸的回答很直白："我们根本不在乎！"[2]

　　更重要的是，文章提出，此事还涉及其他方面的问题，比如德国对民族英雄的感恩，以及滥用权力的政府在爱国者背后捅刀子，然后又在街头朝他们开枪。这些言论掀起了波澜，报纸刚送到报摊，就被读者抢购一空。以本案罪责问题之重大，《人民信使报》认为，不能就这么交给法官和邦政府官僚来决定。应该由人民来决定。

　　希特勒审判第十三天的重头戏是总警监汉斯·冯·塞瑟骑士出庭作证。9点过后不久，身材瘦高、时年49岁的塞瑟走上证人席，手里拿着厚厚一叠文件。他身穿曾由他执掌的邦警的制服，准备为军队、邦警和巴伐利亚当局辩护，捍卫它们的名誉。

　　奈特哈特首先宣布，此前对塞瑟、卡尔和洛索进行了初步的调查。（几周后该调查就悄悄终止了。）接着主审法官要求证人的陈词要简短，不要读稿子。一种"箭弩拔张"[3]的气息笼罩着法庭，《纽约时报》的托马斯·R.伊巴拉写道。《费加罗报》记者说现场气氛紧张得仿佛一场雷暴。[4]

　　忽然，塞瑟开始采取攻势。他说阿道夫·希特勒是个逢迎民众的喝彩的年轻人。一开始，他似乎满足于一项事业的"吹鼓手"[5]角色；如今他的野心膨胀了，将自己置于一场民族主义运动的最前沿，是"那个可以凭一己之力扭转国运的人"。对希特勒来说，巴伐利亚"只是达到目的的一个途径"。[6]他想要的就是在柏林建立独裁政权，自己走上权力之巅。

不出意外的是，法庭里的许多记者觉得[7]塞瑟是个比卡尔更坦诚、更直白的证人。他强调三巨头永远不会跟希特勒合作，并提醒法庭注意，希特勒自己实际上也同意他们是不相容的。卡尔的火车是往巴黎开的，希特勒曾经对塞瑟说，而他的车要去柏林。两个人要想合作，唯有卡尔改变方向。

证人表示，经过一系列的会面，希特勒和巴伐利亚领导人之间的裂隙进一步扩大。其中一个格外重要的会议是在 1923 年 11 月 1 日，希特勒的发言冗长而絮叨，重申自己永远不会发起政变。塞瑟说：

> ［希特勒］反复向我保证……当时我警告他不要采取暴力行动："我不会对防卫军和邦警采取任何行动；我没那么傻。我不会发起政变，这我可以保证。"[8]

七天后，希特勒违背了诺言。三位巴伐利亚领导人信了他，结果落入他的圈套。

/ 238

在提出转入闭门审理被否决后，塞瑟指责辩方律师使用了闭门庭期上呈的证据，然后在不了解相关讨论细节的观众面前严重夸大其重要性。"这是个影响舆论的简便方法，"塞瑟表示。[9]奈特哈特用一种低沉的、几乎听不清的声音礼貌地让他不要再说下去。

辩方多名律师被激怒了，其中罗德的嗓门尤其大："在我看来，总警监是作为证人上庭，不是公诉人！"[10]

接下来，被要求继续作证的塞瑟在法庭上描述了希特勒对啤酒馆发起的"不幸而愚蠢的冲击"。他几乎不掩饰自己的轻蔑，原本清晰可辨的话音，现在经常因为愤怒而变得尖利起来。

希特勒企图把自己的行为说成是为了德国不得已而为，证人说，但是所谓的救国最终会导致亡国。西面的法国和比利时人会调动部队；东面还有捷克和波兰人。这样一来，德国在没有一支国家军队或充足资源的情况下，要面临两线甚至可能三线的作战。这种对军备匮乏的强调，自然是说给公众听的。不能让协约国知道任何可能违反《凡尔赛条约》的秘密行动。

于是，同时考虑到国内和国际关切的塞瑟说，最终结果是德国"只能用甘愿牺牲的热血男儿"去战斗。这将导致德国再次被击败，失去"我们最后一点点领地和我们最后的希望"。巴伐利亚领导人面对的正是如此千钧一发的局面，证人说，他们要在这"最黑暗的时刻"拯救国家。[11]

塞瑟接着说，当希特勒冲进贝格勃劳凯勒时，观众对他说出的每一个字都深信不疑；政变者的这一举动，导致多年来为民族主义大业付出的艰苦努力与筹划全部白费。

和之前的卡尔和洛索一样，塞瑟声称站在宴会厅的讲台上时就已经决定反希特勒。据他说，洛索的确小声跟他说"做出戏"。塞瑟还说，他们通过一闪而过的眼神和不动声色的点头了解了彼此的心思。

而后塞瑟提出了这场热闹的审判经常忽视的基本要点：如果希特勒和三名领导人真的达成了一致，为什么还需要冲进啤酒馆，置 3000 名德国人的生命于险境？这一点，希特勒永远无法给出有说服力的解释，而这是有原因的。他在那晚的举动——尽管与三人有过几个月的商谈，也有相当多的共识——并没有得到他们的支持。

希特勒全过程如坐针毡。

"太放肆了！"没过多久，希特勒就说了一句全场都能听见的话。[12]

据《高卢人报》驻外记者说，冯·塞瑟总警监当时"气得涨红了脸"[13]，要求法官对希特勒的发作加以斥责。一场响彻法庭的对骂[14]开始了。哈瓦斯通讯社驻外记者说，混乱持续了整整10 分钟。

好不容易恢复了法庭秩序后，主审法官谴责了希特勒的不当言论。罗德试图说希特勒只是在向他的律师发出指令。不过《柏林日报》记者说，[15]他看到两人在塞瑟陈词时一直在小声交谈，然后他清楚地记得，当时希特勒转过头来骂出了那句话。不管怎么说，这件事在奈特哈特的法庭依然被搪塞过去，不需要付出代价。

塞瑟接着解答了很多人在问的一个有关巴伐利亚领导人的问题：为什么他们没有通知鲁登道夫计划有变，从而避免流血？很简单，塞瑟说，他们已经不能信任将军了，担心他已经效忠于希特勒，同时他们也意识到除了战斗他们别无选择。"在准备战斗前宣布要开战，从军事上绝对是不合适的，根本就是犯傻。"[16]兹事体大，这一仗不能不赢。

此外，希特勒和鲁登道夫在那天早上五六点之间就已经知道，政府是反对他们的计划的。他们有的是时间取消游行。经过塞瑟一连串直抵要害的发言，施坦莱恩提出改为闭门审理。

辩方的阿尔弗雷德·霍尔反对：检方传召了证人，但在作证

/ 240

后突然要求进入秘密庭期，这样一来，这些陈述就"在国人面前未接受质疑"[17]。这种单方面的叙述是在误导公众。

法官反对的并非检方已经再明显不过的策略，而是公众被误导这一指责。闭门审判的唯一理由是国家安全，奈特哈特表示。如果他坐视敏感细节被公之于众，那才是背叛国家。

霍尔于是要求并且得到了20分钟的休庭时间，为法官提出的闭门庭期做准备。

重新开庭后，辩方立即发言，趁着公众和媒体还在场，迅速列出一些要点。

希特勒首先否认了总警监对他的所有指控，并承诺一旦有机会一定会予以反驳。接下来是珀纳，他指责塞瑟"歪曲历史事件"，鲁登道夫也认为证人用一些"事后的捏造"给他的证词添油加醋。

然后是罗德出场，他称塞瑟的证词充斥着错误与谎言。在被法官批为"不妥"后，罗德发誓他在作证的最后会证明自己的说法。与此同时，他对三名领导人——准确说是三名卖国贼——得到了以国家安全为名的保护表示抗议。

"这几位先生的重大叛国受到保护？"奈特哈特问道，这是在指责本庭吗？[18]

在发表了自己的主张后，罗德将批评的目标转向了邦检察官，表示对这些高级别证人的罪行似乎总是会关起门来处理。

施坦莱恩怒不可遏，跳起来否认存在对巴伐利亚领导人的祖护。

"诽谤！"有人听到不满的埃哈德在自言自语。[19]

眼见气氛如此紧张，奈特哈特与合议庭退庭商议再次进入秘密庭期事宜。回来后，奈特哈特做出了支持检方的裁决。观众再次被请出法庭。

> 什么被告、证人、法官、律师……在慕尼黑，只有
> 共犯。[1]
>
> ——德维勒莫斯（De Villemus），《巴黎之声》，
> 1924 年 3 月 13 日

尽管被人嘲笑是滑稽戏，但这场"希特勒奇遇记"[2]眼看就要导致一场国际危机了。坊间盛传，卡尔、洛索和塞瑟放弃政变并非因为成功希望渺茫，而是因为他们意识到，就算计划成功了，也无法带来多少长远的好处。这个说法在德国之外尤其盛行。

推翻柏林政府明显是违反《凡尔赛条约》的。那么预计巴伐利亚将首当其冲，[3]遭到外国军队入侵。德国陆军的规模被限制在 10 万人，再加上草草训练出来的爱国社团，跟欧洲军力最强的法国无法抗衡，况且对方很可能还会得到国际联盟的支持。

此外，国家防卫军的武器、装备、弹药是怎么落在希特勒手上的？目前还没看到解释，而且很难不注意到，每当有军方证人出庭，奈特哈特经常就会宣布进入闭门审理。"德国在备战，"《芝加哥每日新闻》在一篇关于该国秘密备战的报道中直截了当地说。[4]

/ 243

德国总理古斯塔夫·施特雷泽曼试图打消国际社会的担忧。然而令民族主义者大为光火的是，他把问题归咎于"反德大战"的狂妄与失策。那是旧德国了，他声称，新的共和国已经回到本源，是欧洲最和平的国家。

与此同时，当天上午余下的时间一直闭门进行的审判却和总理的说法背道而驰。冯·塞瑟总警监详细介绍了将邦警用作北部

边境增援部队的准备计划，正如辩方所说，部队的确收编了一些爱国社团成员以增强实力，其中包括高地联盟。塞瑟一度承认，三巨头制订了一项整肃柏林文官政府的计划。

当天下午，一些去看审判的观众坐着慕尼黑的电车回家。什么都不让公众知道，他们抱怨道。重要的东西都是关起门来说的，他们猜辩方律师已经证明巴伐利亚政府有攻打柏林的计划。对审判程序和领导人问责的幻灭显然没有减弱。

审判进行到第十四天，古斯塔夫·冯·卡尔回到证人席，接受延期进行的公开盘问。对秘密军事行动很在行的辩方律师奥托·加德曼开场首先对证人的权威和职责发起质疑。

多数问题被卡尔以无关、多余或在秘密庭期已经回答为由搪塞过去。他接着表示，关于巴伐利亚领导人发动政变的讨论，前提是得明确他们的目标是平抑而不是参加政变。而后，在被问到"进军柏林"[5]这个说法时，卡尔表示它的意思不是攻打柏林，而是试图防止巴伐利亚脱离德国。

这时候希特勒插了进来，说证人在滥用德语，拿出一些简单的词，然后给它们新的含义。进军柏林的意思不是进军柏林，政变不是政变。"如果今天这些先生们可以给一些再明白不过的词完全不同的意思，"希特勒说，法庭就不能判他或其他的被告有罪。[6]毕竟他们的所有证词都是基于一些显然已经无效的词义。

奈特哈特法官多次以维护"国家安全"为由阻止希特勒和辩方律师提问。于是卡尔一如既往地回避问题，否认了解事件的细节，并将问题推给同事。卡尔在反复推卸责任，或者尽可能降低自己行为的重要性。

这位"巴伐利亚俾斯麦"[7]似乎并不是很了解自己的工作，要么就躲在一道无耻诡计的烟幕后面。万般烦乱之下，律师冲口而出，说他无法忍受下去了。

"你是否可以忍受是无关紧要的，"奈特哈特法官说道，"证人有义务说出真相。"[8]

辩方回到了证人与希特勒在宴会厅那次臭名昭著的握手。在本案的宏大布局中，这可能只是一个次要的点，然而辩方严重夸大了它的重要性。如果能在这个细节上取胜，也许可以弥补之前没能把更大的共谋罪名安到卡尔头上的缺憾。

卡尔否认握手时用了两只手，于是希特勒跳起来详细描述当时的情景。他开始失控了。卡尔无动于衷地坐着。卡尔越是平静，希特勒就越暴躁。很快，他几乎已经是在冲着证人嘶喊了。"现在是我在撒谎吗？"[9]

卡尔依然直视前方，不跟被告人有眼神接触，冷冷地说他不记得有希特勒描述的动作。但是啤酒馆里所有人都看到了，辩方律师吉奥格·葛茨说，"再过一百年我也不会忘记！"[10] 法庭爆发出一阵掌声。[11]

嗅到血腥味的希特勒，就政变当晚卡尔的所作所为发出一连串的问题。法官要求希特勒说慢点、小声点，因为他的激动情绪已经有碍"法庭的庄严"[12]。然而过不了几分钟，希特勒再次开始朝证人吼叫，称他是个骗子。[13]

/ 245

罗德代表他的当事人道了歉，并把他的情绪归咎于此事关乎他的名誉。接着他试图将这一点为本方所用，请法官要求卡尔面朝希特勒，"四目相对，"[14] 就 11 月 8~9 日的事件真相对质。这里是在指证人那天的肢体语言，他坐在椅子上，低头看地，望向远方，或是别的什么地方，远离被告人投来的目光。

法官拒绝强迫双方进行一场对决。事实上，没过多久，他倒是再次指摘起希特勒的语言来。啤酒馆演说家"纯粹靠着肺部力量"[15] 赢下了这一天，《展望》（*The Outlook*）说。

《慕尼黑—奥格斯堡晚报》认为，如果说出庭之初的卡尔显得忧愁而倦怠，那么现在的他就是一副凄惨的模样了。对这位倒台的领导人向来没好话的右翼民族主义报纸《德意志新闻》（*Deutsche Presse*）也这么看。

卡尔的支持者后来则说，他巧妙地逐一绕过了一系列越来越险恶狡诈的陷阱。[16] 希特勒和鲁登道夫的律师军团可耻地将慕尼黑的法庭变成了宗教裁判所，或是一座中世纪刑房。[17]

还有一种看法是，卡尔凭借否认、躲闪和拒绝回答的策略——以及主审法官的协助——成功挨过了审问。毕竟，奈特哈特给了卡尔特权，让他可以裁断什么属于"行政特权"或对"国家安全"构成威胁。换句话说，证人有充分的自由，可以自行决定是回答还是回避某个问题。

奈特哈特反复做出有利于这位巴伐利亚领导人的决定，否决可能将政府当局进一步牵扯到政变中的问题。然而，这种法庭管控手段对当局的名誉并无益处。在许多德国人看来，卡尔、洛索和塞瑟要么背叛了德国，要么背叛政变者，或者两者皆有，而这只是因为，他们不想因为抛弃了战场归来的爱国战士而被追究责任。让来自各政治阵营的国民愈发愤怒的是，这些巴伐利亚幕后主使人似乎得到了法官的袒护。

/ 246

奈特哈特想保护当权者以及他们所领导的政府，结果却给了擅于煽动暴民的辩方一个难得的机会。希特勒现在可以站起来反抗强权人物，而这些人在柏林和巴伐利亚都是不招人待见的。对他的重大叛国罪审判因此也成了一个舞台，他是一名真正的爱国者，为民族事业牺牲小我，成为一出大戏的领衔主演。演出在法庭上引起热烈的掌声，在媒体上也获得赞美。

> 德国与德国、谋反与反谋反的大战。[1]
>
> ——《奥克兰星报》(*Auckland Star*)

审判第十五天,轮到冯·洛索将军出庭接受盘问。外界对他此前的证词褒贬不一。一方面他揭发了政变者的残酷和不义。但另一方面,对于自己串谋反对共和国的指控,他没能做出驳斥。《柏林日报》认为,他在慕尼黑法庭上的形象"不太好看"。[2]

洛索用自己辛辣的挖苦和机敏巧妙的答辩才能,对被告和他们的律师发起了攻击。首先证人希望明确,他的目标——基于魏玛宪法第 48 条赋予的应急权力建立起一个合法的专制政权——和被简单粗暴地曲解、最后沦为一场"政变"的目标是不同的。他说他无意建立军人独裁统治,尤其是不会让阿道夫·希特勒参与进来。

洛索试图利用弥漫在法庭内的反当权派情绪。别的不说,他至少捍卫了一名将军拒绝执行腐败政府命令的权利,当然这里指的是柏林政府。他提到了通胀噩梦期间的经济与社会危机:

> 我们的战士,可不是整天用来射杀饥饿的人民的,就因为你们[政客]没有能力建立一个像样的政府。[3]

/ 248

和卡尔一样,洛索说他对 "putsch" 或 "coup d'état" [①] 的使用理应被看做是一种向首都施压的手段。

那么,辩方律师霍尔问道,"被告人构想的政变与阁下并无

———————————

① 皆为"政变"的意思。(本书脚注毕为译者注)

任何不同？”[4]

这在旁听席激起一阵讪笑，他们中不少人现在佩戴起了各种新的时髦配饰；"钩十字胸针、项链、手工雕刻的金银腰链"已经"蔚然成风"，《纽约先驱报》写道。[5]

那天上午，法庭里多次响起哄堂大笑，这促使奈特哈特法官敲着法槌，威胁要把胡闹的观众赶出法庭。与此同时，辩方律师保持对证人的压力，给人感觉在受审的是他而不是希特勒。

罗姆的律师克里斯托弗·施哈姆问，为什么这些反对共和国的大阴谋最终的线索都指向慕尼黑。

"你怎么知道指向慕尼黑？"洛索答道。[6]他纠正了自己的说法，称他不认为存在这一情况，而后又认定他清楚地知道不存在。在柏林以及其他地方，也有阴谋在酝酿着。

证人难道没有盘算着在新政府里谋个官位？

"没有，绝对没有！"洛索说。[7]他接着用第三人称来谈及自己，说："我已经表达了我的看法，冯·洛索将军涉足政治本身是违背了他的意志与愿望的，他渴望有一天能够离开。"

另一个律师问他是否曾经说过柏林的领导人"只是一群不敢做决定的太监和阉人"。[8]

洛索承认他可能是说过类似的话，但他本希望只在内部流传，很遗憾——拜辩方律师所赐——现在已经为外人所知。他的怒气在积聚。几分钟后，洛索已经开始拍桌子，拒绝回答又一个他认为无关要旨的问题。法官要求他保持冷静。

"如果不再问没有必要的问题，我会很感激！"证人厉声回应。[9]

哈瓦斯通讯社记者认为洛索是个"强悍的对手"。[10]在审问期间，他在法官席前方的开放空间背着手走来走去。他给人一种强大而自信的印象。然而和卡尔一样，他有时会回避，或者回答问题的方式让人觉得不太可信。

希特勒要求证人说出专制政权计划的最初构想者是谁，洛索一开始想推诿，直接拒绝回答问题。而后他说他不知道，接着又再次改口，说他是后来在"机密会谈"[11]中得知的。

"我们有义务明确而公开地将机密事宜告知法庭，"希特勒说。[12]而后他大声要求主审法官不要纵容证人逃避问题。

奈特哈特平静地命令希特勒控制情绪，并判定这个问题与本案无关。

这时候辩方律师瓦尔特·汉密特提议短暂休庭，以重新评估策略，因为在他看来，这场审判目前已经被出庭的证人控制了。

主审法官没有太在意他的批评，但汉密特还有话说。他抗议冯·洛索将军的不得体行为，在法庭里走来走去，像在军营里似的叫嚷着。[13]辩方律师可不是他的新兵。

此外，证人拒绝回答问题有何法律依据？

"证人已经说了，他认为他需要保持相关谈话的机密，"奈特哈特说。

"但程序规则不是这样说的。"

"这我知道，"奈特哈特没有理会他的反对。[14]接着他说，他否决这个问题的原因是它与本案不相干。

恰恰相反，霍尔说，这是辩方的核心问题。如果巴伐利亚领导人果真像他们陈述的那样，制订了反对柏林的计划，那么希特勒、鲁登道夫和其他被告就只是在执行命令。

主审法官再次裁决问题与本案无关。

/ 250

不依不饶的希特勒还在坚持。也许洛索实际上不知道问题的答案。那么，有没有可能问他，他觉得是谁提出的这个建立柏林专制政权的想法？奈特哈特下令短暂休庭考虑这一问题。

上午 11:15，奈特哈特回到法庭，否决了希特勒的提问。

希特勒按捺不住了。"我根本无意批评法庭的决定，"希特勒的声音很快变成了吼叫，11 月 8 日的事件根本就是"洛索、卡尔和塞瑟的叛国行为的结果！"[15]

旁听席再次骚动起来。[16]

"你无权做出这样的指责，"奈特哈特说，"无论是对是错，本庭已经做出裁决。"[17]他要求辩方只发表基于事实的陈述，尤其希特勒需要小声说话。然而没过多久，希特勒和洛索再次怒目相视。

美国记者休伯特·伦弗洛·尼克博克后来回忆起这个惊人的场面：希特勒跳了起来，冲着证人咆哮，等到气焰被压下来后，就瘫坐到椅子上，"像被人一拳击倒"。[18]这位普利策奖获奖记者后来说，自己报道外交事务多年，这是第一次见到希特勒在骂战中被压下去。这话略有夸张，但不能说完全不属实，而这个混乱的场面最后以又一次冲突收场。

在《费加罗报》所称的一次"激烈对峙"[19]中，希特勒首先发难，称洛索在啤酒馆里屋并没有像他说的那样受到胁迫。他对法庭说，他们没把证人当作人质，而是当作未来的民族主义新政权的军事领袖。

希特勒紧接着强调，过去几个月来他的支持者和巴伐利亚领导人在反柏林这件事上一直是同仇敌忾，直到政变进入到紧要关头，这些政客才出卖了他。法官再次要求希特勒说话"稍微冷静点"。[20]不用担心法庭里有谁听不清他在说什么。

由于对证人的喊叫、插嘴和侮辱，或反复提出法官已经认定不可接受的问题，奈特哈特究竟斥责了希特勒多少次？有人听到奈特哈特私下里抱怨说，根本没办法让希特勒安静下来。

希特勒一度承认，他的确承诺过如果要发起政变，一定会事先通知冯·塞瑟总警监。但他接着就开始发起攻势，迫使洛索承认他的承诺是包括一定的保留和条件的。其中一条是，如果出现意外的情况，他不需要再谨守这个诺言。

一直趾高气昂的冯·洛索将军对被告嗤之以鼻，就像一个贵族军官，自信满满地训斥着一个平民一等兵。那依然是背弃诺言，并且是在偷袭。希特勒在法庭上的抵赖是毫无意义的。洛索指责希特勒道德败坏。观众开始闹起来。

"中将！"[21] 气急败坏的希特勒说，他不存在什么"道德败坏"，因为这件事上唯一违背诺言的是洛索自己。希特勒这番话是自相矛盾的，但观众无所谓。旁听席陷入了长时间的喧闹，包括一阵掌声。此刻已经怒火中烧的证人拿起自己的东西，大步走出了法庭。[22]

有人说洛索是提出过离开法庭的要求的，但就算是真的，至少没什么人听到过。法官而后指责希特勒的举止"大为不妥"，[23] 并立即终止了审理。

在慕尼黑法庭里的许多观众看来，冯·洛索将军就是一个鲁莽的德国军官，在法庭上乱发脾气。而希特勒则再一次显得是在反抗当权者的谎言、懦弱与卖国。[24] 从柏林到巴黎的许多左翼读者则在想，谁应该受到最多的谴责：像洛索这样的反动分子，还是希特勒这样的激进极端分子，或者监督这场可悲闹剧的进行的法院系统。

/ 43 暗示

检方证人成了辩方证人。[1]

——卡尔·科尔

自上次情绪失控，气冲冲离开法庭后，冯·洛索将军定于1924 年 3 月 15 日星期六上午再次出庭。《巴伐利亚信使报》觉得，旁听席里的人们首先想到的问题是：他会回来吗？[2] 答案在早上 8:30 揭晓了，主审法官宣布开庭。冯·洛索将军没有现身。

结果是奈特哈特法官宣读了缺席证人的一封短信，表示他拒绝回到法庭，而原因"在［昨天的］审理进行到最后应该已经很明确"。[3]

罗德要求法庭下令让洛索前来接受盘问，但主审法官未予理会，开始传召一系列无关痛痒的证人。那天上午的进度很慢——考虑到坊间传闻审判要在下周末之前结束，这样的节奏颇具讽刺意味。据《星期一世界报》(*Welt am Montag*) 报道，奈特哈特已经私下里向多名律师证实这一时间安排。

审判的确是需要赶紧得出裁决了，因为负责本案审理的紧急司法机构人民法庭将于 1924 年 4 月 1 日期满。[4] 这是巴伐利亚和柏林之间为了在慕尼黑进行审判而达成的一项妥协，交换条件就是在这之后人民法庭要悄无声息地消失。

因此，随着期限的临近，还有这么多次要的证人出庭，从一切可能的角度给出不那么要紧的证词，唯独不触及有助于澄清本案事实的地方。这场审判似乎不打算解决问题，而是要分拆出一系列无关的、分散注意力的旁枝末节。

此外，迄今出庭的证人大致给人一个印象，法庭过多侧重于那些权势人物的证词。11 月那天的晚上以及次日上午在城中的工人、手艺人、散工之类去哪了？比如巴伐利亚邦理发师协会就对这种偏向权贵的做法提出了正式抗议。⁵ 有什么事实是不可以在奈特哈特的法庭上发表的吗？有的人则想知道真相到底是什么。⁶

《巴黎之声》预言这场"希特勒审判"——许多报纸很早之前就已经开始用这个名称，而不是"鲁登道夫审判"——将导致慕尼黑法官们成为法律寓言⁷和警世故事里的人物。"巴伐利亚审判"将成为嘲弄法律公正的代名词。《人道报》猜想这闹剧的结果将是法官判自己十年堡垒监禁。⁸

然而，这些次要的、往往无关的目击证人仍在不断走进法庭。那天曝出的最有价值的信息来自 54 岁的退伍骑兵上尉弗里德里希·冯·席拉赫（Friedrich von Schirach），他的证词让不少人感到吃惊。

在陈述所谓进军柏林不等于发起真正的攻击时，证人一带而过地提到，奈特哈特法官曾暗示他不要提起这个话题。这个惊人的说法立即促使法官和检方提议改为闭门盘问。

清场后，席拉赫承认他知道战争部发出的命令［1923 年 10 月 26 日的 Ia 800 号令］，即给步兵军团补充三个营的武装社团志愿兵。此前鲁登道夫用来盘问卡尔的就是这份文件。席拉赫的准军事组织"慕尼黑 VVV"为此欢呼雀跃，他们相信这次收编意味着期待已久的攻打柏林计划启动了。

/ 254

施坦莱恩问命令是否得到了执行。

"志愿兵报到了。他们被转给战争部。"而后要在 1923 年 11 月 11 日上午 10 点前往第 19 步兵团接受检查。

"那么这件事为什么没有做？"奈特哈特问。

"因为出了 8 日和 9 日的事情。"[9]

盘问之下，席拉赫言之凿凿地确认有多个武装社团已经做好准备，要和巴伐利亚陆军一同出发，与北方的民族主义盟军会师，而后使用这股联合起来的力量逼迫总统及其内阁辞职。如果这些政客拒绝，他们会使用武力。

希特勒想证实这名证人的证词。作为一名政治领袖，他每天都会收到"准确的进度报告"。他手下的所有人"显然都认定，这就是一直说的进军了——而且，我的确也相当有意地强调了这一点，"他说，因为不存在象征性、假想性的进军。他们这是要向柏林进发。[10]

真正让他确信无疑的是炮兵部队的集结。如果只是想向首都施加政治压力，巴伐利亚领导人不需要这样集中大量加农炮和榴弹炮火力。

这项计划的问题在于古斯塔夫·冯·卡尔，希特勒接着说，他是个软弱、犹豫的政客，缺乏肩负起领导重任的能力。希特勒不想坐等他倒台，于是决定冲进贝格勃劳凯勒，要求在即将到来的战斗中担任"政治领导人"。[11]

这话激起检方的一通叫嚷。[12]

希特勒压过了他们。"〔卡尔的〕弱点会给德国带来灭顶之灾！"[13]

多年来，希特勒一直说他只想当民族主义运动的吹鼓手。但在这一次的爆发中，他再一次承认他想要的不只是那些。

与此同时，奈特哈特试图阻止希特勒的发言，不要再讨论巴伐利亚政府参与政变这个尴尬的话题。他还打算不再传后面的证人出庭。

在当天的审理进入尾声时，奈特哈特再次做出不利于辩方的决定，拒绝强迫洛索接受盘问。辩方律师加德曼、霍尔、罗德和汉密特再次要求让他回到证人席。他们声称，他们需要他回答的问题对辩方至关重要。

奈特哈特不为所动，只是以"未经许可的缺席"为由处洛索50马克的罚款，如果罚款没能缴纳，则将面临五天的监禁。

下午 1:20，[14] 主审法官结束了这一周的审理，这让许多人不禁在想，接下来的五天这场审判会如何收场。与此同时，法庭外有一群德国青年正在抗议古斯塔夫·冯·卡尔，支持阿道夫·希特勒。这是接下来事态发展的一个征兆。

/ 暗示 /

/ 44 希特勒的保镖出庭

这种审判在人民法庭可不是每个礼拜都有的。[1]
——阿尔弗雷德·霍尔，法官对此的回应是，
"谢天谢地"！

在柏林，英国大使埃德加·文森特·戴伯隆子爵和古斯塔夫·施特雷泽曼坐下来聊了几句，这位前总理最近刚刚被任命为德国外交部部长。话题很快转向了希特勒审判。

从慕尼黑传来的许多事实"揭露"令施特雷泽曼吃惊。显然，德国和欧洲面临的危险"远远超出了普通民众的认知"。英国大使在自己的日记里写道：

[施特雷泽曼] 自己就清楚，右派随时可能在德国发起一场真正的、成功的"政变"，但是柏林的官员圈子始终对这个国家所处的险境缺乏足够认识。

施特雷泽曼意识到，卡尔的反共和国阴谋"颠覆性丝毫不小"。希特勒的草率举动让他们功亏一篑。[2]

不少驻柏林的外交官也在关注这场耸动的审判。符腾堡邦部长卡尔·莫泽·冯·菲尔塞克（Carl Moser von Filseck）3月初去旁听过一次，看到被告人兴高采烈地聊着天走进法庭，[3]彼此以及和旁听席的民众打招呼，他心生厌恶。根本没人打算制止他们。现场混乱不堪，他们的抗辩肆无忌惮。他在美国领事馆的同僚罗伯特·墨菲后来总结这些人的表现是"粗野的虚张声势"[4]。

3月17日星期一，希特勒的审判出现在慕尼黑讽刺杂志《傻瓜》的封面上。[5]这份绰号"红狗"的刊物描绘了一个仪态娇柔的希特勒，高昂着头，手上举着火把，点燃了一座政府建筑。他坐在冯·洛索将军的肩上，而后者则是被古斯塔夫·冯·卡尔背着。卡尔同时还在召唤警察。远方有一颗飞升的流星，是钩十字的形状。

那天上午，审判进入了第四周。希特勒的律师洛伦兹·罗德首先投诉了一个据说在就审判写书的人。该作者据说在与一名军官合作，后者每天用他在秘密庭期收获的信息换取报酬，外加卖书的提成。作者是打算揭露希特勒审判的内幕。

罗德认为这个传闻是可信的，毕竟公众对此很感兴趣，并且已经有大量的敏感内容泄露给了媒体。奈特哈特同意调查。由于涉嫌泄密的人——约瑟夫·施劳登巴赫上校（Joseph Schraudenbach）当时就在场，于是大家有幸见识了一个不同寻常的场面，那就是主审法官对旁听席的某个人发起质询。

施劳登巴赫承认他曾在报纸上打广告，愿意为关于本案的书充当写手和摄影师。他无意否认罗德说的事情，唯独有一点：他发誓绝不会透露任何机密信息。

/ 258

至于他在闭门庭期中做的笔记，施劳登巴赫说那是为了确保他的陈述准确。他保证绝对不会发表半个字。[6]为了避免不经意的错漏，他已经把所有敏感材料用括号括起来。罗德和奈特哈特都接受了他的解释。上校得以继续与作者合作，不过他很快会因为合约纠纷放弃这桩买卖。

慕尼黑的舆论一边倒地站在希特勒和被告一边。巴伐利亚领导人被认为是这场爱国主义审判中的真正卖国贼，如瑞士《时报》记者所说，他们已经不敢抛头露面了。[7]有传闻说冯·洛索将军收到的决斗挑战已经多到应付不过来。[8]《时代》杂志称，其中一名挑战者据信就是被告人克利伯中校。[9]

在当天的漫长审理中，罗德使了一个相当戏剧化的招数。为了证明卡尔的计划并非一种象征性或假设性的图谋，他提出传召四名新证人：德国总统弗里德里希·艾伯特，外交部部长古斯塔夫·施特雷泽曼，军事统帅冯·西克特将军，以及国防部部长奥托·盖思乐（Otto Gessler）博士。主审法官不可能同意这个要求，但是不少记者还是写了。[10]罗德的这个哗众取宠的怪招登上了德国乃至全世界的报端。

同时得到报道的还有那天下午对德国宪法的公然漠视。其中的一名证人是辅佐卡尔的知名顾问艾伯哈特·考特尔，他在出庭时首先要求允许他发表一份声明。而后他概述了政变的历史背景，其目标主要是证明卡尔和希特勒的举动都是有正当理由的。而当他说到魏玛宪法"对人民意志的压制"时，同样没有遇到任何异议。[11]

在下午的庭期中，希特勒的保镖乌尔里希·格拉夫出庭了。这是自啤酒馆政变以来，希特勒第一次见到这个可能对他有救命之恩的人。在那之后的几周里，他一直在住院，据他在未发表回忆录中说是挣扎在生死之间。此外他的情绪也很低落：希特勒在牢里，纳粹党看起来已经被"击垮了"，他的毕生积蓄也因为恶性通胀化为乌有。"日子不好过，"他说。[12]

这位保镖对冲击啤酒馆的理由做出了类似的陈述，但接着他对里屋谈话的描述包含了鲜有人知的细节。这段讯问"相当有意思"，《柏林人民报》（*Berliner Volks-Zeitung*）认为。[13]格拉夫说，虽然他没有听到完整的对话，但就他所看到的已经足以让他相信，洛索和塞瑟在鲁登道夫进来前就已经达成了共识。

他还说，当他看到被告韦伯医生递给塞瑟总警监一支香烟，冯·洛索将军接着也要了一支，就愈发相信他们已经取得一致。

"会谈有那么愉快？"奈特哈特问道。[14]

是的，格拉夫说，而且当时的气氛跟报纸的描绘大相径庭。此外，希特勒在三巨头这里取得的成功比他预想的要容易。他记得自己当时觉得，他们也没有必要喝那么多吧。

关于前往市中心的游行，辩方律师克里斯托夫·施哈姆问证人，当时他有没有通知音乐厅广场的邦警，鲁登道夫在跟他们一起游行。

有，格拉夫说，并描述了当时他如何向对方喊话。"鲁登道夫在此！你们要向自己的将军开枪吗？"[15]这时候子弹已经飞过来了。他在后面还能听到游行人群在唱《德意志之歌》。

也许现场的吵闹和混乱导致警方没听见他的喊话？

不可能，格拉夫说。"我可不是在呼喊——我在咆哮。"[16]

接下来的问讯没有什么惊人发现，直到希特勒发言表示对保镖的赞赏，称他是"最正直、忠诚、真挚的人"。希特勒还说格拉夫"随时愿意为我而死"。他的确差点就这么死了。在小女儿格莉特尔的照料下，格拉夫仍在康复中。希特勒的赞誉让这位证人在离场时显得十分欣喜。

当天最后阶段的审理主要在讨论是否传召余下的证人。主审法官想尽快结束作证环节。检方则想再传召一名证人，辩方也有自己的名单。这些都将导致审判陷入一个证词与反证的迷宫。法官在下午5:12宣布休庭，并承诺尽快宣布裁决。

/ 260

/ 45 大转变

> 我已经预见到，和所有的公开审判一样……照着这门艺术的种种规则，这场审判将备受攻击。[1]
>
> ——沃尔特·鲁特格布鲁恩

在审判刚开始的时候，鲁登道夫被奉为与腓特烈大帝或奥托·冯·俾斯麦一脉相承的强悍领袖。但到了第十八天，光辉形象已然不再。希特勒凭借"喉间的雷鸣"[2]蹿红了，鲁登道夫却渐渐退至背景。

将军在法庭上给人留下的第一印象，让许多人觉得缺乏共鸣，包括他自己的一些支持者。合众社记者说，他暴露了自己是个"呆头呆脑的政客"和"道德懦夫"[3]——"不知所谓的鲁登道夫，"《奥格斯堡邮报》（*Augsburger Postzeitung*）说。[4]在获得奈特哈特的批准重返证人席后，将军即将做出的声明，无疑对他的名誉也没有什么好处。

鲁登道夫首先称自己是一名君主派，他意识到，要想实现德国帝制复辟，唯有等人民自己产生那样的期待，他用这个念头聊以自慰。与此同时，他说他希望有一个临时性、过渡性的独裁政权，类似于法国、英格兰和美国在战时建立的那种。他这些关于西方专制政权的言论，让一些观察家觉得他精神是不是有什么问题。

奈特哈特问鲁登道夫在抵达啤酒馆之前是否知道希特勒的计划。

不，鲁登道夫说，他不知道。他还否认自己曾考虑参加"对柏林的军事行动"。他的目标只是进行"道德威压"。[5]

奈特哈特又问了一遍，要求他确认，因为这个新的说法与鲁登道夫此前的证词有明显冲突，主要有三点：他参加了一场有预谋的国家革命；他在去啤酒馆的路上得知了计划；他有意攻占首都。

"我听到了太多东西，留下太多的印象，我已经说不太清楚细节了，"鲁登道夫说。[6]

《小日报》记者有不同看法："鲁登道夫推翻了他的供述。"[7]

鲁登道夫现在的立场——尤其是他声称进军柏林只是个象征性的说法——听上去突然和卡尔、洛索、塞瑟的官方口径取得了一致。包括柏林《八点晚报》（8 Uhr-Abendblatt）在内的一些报纸很久之前就预测鲁登道夫会倒戈，跟其他被告拉开距离以求自保。

有时候鲁登道夫会试图把这份修正版供述中存在的明显矛盾给说圆了；有时候则什么也不做，或者干脆就一问三不知。不，他不知道有部长被关在啤酒馆。不，他不知道希特勒想要罢免总统，并且他自己肯定没有这个打算。转眼间，这些借口和抵赖让不少记者觉得，一个有如此名望的人居然变得如此可悲而恶劣。"大无畏的将军，"《人道报》说，"在罪责面前瑟瑟发抖。"[8]

阿道夫·希特勒一度向将军施以援手。鲁登道夫已经被任命为军事统帅，他说，因为没有谁比他更有资格了。至于政治领导方面，希特勒将啤酒馆行动的责任揽在自己身上，顺便明确他的贡献。"我现在是一个年轻的德国政治领袖，"[9]希特勒说，并自称四年前就已经开始了这场民族主义运动，此后一直在为它呐喊助威。

他在 1923 年 11 月 8 日、9 日的目标是发起"一轮庞大的宣传攻势"，希特勒说，让柏林的社会主义和马克思主义卖国政权无法招架。谦恭和审慎不适合这样一项事业，希特勒还说，"一个有能力的人，有责任和义务去把这该死的事情做出来"。卡尔完全无法胜任。"归根结底，治国之术并非一门应用政治学。必须得是天生的。"[10]

埃哈德提醒法庭这一行动会在国内外造成严重后果，希特勒说这正是他想要的。他想要毁了政府，他声称这个政府五年来一直在亵渎德国，挟持国家以推进其"国际的、马克思主义的、失败主义的、和平主义的、民主的"[11]图谋。他重申，政变有着爱国的目标。如果法庭不这么认为，那就判他死刑。

希特勒的演说在法庭里引起了反响。"慕尼黑的叛国大审判绕了一圈回到了原点，"《纽约时报》的托马斯·R.伊巴拉说。[12]鲁登道夫将军，一位终生不渝的普鲁士军国主义者和知名将领，开始否认自己在政变中的角色，而希特勒，一个一等兵，"公然宣称自己意在进军柏林……武力推翻共和国政府"。

将军在法庭上的表现，和他写书时是一致的：他在努力撇清自己的一切责任。希特勒则因为担负起"主要责任"而精神焕发。年迈的昔日英雄鲁登道夫给人感觉没有知晓、看到或选择任何东西，把责任往所有人身上推——唯独没有他自己。他那位名气没那么大的同仁则很不一样，愿意去承担他自己乃至同事犯错的责任。

这台荒诞的、"吊诡之极的大戏"尤其让人产生一个疑问。一位《福斯日报》记者就在想，这个蓄着卓别林牙刷胡、在慕尼黑的法庭上呼风唤雨的人，真的就是"年轻的德国"[13]的代言人吗？

* * *

鲁登道夫得以成为这场重大叛国罪审判中最后一位出庭作

証的人。上午 10:35，在听任将军彻底反口之后，奈特哈特宣布将不再传召任何证人。[14] 按照律师提交的名单和媒体的预测，接着本来还应该有不少证人需要出庭，现在都不可能了。《福斯日报》嘲讽地说，主审法官终于表现出一点决断力。

对这场审判普遍怀有的疑虑是可以理解的。一般认为奈特哈特在保护鲁登道夫的名誉。多家报纸还说，他希望避免将政变的全部实情透露给公众。审判看上去的确像一个充斥丑闻、阴谋和不公的肮脏故事，巴伐利亚邦政府高层可能在掩盖事实，甚至包括司法部部长弗朗茨·格尔特纳本人。

奈特哈特接下来的举动更是成为批评者的口实。在取消了余下的证人后，他宣布法庭清场，闭门讨论检方的提议，即最后部分的审理全部改为闭门进行。

讨论持续了一个半小时。其中出现的论点和审判第一天没太大区别。不过这一次，奈特哈特倾向于不公开结案陈词。眼下关系到诸如国家安全这样"更重大的利益"，[15] 人民不应享有出席审判的特殊权利。

至少有六名辩方律师呼吁审判能在最后展现出开放性。德国民众对本案进程极为关注，期待正义得到伸张，关起门来进行最后的辩论于人民无益。对国际观众也不是好事。就像施哈姆说的那样，"全世界都全神贯注于本案"。[16]

当然，还有一个人主张公开审判，那就是阿道夫·希特勒。

他认为，对信息的压制，并不能阻止对知识的索求。如果法庭坚持将审理保密，那么来自不可靠信源的信息将充斥市场。此外也可以想象会有许多人出于对被告的支持，将机密信息泄露出去，意识不到这样做会对德国构成伤害。

如果说迄今听到的所有意见都不足以说服奈特哈特，鲁登道

257

/ 265

/ 大转变 /

夫的辩护律师沃尔特·鲁特格布鲁恩可能有一个：德国刑法的程序保护被告人"在世人面前为自己洗脱罪名"[17]的权利——而他强调，如果没有达到公开审判的要求，法庭得出的裁决是可以被推翻的。

这一点促使希特勒再次加入争论，他的发言很快变成了长篇演说。希特勒想强调的是，如果他和他的同僚"犯了罪，那么我们是出于好意，是因为对祖国的热爱"。因此，他向奈特哈特保证，如果允许公众听取结案陈词，他和其他的被告人当然不会透露任何敏感信息。但是他又说，面对玷污国家的领导人，他也绝不会放弃斗争。恰恰相反，希特勒说，"我们想要大声向全世界宣告！"

他还希望明确一点，德国的首要目标是摆脱《凡尔赛条约》的桎梏。他认为，要拯救这个国家，重建强大的国防以击溃联手的敌人，只有这一条路可走。而后他指责这场慕尼黑审判本身就是一场灾祸，因为它在良善的德国人中间挑起争斗，大家都"如同尼伯龙根人一般厮打着"。希特勒接着表示，施坦莱恩对此应该深有感触，因为审判"迫使他扮演检察官这个角色"。[18]

有意思的是，施坦莱恩完全没有否认或驳斥这个说法的打算。

这是希特勒在审判中发表的最具政治性的一次演说，是在闭门状态下，说给检察官、被告人、合议庭和几名以军人为主的旁听者听。这是他的盛大演出的预演，实际上几乎是一次试镜——如果合议庭决定公开进行的话。

好心的先生们，判希特勒先生无罪！ [1]

　　　　　　　　　　　　——洛伦兹·罗德

　　经过一个公共假日和一天的休庭，审判于 3 月 21 日星期五早上 9:15 恢复进行。奈特哈特首先表示要澄清近日的一些传闻，即法庭为了保护某权势人物 [2] 的名誉而进行了秘密审理。《法兰克福日报》认为这个人是维特尔斯巴赫王朝的王储鲁普雷希特。

　　这个说法荒谬至极，奈特哈特说。据他所知，没有任何一个要人对审判施加了影响，并且向公众保证，根本就没有人提起过王储。这个猜测是众多围绕秘密审判而产生的谣言之一，由此可以预见，如果审判最后阶段选择闭门进行，会出现怎样的景象。

　　由于这一点，法官宣布他否决了检方将余下的审判闭门进行的提议。法庭在有必要时会改为闭门，不过与此同时，他也敦促所有人在公开陈词时要小心慎重。

　　该进行结案陈词了。首先是检方。

　　施坦莱恩首先承诺会专注于事实而不是个人观点、政治问题，以及在他看来"在审理中占据了太多空间的"无关"琐事"。而后他开始长篇累牍地阐述德国爱国运动如何因冲突和纷争变得四分五裂。每个派别都对其他对手充满猜忌，尽管他们都一样"热切地、急不可耐地"希望让国家重现昔日的辉煌。

　　和其他许多展现青年热情的运动一样，多一些耐心和审慎对这场爱国运动有好处。施坦莱恩呼吁运动的追随者要有某种韧劲："一种强硬、彪悍和坚韧的耐心，它是无声无息的，未来的作为与信心令它欣喜，它紧咬牙关，直到播下的种子发芽生根，那一刻终于到来。"[3]

当今德国的问题根源在"政府权力的衰颓"和对法律缺乏敬畏，这些都不利于国家的未来。他还强调，"有一个高尚的，也许合乎道义的目标，并不等于就可以使用犯罪手段"。即使爱国心切，也不等于这行为就是合法的。魏玛宪法依然是"国之根本"，反对它的人，无论觉得自己多么理直气壮，"也永远不可以用暴力去改变或去除宪法"。[4]

施坦莱恩接着说，辩方想要把注意力集中在巴伐利亚当局的行动上，但那与本案是无关的。这番言论让法庭里的不少人感到意外——《小巴黎报》记者用"大吃一惊"[5]来形容。在论证了这种无关性后，施坦莱恩接着用了几分钟时间为几名当权者正名。

最后检察官开始对被告人逐一发问。这些人要为"相关事件及其后果"[6]负全部责任，尤其是阿道夫·希特勒。说到这里，这份结案陈词变得愈发怪异而可疑：

> 出身贫寒的希特勒作为大战中的一名勇敢战士，已经证明自己有着德国人的心性。他对伟大的德意志祖国怀有一种真挚、炽烈的情感。战后，他苦心经营，把微不足道的组织经营成了一个伟大的政党：国家社会主义工人党。[7]

"对于这个党的政见，我不发表意见，"施坦莱恩说，尽管他刚刚用"伟大"来形容它。

每一个字似乎都经过仔细推敲。这位可能要被驱逐出境的奥地利被告，由于有着"德国人的心性"，且"为激发对德国大业的信念做出了诚挚的努力"，得到检察官的赞赏。希特勒给"被压迫、被解除武装"的人民带去希望，施坦莱恩说，尽管在秘密庭期中存在大量的证据证明，德国在重整军备。

检察官的陈词[8]时常听起来像是在辩解，甚至是赞颂。[9]至少不像是在谴责。事实上辩方律师后来对检察官的这番描绘表达了谢意。[10]重大叛国行为造成的伤亡和其他后果基本没有提及。有人说很少见到检察官做出如此无力、失衡的结案陈词。

接着施坦莱恩说到了重点，语气中依然带着点勉强：

> 作为人，我们很难不对希特勒心生敬意。然而，虽然犯下如此重罪，他的罪行却又是伟大的。[11]

施坦莱恩对鲁登道夫也发表了类似的赞美。他赞扬他是"一个真正的男人，一个勇敢的战士"，他"作为一名将军的名望［依旧］完好"。然而，虽然是这样一位勇武忠效之士，鲁登道夫终归是违反了法律，因此是需要被惩罚的。对此，鲁登道夫作为"恪尽职守、刚强坚毅的楷模，自然最能理解"。[12]

唯一的问题是将军是应该被控重大叛国，还是只有怂恿和教唆。施坦莱恩选择了情节较轻的那个，[13]他的理由是将军事先并不知道这个计划，只是在行动开始后才加入。值得注意的是，这些论断都是根据鲁登道夫的第二份供述，也就是法庭允许他做出的一个修正版本。

在总结了对希特勒和鲁登道夫的控诉后，施坦莱恩将结案陈词交给了助手埃哈德，由他完成对剩余八名被告的陈述。然后施坦莱恩提交了刑罚建议：

希特勒：8 年

珀纳、克利伯和韦伯：6 年

鲁登道夫、罗姆和弗里克：2 年

瓦格纳和布吕克纳：1 1/2 年

佩尔内：15 个月

　　这些都属于"堡垒监禁"，对重大政治犯罪的传统惩罚。在押候审的时间会在刑期中扣除。

　　在宣读量刑建议时，《德意志日报》记者觉察到旁听席涌动着一种情绪。要将鲁登道夫关进一座堡垒这件事，让人格外无法接受。不少报纸预测到时候并不会真这么做。《人道报》提醒大家，在慕尼黑可是"阶级正义"[14]当道。

　　在法庭里的《前进报》记者看来，施坦莱恩似乎不太想起诉这些被告人。《人道报》驻外记者觉得施坦莱恩的声音沉郁，"说服力小之又小"[15]——要不就是在赞颂受审的人。《每日电讯报》认定他的陈词中"有多少谴责，就有多少赞美"。[16]比起重大叛国罪本身，检察官似乎在说起"有利减罪的情形"时显得更坚定也更起劲。

　　结案陈词和量刑建议的确让不少人大为惊骇。无论是出于惩治犯罪还是祭奠遇害者的需要，这样做都是不公正的。如《晨报》所说，他们觉得这样的刑罚似乎是象征性的，或者只是走走形式[17]——用《柏林人民报》的话说，这再一次说明，在眼下的德国，"叛国者生正逢时"。[18]

＊　＊　＊

　　奈特哈特宣布休庭后，罗德有将近四个小时时间给自己为阿道夫·希特勒的抗辩做最后的润色。罗德的结案陈词时长约三个半小时，措辞颇为有力。

"六年前的今天，春季总攻开始了，"罗德首先提到的是德国在第一次世界大战末期的攻势。本案多数被告都曾冒死"为德国的伟大、自由和荣耀"而战。今天，这些老兵面对的是另一种战斗，罗德说，这一次是"为了他们自己的荣誉"。当初鼓舞他们跳入西线战壕的那种高尚的爱国和尽忠之心，也驱使他们走上了慕尼黑法庭的被告席，面对叛国的指控。19

当前这场战斗中使用的武器，是罗德所称他们手中最强大、最崇高的武器：真相。但这不是一场公平的对抗。被告面对的是高高在上的巴伐利亚当局，他们被投入大牢等待接受审判，然后又被玷污名誉。卡尔的政权对官方报纸进行审查，压制民族主义报纸，并在传单和备忘录中以直接或间接的方式散布事件的官方版本。

律师换了一种姿态，将旁听席也作为宣讲的对象：

> 在座的各位先生，过去几周来你们听到希特勒在反复发言。你们审视了他的灵魂。你们从他的演说中看到，他不是个欠缺勇气与诚信的人，而是一个说出真相，同时丝毫不顾及个人利益的人。他毫无保留。20

他的当事人愿意"认罪、担责"，罗德说，但他强调背景的重要性。希特勒是在抵抗经济动荡、法国对鲁尔区的侵略，以及国际社会对德国的不断差辱。德国面临被瓜分的危险。然而国内的敌人却在闹事。柏林似乎毫无权威可言。全国各地的许多可敬的公民开始对这个政权心生一种"无比的怨恨"。21

"现在发生的这件事，"罗德这样评价啤酒馆政变，"只有在这些前提下去理解。"[22]

事实上，罗德接着说，非要说重大叛国罪的话，那么也不是出现在 1923 年 11 月 8 日。应该是在几周之前巴伐利亚政府高层的一系列会谈、密谋和计划中，涉案者不是别人，正是卡尔、洛索和塞瑟。

如今他的当事人希特勒——一个"慕尼黑反柏林政府高层的斗争"中的马前卒——却成了替罪羊。这太荒谬了，罗德表示，而巴伐利亚领导人还在对他的检控中成了证人，这是在伤口上撒盐。他们上庭的唯一合理身份应该是共谋，更准确说是"主犯"，[23] 他们发起的行动导致希特勒和其他被告得到了重大叛国的指控。

奈特哈特这时候表达了他的不赞成。

罗德接着对三名巴伐利亚领导人的名誉发起攻击。他回溯了从宴会厅到里屋的政变过程，强调当局和被告之间达成的一致。做出承诺并握手以示达成共识后，巴伐利亚领导人转脸就做出了冷酷无情的背叛，为此罗德朗读了马基雅维利《君主论》中的一段，说的是狡猾的统治者会如何利用自己诚实的外表。

至于向市中心的游行，则不是一种攻击行为。那是最后时刻的孤注一掷，希望挽救因背叛而面临崩溃的德意志爱国运动。罗德说当局领导人没有打算告知被告人他们已经改主意；事实上他们扣押了希特勒的信使，是在主动避免让他知道。满怀爱国热情的年轻人就这样开始了和平游行，唱着《德意志之歌》来到音乐厅广场，结果被当局射杀。因此，沮丧而愤懑的德国民众认为这场惨剧的罪魁祸首是巴伐利亚领导人，并指称他们是杀人犯，也就是意料之中的了。

奈特哈特再次叫停，命令他不要再发表"挑衅性、煽动性的言论"。[24]

此时已经过了晚上 7 点，罗德开始陈述结论。"眼前这个人，"他说起他的当事人希特勒，"将自己的力量、头脑和双手用在一项他相信正确的事业上。"简而言之，他和他的同僚在配合卡尔、洛索和塞瑟。刑法中没有哪一条说，听命于巴伐利亚军政最高领导人是犯罪。

本案干系重大，罗德说。

你们这是在让一个为德国人民、国家乃至德国之伟大献出一切的人继续他的事业。此举意味着你们将让他恢复工作……他是那个释放未来力量的人；在他的带领下，我们伟大的德意志祖国将得到更多的发展与繁荣。

"好心的先生们，"罗德恳求，"判希特勒先生无罪。"[25]

/ 47　从慕尼黑到瓦尔哈拉

> 如今的德国共和主义者做噩梦，梦到的是自己在巴伐
> 利亚。[1]
>
> ——托马斯·R.伊巴拉，《纽约时报》

3月22日，审判第十二天，辩方律师阿尔弗雷德·霍尔总结了自己对韦伯医生的辩护。这是又一场在欢腾的观众中间激起热烈掌声的民族主义演说。霍尔将啤酒馆政变的源起归结到"所谓的《凡尔赛条约》"。这份在他看来恶名昭彰的文件编织了人类历史上"最大的谎言"，将德国作为战争的唯一责任人，"怀着施虐的恶意"对这个国家进行了闻所未闻的惩罚。[2]

面对柏林那些签署条约、出卖德国的野心政客，被告席上的爱国者们拒绝沉默，他们希望扭转战后"懦弱而腐败"的可悲局面。这是千千万万德国人共同的心愿。"如果这是重大叛国，"霍尔说，"那么牢房得要有好几公里长！"

法官拦住了他，表示不能允许"懦弱而腐败"这样的措辞。

"我已经无法找到任何其他的表述了，"霍尔说，"不管怎么看，这些词都表达了全体德国人的感受。"[3]

几分钟后，霍尔再次开始攻击魏玛共和国，称它是在"背叛与假誓"[4]中诞生的，不存在一丁点的正当性。而后他又称魏玛宪政违宪，同样没人反对。至于音乐厅广场惨案，霍尔说当时在街头的许多人自然心里会想，"什么样的祖国……会下令向这些心系家国的年轻人开枪？"[5]

这番言论让不少旁听的外国记者目瞪口呆。"巴伐利亚是德国的'讨厌鬼'，"托马斯·R.伊巴拉在他的下一篇《纽约时报》

报道中写道。[6] 看旁听席的反应就知道，慕尼黑泛滥着足可视同为重大叛国的反共和主义者。

霍尔结束发言后，奈特哈特宣布休庭 30 分钟。四名辩护律师要求得到更多的时间打磨他们的最终辩词。在被法官拒绝后，罗德表示这是有必要的，因为有三名被告身体状况不佳（珀纳、弗里克和罗姆）。法官接受了这个理由，宣布休庭两天。

与此同时，慕尼黑警方注意到一些迹象，表明如果鲁登道夫和希特勒被宣判有罪，城中会发生骚乱。巴伐利亚军队和邦警取消了休假计划，布鲁登堡街加强警戒。判决预计于本周内做出。

接下来的几天里，法庭听取了 12 名辩护律师的结案陈词。其中许多发言冗长、沉闷而啰唆，并且主要说的是希特勒和鲁登道夫以外的被告人。旁听席里几周来第一次出现了空座。[7]

连一些被告人都没来。威廉·布吕克纳和克利伯中校据称是生病，得以获准缺席。3 月 25 日星期二，希特勒也缺席了，据说是因为疲劳。慕尼黑审判的名歌手大概是得润润嗓子，《慕尼黑邮报》揶揄道。[8]

每天要在法庭里待上 10 个小时，被告人很难承受，罗德表示，说得好像这种情况是常态。也许法官可以增加午休时间，减轻一点负担。

"或者辩方也可以缩短抗辩的时间！"奈特哈特的话让其他法官忍俊不禁。[9]

所谓魏玛共和国的失败，再次成为结案陈词中反复出现的主题。另一个主题是巴伐利亚领导人的叛国。要想得出一个公正的判决，施哈姆主张，法庭在裁处所有被告人的同时，也应该惩治卡尔、洛索和塞瑟，否则所有人都不应该获罪。如果选择检控，那么出于公平起见，当时在啤酒馆里的几千人也应该起诉。单单把他的当事人恩斯特·罗姆拎出来做出有罪判决太过荒唐。罗姆支持政变的情节，和当晚在负责倒热咖啡的人并无不同。

施哈姆接着又对检方观点提出了另一个挑战。律师援引1916 年在最高法院的一个先例：

> 如果法律与人民的感受不再相符，那就是过时的法律，是立法者玩忽职守……在这种情况下，通过对法律的诠释纾解不公之感就成了法官最高尚的职责。[10]

本案就是这样一种典型，施哈姆说。他呼吁法官倾听德国民众的声音，怀着义愤对这些指控做出全票否决。

卡尔·科尔按计划要就本次审判给出最终的辩方律师总结。这位有一说一、无拘无束的律师游走于大量的拉丁文箴言、动情的恳求和法律争辩之间，将政变描绘成了一场联合行动，其中一方是像希特勒、鲁登道夫及其他被告这样的实干家，另一方则是卡尔、洛索和塞瑟这样的背信弃义之人。辩方律师用煽动性的言辞总结了一种极端观点："在多数德国人民看来，魏玛宪法无非就是用来毁灭德意志国的炸药！"[11]

惊人的是，法官和检方都没有表示反对。

在发言的最后，科尔用理查德·瓦格纳歌剧中的古老条顿传奇打比方。希特勒是"新德国的齐格弗里德第二，他手刃马克思主义恶龙，让德国工人免受马克思主义之扰"。[12]而现在，他要为自己的荣誉和自由而战了。考虑到证据一边倒地支持辩方，科尔说，他既不会恳求也不会主张无罪判决。他是在要求。

1924 年 3 月 27 日上午，记者以及其他有入场资格的人早早地来到前军官学院餐厅，希望能赶在人群聚集起来之前入场，旁听这场跌宕起伏的审判的第二十四天，也就是最后一个常规庭期。控辩双方律师已经做过结案陈词。根据德国法律规定，在审判团开始审议之前，被告人可以最后做一些补充。

克利伯中校首先起身发言。

鉴于他的军队背景，克利伯说他选择了一种得体的抗辩方式，小心地避免了任何可能危及国家安全的敏感材料泄露。他承诺自己的供述属实，尽管相当一部分内容只能在闭门庭期中提出，另外他对自己在 1923 年 11 月 8~9 日的行为负全部责任。

接下来是珀纳，他的发言围绕自己第一次作证时提出的问题，即自 1918 年以来政府及其法律的正当性，或者说缺乏正当性。讽刺的是他指责检方企图夸大他的案子，并拒绝承认有重大叛国行为。这名狂热的君主派还说，他绝不会对国王的正统权力有半点违背，这是在公然侮辱共和国。

真正的叛国，珀纳认为，发生在推翻帝制和建立共和国的时候，罪犯是他归为"犹太人、逃兵、为了钱背叛德国人民"的那群人。这些人不具备合法权威，他说道，因为他们是欺骗人民、篡取权力的"异族"。[13] 珀纳管德国总统叫"弗里茨"[14]①，引起了旁听席里的一阵阵笑声。

下一个发言的是与珀纳关系密切的盟友弗里克博士，他依然声称，政变当晚他在警察总部尽到了自己的职责，避免了一场灾难。和克利伯一样，他骄傲地表示自己毫无悔意，正满怀信心地等待法庭的裁决。韦伯也强调他和同事是在配合巴伐利亚法定政

/ 277

---

① "弗里德里希"的昵称。

府行动。他意识到这是在对领导人发起严重指控，但不幸的是，这是他能得出的唯一结论。这些人是可耻的罪犯，在德国"艰难求生"[15]之时背后捅刀子。

下一个发言的是主张"背后捅刀子说"的头面人物鲁登道夫将军，他说他的杰出同事和律师们已经做出陈述，他没什么可补充的。他转而上了一堂简短的历史课。他提醒法庭，他一向以"大战和杰出的战役"[16]为人所称道，但他对国家灾难的预言同样出名。他希望再次敲响警钟，呼吁每一个爱国的德国人支持极右翼的民族主义运动，因为在他看来，仅靠这一场运动就可以拯救德国于水火。

假如运动没能成功，鲁登道夫将军说国家将陷入一个无比凄惨的境地："我们会迷失方向——万劫不复！"[17]德国的下场，会比屈辱与可耻的《凡尔赛条约》的还要可怕。他呼吁法庭听取他的警告，"倾听德意志灵魂的自由呼声"。[18]被告人必须无罪释放。

不过说到底，奈特哈特的法庭如何判决是无关紧要的，鲁登道夫说。"世界历史不会把报效祖国的人送进监狱；他们会被送到瓦尔哈拉，"也就是北欧神话中敬奉阵亡英雄的神殿。[19]

这个不寻常的说法被世界各地的报纸写进了新闻标题。"鲁登道夫自封为神，"《纽约时报》的标题写道。但与此同时，其记者托马斯·R.伊巴拉称赞将军的发言给人"尊贵与雄辩"之感。和此前的陈词不同，将军这次没有"费尽心机去粉饰自己，抹黑其他所有人"。他还说，这段简短的、略显犹豫和磕巴的讲话在慕尼黑法庭里激起了"热烈的喝彩"。[20]

鲁登道夫坐下来，接下来罗姆、布吕克纳、瓦格纳和佩尔内都放弃了向法庭做最后陈词的权利。这样一来，最后一个发言的将是被告人阿道夫·希特勒。

/ 48 最后的陈词

相比得到你们［法庭］的开释，我无疑更渴望在我所有
战友心目中得以免除罪过！ [1]

——阿道夫·希特勒

当天早些时候希特勒进入法庭时，迎接他的是观众的欢呼，[2]
男人们肃立致意，几个女人向他挥动手帕。据《纽约时报》记
者托马斯·R.伊巴拉所见，在这段发言的多数时间里，希特勒
"恣意挥洒着自己的口才"，相当一部分"是用最高的调门喊出
来的"。[3]

这场持续超过一小时的演说——至今仍是希特勒一生最被低
估的演出之一——将为期四周的媒体热炒推向了更高的热度。在
这四周的法庭审理与媒体报道中，他的地位越来越显眼。希特勒
首先谈到一些此前已经说过的问题，不过这一次用了更加非黑即
白的简单描绘。

魏玛是建立在"一次重大叛国罪行"[4]之上的，希特勒继续
对共和国发起攻击。而后他赞美了那个皇帝治下收留了他的国
家。在战前，德国拥有举世艳羡的军队和文官。26个国家焦头
烂额，用了四年半的时间试图击败它，而这个庞大的国际联盟一
直没能得逞，直到最后德国垮了，或者用他的话说，是军队"被
背后捅刀子"。

这时候，一场革命爆发了，发起革命的社会主义者承诺"充
满幸福、美好、体面的生活，并且工作比以前轻松"。真是大失
所望，希特勒嘲弄地说。德国人民现在饥寒交迫、无家可归，已
经"在绝望中被迫走上街头"。当政府失去耐心时，所谓人民的

代表下令国家防卫军向人民挥舞鞭子，甚至开枪射击。民众无处可去。中产阶级全军覆没。一辈子的积蓄变成了装在小推车里的一堆堆废纸。

国家经历了一场又一场灾难，共和国领导人依然对协约国低三下四，宣讲着《凡尔赛条约》的美好。

他们承诺世界和平，可是德国的下场是什么："踩着我们的尸体实现的世界和平！"

他们承诺裁军，但被裁军的只是德国，为的是方便他们继续掠夺。其他国家依然武装到牙齿。

还有自决权呢？"是的，所有黑人部落都有自决权！"希特勒怒吼道。但是1700万德国人却被强行转交给其他国家，现在已经归外国政府统治。

还有承诺的"国际联盟"？那个联盟无非是为了保障败坏的和平条约用的，不是一个"为未来营造一个更好的世界"的组织。

然后希特勒攻击了德国的所谓人民政权，这个政权不敢问人民的真实想法——选择了一个被多数国民反对的人当总统。简而言之，魏玛共和国的过去五年里，有不少东西被人"从德意志国手中夺去"。他们已经"被世界遗弃"，柏林政府只是"我们的外族暴君的行政机关"。

有如此不堪的事迹，这个所谓的政府还敢"把年事已高的德国英雄拉进法庭，戴着镣铐……除了为祖国而战，这些英雄没做过什么别的事"。他引用了自己在狱中读到的克劳塞维茨，说英勇的人民宁愿在光荣的斗争中死去，而不是苟且偷生。

希特勒还提到检方结案陈词中慨叹国家权力和法治威严的衰落。然而那权力是谁创造和维持的呢？希特勒自问自答，是德国君主创建起来的国家，再次向他想讨好的保皇派致意。这是项旷日持久的工程，尤其是在腓特烈大帝和奥托·冯·俾斯麦治下，直到战争末期因卖国贼作乱而崩塌。

缺乏领导力的革命党人最后得到了权力，这既反映了国家的衰弱以及对法律失去尊重，也在一定程度上是这些问题的诱因。德国人民看到法律系统并没有平等对待每一个人。许多公民无论如何努力长时间工作，也还是吃不饱饭，而有一小撮人却利用他们大赚其钱。人们很难不得出这样的结论，即法律并不是一视同仁的。当这样一个体制会去抓"微不足道的小偷，却对暗中屠戮人民的罪犯视而不见！"希特勒说，这说明有根本性的东西出了问题。

于是当至高无上的法律变成了《凡尔赛条约》时，一个低劣的政府得以当道也就不足为奇了，他大声说道。这份文件"用440条规定"明确了何为不道德，于是乎一辈子奉公守法的公民突然变成暴民甚至罪犯。与此同时，真正的罪犯在控制政府，尽管他们已经毁掉了德国的货币，令经济陷入瘫痪。[5]

要恢复对法律的尊重，唯有等德国从这场灾难中缓过来——等有一天，希特勒拍着桌子[6]说，能有一名检察官站在法庭里，指控德国总统弗里德里希·艾伯特和他的同党"毁了7000万人民的国度……属重大叛国！"

说到这里，奈特哈特法官终于打断了被告人。

/ 282

接着希特勒详细解释了恢复法律尊严的必要条件。其中一个最令人侧目的先决条件是，他认为将来一名检察官需要恢复"自己的职责和自己的人类情感之间的内在和谐"。意思是说，目前的普遍情况是每个检察官都是"与自我不一致"的，需要想清楚是做"一名律师还是一个人"。令人惊讶的是，法庭里包括奈特哈特在内的所有人没有一个站出来反对这些观点。[7]

希特勒的话锋转到战后世界，德国只是外交棋局中的一个小卒。外国势力能收走他们的武器，但永远无法摧毁他们的抵抗精神。希特勒下定决心，无论如何他都会为爱国主义呐喊助威，哪怕要激发对遍布于这个国家的敌人的仇恨，也在所不惜。他尤其提到马克思主义者，称之为"国际犹太人中的种族肺结核"。

希特勒还说，在啤酒馆里起哄、攻击他的就是这些敌人，他们给他扣各种帽子，"反动派、战争贩子、杀人犯和屠夫"。但有一种人他肯定不是，那就是煽动家。他对法庭说，如果他有那本事，自己的成功之路要平坦很多。"相信我，对手也会张开双臂欢迎我的！"[8]这段少有人知的离奇言论，会不会指的是他在1919年初作为社会主义政权支持者的经历？

希特勒现在几乎就是在喊叫了，他说他的行动如何如何不是出于野心或投机，跟他知道的不少政客不一样。他说，在他看来这关系到一种责任感。他再次对冯·洛索将军发起攻击，这位巴伐利亚战争部部长说希特勒"只想做个对人民进行灌输和恐吓的人"。

> 小人之心何其狭隘！法庭的先生们，我可以肯定地说，谋个部长之职，在我看来不是个值得拼命争取的成就。

他的目标"比当部长要远大千倍"：他想成为人民的吹鼓手和"马克思主义的粉碎机"。

他嘲弄了追逐名誉的野心家的虚伪，表示自己更希望追随理查德·瓦格纳的脚步，这位他心爱的作曲家拒绝在自己的墓碑上写任何头衔。

和急着摆脱自己的同类往上爬的卡尔不一样，希特勒说他只是在做他个人必须去做的事。归根结底在于天命的召唤，他已经找到了自己的事业，尽管这事业听起来远比他刚刚声称的要远大得多：

> 在我看来，正如鸟儿一定要歌唱，因为它是鸟，为政治而生的人必然要从政，无论他是在监狱、地牢里，还是自由身；无论是坐在丝绸椅子上还是只有一张硬板凳。他生来就是做这个的……从早到晚，他都会心系自己的人民的命运。

同理，他还说："天生的独裁者都是不需要'催促'的，他自己就想独裁；不需要推动他前行，他自己会推。"何况，那也是他的职责所在。

他重申了民族革命的目标，其中并不包括推翻共和。需要反对的只是它"可耻的那部分"。他说他希望改革这个政权，建立国家预算秩序，赶走好吃懒做之徒，与"国际股票市场的奴役"和"我们整个经济体的垄断联盟化"展开真正的斗争。他还希望脱去"外敌施加的铁枷"，恢复德国人持枪保卫祖国的权利与责任。

这些目标，是重大叛国吗？希特勒问道。

希特勒最后向法庭提出两项要求。第一，他的手下的所作所为，一切责任都由他来承担，他们只是在本着党要求的绝对服从态度，执行他的命令。第二，如果法庭要宣判他有罪，他请求法庭不要考虑《共和国保护法》第9条，即犯有叛国罪的外国人需驱逐出境。

他声称这一诉求并非为了他自己，而是考虑到这样一个可悲的决定将在历史上写下何其可耻与羞辱的一笔。

他再次提醒法庭他在战时曾为德国效力，并且他期盼着能继续做出这样的贡献。希特勒驳斥了施坦莱恩说的啤酒馆政变是一场失败：

> 哪怕有一位母亲来跟我说，希特勒先生，我的孩子阵亡了，你的良心该受谴责，那么这场政变都是不成功的。但我可以明确告诉你们，一个都没有。恰恰相反，1万——又有1万人加入到了我们的行列中。

"那一刻会到来的，如今戴着钩十字走上街头的群众……会在11月8日那天团结起来，与那些违背他们意愿的人展开对抗。"当他得知向他的人开火的不是军队而是邦警时，他倍感释然，因为如果是军队，那名誉的损毁就太过严重了。

法官终于对他"污蔑"邦警的言论提出异议。

希特勒没有理会。"我们训练起来的这支军队每分每秒都在更快地壮大，我们在培育一种骄傲的希冀，这群汉子有朝一日会成为一个营，营变成团，团变成师。蒙尘的老帽章会重新佩戴起来，老军旗将再度迎风飘扬。"旁听席不少人落下了眼泪。

希特勒的措辞就是要吸引他的目标受众：从乡下人到保皇党人，从学生到老兵；满腹牢骚和被社会遗弃的人；痛恨《凡尔赛条约》的人；饱受恶性通胀折磨的中产阶级；在经济困境的泥沼中艰难过活的工人、手艺人和技工；希望找个东西或人来发泄他们的愤怒与憎恨的人。

在这过程中，希特勒还描绘了另一种未来——这个以恢复德国国力和声誉为中心的未来将由他来奉上，而他的身份仍然是一名鼓手，或者更准确地说——在那些对他言听计从的人看来——

是一位人民领袖。他小心地避免了鲁登道夫在法庭上犯的错误，尤其是将军对天主教徒的批判。希特勒的言论是针对自己的目标受众定制的，而这个群体现在已经远不仅限于啤酒馆和慕尼黑的法庭。

希特勒目光直视主审法官，用以下的话结束了堪称他一生最重要的一次演说：

> 即使您宣布我们有罪一千遍，［历史的］永恒女神的永恒法庭，也将微笑着撕碎检察官的建议和法庭的裁决；她会判我们无罪！

语毕，希特勒坐了下来。此刻的法庭一片寂静。

"本案审理完结，"主审法官吉奥格·奈特哈特宣布。[9]

为期四周的审判以充满骚动的一天结束，观众用雷鸣般的掌声[10]为被告人们喝彩。一些人冲上前去与他们热切地握手，在《晨报》看来，阿道夫·希特勒轻松获胜。[11]

宣读判决书要等到1924年4月1日上午10:00，即五天之后。中间这段时间，民众除了等待也没别的事可做，具体说是等待、猜测，再加上《巴伐利亚祖国报》建议的经典慕尼黑风格——也许可以喝上一杯上好的啤酒。[12]

/ 49 结束与开始

> 如果德国把希特勒这样一个人——一个检察官认为诚
> 实、勇敢、无私的人——关起来，那你只能相信是恶棍［当
> 道］了……我相信英格兰会很乐意收留希特勒和鲁登道夫。[1]
>
> ——一名英国女子写给施坦莱恩的公开信，
>
> 《大德意志报》(Grossdeutsche Zeitung)

整个周末，咖啡馆、商店和啤酒馆里都在热烈讨论着审判，[2]
《米斯巴赫汇报》(Miesbacher Anzeiger) 已经称之为慕尼黑
史上最重大的政治审判。[3]当红卡巴莱艺人魏斯·费尔（Weiss
Ferdl）在皇家宫廷啤酒屋众多观众面前赞颂着被告人：希特勒
和他的同伴"勇敢无畏地……坦白了他们的所作所为；他们没什
么可遮掩的。你们倒说说，他们做了什么错事？难道拯救祖国于
耻辱和绝望是一种罪"？[4]

到了审判末期，希特勒已经表现出极大的自信，对自己的
历史地位成竹在胸。《前进报》认为这种"突破天际的狂妄"[5]
说明，希特勒根本就是个冷血精神病人。《法兰克福日报》把重
点更多地放在了他对人群讲话的效果上，惊叹于演说使用简单、
浅易的"修辞技艺"令群众陷入狂热，令"千千万万人感动落
泪"。[6]其过程可以把方方面面顾及到：怒火、痛苦、愤懑、热
血。无论他这个人还是他的演讲都不存在任何拐弯抹角。

在《巴黎之声》的夏尔·博纳丰（Charles Bonnefon）看
来，希特勒审判仿佛来自 14 世纪。各敌对部落的首长，率领着
各自的部队，出没于这片"群雄逐鹿"的大地：其中有希特勒和
鲁登道夫；卡尔和巴伐利亚当局；艾伯特总统和他的内阁；冯西

克特将军和德国军方。此刻呈现在他们眼前的，莫非是"封建时代的最高形态"？ [7]

费城《公共记录报》（Public Ledger）驻外记者描绘的是另一幅景象，称之为慕尼黑版"爱丽丝梦游仙境"审判。从"志在成为墨索里尼"的希特勒，到"前独裁者"卡尔，所有角色就像刘易斯·卡罗尔（Lewis Carroll）小说里的女王和扑克牌："不把他们当回事，他们就会崩溃。" [8]

但是，这些人以及他们的行为务必认真对待，《温哥华太阳报》提出。如果合议庭还想重振慕尼黑法庭的尊严，那么一定要坚决处理普鲁士将军、"奥地利风景画师"以及他们那群不走正道、满怀仇恨的党羽。像德国这样一个年轻的共和国应该"尽可能不要进行重大叛国的公诉"，但一旦开始了这个程序，司法系统"必须有力执行"。对这个共和国尤其如此，因为有大量自以为是、口无遮拦的敌人在质疑它的合法性。 [9]

而此案的情节已经再清楚不过了，《前进报》认定。被告人已经供认——甚至炫耀——了自己的罪行。然而在奈特哈特法官主持下，经过这段时间的审理，谁还敢打包票说这些人会被判有罪？

按照坊间普遍的推测，希特勒将是唯一被惩罚的人， [10] 因为他表达了对柏林、巴伐利亚和《凡尔赛条约》的蔑视。美国领事罗伯特·墨菲就认为希特勒会获徒刑，并依法驱逐回奥地利。他的朋友尤金尼奥·帕切利，也就是梵蒂冈大使和未来的庇护十二世教宗，也这么认为。目前看来，希特勒得有一阵子不能惹是生非了。 [11]

/ 288

考虑到审判的两极分化，当局担心在宣判时会爆发示威、打斗甚至骚乱。[12] 左派和右派都有报纸在那一周被禁止出版，比如社会主义的《慕尼黑邮报》和极端主义的《大德意志报》。慕尼黑当局还禁止分发一切政治宣传册、海报、传单，连印刷的判决通告都不行。

警方一方面庆幸合议庭不是在周末宣布裁决，[13] 因为有更多空闲时间，周末的人群规模会更大，容易导致事件的升级。另一方面，宣读判决书的时间改到了另一个可能会出问题的日子：正好是民族英雄奥托·冯·俾斯麦的生日。

那个周末，警方得到线报，称有人计划 [14] 在奥古斯丁勃劳掀起一场骚乱，奥格斯堡发来一封电报 [15] 提醒主审法官，纳粹党会明目张胆地拒绝接受任何有罪判决。有从遥远的美国寄来的信件，恨意满满地称施坦莱恩是个"可悲的杂种"[16]。他的副手汉斯·埃哈德甚至收到死亡威胁。[17] 在这样一个火药味十足的氛围里，警方决定采取最稳妥的方案。

3 月 31 日星期一，警方高层 [18] 在埃特街总部的图书室开会，制定最后一个庭期的局面控制方案。重点是要尽可能减少出现骚动的机会，一旦出现要立即予以扼杀。警方绝不容忍任何的抗议或喝彩。布鲁登堡街一带禁止大型集会，在火车站对抵达慕尼黑的来车进行严密监视。

防卫军处于高度戒备状态，并从巴伐利亚周边市镇调集增援部队。在慕尼黑城中各关键场所还加设警卫，以防遭到袭击，其中包括法国领事馆 [19]、政府官员的寓所，尤其是奈特哈特法官、合议庭其他法官以及检察官的宅邸。[20]

当然，此次得出的将是终审判决。人民法庭是不存在上诉的。那一年创刊的《时代》杂志为读者回顾了审判过程，对于

为什么"他们不应该因为重大叛国被斩首、绞死或其他方式处决",希特勒和其他被告人的理由可以归结为:

> 他们实际上在说:"我们不是唯一［犯下这一罪行］的人。巴伐利亚最高官员也参与了,但是由于他们觉得政变会失败,就退出了。其中一个是卡尔,还有洛索等。就是这样!"[21]

尽管语气戏谑,这位记者承认他觉得这个主张还是可信的。

事实上据《强硬报》(L'Intransigeant)报道,啤酒馆阴谋的涉案人数之多已经让巴伐利亚司法部不知所措。[22]坊间风传已经有幕后交易,确保鲁登道夫、希特勒和其他被告人得到无罪释放。

至于三巨头,在审判快结束的时候已经逃离慕尼黑。有人说他们去了意大利[23],还有的说在科孚岛[24]、希腊[25]或者瑞士[26]。不管是什么情况,反正大家都不觉得意外。这几个巴伐利亚领导人已经证明他们的狭隘心胸[27],《汇评》说。他们没有选择为自己的行为负责,倒是靠着官府的遮遮掩掩,钻法律的空子。他们逃离慕尼黑[28]这件事,难道不正说明了他们的罪行或懦弱,或者两者兼有?

尽管正在因为自己的叛国行径受到调查,法庭还是允许他们出国,这也是不出所料的。奈特哈特在保护卡尔、洛索或塞瑟的时候,可比保护宪法起劲多了。

《巴伐利亚信使报》认为,这样的一场审判在近代历史上是闻所未闻的。[29]主被告人的表现像"中了邪",柏林的《前进报》说。记者提到了他在审判中听到的一段对话:旁听席里有个人在赞美希特勒是一个演讲大师,仿佛一个古风时代的巨人在昂首前行。此人还说，只要他想，他可以"让整个世界崩塌"。[30]

于是，眼看希特勒从政变的失败中挣脱出来，变得比之前更加强大，需要法庭去回答的问题是：这将是他政治生涯的终点，还是起点？

假如让我重新主审本案，一丁点改动也不会有。[1]
　　　　　　　　　　　　　　——吉奥格·奈特哈特

　　1924 年 4 月 1 日星期二上午，老军校二楼的法庭已经被挤得满满当当，导致一些持有正规入场证的人也被拦在了外面。记者们[2]在预留给报社的区域也很难找到座位。在旁听席落座的有政府官员、军官，还有——根据许多资料的记载——不少女人。大家都"屏息静气"[3]等待裁决，《柏林日报》记者说。

　　法庭的气氛就像一场歌剧演出或时髦的戏剧首演式。[4]希特勒相当于演出的头牌，甚至可以是一位圣徒。《每日电讯报》驻外记者听到旁听席有两个女人在说，她们渴望能在希特勒的浴缸里泡一泡。

　　由于门卫室里堆积了许多献给被告人的花束[5]，他们选择到后院集中起来拍了一张照片。[6]希特勒在他那件熨烫过的大衣里面穿了身黑色套装，右手抓着自己的帽子。另一个穿了套装的是弗里克博士。

　　其他被告人穿军装，佩戴一排排的十字、勋章以及其他象征国家最高荣誉的徽章。鲁登道夫穿着他发誓再也不穿的德国军服。唯一没出现在照片中的被告人是恩斯特·珀纳，他因肠胃疾病获准缺席宣判。

/ 292

　　这些功勋彪炳的被告人会因重大叛国罪行受到惩罚吗？弗里德里希·韦伯医生的装束也引起了争论。他佩戴一把正装剑[7]，戴了被禁组织高地联盟的蓝帽子。这身打扮再一次展现了他对共和国法律的蔑视，不过奈特哈特法官在看到韦伯时并没有表达什么异议。

第一个在法庭前方落座的是作风张扬的辩护律师卡尔·科尔。上午 10 点，或 10 点刚过不久，被告人入场了，最前面是鲁登道夫，后面跟着希特勒以及律师团队。检察官们紧跟在后面进入法庭。

10 点过 5 分，奈特哈特法官携审判团坐在了长木桌后的巨大皮椅上。奈特哈特的表情凝重而紧张。经过五个星期万众瞩目的审判，这份判决书是压轴大戏。[8]

法官用缓慢而响亮的声音宣布希特勒重大叛国罪名成立。旁听席发出一阵不满的骚动和低语，有人高喊"不能接受！""丑闻！"的口号。[9] 在法庭外，一大群人不顾官员的指示，聚集在铁丝网路障前。等到冲出来抢着发稿的记者们 [10] 传达了宣判的消息后，这些人立即开始呼喊叫骂起来。[11]

另有三名被告得到跟希特勒一样的判决：韦伯、克利伯和珀纳。刑罚是五年徒刑加小额的罚款，不过从被捕到此时关押的时间会从刑期中减去，具体到希特勒，可以减掉四个月零两周。

/ 293

根据德国刑法第 81 条，被判重大叛国罪成者需要终身监禁于普通监狱或堡垒监狱。不过慕尼黑法庭援引了减罪事由，量刑可降至 5~15 年，并且选择了最低刑罚。随后法庭还通过司法解释确保希特勒及其同党可以在服刑仅 6 个月后申请假释。

另外五名被告——布吕克纳、罗姆、佩尔内、瓦格纳和弗里克——被判犯有较轻的协助和煽动重大叛国罪。他们每个人所获刑期严格来说是一年零三个月，但法官减掉了自被捕以来已经关押的时间。换句话说，只要在 1928 年 4 月 1 日之前不犯什么事，这五名被告人一天牢也不用坐。

至于鲁登道夫将军，所有指控皆不成立。

"太棒了！"观众高呼。[12]

"鲁登道夫万岁！"

人们鼓起掌来。

根据德国司法程序的要求，奈特哈特接下来在这个短暂的上午庭期里给出了裁决的依据。[13] 作为审判中心人物的三名当局领导人是否参与政变尚无定论，主审法官读道。但这无关紧要。他们并非此次受审的被告人。"唯一需要裁决的问题是被告人是有罪还是清白。"[14]

法庭判定希特勒、克利伯和韦伯是啤酒馆政变的谋划者。珀纳也被列入其中，因为他遵照计划行事，并且接受了一个新政权的职位。然而鲁登道夫也接受了职位，这一点并没有给出解释。

奈特哈特称，法庭相信将军去啤酒馆是因为他以为这是在支持古斯塔夫·冯·卡尔的政府，尽管同样是这个正当理由，却不能让其他被告人脱罪。这一推断跟鲁登道夫就这一问题给出的第一次陈述也是不符的。奈特哈特就这样得出难以服人的结论，鲁登道夫没有意识到他在犯下重大叛国罪行：

> 各方目击证人已经证明，鲁登道夫在讲台上深受感动，以至于很少留意身边发生的事。[15]

/ 294

合议庭对啤酒馆里屋发生的事也做出了不太合理的解释，推断鲁登道夫可能以为他是在与卡尔的政权并肩行动，尽管这样就很难解释为什么鲁登道夫要花那么多时间劝说卡尔，让他到照理会由他来领导的政府中做事。

至于其他被判重大叛国罪——或刑法第 81 条和第 82 条所说的武力改变宪法未遂——的被告人，奈特哈特解释了为什么会将减罪事由纳入考量：被告人的行动"完全出于爱国精神……［带有］高尚、无私的动机"。[16] 此外，他们以为他们与巴伐利亚当局有共识。

因此，虽然行动本身存在巨大危险，包括可能导致内战和外国入侵，奈特哈特认定此罪适用最低量刑。毕竟，制裁叛国的法律在他看来 [17] 也太过无情。然而此前在给左翼谋反者量刑时，无论他还是其他的魏玛共和国法官，都没有因持这样的看法而手下留情。

例如在近期人民法庭的一桩叛国罪审判中，左翼犹太记者费力克斯·费辛巴赫（Felix Fechenbach）被判 11 年苦役。他还被剥夺公民权 10 年。同案还有两名被告人齐格斯蒙德·加加斯（Sigismund Gargas）和卡尔·海因茨·兰布克（Karl Heinz Lembke）分别获刑 12 年和 10 年。如此偏袒激进右翼被告人的裁决令德国史学家卡尔·迪特里奇·布拉赫（Karl Dietrich Bracher）感慨魏玛司法系统是"第三帝国的源泉"。[18]

这个结果让德国民族主义者十分振奋，至少鲁登道夫将军、罗姆上尉和其他多名被告将以自由身离开法庭。巴伐利亚的《慕尼黑—奥格斯堡晚报》和柏林的《德意志报》赞扬法庭得出了一个全体右翼、爱国的德国人想要的结论。柏林《当地汇报》（Lokal-Anzeiger）称这是个贤明的裁决。

《德意志日报》从法律和情感角度对裁决给予了类似的肯定，强调了被告人的"高尚动机"。希特勒和他的支持者在反抗外国压迫，并激起了高涨的爱国之情。法庭让德国幸免于"将自己最了不起的战士"关进监狱这样可悲的场面，《德意志汇报》写道。引起批评的主要是对希特勒及他的几个亲信的判决，《十字报》（Kreuz-Zeitung）认为实在太过严厉。

当然，这个判决也让不少人大惊失色。柏林的《时代周报》（*Die Zeit*）概括这整件事自始至终——比如啤酒馆这样的场景，近乎闹剧的笨拙行动，还有获得如此荒唐的惩罚——都是一场彻头彻尾的巴伐利亚奇观，而事件本身除了重大叛国没别的解释。假设希特勒及其同伙没有上庭，《科隆人民报》（*Köln Volkszeitung*）说，对国家的损害恐怕要比奈特哈特的判决还小一点。1924 年 4 月 1 日将永远是巴伐利亚和德国法律史"黑暗的一天"。[19]

名字说明了一切（Nomen est omen）！[20] 这一天的别称——愚人节[21]——不是已经预示了一切了吗？柏林的《前进报》称本案的裁决结果是一个可耻的笑话。"慕尼黑重大叛国审判的裁决是一场滑稽戏，如同小孩子过家家。"《法兰克福日报》总结道苏黎世的《新苏黎世报》提醒读者，这丢人现眼的裁决[22]并非恶作剧，而是真正的"慕尼黑式正义"[23]。《小巴黎报》称之为一出史无前例的"公正喜剧"。[24]

血也流了，人也死了，共和国的合法、合宪政权遭到了攻击，《柏林日报》说。然而被告人们站在法庭上，因为他们的所作所为而受到赞美，[25]还发誓如有必要他们还会再干一次。这其中包括了五名军人、一名高级警官和一名法官。反动分子是在欢呼雀跃，《图片报》（*Das Bild*）说，但是共和主义者只能沉浸在"耻辱与悲痛"[26]之中。对政府及其宪法犯下重大叛国罪行，难道惩罚就只是坐 6 个月的牢？伦敦《泰晤士报》问道。

如果不去看极右翼民族主义和种族主义媒体，这项裁决招致的批判的确是十分严厉的。慕尼黑《汇报》认为，对鲁登道夫的判决毫无道理可言，除非法庭是以将军的高龄或心神衰弱为理由判他无罪。他在法庭上那些前言不搭后语的胡诌，不是挺能证明这个解释的吗？

第一次世界大战的德国武装部队统帅，居然会在一个慕尼黑啤酒馆里这么稀里糊涂，没有意识到自己正被扯进一场重大叛国行动，根本就是胡扯，《奥格斯堡邮报》认为。慕尼黑这场审判的无法无天，反映了《福斯日报》所说的"巴伐利亚政治乱象"。[27] 德国将会落入怎样一个下场？

《日耳曼尼亚》斗胆做了一番猜测。那些试图推翻共和国的人将走出法庭，可能会回到啤酒馆，计划一场更有效的袭击。这个判决看上去根本就是一封邀请函，请其他极端右翼支持者也来采取重大叛国行动。这不是一般的"司法流产"，[28]《前进报》写道，而是一场威胁国家道统与安全的司法灾难。

阿尔弗雷德·乌尔曼（Alfred Oulman）在《小蓝报》（Le Petit Bleu）上表示，他担心还有别的后果。他恳求国际社会——尤其是法国——要愈发警惕起来。一旦看到德国有入侵或越过边境进入邻国之举，应立即采取行动。

考虑到现在的刑期以及过不了多久就可以假释，一名警探在一张小纸片的背面算了算，得出希特勒及其他被判有罪的叛国者也许可以逃脱九成的刑罚，而这刑罚本身就已经十分宽大。

为什么希特勒获刑如此之轻？奈特哈特对被告人们的好感起到了什么作用？他们是不是跟希特勒做了笔交易，换取他的合作，不在公开庭期中充分暴露巴伐利亚政府反对魏玛共和国和《凡尔赛条约》的行动？这显然不是完全没可能（被告人恩斯特·罗姆的确表示过，有人来跟他商量，让他在法庭上要有所谓"合理的保留"[29]）。大名鼎鼎的魏玛律师马克斯·赫施贝尔格（Max Hirschberg）认为，对本案尤其是鲁登道夫的裁决表明，此事是事先安排好的："司法界从未如此恬不知耻地暴露自己是法西斯的婊子，即便巴伐利亚都没有过。"[30]

但司法的败坏并没有止步于此。[31]《共和国保护法》第9条第2节规定，犯有重大叛国罪的外国人在刑满后要被驱逐出境。然而奈特哈特选择忽视这条法律。他是这样解释的：

> 希特勒是一名德奥人〔！〕他自认是德国人……〔他〕像个德国人一样思考和感受。他志愿在德国陆军服役四年半，因为骁勇御敌而得到高级别战斗勋章。他在战时负伤，健康受到损害。[32]

因此，法官裁决强制性驱逐在本案中并无助益。希特勒应获准留在德国。当时和后来的法律学者都认为，这一解释无疑是违法的。

旁听席爆发出热烈的喝彩。[33]

希特勒肯定长出了一口气。接下来他很快放弃了自己的奥地利国籍，这样今后再遇到法律上的麻烦，他就不会被驱逐了。事实上此后希特勒一直处于无国籍状态，直到1932年夏才成为德国公民——距离他上台只有六个月。

获得假释的被告人需要留在法庭，等所有记者和旁听者离场后再走。上午11:10，奈特哈特准备结束审判。

/ 298

这个荒诞的上午，此时已经到了难以置信的地步。鲁登道夫将军站起来开始抗议他的无罪判决。他想和自己的同僚一同接受惩罚，称这个判决是"一种羞辱，对不起这身军装和上面的勋章"！[34]

"鲁登道夫万岁！"旁听席里不少人喊道，"希特勒万岁！"[35]

在哈瓦斯通讯社记者所说的"掌声雷动"[36]的气氛中，奈特哈特敲响法槌，试图制止鲁登道夫。不少记者注意到，主审法官看起来对这一阵爆发深感困惑。[37]他费了好大劲才让法庭恢复秩序。奈特哈特命令警察找到起哄的人，他会判他们三天监禁。显然在敷衍了事的警察没能找到他们。[38]

在奈特哈特试图清场的时候，一名官员来到鲁登道夫将军身边，要求他从侧面的一个门出去，直接上院子里的一辆车。这样做的目的是避免在大楼正门外引起骚动，聚集在那里的人越来越多。他们已经在高喊"希特勒万岁！"并唱起国歌。[39]

据《柏林人民报》记者说，鲁登道夫的脸气得"通红"，[40]他拒绝走侧门，并傲慢地跟那名官员说有本事就逮捕他。主审法官命令将军服从，依然没有效果。

"我现在是个自由人了。"[41]鲁登道夫说，完全没把官方当回事。

将军艰难地从走廊穿过，那里现在已经挤满了在为被告们喝彩的观众，他从正门走了出来，迎接他的是《纽约时报》记者托马斯·R.伊巴拉所说的"疯狂的喝彩欢呼"。外面的人群[42]无视警方的警告，不断挤向路障。鲁登道夫的妻子在车里等着，车上已经盖满了鲜花，都是"他的众多欢欣鼓舞的仰慕者扔来的"[43]。在汽车的引擎盖上[44]有一面小小的黑白红三色德意志帝国旗帜。

民族主义者们从步兵学校出发，民众夹道欢呼："打倒共和国！"[45]还有人站在窗口挥舞着手帕，咒骂卡尔、洛索和塞瑟。人群越来越躁动。在慕尼黑城的西北部，骑警[46]手持裹着橡胶的警棍冲击抗议人群，造成多人受伤。

与此同时，希特勒被押送到二楼一个房间，在那里等待转往监狱。他走到窗边微笑着挥手致意，人群顿时爆发出一阵热烈的掌声。[47]

第三篇　**监　狱**

> 这锅德国政治大杂烩，谁也说不好什么时候会有一个或
> 几个怪人，或者可能是出乎意料的人物，突然就显要起来。[1]
>
> ——1924 年 3 月 22 日《星期六评论》
> （*The Saturday Review*）

那天下午，慕尼黑警方将希特勒押回兰茨贝格监狱的堡垒。不久，二楼公共室粉刷一新的墙壁上将挂起一个装饰了黑白红色丝带的荣誉花环，[2]彰显他在奈特哈特的法庭上取得的胜利。

在 1924 年春，阿道夫·希特勒的名字和形象已经跟六个月前不可同日而语。那年出版的一本书概述了他在一个日渐壮大的群体中的地位。在吉奥格·绍特（Georg Schott）的《希特勒大众书》（*Das Volksbuch vom Hitler*）[3]中，这名被告人被奉为先知、天才、谦谦君子、刚毅之士、唤醒众生的人、德国青年领袖。对这位新民族主义英雄的赞美令人毛骨悚然，其中的语言，有时几乎有种神秘主义色彩。

而希特勒的拥趸已经超出了原来的范畴，开始向上层蔓延。1924 年 5 月 8 日，两名诺贝尔物理学奖得主菲利普·莱纳德（Philipp Lenard）和约翰内斯·斯塔克（Johannes Stark）在《大德意志报》上撰文，表达他们对希特勒的赞赏。正如科学家对伽利略、开普勒、牛顿等历史上的伟大开拓者推崇备至，两位物理学家写道，"我们对希特勒、鲁登道夫、珀纳和他们的战友怀有同样的赞叹与崇敬"。这些人站在法庭上，"仿佛远古神明的馈赠，那时候的种族更纯净，人民更伟大，思想更诚实"。两位诺尔贝奖得主打算从此追随德国的"人民领袖"。[4]

审判过后，被禁的纳粹党立即打着"民族集团"（Völkisch Block）的旗号重新组织起来，在春季选举[5]中取得大胜。三名被告人——鲁登道夫、罗姆和弗里克——参选国会议员，全都当选了。34名前国家社会主义党党员及其他极端主义者参选，32人获胜。在审判结束五天后的巴伐利亚邦议会竞选中，右翼集团的成绩还要好，得到该地区至少17%的选票，并得到慕尼黑全城人口约三分之一的支持。这是迄今为止极右翼的最佳表现，直到1930年纳粹党迎来那次"突破性选举"。

凭借奈特哈特的纵容以及媒体事无巨细地报道，希特勒在审判中的发言为他赢得了前所未有的名声。据一份慕尼黑警方报告称，"在［被告人们］被定罪并当成殉节的圣徒一般看待后，"希特勒的人气"不降反升"。[6]

被迫禁闭于监狱中的境遇给希特勒带来的好处，同样远远多于给德国或世界所带来的。现在希特勒不仅有时间去反思自己在政变以及政治生涯方面的成败得失——这方面他很少表现出有多强的能力，而且也没什么意愿去反思——还可以享受支持者的狂热爱戴。这些狱友会逢迎他的虚荣，投喂他的野心，还通过许多其他的方式导致兰茨贝格内形成一种危险的纳粹回声室效应。这一切都发生在堡垒的高墙之内，不用担心受到外界的反对或批驳。

希特勒得到的堡垒监禁刑罚是刑法体系中最缓和的关押形式。由于现在是被定罪的囚犯，他在狱中的编号改成了21，并搬到了7号囚室。[7]里面宽敞明亮，可以看到花园，在20英尺高的石墙外是一片辽阔的田园，汽车在远处的马路上疾驶而过。对车很着迷的希特勒，很快开始做起汽车和高速路的白日梦。

克利伯中校关在右侧隔壁的8号囚室，韦伯医生在相对小一些的9号囚室。兰茨贝格的其他囚犯管这片区域叫"指挥官楼"[8]。

还有两名囚犯搬进了这一区。一个是埃米尔·莫里斯，[9]他在另一场审判中因参与政变被定罪。另一个是鲁道夫·赫斯。在得知法庭做出如此宽大的裁决后，[10]他在5月12日向慕尼黑警方自首。人民法庭在期满前的最后一天裁决赫斯犯有重大叛国罪，因此得到了和希特勒一样的惩罚。[11]

兰茨贝格无疑将给希特勒提供他直到当时为止享受过的最舒适的生活。从每天的生活作息可以看出，他享受着相当多的优待。[12]早上6点狱卒换岗时，希特勒的囚室门会打开，他可以在楼内自由走动。

7点，[13]他的狱友会在公共室给他端上早餐，那里有一张6人餐桌，通常会铺一张白色桌布。在几英尺外有一个铁炉、一个双水槽，墙上还有一面普通的镜子。在一个角落摆着两张藤椅。早餐通常有咖啡、面包、燕麦粥配黄油，还有可以另外购买的橙子酱，吃完后其他囚犯会收拾。这些人是所谓杂役（Kalfaktoren），[14]都是关押在主监狱的囚犯，这份工作对他们来说是个美差。他们会打扫房间、铺床、擦鞋，饭后收拾桌子，把剩下的饭菜吃掉。

早上8:00，希特勒和一同关在堡垒的亲信可以用监狱里的双杠、鞍马和其他体操器械锻炼。身形瘦削、运动能力出众的韦伯医生有时会当起教练和指导。囚犯们还可以跑步、摔跤、练习柔术[15]、表演健身操——他们开展从赛跑到扔石头和木棍等各种竞赛。鲁道夫·赫斯一刻也没耽误，一进兰茨贝格就成了这些监狱比赛的健将。[16]其中一项比赛的奖品是一本皮面精装版北欧萨迦，上面有阿道夫·希特勒的题字。

/ 306

此外还有拳击。在2号牢房的希特勒突击队队员埃德蒙德·施耐德（Edmund Schneider）是个业余拳手；他说服兰茨贝格狱方给他弄来一袋沙子当沙袋用，然后开始把这门艺术传授给狱友们。其中一场比赛的一方是6号牢房的埃米尔·莫里斯，希特勒的司机，有丰富的打斗经验，对手是另一个希特勒突击队队员、11号牢房的赫尔曼·弗布克（Hermann Fobke），两人都被打得几乎人事不省。囚犯汉斯·卡兰巴赫（Hans Kallenbach）说他从没见过希特勒笑得那么开心，就算有也是极少。[17] 经此一役，希特勒要求搏击类项目只允许摔跤，不过到头来囚犯们还是得一瘸一拐去医务室。

希特勒自己通常是不参加训练和比赛的，[18] 始终是个观众，另外据典狱长说，偶尔还会做裁判。[19] 除了肩部有伤以外，希特勒似乎不太可能跟其他囚犯长时间相处。他对艰苦的肢体活动没兴趣，并且显然也认为，一个领袖参与这种竞赛有损于他在支持者眼中的形象。

晨练后，希特勒和兰茨贝格的囚犯可以使用堡垒的图书室和花园。有些囚犯会打牌、下棋，或用他们的零食、雪茄或香烟赌博。克利伯中校除了下象棋外还喜欢在花园里做事，穿着工装裤、戴着宽檐草帽四处走动，像个"巴西咖啡种植农"[20]。赫斯在家信中说，他有时候会劈劈柴来调剂，在"头脑劳动者"和"拳头劳动者"[21] 之间实现一种平衡。

希特勒喜欢在建筑和围墙之间的一条近200米长的石子路上走。那地方有两条这样的路，一路上有灌木丛、春花植物、果树和他从窗口能看到的那个花园。希特勒经常会跟埃米尔·莫里斯或鲁道夫·赫斯一起走。这条路很快就有了"希特勒小径"[22] 之称。

上午11点分发信件，希特勒会收到大量的信和包裹。所有寄到监狱的东西都会被拿到值班室，平摊在一个大桌上。像衣服这样看起来没什么问题的物品，需要检查缝线，至于面包、蛋糕或香肠之类，狱卒会切下一块，确定里面没有藏什么字条、武器或有助于越狱的工具。然而实际上，这项措施的执行无疑是很松懈的。

狱卒汉姆里希描述了囚犯们拆包裹的情景。克利伯中校是"攻"包裹，就像指挥官集中兵力攻击敌人的最强点——最坚韧的绳子部分。韦伯就很不一样，对待一个包裹就像一道谜题，"对每一个圣洁的绳结都用最大限度的谨慎和耐心"去拆解。[23]希特勒处于两种极端之间，会根据包裹及发件人的不同采取不一样的方法。

一天中最重大的时刻自然就是正餐时间了，每天中午在公共室就餐。所有囚犯会站在自己的椅子后面，直到有人高喊"立正！"表示希特勒来了。希特勒随后向桌首走去，顺便跟每个人握手。在他们身后的墙上有一面血红色的钩十字旗，是偷带进监狱的。要是听到有狱卒来，囚犯们会把旗藏到一个盆下面。狱卒则会装作没看见，因为展示党派标志是违反兰茨贝格条例的行为。

饭后，还是由主监狱的囚犯[24]收拾餐具。希特勒和他的亲信可以抽烟，用旧雪茄盒当烟灰缸。本身不抽烟的希特勒会吃水果和蛋糕。一旦希特勒站起来回自己的牢房读信或回信，聊天就戛然而止了。他还会画画。他画了虚构的博物馆[25]来纪念第一次世界大战；他会画剧院、国家图书馆和大学的建筑设计图；为几出瓦格纳歌剧、普契尼的《图兰朵》和莎士比亚的《尤利乌斯·恺撒》设计了舞美。

午后，一些囚犯会看书、午睡或玩扑克之类的游戏。到了下午3点半前后，用过下午茶或咖啡后，囚犯可以去花园。下午6点在各囚室分别用晚餐，通常是香肠或腌鲱鱼，配煮土豆或土豆沙拉，另外还可以购买半升葡萄酒或啤酒。这么小的分量，囚犯汉斯·卡兰巴赫说，对那些嗜酒之徒来说就成了坦塔罗斯式（Tantalus-like）的折磨，[26] 尽管狱方想出了一个办法，可以通过在监狱花园或庭院里干活，增加每天的饮酒限额。

最后，关在堡垒的囚犯还有额外的一小时锻炼时间，可以赛跑、比试弹弓、打球，然后傍晚可以喝着茶或代可可再聊会儿天，通常还会有蛋糕或面点。克利伯中校——年轻的囚犯管他叫"克利伯老爹"[27]——经常说起义和团时期他在中国的时光；还有人会回忆他们在一战时的经历，或者在自由军里与共产主义者作战的往事。希特勒有时会来一场演说。怀有好感的囚犯和狱卒据说会屏息聆听，没过多久已经开始用"希特勒万岁！"作为彼此间的问候语。

这样的作息安排意味着有大量可自由支配的时间。在一楼的 11 号囚室，24 岁的法律学生、什切青人赫尔曼·弗布克把牢房变成了"塔莉亚茶室"[28]。弗布克还向狱友们提供了另一项服务：11 号囚室成了发行"秘密"监狱报纸《兰茨贝格自由人报》（Landsberger Ehrenbürger）的地方。报纸的名字是对他们所接受的监禁类型的一语双关，既有"自由的人"的意思，也可以理解为"兰茨贝格荣誉公民"。

1924 年 9 月，狱方的审查员发现一个名叫埃米尔·丹纳贝格（Emil Danneberg）的囚犯信中提到了这份报纸，不过狱卒估计早已知道。据信所有报纸都被销毁了，不过至少有一期得以完整保留：1924 年 8 月 4 日发行的第 6 期，是一份纪念一战十周年的号外。在这期报纸中，克利伯撰文谈了他的连队的调动；韦伯讲述了他的"雪鞋营"[29] 在孚日山脉的山林中的袭击行动。鲁道夫·赫斯写了一首关于凡尔登血战的诗。

报纸的风格据说总体来说是轻松随意的，有笑话、谜语、评论以及当日新闻。此外还有以狱友和狱卒为题的配诗讽刺画。希特勒通常会撰写头条文章，或添一幅素描。在其中一份留存下来的报纸中，希特勒讽刺了韦伯医生过分狂热的锻炼指导。他的学员东倒西歪，吊着胳膊，头上缠着绷带，靠拐杖撑着。按照计划，报纸要在周六晚的公共室集会上准时发行。

晚上 10 点熄灯，不过希特勒可以延长一段时间。每晚最后通常要喊一遍"胜利万岁"，唱民族主义歌曲。可能还会有监狱乐队伴奏 30。一个希特勒突击队队员会拉小提琴，一个弹琉特琴，另外还有口琴、竖琴和一把聒噪的土制跺地琴，就是一根扫把柄上面绑着铃铛和锡罐。

"这么说吧，"囚犯赫尔曼·弗布克在 1924 年 6 月写给朋友的信中说，"［在兰茨贝格的生活］还是相当能忍受的。"31

纳粹暴徒的一个政治据点。[1]

——1924 年 11 月 5 日《慕尼黑邮报》评价兰茨贝格

在受审前，希特勒曾抱怨很少有人去兰茨贝格看他。审判后显然就不是那么回事了。前往堡垒探望他的人源源不断，他们需要先验明身份，[2]去典狱长办公室填探视卡，[3]写上他们的姓名、想要探视的囚犯以及探视日期。典狱长奥托·赖博尔或他的副手会确定一个时长，然后签署通行证。接着访客会被带到二楼的其中一间探视室。

最初的一批访客中，[4]当然少不了马克斯·阿曼这样的旧识，还有罗姆上尉、弗里克博士和威廉·布吕克纳之类一同受审的人，他们是 4 月 10 日上午一同前来的，聊了一个小时。还有一些参加政变的党内老人也是初期的常客：阿尔弗雷德·罗森贝格、乌尔里希·格拉夫、尤利乌斯·施特莱谢尔、赫尔曼·埃瑟、安东·德莱克斯勒和"小家伙"恩斯特·汉夫施丹格尔，最后这位先后来探视了五次，最早是在 4 月 11 日。

其中一次带上了他的小儿子埃贡，他本以为兰茨贝格是个地牢，希特勒戴着镣铐，睡在地上，老鼠在身边乱窜。然而他发现牢房窗明几净，还有花园景观。此外，埃贡记忆最深的是希特勒的声音，在激昂澎湃地陈词时，一度震得窗户都在抖。

探视通常安排在上午 9 点到中午，然后是下午 2 点到 5 点。有时候希特勒需要连续见几个人。例如 4 月 12 日鲁登道夫来看他，之后希特勒又见了七个人，包括他的律师洛伦兹·罗德；一同受审的海因茨·佩尔内；参加了政变的马克斯·塞瑟尔曼；他的摄影师海因里希·霍夫曼，后者带来了一篮水果，[5] 还有他那台值得信赖的相机。

霍夫曼就是趁这个机会拍下了一系列照片，展现他在兰茨贝格高墙内的生活。其中一张照片里，希特勒穿着背带皮裤，手持一张报纸。还有一张有希特勒、克利伯、韦伯和埃米尔·莫里斯，后者拿着琉特琴，坐在一张摆着花的小桌边。拍摄这些照片无疑需要得到狱方的配合，由此可见兰茨贝格的管理多么宽松。

照片固然反映了不少真相，不过还是需要记得，狱方的"纵容"主要是由于希特勒得到的刑罚本身的性质（即堡垒监禁），而不是因为对希特勒的好感。但这不等于说兰茨贝格的典狱长奥托·赖博尔或他的手下就不是极端右翼思想的信徒，他们中的一些人的确属于此类。

事实上囚犯、访客乃至狱卒对希特勒百般奉承。5 月 1 日第二次前去探望希特勒的恩斯特·罗姆走时大摇其头，那些被鲁登道夫称为"溜须拍马、工于心计"[6] 之徒把希特勒捧上了天，让他倍感无奈。三天后来探视的卢克·吕德克则推测，这段坐牢的经历对希特勒是好事。在他看来，这个阶下囚仍然有着"吞火者"的眼神，但同时显然又"显得更冷静了，对自己更有信心"。[7]

前后有 350 名男女老少前往兰茨贝格探望希特勒，总计超过 450 次。[8] 在狱卒奥托·鲁尔克看来，探视者"什么阶层、年龄和地位都有"。[9] 从阿尔卑斯的山峦到波罗的海的沙滩，五湖四海的人乘着火车、汽车和自行车前来探望他。有不少人从奥地利和捷克斯洛伐克赶来。甚至有一对年轻夫妇从德国北部徒步跋涉来到兰茨贝格。

然而从兰茨贝格的记录来看，访客的地区分布 [10] 没有这位狱卒记忆中那么多样。每 10 名探视者至少有 8 名来自巴伐利亚，这其中半数是慕尼黑人。只有 27 人确定是来自普鲁士，其中 9 人来自柏林。许多地方一个人也没来。这包括了将来会给纳粹党提供有力支持的石勒苏益格—荷尔斯泰因地区以及东普鲁士，后者的容克和地主们一直是德国极右翼的坚定支持者。

这些都说明了一点，尽管经过审判后有了很大的提升，纳粹党很大程度上仍然是个地区组织。不过情况在改变。1924 年 10 月 23 日，莱比锡出版商 F.A. 布罗克豪斯（F. A. Brockhaus）[11] 致信兰茨贝格，索取有关希特勒的信息，以收录于著名的《布罗克豪斯百科全书》的第 15 版。第 8 卷的字母 H 部分于 1931 年完成，其中首次收录了"希特勒，阿道夫"和"希特勒政变"这两个词条。后一个词条的释文提到希特勒如何在政变失败后重新赢得党的信任。

不过前来探望希特勒的人确如兰茨贝格典狱长所说，是三教九流什么人都有。里面包括了教授、医生、动物学家、工程师、建筑师、作家、记者、教师，还有银行家、烘焙师、簿记员和学生，此外还有军人和邦警。在入狱的最初两个月里，希特勒还见了一名作曲家、一名风琴师、一名歌手、一名钢琴技师、一名古籍交易商、一名布料生产商以及多名机械师和锁匠。各路商家上门来推销从护发产品到五金器具、从打字机到墓碑的各种商品。

5 月 11 日星期天下午前来的一名访客，想必让希特勒格外欣喜。那是和他一起在第 16 步兵团当通讯员的恩斯特·施密特（Ernst Schmidt）[12]，战后两人还曾短暂共事，执行从站岗放哨到测试防毒面具等各种任务。而后这位希特勒的老战友去了慕尼黑以东的巴伐利亚乡村加兴，做室内设计。典狱长只给了他 10 分钟时间，希特勒在兰茨贝格关押期间，多数人得到的探视时间就是这么长。

另一个熟人是布鲁诺·比希纳（Bruno Büchner），曾经的自行车赛车手和飞行员，他在上萨尔茨堡开了一家希特勒钟爱有加的小旅馆。在发起政变前，希特勒在那里待过几个月，对雨天里的山峦美景赞不绝口。还有的探视者回忆起希特勒，说他用"沃尔夫先生"这个化名，甩着那根到哪都带着的狗鞭子，怒斥柏林的"犹太享乐主义"。比希纳在 4 月 17 日携年轻的妻子伊丽莎白前去探望他。

不少人在当时和日后都提到过希特勒的女人缘，并且多年来一直有传闻称，当时女人们蜂拥前往兰茨贝格。因此，实际前去探视的女性之少是出人意料的。记录显示共有 57 名女性探视者，不到总数的六分之一。何况这个数字还有水分，里面包括了希特勒的姐姐安格拉；侄女吉莉；邻居玛丽·贝赫托德（Marie Bechtold）；房东玛丽亚·莱赫特（Maria Reichert），[13] 她还带了 11 岁的女儿安东妮。莱赫特夫人会不会是来提醒他房租没交？至少还有一个来兰茨贝格的女人可能是奔着这个来的，那就是巴蓓特·格劳（Babette Grau），哥尼流街纳粹党总部所在地的房东。

在相对比较少的女性访客中，还包括了克莱斯岑齐亚·海辛贝尔格（Kreszenzia Hechenberger），她的儿子安东在游行至音乐厅广场时遇难。不幸的是，对于 4 月 30 日那段 10 分钟的探视，监狱记录里看不到多少详情。至于希特勒自称没有母亲因为在政变中失去了孩子来找他算账，也不知道这位母亲是否同意。

其他的女性探视者，有些主要是与希特勒的手下有关系：舒伊勃纳－里希特的遗孀玛蒂尔德；鲁登道夫的情妇、未来妻子玛蒂尔德·冯·开姆尼茨（Mathilde von Kemnitz）；洛伦兹·罗德的妻子伊丽莎白；赫尔曼·埃瑟的妻子特丽莎；以及赫尔曼·戈林的妻子卡琳。4月15日[14]前来的卡琳本希望为她和她丈夫获取一点资金上的支援。结果只是拿到了一张希特勒的签名照片。

不过，虽然来兰茨贝格看望希特勒的女人不多，其中有几人却将在他的人生当中起到重要作用。倘若典狱长所言非虚，希特勒在吉莉的嘴上结结实实亲了一下，[15]除了她之外，另一个格外重要的访客是伊琳娜·拜希施坦，也就是差点把他偷偷送到奥地利去的那位知名钢琴商的妻子。

拜希施坦第一次去兰茨贝格是5月15日，当时因为带给希特勒的礼物要接受检查，她还发了一通脾气。她自己动手把包装撕开，[16]把精美的果仁糖撒在监狱的地上。也许狱卒们会发现里面藏着把机关枪，她高声嚷道。其他几次来访给狱卒的印象就没那么深了，她一共来了12次，每次持续时间至少1小时。拜希施坦总共的探视时间达到了18个小时25分钟，成为与希特勒见面时间最长的人。其中有两次她带来了16岁的女儿萝特。[17]这就足以导致传闻四起，[18]说她在准备把希特勒变成自己的未来女婿。

拜希施坦在社交场上的对手、嫁给了出版商胡戈·布鲁克曼（Hugo Bruckmann）的罗马尼亚公主艾尔莎·布鲁克曼（Elsa Bruckmann），也是一个日后会走进希特勒生活的兰茨贝格访客。她从19世纪末开始主办一个闻名遐迩的文学沙龙，吸引了从尼采到托马斯·曼，从莱内·马利亚·里尔克（Rainer Maria Rilke）到胡戈·冯·霍夫曼斯塔尔（Hugo von Hofmannsthal）等人物。她是在兰茨贝格第一次跟希特勒见面——而她在1924年5月22日的这次8分钟的探视，[19]将使她成为希特勒夺取权力过程中最重要的资助人之一。

希特勒毫不讳言拜希施坦和布鲁克曼的重要性。据说他曾表示，出狱后重建纳粹党的行动，没有这些女人[20]是不可能实现的。

希特勒追随者的来信在兰茨贝格的审查员办公室里堆积如山。获刑三天后，马格德堡"雅利安联盟"的成员寄来一封信。他们想表达得知法庭裁决时他们感受到的"痛苦与愤怒"，他们觉得那就像"脸上挨了一拳"。[21]这些极端分子对希特勒的赞颂狂热至极，导致狱方决定把信扣下来。不过还有许多表达类似感受的信件得以通过。

有人给了希特勒一份瑞典反犹报纸《维迪报》（ *Vidi* ），这样他就可以读到报纸对他在审判中的演说做出的正面评价。报纸尤其赞赏他对犹太敌人的怒斥。他的结案陈词是"一部力量与敏锐逻辑的杰作"。至于此次审判的其他部分，则彰显了"卡尔、洛索和塞瑟这个不光彩的加略人犹大三人组的惊天恶行、谎言和不择手段"。[22]

由于有堡垒监禁的优越待遇，兰茨贝格的囚犯可以自己花钱购买物品或洗衣之类的服务。从采购报告来看，[23]希特勒买的大多是黄油、鸡蛋、土豆、柠檬、糖、香草、咖啡、意大利直细面、通心面、线面、沙拉油、醋精、洋葱，至少有一次买了腌肉（罗蒂牌肉汤块）。6号囚室的邻居埃米尔·莫里斯把他的布丁烹制技能用了起来，为希特勒和"指挥官楼"[24]的囚犯们服务。

最让人想不到的恐怕是希特勒买的最多的东西：啤酒。1924年7月，希特勒买了不下30瓶啤酒，还有好几瓶烧酒。入秋后的采购仍然保持在这个水平，8月他购买了48瓶啤酒，9月达到60瓶。

此外还要加上邮寄包裹或探视者带来的东西，从水果到花，从书本到白兰地，希特勒能收到各种物品。有的访客会带面包、馅饼[25]、香肠、零食、烈酒和利口酒，还有南美的咖啡豆[26]。赫斯说，里面有他吃到过的最酸的泡菜和最甜的蛋糕。还有人带来版画。伊琳娜·拜希施坦给了他们一台留声机，[27]可能还往正在成形的唱片收藏里添了几张唱片：华尔兹、军事进行曲、舒伯特的《你是安宁》和理查德·瓦格纳的《痛苦》。

4月20日，希特勒35岁生日以及那一年的复活节，这位兰茨贝格囚犯接待了12组访客，共21人。据狱卒奥托·鲁尔克回忆，当时"贺卡、信件和电报洪水般"涌入监狱，此外还有"成簇的鲜花"以及"堆积如山的包裹"。[28]他的同事弗朗茨·汉姆里希说，光是信件就得用洗衣篮[29]装着抬进来。据说所有蛋糕、饼干、巧克力和其他礼物都堆在了桌椅上，已经蔓延到另一间囚室。汉夫施丹格尔两天后来到兰茨贝格，说希特勒的囚室就像个熟食店。[30]狱卒汉姆里希觉得像个花店[31]或温室。

有如此多的礼物，希特勒自然可以慷慨转送给其他的囚犯或狱卒，通常是在他们的生日或周年纪念时，从而有利于他和狱卒搞好关系。

兰茨贝格的第21号囚犯一开始对自己的成名还颇为享受。不过到了夏初，接待访客对他来说已经占据了太多时间和精力，希特勒表示希望减少探视。此时他正有别的事情需要操心。[32]

当今的统治者把我关起来，是打错了算盘。他们还不如就让我整天到处演说，一刻也不能休息！[1]

——阿道夫·希特勒，1941 年 7 月 27~28 日

尽管有通过审判集聚的人气，还有激进右翼政党在近期选举中的胜利，国家社会主义党仍然深陷困境。作为一个被封禁和压制的政党，它已经处于崩溃的边缘。被指定为党魁的阿尔弗雷德·罗森贝格使用"罗尔夫·艾哈特"[2]这个化名与忠诚的核心党员联络。名字是"阿道夫·希特勒"的变形，[3]姓氏的大意是"坚守誓言"。

纳粹党用许多狩猎、徒步、运动和唱歌俱乐部作为幌子，[4]在秘密运转。不过给党造成影响最大的不是当局的围剿，而是这个地下组织自身存在的紧张关系与分裂。

老党员分成了两派，[5]一派是罗森贝格执掌下仍然留在慕尼黑的那些，另一派是逃往国外的党员——包括埃瑟和汉夫施丹格尔在内的不少人去了萨尔茨堡。有的并入了其他的合法右翼政党，还有的则想独立出来成为小的派别；有的想要更多强调民族主义，有的想要更多社会主义；有的主张用革命暴力实现自己的目标，有的则想以一个政党的形式竞逐议会席位；有的想要推翻共和国，有的认为左派构成的危险更大，需要保持社会现状……

这些冲突在不断恶化，但希特勒始终不置可否，拒绝站队。到了 1924 年 6 月中旬，希特勒对支持者说他打算置身事外，等自己可以全面回归政界了再说。他禁止任何派别使用他的名号。

此外他也不允许任何人来监狱看他，或传递任何政治消息。

他通过自己以及他的新"秘书"赫尔曼·弗布克起草的信件传达了这一要求。"我决定退出公开的政治活动,"希特勒在 1924 年 6 月 16 日写道,[6] 直至他重获自由,再次成为他所说的"一个真正的领袖"[7]。他强调了"真正"一词。

三周后的 7 月 7 日,希特勒公开证实了自己的这一立场。《人民信使报》报道,他已经"辞去国家社会主义运动的领导职务"。他说他深感力不从心,还说只要他身在监狱高墙之内,他能做的事就很有限,这让他十分困扰。他还说他"过分劳累",需要把精力集中在自己最近的计划上,也就是写一本"全面的书",总结自己的生平和政治思想。他希望不受外界的打扰。[8]

根据兰茨贝格的记录,[9] 希特勒在 5 月每天至少有 1 名访客,6 月几乎是每天 1 人。从 4 月的将近 200 次探视(160 人)到 6 月的 92 次(62 人),数字是在下降的。到了 7 月,探视次数已经下降到 26 次,每天不到 1 次。不过对希特勒来说还是太多了。7 月 29 日,他重申了不要打搅他的要求。

同为被告的恩斯特·罗姆也让希特勒很担忧,他在获释后忙着把被禁的冲锋队及其他被禁的战斗联盟成员集中起来,成立了一个叫"前线联盟"(Frontbann)的新组织。[10] 他很快招揽到了 3 万人马。希特勒反对这件事有几个原因,首先当然是这样一个中心化的、可以很强大的组织意味着它的领导者势力会很大,而罗姆已经表现出更多的独立性,甚至不愿意隶属于任何一个政党。

1924 年 6 月 17 日罗姆去兰茨贝格探视,希特勒要他立即停止这项工作。罗姆没有理会,继续发展他的前线联盟。他还请来一位新领袖:鲁登道夫将军。

到了夏初,希特勒在兰茨贝格已经有了第二个房间,里面摆满书本、杂志、报纸和纸张，乱七八糟地散落在四处。[11]大多数东西是别人送的。还有一些是从狱友赫尔曼·弗布克那里借来的，他在利用服刑的时间完成自己的法学论文。按照希特勒在1924年5月的一封信中的说法，他在利用这个机会"阅读并且学习"。

此时的希特勒已经全神贯注于他的写作计划。1924年5月12日，来自萨尔茨堡的一个纳粹党代表团来探望他时，希特勒已经在着手起草自己计划中的政治宣言。其中一个访客汉斯·普罗丁谔（Hans Prodinger）说这本书要对他的敌手进行"一次彻底的清算"[12]——"一次清算"这几个字眼，后来成为该书的一个副标题。到了月底，希特勒已经想好了书名：与谎言、愚蠢和懦弱斗争的四年半。[13]

1924年6月出现了一份宣传册，宣布希特勒即将出版的书约400页。它的内容据称包括对他的参政、纳粹运动的崛起进行一次自传式的叙述，此外还谈了啤酒馆政变的内情。本书还承诺会提及许多问题，比如"中产阶级与社会问题""犹太文明与马克思主义""谁发起的革命？""犯罪还是愚蠢？""欧洲的布尔什维克化"以及他打算如何遏止这一进程。写作过程中，对政变中的敌人的清算，有时会被意识形态的讨伐所淹没，而这恐怕才是最吸引出版商的地方。[14]

对于这本最终成为纳粹党意识形态正典的书，不少人日后会声称，当初是他们建议希特勒写的。奥托·斯特拉瑟说他的哥哥、兰茨胡特冲锋队老兵格雷戈尔（Gregor）[15]最早提议希特勒把想法写下来，因为他受够了整天要听那些没完没了、翻来覆去的演说，只想继续打牌。这完全是捏造的。斯特拉瑟直到1924年2月4日才关进兰茨贝格，[16]他和希特勒同时在狱中的时间只有 12 天，后来希特勒就被转往慕尼黑受审了。即便这段短暂的时间也已经晚了，两个月前，希特勒已经跟邦助理检察官汉斯·埃哈德提到了写回忆录的打算。

还有一个说法也是靠不住的，即希特勒的这个写书计划是为了避免下属之间出现争执，[17] 并且有必要表明立场。但是他早在退隐之前就已经开始写了。毕竟最初计划的是 1924 年 7 月出版。

不过有个说法还是有些依据的。据说，希特勒之所以决定写书，是因为他希望把受审时获得的人气利用起来赚点钱。希特勒无疑需要钱，审判带来的罚款和法务费用不是小数目。（据洛伦兹·罗德说，5000 马克的账单一直到 1934 年才付清。）不过稿酬显然不是唯一的原因，甚至都不是主要原因。

希特勒早在 1922 年 [18] 就已经在考虑写书了。《人民观察家报》报道过这么一个计划，不过当时希特勒忙于演讲和纳粹党务，书一直没有进展。相比之下，牢房这样一个禁闭空间很利于他集中精力，此外政变和审判中发生的各种可恨之事，也让他憋了不少怨言需要抒发。

"他每天在书稿上会花上几个小时，"兰茨贝格典狱长奥托·赖博尔在 1924 年秋写道。[19] 手稿的风格类似演说——这当然是意料之中，毕竟那是希特勒首选的沟通方式。不过，把他的演说才能从啤酒馆搬到纸面上，效果就不是太好了。

累赘，重复，没完没了地纠结于旁枝末节，充满恶毒的恨意，在希特勒蹩脚、浮夸的文字中充斥着生搬硬造、用一大堆名词堆叠而成的术语，盘根错节的从句让人不知所云。记者多萝西·汤普森（Dorothy Thompson）形容这种造作的风格读来就像"一场漫长的演说"，用"不准确的德语和无限的自鸣得意"写就，纠缠于跟人和种族有关的骇人咆哮。[20]

例如说到自己在哈布斯堡时代维也纳的艰难生活，他写道："一个人如果没有被一条勒死人的蝮蛇紧紧锁在怀里过，就不知道那牙有多毒。"这一个句子，流亡海外的早期传记作家鲁道夫·奥尔登（Rudolf Olden）在 1930 年代说，"比别人一整篇文章里的错还多。蝮蛇没有怀，而可以盘住人类的蛇是不会有毒牙的。此外，如果一个人被蛇勒住了，那他永远不会知道牙有多毒"。[21]

不过希特勒的手稿与演讲的相似还有别的原因。[22]《我的奋斗》——1925 年 2 月，书稿改成了这个标题——其实是从希特勒在奈特哈特的法庭上的陈词发展而来的。自传部分尤其是这样。对于自己在维也纳的生活，以及他声称自己在那里得到的教训，希特勒提出了三个基本要点，与他在审判中的第一场发言在结构和风格上都很像。

此外还有在 2 月 28 日一个闭门庭期以及最后的陈词中发表的某些关于马克思主义（第 7 章）和外交政策的论述。有关英法"巴尔干化"阴谋的一段牢骚，将成为《我的奋斗》下卷第 13、14 章的基础。

多年来史学界普遍认为希特勒当时是口述让狱友记录的，一开始是埃米尔·莫里斯，后来改为鲁道夫·赫斯。然而赫斯当时的未婚妻、后来的妻子伊尔瑟·珀尔一直坚决否认此事，[23] 德国史学家奥特马·普罗金厄（Othmar Plöckinger）在他对这份文本的开创性研究中做出了确认。希特勒一开始是手写，后来在 1924 年 6 初改用打字机，在一台崭新的雷明顿便携式打字机上用两根手指一点点打出来，机器据信是伊琳娜·拜希施坦送的。

典狱长提供了一张刷了清漆的小打字桌，[24] 还有充足的纸张。薇妮弗雷德·瓦格纳[25] 也送来了纸张，另外还有一包笔、墨水、笔擦和复写纸。还有人后来给他带来了有钩十字的纸——可能是没有被警察抄走的纳粹党用纸。在典狱长的特别关照下，希特勒可以晚两个小时熄灯。他还会早起，不过无论在政变前还是之后，他都没有这个习惯。不少囚犯记得他在早上5点左右就在打字了。

写完一个章节后，他有时会把稿子拿给5号囚室的鲁道夫·赫斯看，他们会边喝茶边讨论。1924年6月29日赫斯在给未婚妻伊尔瑟的信中提到希特勒写书的进度，当时他已经开始讲述第一次世界大战，也就是第5章。被赫斯称为"护民官"[26]的希特勒朗读了书稿，速度越来越慢，越来越踌躇，他"停顿了许久"，[27]终于放下稿纸，抽泣起来。

次月底，希特勒已经完成了有关维也纳和抵达慕尼黑那一章。在赫斯的牢房里，希特勒坐在藤椅上朗读《我的奋斗》的第3、4章。赫斯能感觉到血液在自己的血管里流过——他说他感到狂喜和窒息。意外的是，他认为书稿的文笔精良。他预言自己听到的正是德国的"未来主宰"。[28]

探视的人少下去后，希特勒的书稿进度很快。到了8月的第一个星期，希特勒已经在让赫斯校对扩充的内容。他先是在私下里把书稿读给少数人听，然后开始在周六晚间到公共室对着更多的人再读一遍。狱卒们在楼梯上听到的就是这些公开的朗读。希特勒口述著书的传说，可能也是源起于他对着一群着迷的观众朗读书稿的声音。[29]

8月，希特勒觉得再用一两周就可以完成了。他要赫斯帮他给计划中的豪华精装本选择最合适的封面和书脊配色。不过8月一转眼就过去了。而后希特勒认为10月应该可以完成，兰茨贝格的典狱长也这么想。实际上在最后出版的书中，卷首向16名

"政变烈士"的致敬落款日期为 1924 年 10 月 16 日。[30]

然而后来才知道,这个秋天的出版日期[31]同样也言之过早了。希特勒低估了剩下的工作量,而更糟的是弗朗茨·伊尔出版社(Franz Eher-Verlag)面临财务和法律问题。希特勒确信自己很快就可以获得假释了,不希望有什么事影响出狱。这份充满仇恨的书稿描绘了他的未来蓝图,几乎每一页都和他退出政界的说法不符。

事实上《我的奋斗》并非在 1924 年秋完稿,甚至都不是在监狱里。据埃米尔·莫里斯说,手稿是藏在伊琳娜·拜希施坦送的留声机的木盒里偷带出兰茨贝格的。拜希施坦据说得到了原稿作为答谢[32],至少是其中一份机打版。莫里斯则得到了打字机,[33]还有一本首版精装本,编号 10,有作者签名:"致我忠诚而勇敢的盾牌手。"[34]

希特勒是 1925 年 4 月在上萨尔茨堡完成书稿的,而后这部 782 页的大作经过了重新组织,分成了两卷。大部分编辑工作是《人民观察家报》乐评人约瑟夫·施托尔辛-塞尔尼(Josef Stolzing-Cerny)和鲁道夫·赫斯的未婚妻伊尔瑟·珀尔完成的。《我的奋斗》上卷于 1925 年 7 月 17 日由纳粹党人弗朗茨·伊尔出版。下卷是 1926 年 12 月 11 日问世的。到了第二次世界大战末期,这本书已经以 18 种语言出版,总销量达 1200 万套。

/ 54 "持续的威胁"

德国对阵整个世界，整个世界也无法让它屈服。[1]

——兰茨贝格监狱囚犯报纸《兰茨贝格自由人报》

监狱高墙之外，共和国似乎正在往正确的方向行进。一种新的德国货币得以引入，终于结束了恶性通胀的骇人景象。外国援助和投资源源不断涌入这个国家。失业率下降了。美国银行家查尔斯·G.道威斯（Charles G. Dawes）的伦敦委员会敲定了一套方案，重新安排德国的赔款时间表，减轻了短期的负担。魏玛共和国即将迎来文化活动的大爆发。

与此同时，希特勒却窝在兰茨贝格的牢房里。不过，他远离党内纷争也不全是因为要写书以及监狱的禁闭环境。他还在努力好好表现。1924年10月1日——理论上获得假释的最早时间——正在临近。希特勒相信他会在那一天重获自由。[2]

9月13日，希特勒给奥地利老乡雅克布·沃尔林（Jakob Werlin）去了封信，此人是汽车经销商，在谢林街有家奔驰展销厅，纳粹报纸《人民观察家报》被禁前的办公室就在隔壁。沃尔林在前一天去兰茨贝格看过他，当时和他一起去的还有印刷商阿道夫·缪勒（Adolf Müller），《我的奋斗》的印刷后来就交给了他。希特勒现在给沃尔林匆匆写了封信跟进此事，打算让一个来探监的人帮忙带出去，也就是克利伯中校的儿子、时年18岁的沃尔弗拉姆（Wolfram）。这当然是违反兰茨贝格的规定的，因为所有信件需要经过审查员的审核。

希特勒想要一辆灰色奔驰房车，配备高性能引擎和辐条胎，车型最好是11/40或16/50。不过希特勒说，唯一的问题是他的财务状况。他那本尚未出版的书最早也得到 12 月中旬（！）才能开始拿版税，而且，审判的法庭开销和律师费据他说已经足够让他"坐立不安"[3]。他请求沃尔林给他打个折，并且给他留一辆车，等他出狱的事有个着落，他说应该很快就有结果了。

假释的传闻传开后，堡垒的囚犯们确信他们的刑期就要到头了，已经开始交换一些只言片语，纪念他们在兰茨贝格的时光。"没有什么能阻止我们把德国从内寇外敌手中解救出来，"关在 B 栋一楼的希特勒突击队队员威廉·布里曼（Wilhelm Briemann）在 1924 年 8 月 21 日写道。[4] 韦伯医生绕过狱方审查偷偷给罗姆上尉写信说，"顺利的话"[5] 有望获释。

获得假释的主要条件是在狱中"表现良好"，[6] 并且经过法庭的评估，在押人员已经努力弥补自己的罪行造成的破坏。兰茨贝格典狱长奥托·赖博尔是支持希特勒的。他提前两周写了一封推荐信，对这位著名囚犯的模范行为大加赞扬：

> 希特勒证明自己是一个遵守秩序、纪律的人，不仅是自己的行为，还包括对待其他的在押人员。他欢快、谦逊、顺从。他无欲无求，为人平和、明理、严肃，从不骂人，认真接受监禁惩罚。他是一个没有自我虚荣的人，乐于迎合制度的要求，他不抽烟饮酒，此外，尽管注重同侪情谊，他还是懂得如何用一定程度的威严来指挥狱中的其他囚犯。[7]

/ 326

希特勒始终礼貌对待狱卒和官员，赖博尔还说，在接受探视时，他表现出了谨慎的作风，避免讨论政治，并且通信往来大多仅限于致谢便条。

总之典狱长表示，希特勒在兰茨贝格的帮助下已经洗心革面，因此他理应得到释放：

> 在 10 个月的关押和服刑期间，他无疑变得比以往更成熟、更平静了。待重获自由后，他不会对那些曾反对他、挫败他 1923 年 11 月计划的政府官员构成威胁，心怀报复他们的想法。他不会是反政府煽动者，也不会与其他有民族主义倾向的政党为敌。他强调自己现在已经相信，一个国家要存在，必须有稳定的内部秩序和坚固的政府。

然而路德维希·施坦莱恩不这么看。在法庭上表现欠佳的施坦莱恩正在设法让希特勒继续待在牢房里。从他身上看不出有任何能带来改变的东西，尽管他显得好像意识到自己错了。这一举动很有可能是他的副手汉斯·埃哈德促成的，此人已经展现出了坚决反对纳粹的一面。埃哈德后来称法庭的裁决根本是"宪政政府和……司法的投降"。[8]

1924 年 9 月 23 日，检察官提交了法律异议，以期阻止希特勒的释放。政变对巴伐利亚乃至德国构成了相当大的威胁，施坦莱恩在一份九页的动议中主张。而这份文件几乎可以肯定是埃哈德写的。检方强调了损坏财物、攻击警察、偷盗印刷厂、威胁发起内战，当然还有人员伤亡。

/ 327

从审判中那些长篇演讲来看，希特勒显然没有改变看法。恰恰相反，他对自己的罪行洋洋自得，并且誓称有机会还会再来一次。这其中的利害关系[9]再明白不过。如果希特勒获释，施坦莱恩和埃哈德警告，他会继续实施之前未能成功的反国家计划。

慕尼黑警方完全支持检察官的立场。[10]1924 年 9 月 16 日，警察搜查了前被告人威廉·布吕克纳和他的一个同事的家。他们发现了从兰茨贝格偷偷带出的信件，其中有希特勒让沃尔弗拉姆·克利伯带的信。[11]

兰茨贝格的囚犯显然在和曾经一同受审的被告人恩斯特·罗姆、威廉·布吕克纳保持联络，商谈在"前线联盟"这个伞式组织下重建准军事社团。简而言之，施坦莱恩和埃哈德表示，这一切都证实了慕尼黑警方的结论：希特勒和兰茨贝格的囚犯"对国家的内外安全构成了持续的威胁"。[12]

这一信息被加急送至慕尼黑最高法院刑事处。信函到达时间戳为1924年9月25日下午12:10。然而在当天上午早些时候，法院已经做出了赞成假释的裁决。[13] 希特勒将在10月的第一天与克利伯和韦伯一同获释。前提是邦检察官提出异议，不过《汇报》预测可能性不大。[14]

但施坦莱恩和埃哈德恰恰是提出了异议。经过一个漫长的周末，四天后，施坦莱恩又呈交了一份上诉书，[15] 要求推迟囚犯的假释，这次可能还是埃哈德主笔。

让希特勒的追随者们深感意外与失望的是，这一招还真见效了。巴伐利亚上诉庭推翻了之前的决定。施坦莱恩、埃哈德和慕尼黑警方至少暂时成功阻止了希特勒的释放。

* * *

但释放希特勒的努力还远未结束。支持者在慕尼黑、兰茨贝格以及巴伐利亚各地分发一份请愿书，[16] 要求立即将希特勒假释出狱。很快有2000人签了名。一页页的签名来自各行各业，直观显示了希特勒在审判后的人气之高。

到了10月初，希特勒、克利伯和韦伯的律师已经分别提起上诉，反对法庭拒绝其当事人假释的裁决。三名兰茨贝格囚犯也联署了一份声明，称希特勒的确已退出政坛，从他提出外界不要打扰这一点就可以证明。

合议庭的两名平民法官菲利普·赫尔曼和莱昂哈德·贝克承认，他们之所以同意了那个"极为困难的决定"[17]——有罪判决！——是因为他们相信，希特勒和其他被告人可以较早地得到假释。此外这些平民法官的法律知识有限（赫尔曼是一名保险推销员，贝克是文具店老板），没有意识到检方的上诉是可以阻止法庭裁决的。他们希望希特勒获释，而且之前就以为会是这样。

各方为此展开了激烈争论，直到1924年10月6日巴伐利亚最高法院否决了上诉，批准希特勒的假释。这促使路德维希·施坦莱恩和汉斯·埃哈德再次行动起来，独力与希特勒做对。施坦莱恩夜以继日——很有可能是埃哈德，在最后关头又呈交了一份措辞激烈的上诉书，试图阻止这些囚犯的释放。

检方显然意识到，即便再一次成功阻止了希特勒的假释，施坦莱恩和埃哈德不可能一直这样拖延下去。他们改变了策略，一旦希特勒被提前释放，他们要求将其驱逐出境。到了这个时候，慕尼黑与巴伐利亚邦警方已经得出了同样的结论。

早在1924年3月26日，法庭判决之前，慕尼黑警方就致函奥地利政府，询问一旦能将希特勒递解出境，对方是否可以接收。林茨的邦政府确认，他们承认被告人的奥地利国籍以及他居住于此地的权利。奥地利地方当局已经做好了在帕绍边境接收希特勒的准备。[18]

问题是到了秋天，希特勒眼看就要获释的时候，奥地利政府变卦了。[19]奥地利总理伊格纳兹·塞佩尔（Ignaz Seipel）和

他的基督教社会党内阁认为，阿道夫·希特勒的驱逐出境会给
"［奥地利］内政外交造成严重威胁"[20]。首先一点是希特勒主张
奥地利和德国合并，那就可能意味着政府被推翻，结束奥地利的
独立。

　　于是在 1924 年 9 月 30 日，塞佩尔和内阁宣布拒绝希特勒
回国。

　　奥地利的这一立场，有一个很方便的依据——希特勒的服役
情况导致他的奥地利国籍的有效性成疑。但那是无关紧要的事，
巴伐利亚方面反驳道，因为希特勒从未正式放弃自己的奥地利国
籍。此外，希特勒在德国——奥地利的盟国——参军是自愿的，
而奥地利此前就认可这样的服役，称可以等同于尽到了国民的兵
役义务。为什么在希特勒这里就不行？

　　慕尼黑方面在 10 月初派人到维也纳，就驱逐希特勒事宜磋
商，但塞佩尔总理和奥地利内阁拒绝让步。等到了 12 月初，巴
伐利亚法院按计划要再次就希特勒的假释做出裁决时，情况并没
有改变。

　　为阻止希特勒的获释，施坦莱恩和埃哈德于 1924 年 12 月
5 日做出了可能是最后一次的尝试。[21] 他们历数了这名囚犯的危
险之处，还有他在兰茨贝格的违规情况。在法庭的要求下，典狱
长奥托·赖博尔回之以一份报告，称赞希特勒的服刑表现完美
无瑕。

　　在提交报告前，赖博尔和多名狱卒面谈，[22] 了解他们的看
法。他们全都给出了非常正面的评价。约瑟夫·普费弗（Josef
Pfeffer）和施特凡·舒斯特（Stefan Schuster）称赞希特勒是
个性格开朗、毫无保留的人。他总是彬彬有礼，弗朗茨·舒恩
（Franz Schön）补充说，并且表现得体。赖博尔在狱方报告中

写道，希特勒唯一一次确凿的违规，是在没有得到审查员允许的情况下，给一名汽车经销商去了一封"无伤大雅的"信函。简单说，希特勒是一名"政治理想主义者"，一个模范囚犯。[23]

1924 年 12 月 19 日，巴伐利亚最高法院宣布驳回关于假释的上诉。有意思的是，法院裁决的原始文件今已不存。法律评论人士一直怀疑是内政部部长弗朗茨·格尔特纳在搞鬼，尽管他强烈否认。格尔特纳无疑掩盖得很好，加之二战末期的空袭毁掉了其他的许多档案。不过还是可以找到蛛丝马迹证明格尔特纳曾出手干预。

其中包括警方 1930 年呈交内政部的一份机密报告，是由杰出的魏玛律师、前普鲁士警方律师罗伯特·M.W.坎普纳（Robert M. W. Kempner）偷偷带出德国的。报告陈述了希特勒的叛国劣迹，最后提出"曾任巴伐利亚司法部部长的弗朗茨·格尔特纳"[24] 出面驳回了警方对希特勒假释的反对意见。这当然谈不上确凿证据，但考虑到当时的情况，这个主张也不是没可能。日后希特勒将任命格尔特纳为第三帝国司法部部长。

还有一个因素可能也会促使巴伐利亚当局宁可让希特勒假释出狱，同时放弃就驱逐出境事宜向奥地利施压，那就是德国将于 1924 年 12 月 7 日再次举行全国大选。[25]

随着货币改革和经济复苏，民族主义种族主义之类的极端势力在新的民调中遭到重挫。审判后的人气急升势头已经退去，争吵和矛盾不断的右翼在艰难守住这期间取得的一些领先优势。普选票数少了一半：从 1918300 张变成了 907300 张。巴伐利亚的情况更糟。右翼民族主义者失去了约 70% 的支持者。在许多观察人士看来，极右翼再一次出现大幅下滑。人们认为就算希特勒都已经无力挽回。

对司法部的人来说，这些都很适合拿来说明让希特勒尽早假释的必要性——同时也动摇他们的对手的立场。

希特勒即将获释的新闻在 12 月 20 日上午传到兰茨贝格。[26] 据狱卒汉姆里希的回忆，当时消息如野火一般在监狱里传开。"人们欣喜非常。"[27] 囚犯们奔走相庆。希特勒开始收拾行李，把其余的东西都送了人，并且感谢了狱方工作人员的支持。

"我离开兰茨贝格的时候，"希特勒后来说，"大家都哭了。〔典狱长〕和其他的监狱工作人员……经过我们的争取，已经加入我们的事业中来。"[28]

希特勒被判 5 年徒刑，但服刑时间不超过 8 个半月。根据邦检察官办公室一名官员的计算，希特勒提前 3 年 333 天 21 小时 50 分离开了监狱。[29] 假如一直被关押到 1928 年，或服了跟他的罪行相符的刑期，会是什么结果呢？

1924 年 12 月 20 日下午 12:15，希特勒已经是一个站在兰茨贝格监狱外的自由人。来接他的有摄影师海因里希·霍夫曼，以及将来会负责印他的书的阿道夫·缪勒。事实上还有几个人已经先他们一步抵达。首先是安东·德莱克斯勒和奥托·斯特拉瑟，他们打算带希特勒去见鲁登道夫，遭到断然拒绝。"希特勒争夺战这么快就开始了，出乎我的意料，"赫斯回忆当时各敌对派别纷纷想争取赢得他的关注。[30]

霍夫曼自然想用一张照片作为纪念。兰茨贝格的狱卒威胁说，他要胆敢在监狱里架设相机，他们会没收，于是他们驱车前往城中一座古老的楼门，[31] 拍下了一张著名的照片。"动作快点，霍夫曼，否则人都要拥上来了，"希特勒不耐烦地说，他把帽子拿在手上，穿着长筒袜和大衣，里面估计穿着他那条背带皮裤。"反正，现在可是冻得够呛！"[32]

他们回到了慕尼黑，几个朋友正在蒂尔施街他的住处等着。他从黑色汽车的后座走出来，此时此刻，他和他最狂热的支持者一样认为，自己已经不再是一场失败政变的策动者，而是一名领袖，一位注定要统治这个国家的元首。

1923 年 11 月 8 日，一个瘦削的年轻人，穿着过于宽大的大衣，冲进一场啤酒馆集会，宣称要推翻政府。当晚，他发誓不成功便成仁。然而，17 个小时后，他既没成功，也没成仁。希特勒输得颜面尽失，仓皇逃离现场。从《纽约时报》到《法兰克福日报》，不少敏锐的观察者认为[1]，这次惨败意味着希特勒政治生涯的终结，而如果不是在慕尼黑接受审判，恐怕结果真的会是那样。

主审法官吉奥格·奈特哈特对法律进行了滥用、曲解乃至公然的无视，他关心的主要是避免巴伐利亚最高当局反对共和国和《凡尔赛条约》的行动遭到全面曝光。他的首要目标是保护他们以及他们执掌的机构的名誉——正是这一点，让希特勒抓住了机会。他得到了充分的施展空间——只要不暴露可能有碍巴伐利亚或德国利益的敏感信息就行。当然，奈特哈特总的来说是赞成希特勒的民族主义构想的，这一点自然也有帮助。

如果依法在莱比锡的邦法院举行审判，希特勒肯定不会只得到最低限度的刑罚。单是四名警察的死亡[2]就足以判处极刑。然而在慕尼黑，希特勒得到的指控，跟他在政变中犯下的罪行比起来微不足道。

除了警察的丧生，还有非法关押政府部长、市议员以及犹太公民；对贝格勃劳凯勒内的人进行暴力胁迫；打劫印钞厂；盗窃和毁坏敌对报社的财物；煽动暴乱。然而考虑到法庭唯一的关注点是重大叛国，这些罪行很快被遗忘了。

即便如此，希特勒得到的检控也没达到法律的要求。法庭给他的量刑是绝对的最低限度，而且非但没有将他递解出境，还裁决准许假释。希特勒在当年年底就出狱了。正如检察官施坦莱恩和埃哈德警告的那样，他立即恢复了之前的工作，只不过这一次，他对共和国构成的危险已经不可同日而语。他有了更清晰的未来构想，一个更详尽的实现计划，同时也更加确信自己是一个有着经天纬地之才的领袖。

日后希特勒会说，自己在狱中的经历给了他"大无畏的信念，乐观的精神，以及对我们的天命的信心，从此再也没人能动摇"[3]。兰茨贝格显然在他的人生当中意义非凡，然而，如果希特勒能从他那必胜信念和自利的传奇营造中暂时抽离出来，也许可以考虑另一个帮助他重燃使命感的因素。

他也许会感谢主审法官吉奥格·奈特哈特在审案期间的纵容、他所得到的宽大判决，当然还有让他留在德国这个不寻常的决定。事实上，希特勒可能还真找到机会这么做了，1937年奈特哈特退休时，希特勒给他捎了个信，感谢他多年的工作。他可能还感谢了弗朗茨·格尔特纳以及巴伐利亚司法部，假释得到批准有他们的功劳。因此当大萧条来袭时，希特勒既没有关在牢里，也没有被驱逐出境。他是个自由人，可以去利用崩溃的经济，以及内部已经瘫痪的共和国。

阿道夫·希特勒的审判本身并不是一个取得权力的故事，而是促成这种崛起的其中一个片段。正是这场审判，把他这个相对不起眼的地方领袖推上全国舞台。希特勒在奈特哈特的法庭里的演说和证词，构成了他的第一部重要自传，让他的公众形象超越慕尼黑啤酒馆的世界，得以为那些此前根本不认识也不在乎他的人所知。很快，希特勒把被告席变成了他和他的政党的讲台，让年轻的共和国接受审判。

24天里，希特勒张牙舞爪地攻击政府，他那尖利、刺耳的声音忽高忽低，时而动情哽咽，略去某个音节，时而往自己的牙刷胡上啐唾沫，向指控他的人发起无休止的攻讦。他的言辞和作秀才能得到全面展示。希特勒在前步兵学院餐厅里的表演，包含了一些他生涯之中最出色，应该也是影响最深远的演说。

从德国和其他欧洲国家乃至阿根廷和澳大利亚等遥远国度赶来的记者，对他的丑态进行了详尽的描绘。这样的宣传，是他这样一个处于生涯初期的地方政治煽动者难以想象的。

在审判过程中，希特勒将啤酒馆惨败转化成了一场个人的、政治的胜利。他不再是把政变搞砸的小丑，在越来越多的支持者眼里，他是一个爱国者，为了德国人民的利益，起身抵制柏林的叛国迫害、巴伐利亚的懦弱，以及被协约国玩弄于股掌之间的羞辱。在他们看来，他是一个为人民不惜牺牲自己的殉道者，而那些地位显赫于他的盟友却只知自保，或者像鲁登道夫那样，把自己犯的错全都推到别人身上去。

"这个希特勒说得太好了！"一名前线归来的老兵说他是在慕尼黑的法庭上被希特勒征服的。"他受审那段时间，是我对他的忠诚的开始。从那时起，我除了希特勒谁也看不上了。"在1920年代找到纳粹党的许多人是这样想的，他们觉得这个党的领袖是个"实干家"，是德国未来的希望所在。[4]

还有一个年轻人也被他在审判中的表现吸引，此人刚刚拿到德语文学博士学位，而后开始写作一部小说，他就是约瑟夫·戈培尔（Joseph Goebbels）。当时身在老家——位于鲁尔区的莱特——的戈培尔每天都在关注那场审判。在他的日记中，戈培尔说他认为希特勒是个鼓舞人心的"理想主义者"，甚至是知识分子。读着报纸上那些言语，戈培尔感觉像是"被带到了星星上去"。[5]

/ 后记 /

　　他立即给希特勒写了一封信。"您是在就一个新的政治纲领做出要理问答，而这纲领，是诞生自一个正在走向崩溃与世俗的世界。"他引用了歌德来表达自己的激动心情："神让你能说出我们的苦难。"两人的恐怖联盟由此开启，将一直持续到1945年4月他们在地堡中死去。[6]

　　从志在成为艺术家的年轻人，到发起种族灭绝的杀人魔，希特勒的一生充满了"假如是这样，那将会如何"式的不幸瞬间。他的重大叛国罪审判就是其中之一。慕尼黑的法庭本可以将阿道夫·希特勒从公众视野中抹去，他也许会被世人遗忘。结果这场黑白颠倒的审判造成了深远影响，为第三帝国铺平了道路，也让阿道夫·希特勒得以将难以置信的苦难施诸众生。

我很荣幸地向本书写作过程中帮助过我的人表达谢意。首先需要感谢我的经纪人、威廉·莫里斯奋进娱乐公司（William Morris Endeavor）的苏珊·格拉克（Suzanne Gluck）对本书给予的无限支持。苏珊是这个星球上最了不起的经纪人！此外，让我倍感幸运与感恩的是，有 W.W.诺顿（W. W. Norton）公司的约翰·A.格鲁斯曼（John A. Glusman）这样的人做我的编辑。约翰是一位杰出的编辑，与他共事愉快非常。约翰和苏珊是我的梦之队。没有他们，我根本不可能完成这本书。

我想感谢巴伐利亚州档案馆、慕尼黑州立档案馆、慕尼黑当代史研究所、美国国家档案馆、胡佛战争与和平研究所、富兰克林·D.罗斯福总统图书馆、杰萨曼县公共图书馆及其他诸多提供珍本和微缩胶片跨馆出借的图书馆的馆员。特别鸣谢克里斯托夫·巴赫曼博士（Dr. Christoph Bachmann）、卢卡斯·赫贝克（Lukas Herbeck）、安德烈·盖斯特（André Geister）、丽塔·威廉姆斯（Rita Williams）以及慕尼黑州立档案馆团队，他们允许我查阅诸多宝贵馆藏，尤其是检方档案以及新近发现的一些令人激动不已的史料——兰茨贝格监狱的阿道夫·希特勒档案；感谢格哈德·黑策博士（Dr. Gerhard Hetzer）和巴伐利亚州档案馆的馆员们，他们提供了一座史料的宝藏，这其中有副检察官汉斯·埃哈德的私人文件，包括他就此次审判写下的未出版回忆录，他在 1980 年去世以前接受的一些采访，还有许多意外收获，比如埃哈德本人的法庭通行证；感谢巴伐利亚州档案馆的珍妮特·埃格特（Jeannette Eggert），她帮我取得了议会调查材料，其中揭示了大量有关啤酒馆政变的史实；慕尼黑当代史研究所的几位专业而友好的工作人员也让我心存感激，他们同样敞开了大门，欢迎我研究他们收藏的丰富资料。打开一箱档案查阅希特勒的保镖乌尔里希·格拉夫的未发表回忆录，或兰茨贝格狱卒弗朗茨·汉姆里希的笔迹，那种激动的心情很难忘怀。还要感谢富兰克林·德拉诺·罗斯福总统图书馆馆员们的协助，包括提供一份海伦·涅梅耶手写回忆录的副本，其中描述了她将躲避警方追捕的希特勒藏在自家阁楼的经历。我还想感谢苏珊·霍尔穆特（Susan Hormuth）对国家档案馆和国会图书馆资料进行的专业拍摄。罗恩·贝斯克（Ron Basich）对罗伯特·D.墨菲收藏材料的高品质拍摄有助于我们了解这位副领事驻慕尼黑期间向国务院发出的信函。罗恩·克里奇菲尔德博士（Dr. Ron Critchfield）和杰萨曼县公共图书馆的杰出馆员对我的研究给予了不懈的支持，帮我争取到许多跨馆出借的稀有材料，包括不少宝贵的微缩胶片，从二战末期美国陆军在帕绍和诺伊马尔克特－圣法伊特缴获的德国文件，到1920年代慕尼黑的外交和领事报告，不一而足。他们源源不断地提供资料，尽管图书馆正在经历一场浩大的翻建工程，使其愈发成为蓝草地区的一座灯塔。每一位馆长、图书档案馆员都倾力相助，打开他们的史料宝藏，这成为我深爱治史之学的又一个原因。

《审判希特勒》缘起于我在肯塔基大学教欧洲史期间的一堂讲座。行走在慕尼黑城，我时常想起课上的谈话，我寻访与本书所围绕的那些罪与罚的故事相关的地点：从罗森海姆大道到音乐厅广场的政变者游行路线；根据警方报告和目击者陈述重建的政府部队调动，当时他们可以看到游行的人群渐渐逼近统帅堂；我走了恩斯特·罗姆的"帝国战旗"前去与希特勒会合并喝些免费啤酒时走的路。其中一个我格外喜欢的地方，自然是布鲁登堡街那一带，也就是举行希特勒审判的地方，当时的观众、记者、摄影师、拍摄组以及看热闹的人，就徘徊在那里的武装警卫、铁丝网和其他障碍物之间。1923~1924年慕尼黑历史遗址之旅不乏意外发现。比如，希特勒在1913年春刚搬到慕尼黑时住过的寓所底楼现在是一家热闹的店铺。希特勒在政变和受审期间居住的那幢楼现在也成了一家可爱的时尚小店，售卖捷克书籍、音乐和艺术品。我在慕尼黑和巴伐利亚有不少难忘的经历，尤其要感谢退休的兰茨贝格狱卒约瑟夫·哈根布什（Josef Hagenbusch），他讲述了许多监狱工作的精彩掌故，还有希特勒在押期间典狱官和员工们的轶事，其中就包括奥托·赖博尔。我还要感谢许多曾经帮助我的人，我时常满怀感激地回想起在慕尼黑的时光，漫步于那些与政变和审判有关的地方。首先想到的是已故的雷蒙德·F. 贝茨（Raymond F. Betts）教授和简·凡斯（Jane Vance）教授。我很清楚自己受了他们多少恩惠，并无比珍视来自他们的影响与记忆。我还想感谢戴维·奥尔斯特（David Olster）教授，他给了我许多研究过程方面的教诲，同时也让我明白作为一名历史学者意味着什么。我还想感谢我亲爱的朋友马修·斯拉特金（Matthew Slatkin），他一直在留意珍本图书，帮助我充实我的希特勒资料收藏。

我要感谢纽约W.W.诺顿公司的亚莉克萨·皮尤（Alexa Pugh）和莉迪亚·布伦茨（Lydia Brents），本书是在她们的引导下完成从手稿到出版物的旅程的。在伦敦，我需要感谢麦克米伦出版公司的乔吉娜·莫雷（Georgina Morley），她在《审判希特勒》英国版的编辑工作中展现了非凡的专业技能与热情。在阿姆斯特丹，我要感谢约布·李思曼（Job Lisman）和普罗米修斯出版社（Uitgeverij Prometheus）团队的荷兰文翻译；在巴塞罗那，我要感谢塞西·巴拉尔（Seix Barral）的西班牙文译本；在圣保罗，诺沃·塞库洛（Novo Seculo）的葡萄牙文译本；在哥本哈根，居伦达尔出版社（Gyldendal）团队的丹麦文翻译；在奥斯陆，卡普伦·达姆（Cappelen Damm）的挪威文翻译；在赫尔辛基，奥塔沃出版社（Otavo）的芬兰文译本。除了令我无比钦佩的苏珊·格拉克，我还要向威廉·莫里斯奋进娱乐公司驻伦敦的西蒙·特里文（Simon Trewin）、驻贝弗利山的安娜·德罗伊（Anna DeRoy）、纽约的劳拉·邦纳（Laura Bonner）、伊芙·艾特博姆（Eve Atterbom）、克里奥·塞拉菲姆（Clio Seraphim）和萨曼莎·弗兰克（Samantha Frank）致以最诚挚的谢意。

我怀着喜悦的心情感谢我的家人，他们这么多年来要忍受我对研究的执迷，时不时人间蒸发，去了1920年代的慕尼黑。我一如既往地想大声对你们说，"我爱你们"：我的女儿茱莉亚，现在已经是一个学业明星，对动物怀着非同寻常的热爱；我的儿子麦克斯，一名大无畏的运动员，炫酷的得分手，他一直在向往着我完成本书的那一天，这样我们就可以再到后院来一场一对一的足球赛；我的母亲雪莉·金（Cheryl King），感谢她的母爱，感谢她让我在幼年时代就能领略到叙事的魔力和文字的力量；我的岳母阿妮卡·勒范德（Annika Levander），我至今持有她送给我的那几万亿德国马克（可惜，是1923年的货币），更重要的是那些美好的回忆。愿她安息。

我尤其要感谢我的妻子萨拉，她对本书的帮助难以估量。和往常一样，她是书稿的第一个读者和批评者，也是第一个听到我的新想法的人，无论那想法多么原始或幼稚，并且从不讳谈她的真实看法。凭借精妙的编辑技巧，她给我的文字带来了极大的改善。能有一个聪慧而杰出的妻子，同时还如此美丽动人，是一个同度人生的理想伴侣，实在是我的幸运。

最后我要感谢我的父亲范·金（Van King）的智慧、慈祥与慷慨宽厚。从得知这个写作计划那天起，他一直给予热情的支持。他于 2013 年因癌症去世，但生前得以看到这本书在美国的诺顿、英国的麦克米伦安家落户，并在世界各地找到诸多优秀的出版商。能将这个好消息分享给他，是那段灰暗时光里的一个亮点。我对我们共同相处的时光感恩备至。怀着全心的爱意与仰慕，我将这本书献给他。

英文世界尚无一本关于阿道夫·希特勒审判的专著，确切地说，除德文外的任何语种都不存在这样一本书。考虑到此事的意义之重大，切题史料之丰富，这是有些出人意料的。围绕这场审判可以找到法庭卷宗、审前调查、警方档案、控辩双方律师的材料，当然还有对审判过程逐字逐句的记录——仅这部分就有将近3000页之多。

回忆录、日记、信件以及其他的目击陈述，也可以作为观众行为或法官、律师、被告、证人印象的参考，还有在法庭内的一些不会得到官方记录的事件。我还非常依赖世界各地的许多报纸对审判的详尽报道，里面有德国、奥地利、瑞士、法国、斯堪的纳维亚、英国、加拿大、美国，还有从澳大利亚到阿根廷的其他许多地方。此外还有新闻通讯社，包括沃尔夫通讯社（Wolffs Telegraphisches Bureau）、电讯联盟通讯社、南德通讯社（Süddeutsches Korrespondenzbureau）、犹太电讯社、国际通讯社（Correspondance Internationale）、哈瓦斯通讯社、无线通讯社（Agence Radio）、路透社、国际新闻服务、澳大利亚通讯协会、美联社、合众社和英国联合通讯社。

在我为本书进行研究过程中发生了一件激动人心的事，在纽伦堡一家跳蚤市场发现的500多份与关押希特勒有关的兰茨贝格记录办公室（record office）文件得以入藏慕尼黑州立档案馆。这些学界一直假定已经遗失或被毁的文件，此前从未在德文以外的世界中出现过，包括英文。这是一份重要史料，澄清了关于希特勒的兰茨贝格生活日常的许多讹传，对其他珍贵的主要监狱资料做出补充，后者涉及从典狱长奥托·赖博尔就希特勒狱中表现给出的报告的副本到第 11 囚室出版的监狱报纸《兰茨贝格自由人报》目前所知仅存的一期。

慕尼黑当代史研究所藏有狱卒弗朗茨·汉姆里希的未出版回忆录,还有 1934 年一名记者对他进行的长篇采访;另一位狱卒奥托·鲁尔克的回忆录;囚犯汉斯·卡兰巴赫的回忆录;以及多名囚犯的信件,如赫尔曼·弗布克、鲁道夫·赫斯和阿道夫·希特勒。有去监狱探视的人的回忆,如恩斯特·汉夫施丹格尔和弗里茨·帕策尔特,后者在 6 月探视时带去一件新款冲锋队"褐衫"的一个早期版本。在纳粹主档案中,一个可喜的发现是一份兰茨贝格文件被错标为 1925 年——实际应该是 1924 年,其中有希特勒在押期间多名囚犯的便笺,包括鲁道夫·赫斯。

其他的档案资料包括海伦·涅梅耶的未发表回忆录,也就是警察搜捕期间将希特勒藏在家中的那个女人。她的手写札记描述了希特勒在前往音乐厅广场的游行后躲避警察追捕,藏在她家阁楼的情景。还有许多关于这段时间的未出版回忆录、陈述和个人回忆,包括希特勒的保镖乌尔里希·格拉夫;1923 年 11 月 9 日与希特勒挽臂游行的马克斯·厄文·舒伊勃纳 - 里希特的跟班;提名财政部部长戈特弗里德·费德尔的一份报告和日记;希特勒的律师洛伦兹·罗德的未出版文章以及其他知名辩方律师的文件,包括克里斯托弗·施哈姆。此外还使用了检察官汉斯·埃哈德的私人文件,里面包括了一份关于他在这场审判中的经历的未出版回忆录。

慕尼黑警察局、慕尼黑地方法院、巴伐利亚内政部在这一时期的涉希特勒记录被国家社会主义党掌握,纳入纳粹主档案。这其中包括政变的警方调查和审前调查,以及一系列未发表的问讯、质询、回忆录以及其他 1923 年 11 月 8~9 日事件参与者和目击者的第一视角陈述。警察审问了阿尔弗雷德·罗森贝格、恩斯特·罗姆、海因里希·希姆莱、海因里希·霍夫曼、汉斯·弗兰克、乌尔里希·格拉夫等事发后被捕的大小嫌疑人。议会委员会发起的调查得出了 1700 页的报告，至今没有发表（MA 103476/1-4, BHStA），尽管其中包含了有关政变背景的大量信息，如主审法官奈特哈特、检察官施坦莱恩和巴伐利亚司法部部长弗朗茨·格尔特纳的证词。另外还有 PD 6718-6719、StAM 和 HA 69/1500A 的涉案资料。（该研究的发表版本，威廉·赫格纳匿名推出的 *Hitler und Kahr. Die bayerischen Napoleonsgrössen von 1923. Ein im Untersuchungsausschuss des Bayerischen Landtags aufgedeckter Justizskandal* [1928]，只涵盖了整个调查的一小部分。）希特勒突击队的审判文件在空袭中被毁，不过有一份判决书副本得以留存（Proz.Reg.Nr. 187/1924, JVA 12436, StAM），此外还有一些保存于纳粹主档案中的相关材料，尤其是 HA 67/1493、67/1494、68/1494、68/1498 和 80/1603。所有这些警察、法庭和议会调查委员会文件有助于澄清政变中的许多罪行，这些在审判中很大程度上被忽视。

1923、1924 年的一些宣传册也很有帮助，尤其是有助于理解当时骚动的氛围，比如 Albrecht Hoffmann 的 *Der 9. November 1923 im Lichte der völkischen Freiheitsbewegung*（Lorch Württemberg: K Rohm, 1923）。从因为批评三巨头的处置措施而被巴伐利亚当局封禁的小册子，比如 Karl Rothenbücher 的 *Der Fall Kahr*（Tübingen: Mohr, 1924），到肯定曾在军方高层和公务员圈子流传、在审判中发挥了一点作用的那些材料，比如臭名昭著的所谓"蓝白册子"，或"我来我见"（Veni

Vidi）的 *Ludendorff in Bayern oder Der Novemberputsch*（Leipzig: Veduka-Verlag, 1924），宣传册的内容五花八门。还有 Ludwig Ernst 发表的 *Nachdenkliches aus dem Hitler-Prozess*（München: Dr. Franz Pfeiffer & Co. 1924），以及当时的法学期刊的敏锐分析，尤其是 Alexander Graf zu Ddhna 发表在 *Deutsche Juristen-Zeitung* 29（1924），Heft 9/10，上的"Der Münchener Hochverratsprozess"。其他的主要资料来源中，还有一部分是慕尼黑外交圈子的想法，包括梵蒂冈的尤金尼奥·帕切利；英国总领事 R.H. 克莱夫（R. H. Clive）；符腾堡的卡尔·莫泽·冯·菲尔塞克；以及美国副领事罗伯特·墨菲，此人写了一本回忆录《勇士之中的外交官》（*Diplomat Among Warriors*），将文稿捐给了胡佛战争与和平研究所。墨菲在 1924 年从慕尼黑发回的一些通讯（比如 43.7），在 2005 年 6 月因"国家安全保密"问题被移除了，不过与 1910~1929 年德国内政相关的微缩胶片仍保存在国家档案馆的"国务院档案"中，R G 59、M336、862.00 文件，第 19 和 20 号。

此外我也荣幸地指出，在了解希特勒和这场审判的过程中，许多学者的作品给了我帮助。在当代史研究所资助下出版的德文版庭审记录十分出色，附有 Lothar Gruchmann、Reinhard Weber 和 Otto Gritschneder 的 评 注，*Der Hitler-Prozess 1924. Wortlaut der Hauptverhandlung vor dem Volksgericht München I*, I‑IV（1997‑1999）。这些杰出的权威专家发表了大量关于德国法律史的著作，他们对这一版记录的贡献，以及其他的学术著作，对本书有着难以估量的价值。他们的作品至今仍是法律学者和历史学家了解魏玛共和国司法不可或缺的资源。

在希特勒生平方面，我受惠于 Ian Kershaow、Joachim

C. Fest、John Toland 和 Alan Bullock 的经典传记，此外还有新近加入这一行列的一部——Peter Longerich 的 *Hitler Biographie*，München: Siedler, 2015 和 Volker Ullrich 的 *Adolf Hitler Biographie. Band 1: Die Jahre des Aufstiegs*，Frankfurt am Main: S. Fischer, 2013。我还翻阅了早期的传记，包括前《法兰克福日报》记者 Konrad Heiden 的里程碑之作，还有《柏林日报》编辑 Rudolf Olden 的书，两人都是在 1930 年代流亡海外期间出的书，前者在苏黎世，后者在阿姆斯特丹；另有 Ernst Deuerlein 在战后的开创性作品 *Hitler. Eine politische Biographie*（München: List, 1969），他的其他著作在后面还会提到，以及 Walter Görlitz 和 Herbert A. Quint 的 *Adolf Hitler. Eine Biographie*（Stuttgart: Steingrüben-Verlag, 1952），后者是 Otto Julius Frauendorf 和 Richard Freiherr von Frankenberg 化名出版的作品。我还读了 1930 年代出版的一些奉承希特勒的专辑，希望从中找到认识他的人所做的采访，或是其他的目击陈述，另有纳粹党取得最初的议会胜利后出现的一些国际出版物。从 Frédéric Hirth 的 *Hitler, ou le guerrier déchaîné*（Paris: éditions du tamourin, 1930）到 Arne Melgård 在瑞典 *Hemmets Journal* 上发表的 "Vackre Adolf"（1931），这类材料范围很广。例如有一名英国记者以 "海因茨·A. 海因茨" 这个笔名出版了一本亲纳粹的书籍，其中采访了希特勒在慕尼黑租住的第一间寓所的女房东伯普太太（安娜·伯普）以及狱卒弗朗茨·汉姆里希。后者的陈词是对保存于慕尼黑当代史研究所的手写札记的补充，从某些地方来看是巩固，那些札记是汉姆里希在几十年后写下的，存在一些记忆错误。

至于一些篇幅较短但富有洞见的研究，需要提及的有

/ 345

Sebastian Haffner, *The Meaning of Hitler*, trans. Ewald Osers (Cambridge, MA: Harvard University Press, 1979); Eberhard Jäckel, *Hitler's World View: A Blueprint for Power*, trans. Herbert Arnold (Cambridge, MA: Harvard University Press, 1981); John Lukcas, *The Hitler of History* (New York: Vintage Books, 1998); Ron Rosenbaum, *Explaining Hitler: The Search for the Origins of His Evil* (New York: HarperPerennial, 1999); 以及 William Carr, *Hitler: A Study in Personality and Politics* (London: Edward Arnold, 1978)。其他与这一时期相关的希特勒生平或对其人生某一侧面做出了有价值的叙述的有 Laurence Rees, *Hitler's Charisma: Leading Millions into the Abyss* (New York: Pantheon Books, 2012); Andrew Nagorski, *Hitlerland: American Eyewitnesses to the Nazi Rise to Power* (New York: Simon & Schuster, 2012); Timothy W. Ryback, *Hitler's Private Library: The Books That Shaped His Life* (New York: Alfred A. Knopf, 2008); Yvonne Sherratt, *Hitler's Philosophers* (New Haven: Yale University Press, 2013); Stefan Ihrig, *Ataürk in the Nazi Imagination* (Cambridge, MA: Harvard University Press, 2014); 和 Detlev Clemens, *Herr Hitler in Germany. Wahrnehmung und Deutungen des Nationalsozialismus in Grossbritannien 1920 bis 1939* (Göttingen: Vandenhoeck & Ruprecht, 1996)。还有一些富有启发性、争议性与助益的作品包括 Lothar Machtan 的 *The Hidden Hitler*, trans. John Brownjohn (New York: Basic Books, 2001)，以及一些早期史家的撰述，这些作品虽然有缺陷，但在希特勒历史修纂

/ 346

（the history of Hitler historiography）中仍然有其价值，如 Werner Maser、William L. Shirer、Robert G. L. Waite、Robert Payne 和沃尔特·C. 朗格（Walter C. Langer），其中后者与 CIA 的前身、美国谍报机构"战略情报局"（OSS）的合作，促成了《阿道夫·希特勒的思维——秘密战时报告》（*The Mind of Adolf Hitler: The Secret Wartime Report*, New York: Basic Books, 1972）一书的出版。我还利用了朗格参与解密的其他藏于国家档案馆的 OSS 希特勒文件（《战略情报局材料集》），以及关于苏联反情报活动的文件，后者以 *The Hitler Book: The Secret Dossier Prepared for Stalin from the Interrogations of Hitler's Personal Aides*, eds. Henrik Eberle and Matthias Uhl, trans. Giles MacDonogh 的形式出版，由理查德·奥弗里（Richard Overy）作序（New York: Bristol Park Books, 2005）。另见英国前军情五处特工、后成为牛津大学历史学家的休·特雷弗-罗珀尔（Hugh Trevor-Roper）的研究，尤其是他的文章《阿道夫·希特勒的思维》（The Mind of Adolf Hitler），此文曾作为 *Hitler's Secret Conversations 1941-1944* (New York: Farrar, Straus and Young, Inc., 1953; Signet 1961) 一书的序言出版。

关于希特勒的青年时代，需要提及的有 Anton Joachimsthaler, *Hitlers Weg begann in München 1913-1923* (München: Herbig, 2000); Brigitte Hamann, *Hitler's Vienna: A Dictator's Apprenticeship*, trans. Thomas Thornton (Oxford: Oxford University Press, 1999); Franz Jetzinger, *Hitler's Youth*, trans. Lawrence Wilson (London: Hutchinson, 1958); Albrecht Tyrell *Vom 'Trommler'* zum 'Führer.' Der Wandel von Hitlers Selbstverständnis zwischen 1919 und 1924 und die Entwicklung der NSDAP (München: Wilhelm Fink Verlag, 1975); Thomas Weber, *Hitler's First War: Adolf Hitler, the Men of the List Regiment, and the First World War* (Oxford: Oxford University Press, 2010); Geoffrey Pridham, *Hitler's Rise to Power: The Nazi Movement in Bavaria, 1923 - 1933* (London: Hart-Davis, MacGibbon, 1973); Bradley F. Smith, *Adolf Hitler: His Family, Childhood, and Youth* (Stanford: Hoover Institution, 1967); Eugene Davidson, *The Making of Adolf Hitler* (New York: Macmillan Publishing Co., 1977); Charles Bracelen Flood, *Hitler: The Path to Power* (Boston: Houghton Mifflin Company, 1989); 以及奥特马·普罗金格（Othmar Plöckinger）的作品，尤其是下文提到的他对《我的奋斗》的研究。另见 Ernst Deuerlein, ed., "Hitlers Eintritt in die Politik und die Reichswehr," *Vierteljahrshefte fur Zeitgeschichte* 7 (1959), 177 - 227; Reginald H. Phelps "Hitler als Parteiredner im Jahre 1920," *Vierteljahrshefte fur Zeitgeschichte* 11 (1963), 274 - 330；还有西奥多·阿贝尔（Theodore Abe）在哥伦比亚大学对 600 名冲锋队队员的研究，其成果通过 *Why Hitler Came into Power: An Answer Based on the Original Life Stories of Six Hundred of His Followers* (New York: Prentice-Hall, 1938) 一书发表。

关于政变，需要提及的有恩斯特·杜尔莱恩在 *Der Hitler-Putsch. Bayerische Dokumente zum 8./9. November 1923* (Stuttgart: Deutsche Verlags-Anstalt, 1962) 中的序言和史料

整理，还有 Harold J. Gordon Jr., *Hitler and the Beer Hall Putsch* (Princeton: Princeton University Press, 1972)。另见 Richard Hanser 的 *Putsch!: How Hitler Made Revolution* (New York: Pyramid Books, 1971)，和 John Dornberg 的 *Munich 1923: The Story of Hitler's First Grab for Power* (New York: Harper & Row, 1982)，以及 Hans Hubert Hofmann, *Der Hitlerputsch. Krisenjahre deutscher Geschichte 1920 - 1924* (München: Nymphenburger Verlagshandlung, 1961); Didier Chauvet's *Hitler et le putsch de la brasserie: Munich, 8/9 novembre 1923* (Paris: L'Harmattan, 2012); Georg Franz-Willing, *Putsch und Verbotszeit der Hitlerbewegung November 1923 - Februar 1925* (Preussisch Oldendorf: Verlag K.W. Schütz, 1977); 以及 Georges Bonnin, *Le putsch de Hitler: à Munich en 1923* (Les Sables-d'Olonne: Bonnin, 1966)。关于政变后的情况，见前面提到的 Lothar Gruchmann、Reinhard Weber 和 Otto Gritschneder 的 作 品；Otto Gritschneder's *Bewährungsfrist für den Terroristen Adolf H. Der Hitler-Putsch und die bayerische Justiz* (München: Verlag C. H. Beck, 1990); Otto Gritschneder's *Der Hitler-Prozess und sein Richter Georg Neithardt: Skandalurteil von 1924 ebnet Hitler den Weg* (München: Verlag C. H. Beck, 2001); Klaus Gietinger und Werner Reuss, eds., *Hitler vor Gericht. Der Prozess nach dem Putsch 1923—Fakten, Hintergründe, Analysen* (München: BR-Alpha, 2009)，以 及 David Jablonsky, *The Nazi Party in Dissolution: Hitler and the Verbotzeit, 1923 - 1925* (London: F. Cass, 1989)，此 书

始于他在堪萨斯大学的博士论文。Peter Ross Range, *1924: The Year That Made Hitler* (New York: Little, Brown, 2016) 第 7、8 两章对审判有少量提及。关于这一时期有价值的出版文献有 Eberhard Jäckel und Axel Kuhn, eds., *Hitler. Sämtliche Aufzeichnungen 1905‑1924* (Stuttgart: Deutsche Verlags-Anstalt, 1980); Ernst Deuerlein, ed., *Der Hitler-Putsch. Bayerische Dokumente zum 8./9. November 1923* (Stuttgart: Deutsche Verlags-Anstalt, 1962); Ernst Deuerlein, ed.,*Der Aufstieg der NSDAP in Augenzeugenberichten* (Düsseldorf: Deutscher Taschenbuch Verlag, 1978); Peter Fleischmann, ed., *Hitler als Häftling in Landsberg am Lech 1923/1924* (Neustadt an der Aisch: Verlag Ph.C.W.Schmidt, 2015); Werner Jochmann, ed., *Adolf Hitlers Monologe im Führerhauptquartier 1941‑1944* (München: Heyne, 1982); Werner Jochmann, ed., *Nationalsozialismus und Revolution. Ursprung und Geschichte der NSDAP in Hamburg 1922‑1933. Dokumente* (Frankfurt am Main: Europäische Verlagsanstalt, 1963); Werner Maser, ed., *Hitler's Letters and Notes* (New York: Bantam, 1976); Jeremy Noakes and Geoffrey Pridham, *Nazism, 1919‑1945: A Documentary Reader* (Exeter: University of Exeter, 1998); Othmar Plöckinger and Florian Beierl, eds., "Neue Dokumente zu Hitlers Buch Mein Kampf," *in Vierteljahrshefte fur Zeitgeschichte* 57, Heft 2 (2009), 261‑318；另 有 Georges Franz-Willing (1977) 和 Georges Bonnin (1966) 最后随附出版的文献。有一些当时在慕尼黑的目击者陈述，如《前进报》

的 Joseph Roth；国际通讯的 Victor Serge；《阿根廷日报与周报》（*Argentinische Tag-und Wochenblatt*）的 Carl Christian Bry；加泰罗尼亚记者 Eugeni Xammar（为马德里和巴塞罗那多家报社撰文）；《先驱日报》（*Daily Herald*）的 Morgan Philips Price（原为《曼彻斯特卫报》特约记者），他在 1924 年 2 月的时候已经在那里驻扎了五年；记者以外的人物、赫尔曼·戈林的第一任妻子卡琳在瑞典斯德哥尔摩时写的家书。

除非特别说明，来自审理过程中的引语都来自现存的其中一份逐字记录（慕尼黑邦地方法院记录 NA T84 EAP 105/7），该文件于 1945 年被美国陆军缴获，在送往华盛顿拍照存档后归还给德国，此后一直保存在联邦档案馆（Bundesarchiv）。我收藏了这份文件的一个副本。我还使用了通过 *Der Hitler-Prozess vor dem Volksgericht in München* (München: Knorr & Hirth, 1924) 出版的庭审记录，我也掌握了它的一个副本，此外还有慷慨出借给我的 *Der Hitler-Prozess. Auszüge aus den Verhandlungsberichten mit den Bildern der Angeklagten nach Zeichnungen von Otto von Kursell* (München: Deutscher Volksverlag, 1924)。和前面提到的慕尼黑邦地方法院记录不同的是，这两个版本都经过大幅删减，考虑到它们都是 1924 年出版的，自然不包括审判的许多闭门庭期。另一个使用过的版本是 *The Hitler Trial Before the People's Court in Munich*, trans. H. Francis Freniere, Lucie Karcic, and Philip Fandek (Arlington, VA: University Publications of America, 1976)，同样经过删减，并且没有多少评注。如果想对这方面有更多了解，见前面提到的当代史研究所出版的庭审记录德文版，及其编辑 Lothar Gruchmann、Reinhard Weber 和 Otto Gritschneder

的学术著作。关于魏玛共和国的法律，有不少权威著作可以参考，包括 Richard J. Evans、Heinrich Hannover 和 Elisabeth Hannover-Drück、Henning Grunwald、Benjamin Carter Hett 和 Douglas G. Morris 的作品。

如果想从一位杰出律师的视角了解当时慕尼黑的法律环境，可参考 Reinhard Weber 编辑的马克斯·赫施贝尔格的著作 *Jude und Demokrat. Erinnerungen eines Münchener Rechtsanwalts 1883 bis 1939* (München: R. Oldenbourg Verlag, 1998)。1920 年代曾任普鲁士警察法律顾问的 Robert M. W. Kempner 偷偷带出了一些文件，从中可以看到为驱逐希特勒和阻止他假释而展开的行动，这给本书关于希特勒在狱中情况的章节提供了帮助（*Research Studies of the State College of Washington*, XIII, No. 2, June 1945）。另见埃哈德文件的未发表手稿，*Chronik der Bayerischen Justizverwaltung* (NL Ehard 90, BHStA)，尤其是关于政变和审判的第 3 卷。前文提到，埃哈德就此案的审判写下的未出版回忆录提供了研究希特勒审判的新鲜角度，Andreas Stenglein 在 *Ludwig Stenglein, der Anklager im Hitler-Prozess 1924* (Bamberg-Gaustadt: Selbstverlag, 2000) 中写了一篇简短但珍贵的回忆，并在日后的补编中做了更新（见德文网站 andreas-stenglein.de），此外还有下文提到的 BHStA 档案中施坦莱恩在议会委员会调查中的陈述。Natalie Willsch 写了审判中的另一位律师，见 *Hellmuth Mayer (1895 - 1980). Vom Verteidiger im Hitler-Prozess 1924 zum liberal-konservativen Strafrechtswissenschaftler. Das vielgestaltige Leben und Werk des Kieler Strafrechtslehrers* (BadenBaden: Nomos Verlagsgesellschaft, 2008)。有关驱逐

问题导致的法律争斗中的曲曲折折，以及巴伐利亚和柏林之间的争端，见 D. C. Watt, "Die bayerischen Bemühungen um Ausweisung Hitlers 1924," *Vierteljahrshefte für Zeitgeschichte* 6 (1958), 270 - 80，以及 Bernd Steger, "Der Hitlerprozess und Bayerns Verhältnis zum Reich 1923/1924," *Vierteljahrshefte für Zeitgeschichte* 23 (1977), 441 - 66。

关于慕尼黑的文化生活，见 David Clay Large's *Where Ghosts Walked: Munich's Road to the Third Reich* (New York: W. W. Norton, 1997); Rainer Metzger, *Munich: Its Golden Age of Art and Culture 1890 - 1920* (London: Thames & Hudson 2009); 和 Christoph Stölzl, ed., *Die Zwanziger Jahre in München* (München: Münchner Stadtmuseum, 1979)，这是慕尼黑市立博物馆（Münchner Stadtmuseum）在 1979 年 5 月至 9 月间举办的一场展览的图录，共 750 页。我还受惠于魏玛共和国史领域的学术著作，尤其是 Richard J. Evans、Eric D. Weitz、Heinrich August Winkler、Eberhard Kolb、Hans Mommsen、Detlev J. K. Peukert、Peter Gay、Henry Ashby Turner Jr.、Gordon A. Craig、James M. Diehl、John W. Wheeler-Bennett、Erich Eyck、Otto Friedrich、Pierre Broué、Frederick Taylor、F. L. Carsten 和 Paul Bookbinder 的作品，另外还有 Gerald D. Feldman 的两部著作——*The Great Disorder: Politics, Economics, and Society in the German Inflation, 1914 - 1924* (Oxford: Oxford University Press, 1997) 和 *Hugo Stinnes. Biographie eines Industriellen 1870 - 1924* (München: Verlag C. H. Beck, 1998)。另一个优秀的资源是威廉·赫格纳的 *Die Verratene Republic. Deutsche Geschichte 1919 - 1933* (München: Nymphenburger Verlagshandlung, 1979)，他在 1934 年流亡瑞士期

间开始写作此书，到 1950 年代末卸任巴伐利亚邦行政长官后完成。其他对魏玛文化某一侧面的论述也有帮助，比如 Brigitte Hamann 的 *Winifred Wagner oder Hitlers Bayreuth* (München: Piper, 2002)；Wolfgang Martynkewicz 的 *Salon Deutschland. Geist und Macht 1900 – 1945* (Berlin: Aufbau, 2009) 和 Anna Maria Sigmund, *Des Führers bester Freund. Adolf Hitler, seine Nichte Geli Raubal und der "Ehrenarier" Emil Maurice—eine Dreiecksbeziehung* (München: Heyne, 2003)。关于《我的奋斗》，见奥特马·普罗金格的 *Geschichte eines Buches. Adolf Hitlers "Mein Kampf" 1922 – 1945* (München: Oldenbourg, 2006 and revised edition, 2011)；奥特马·普罗金格与 Florian Beierl 合作发表于 *Vierteljahrshefte fur Zeitgeschichte* 57, Heft 2 (2009), 261 – 318 的 "Neue Dokumente zu Hitlers Buch Mein Kampf"；Sven Felix Kellerhoff 的 '*Mein Kampf*'. *Die Karriere eines deutschen Buches* (Stuttgart: Klett-Cotta, 2015); Barbara Zehnpfennig, *Adolf Hitler. Mein Kampf. Studienkommentar* (Paderborn: Wilhelm Fink Verlag, 2011); Christian Zentner, *Adolf Hitlers Mein Kampf. Eine kommentierte Auswahl* (München: List, 1974)；以及近期的两卷本注释版 *Mein Kampf. Eine kritische Edition* (München: Institut für Zeitgeschichte, 2016)，由 Christian Hartmann、Thomas Vordermayer、奥特马·普罗金格和 Roman Töppel 编辑。审判——以及政变后、入狱前——这段时期得到的研究意外地少，而用美国副领事罗伯特·墨菲的话说，希特勒在慕尼黑的这段时间里："全欧洲没有哪个地方像这里一样，以如此激烈的方式，揭示了这片纷乱大陆的过去、现在与未来。"

档　案

BHStA　巴伐利亚州档案馆

FDR　富兰克林·D.罗斯福总统图书馆

HA　国家社会主义德国工人党主档案（NSDAP Hauptarchiv）

HI　斯坦福大学胡佛研究所

IfZ　慕尼黑现代历史研究所

NA　华盛顿国家档案馆

StAM　慕尼黑州立档案馆

序

1　*Sicherungsmassnahmen anlässlich des Prozesses gegen Hitler u. Genossen,* February 23, 1924, HA 68/1498.

2　*Sicherheitsvorkehrungen für das Kriegsschulgebäude während der Zeit des Hitler-Prozesses,* February 15, 1924, HA 68/1498.

3　1924 年 2 月 27 日《纽约时报》。

4　1924 年 1 月 28 日《慕尼黑—奥格斯堡晚报》；1924 年 2 月 24 日《前进报》；1924 年 2 月 26 日《布拉格日报》；和 1924 年 2 月 27 日《慕尼黑最新消息》。

5　Report, February 8, 1924, MA 104221, BHStA, and preparations, MINN 73699, BHStA.

6　德文是 "Rotzbremse"。

7　*Aufnahme-Buch fürSchutzhaft, Untersuch. u. Festungshaft-Gefangene 1919,* JVA 17000, StAM.

8　1924 年 2 月 26 日《福斯日报》晚间版和 1924 年 2 月 27 日《小巴黎报》。

9　1924 年 2 月 27 日《巴黎之声》。

10　1924 年 2 月 27 日《晨报》。

11　1924 年 2 月 26 日合众社。

12　Kurt G. W. Ludecke, *I Knew Hitler: The Story of a Nazi Who Escaped the Blood Purge* (New York: Charles Scribner's Sons, 1938), 65. 本书采用了他的姓氏 Lüdecke 的英文拼写形式。

13　1923 年 11 月 10 日《纽约时报》。

14　1924 年 2 月 27 日美联社和 1924 年 2 月 26 日《汉堡导报》。

15　Otto Gritschneder, *Der Hitler-Prozess und sein Richter Georg Neithardt. Skandalurteil von 1924 ebnet Hitler den Weg* (München: Verlag C. H. Beck, 2001), 52 and note 25, p.145.

第一篇　啤酒馆

1　贝格勃劳凯勒

1　引文见于 David Clay Large, *Where Ghosts Walked: Munich's Road to the Third Reich* (New York: W. W. Norton, 1997), 32。[①]

2　埃贡·汉夫施丹格尔未出版回忆录第 101 页，此外他还回忆了自己跟希特勒的保镖乌尔里希·格拉夫射击的日子，Box 45, John Toland Papers, FDR。

3　Ernst Hanfstaengl, *Zwischen Weissem und Braunem Haus. Memoiren eines politischen Aussenseiters* (München: R. Piper, 1970), 52 和 Kurt G. W. Ludecke, *I Knew Hitler: The Story of a Nazi Who Escaped the Blood Purge* (New York: Charles Scribner's Sons, 1938), 271 - 72，而 Heinz A. Heinz, *Germany's Hitler* (London: Hurst & Blackett, 1938), 240 - 41 中对房东的问讯也提供了一些侧面的描述。据慕尼黑警方记录，希特勒是 1920 年 5 月 1 日搬进这里的。房东的女儿安东妮·海希尔特（Antonie Reichert）证实了这一日期，September 9, 1952, ZS 287, IfZ。

4　他认为自己的工作是"理论深化"，引自 Alfred Rosenberg, interrogation with Munich police, VIa 2500/23, June 6, 1924, HA 67/1493。

---

①　本译文摘自上海译文出版社 1986 年版《托马斯·曼中短篇小说选》，钱鸿嘉译。

5   Ian Kershaw, *Hitler 1889 - 1936: Hubris* (New York: W. W. Norton, 1999), 206.

6   1923 年 11 月 8 日《人民观察家报》。

7   1923 年 11 月 8 日《慕尼黑邮报》。

8   Hanfstaengl (1970), 129.

9   Björn Fontander, *Carin Göring skriver hem* (Stockholm: Carlssons, 1990), 107.

10   Alfred Rosenberg, interrogation, VIa 2500/23, June 6, 1924, HA 67/1493.

11   Hanfstaengl (1970), 129.

12   *Vorgängebeim Stabder 7.Division am 8.11.abends und 9.11.vom Verlassen des Bürgerbräukellers bis zur Wiederinbesitznahme des Kriegs–Ministeriums.* Ernst Deuerlein, ed., *Der Hitler–Putsch. Bayerische Dokumente zum 8./9. November 1923* (Stuttgart: Deutsche Verlags–Anstalt, 1962), Nr. 182, Anlage 4, 507.

13   *Bericht an das Staatsministerium des Innern München*, December 5, 1923, HA 67/1491.

14   常有历史文献称是一辆梅赛德斯，应该是错的。是一辆奔驰。

15   Large (1997), xii - xiii.

16   NA T84 EAP 105/7, 96.

17   Police report, *Wahrnehmung im Bürgerbräukeller*, November 22, 1923, HA 67/1490.

18   有一个说法是，和希特勒同车来的还有安东·德莱克斯勒（Anton Drexler），Hans Hubert Hofmann, *Der Hitlerputsch. Krisenjahre deutscher Geschichte 1920 - 1924* (München: Nymphenburger Verlagshandlung, 1961), 160。Hofmann 引 的 是 Walter Görlitz and Herbert A. Quint, *Adolf Hitler: Eine Biographie* (Stuttgart: Steingrüben–Verlag, 1952), 201, 但后者没有给出任何证据。德莱克斯勒在最初接受警方或媒体问询时没有这么说过，警方问讯过的目击证人也没有提到他们是一同抵达。如他后来所说，他可能是和马克斯·阿曼一起来的。

19   1923 年 11 月 9 日《慕尼黑报》。

20   *Bericht über meine Tätigkeit in der Zeit von 8. - 9. November*, HA

21　日期不详的机密报告，*Der Putsch vom 8.Nov.1923*，HA 67/1491.

22　古斯塔夫·冯·卡尔演讲稿，"Vom Volk zur Nation!" MA 104221，BHStA，发表于 1923 年 11 月 9 日《慕尼黑最新消息》。

23　约翰·艾格纳未出版回忆录，*Ein Beitrag zur Geschichte der nationalen Erhebung im November 1923*，6，HA 5/114II.

24　Ernst Hanfstaengl, *Hitler: The Memoir of a Nazi Insider Who Turned Against the Führer*, intro. John Willard Toland (New York: Arcade Publishing, 1957, repr. 2011), 96.

25　Police report, Nr. 2673, *Persönliche Wahrnehmung vor dem Bürgerbräukeller in der Nacht v. 8./9.11.23*, November 20, 1923 HA 67/1490.

26　Johann Georg Maurer, VI a F413/24, November 21, 1923, HA 67/1494, Walter Hewel, VI a F 425/24, February 22, 1924, HA 67/1494, and MA 103476/3, 1217, BHStA.

27　Harold J. Gordon Jr., *Hitler and the Beer Hall Putsch* (Princeton: Princeton University Press, 1972), 270.

28　Josef Berchtold interview, Heinz (1938), 150.

29　Richard J. Evans, *The Coming of the Third Reich* (New York: Penguin Books, 2003), 228. The SS developed over time into what Heinz Höhne called "the guillotine used by a gang of psychopaths obsessed with racial purity," Heinz Höhne, *The Order of the Death's Head: The Story of Hitler's SS* (New York: Penguin Books, 2000), 3.

30　Rebecca West, "Greenhouse with Cyclamens I" (1946), in *A Train of Powder* (Chicago: Ivan R. Dee, 1955), 6.

31　或称"会场守备队"，是在 1920 年 2 月 24 日或这之后成立的，Bruce Campbell, *The SA Generals and the Rise of Nazism* (Lexington: University Press of Kentucky, 1998), 20。

32　Karl A. Kessler, *Der 9. November 1923 in München. Erlebnisse eines SA Mannes* (München: Walter, 1933), 8.

33　Kershaw (1999), 698, note 81. 冲锋队褐衫最早据说是 1924 年 6 月由弗里茨·帕策尔特（Fritz Patzelt）拿给关在兰茨贝格的希特勒的。监狱记录显示这个人在据称的那一天——6 月 9 日——的确曾前来探视，143140，STA 14344, StAM。褐色帽子要更晚一些，最早是在 1927 年 2 月出现，Stabsführer der Oberstern SA-Führung, Akten-Vermerk, November 6, 1935, HA 5/129。

34 Truman Smith, *Berlin Alert: The Memoirs and Reports of Truman Smith*, ed. Robert Hessen (Stanford, CA: Hoover Institution Press, 1984), 57.

35 Joachim C. Fest, *Hitler*, trans. Richard and Clara Winston (New York: Harcourt Brace Jovanovich, 1974), 144.

36 Eberhard Jäckel und Axel Kuhn, eds., *Hitler. Sämtliche Aufzeichnungen 1905 - 1924* (Stuttgart: Deutsche Verlags-Anstalt, 1980), Nr. 312, 513. 另外还有关于"破门槌"的描述，见 1923 年 8 月 14 日《人民观察家报》，Detlef Mühlberger, *Hitler' s Voice: The Völkischer Beobachter, 1920 - 1933* (New York: Peter Lang, 2004), I, 55。

37 Police report, *Wahrnehmung im Bürgerbräukeller*, November 22, 1923, HA 67/1490.

38 Berchtold interview in Heinz (1938), 154.

39 约翰·艾格纳未出版回忆录，*Ein Beitrag zur Geschichte der nationalen Erhebung im November 1923*, 6, HA 5/114II。

40 对队伍抵达的描述见 Max Beckerbauer, *Bericht über gemachte Wahrnehmungen anlässlich der Versammlung der vaterländischen Verbände am 8. November 1923*, November 22, 1923, HA 67/1490。

41 Berchtold interview, Heinz (1938), 154.

42 Police report, Nr. 2364, *Bericht über meine gemachten Wahrnehmungen im Saale des Bürgerbräukellers am 8.11.23 abends*, November 22, 1923, HA 67/1490.

43 Police report, Nr. 1415, *Wahrnehmungen i[n] der Nacht vom 8./9.11.23 am Bürgerbräukeller*, November 20, 1923, HA 67/1490，以及 Nr. 1609, *Wahrnehmungen [ü]ber die Vorgänge im Bürgerbräukeller am 8. November 1923*, November 21, 1923。

44 Marc Sesselmann，未出版陈述，*Bericht*, November 1, 1935, HA 5/116, and incident reported by a detective, *überwachung der Versammlung im*

Bürgerbräukeller am Donnerstag, den 8.11.1923, November 20, 1923, HA 67/1490 and MA 103476/3, 1222, BHStA。

45 NA T84/2 EAP 105/7, 1255.

46 乌尔里希·格拉夫未出版回忆录，7, F14, IfZ。

47 NA T84 EAP 105/7, 98.

48 NA T84 EAP 105/7, 1344.

49 Kahr (NA T84/2 EAP 105/7, 1344); Lossow (NA T84/2 EAP 105/7, 1255), 此外还有 Georg Stumpf, *Hitlerputsch im Bürgerbräukeller am 8.11.23*, November 23, 1923, HA 67/1490。

50 1923 年 11 月 9 日《慕尼黑报》，另外警方记录也提及了这起骚乱, *Teilnahme an der Versammlung im Bürgerbräukeller am 8.XI.1923*, November 21, 1923, HA 67/1490。

51 NA T84/2 EAP 105/7, 97 以及 Theodor Singer, *Versammlung der vaterl. Vereine im Münchener Bürgerbräukeller vom 8. November 1923*, November 21, 1923, HA 67/1490。

52 约翰·艾格纳未出版回忆录, *Ein Beitrag zur Geschichte der nationalen Erhebung im November 1923*, HA 5/114II。

53 NA T84 EAP 105/7, 125.

54 多数史料记载只有一枪，但是许多目击者称还有一枪，比如 Friedrich Bernreuther, NA T84 EAP 105/7, 829, Georg Stumpf, *Hitlerputsch im Bürgerbräukeller am 8.11.23*, November 23, 1923, HA 67/1490，还有一名当时不当值的警察的陈述。

55 希特勒后来说洪林格尔是唯一让他肃然起敬的警察，NA T84 EAP 105/7, 806 - 7。

56 Anz. Verz.XIX 421/23, *Antrag des I. Staatsanwalts beim Volksgericht München I auf Anberaumung der Hauptverhandlung*, January 8, 1924, Staatsanwaltschaften 3098, 3 - 4, StAM；1923 年 11 月 9 日《慕尼黑最新消息》，以及 Police report, Johannes Müller, *Bericht über den Verlauf der Versammlung am 8. November 23*, November 21, 1923, HA 67/1490。

57 Rudolf Hess, *Briefe1908 - 1933*, ed. Wolf Rüdiger Hess (München: Langen Müller, 1987), November 8, 1923, 311.

58 NA T84 EAP 105/7, 977.

59 NA T84/2 EAP 105/7, 1257.

2 吃不饱饭的亿万富翁

1 Robert Murphy, *Diplomat Among Warriors* (Garden City, NY: Doubleday & Company, 1964), 25.

2 David Clay Large, *Where Ghosts Walked: Munich's Road to the Third Reich* (New York: W. W. Norton, 1997), xviii. 到 1923 年的时候，人口估计达到了 630711 人，*General Information Concerning District of American Consulate at Munich, Germany*, Box 6, Folder 11, HI。

3 Albrecht Hoffmann, *Der 9. November 1923 im Lichte der völkischen Freiheitsbewegung* (1923), 14. 这方面尤其可以参阅 Large (1997)；Rainer Metzger, *Munich: Its Golden Age of Art and Culture 1890 - 1920* (London: Thames & Hudson 2009)；以及 Christoph Stölzl, ed., *Die Zwanziger Jahre in München: Katalog zur Ausstellung im Münchner Stadtmuseum Mai bis September 1979* (München: Münchner Stadtmuseum, 1979)。

4 NA T84 EAP 105/7, 2361. 关于这种对普鲁士的仇视，可参阅 Volker Ullrich, *Adolf Hitler Biographie. Band 1: Die Jahre des Aufstiegs 1889 - 1939* (Frankfurt am Main: S. Fischer, 2013), 81。

5 Kohlrübenwinter，即"大头菜之冬"，经常用来指 1916~1917 年那个冬天。

6 Ernst Toller, *Eine Jugend in Deutschland* (Amsterdam: Querido Verlag; Hamburg, 1933: Rowohlt, 1998), 82。

7 Frederick Taylor, *The Downfall of Money: Germany's Hyperinflation and the Destruction of the Middle Class* (New York: Bloomsbury Press, 2013), 18 - 19.

8 Richard Bessel, *Germany After the First World War* (Oxford: Clarendon Press, 1993), 6.

9 Margaret MacMillan, *Paris 1919: Six Months That Changed the World* (New

York: Random House, 2002), 465 - 67，"330 亿"这个数字见第 480 页。

10 Erich Malitius, *Der 8. u. 9. November 1923. Die Geschichte von Treue und Verrat der deutschen Jugend* (Breslau: Handel, 1935), 4.

11 Dietrich Orlow, *A History of Modern Germany 1871 to Present* (Upper Saddle River, NJ: Prentice Hall, 2002), 137.

12 David Jablonsky, *The Nazi Party in Dissolution: Hitler and the Verbotzeit, 1923 - 1925* (London: F. Cass, 1989), 1 - 2.

13 Ian Kershaw, *Hitler 1889 - 1936: Hubris* (New York: W. W. Norton, 1999), 191.

14 Gerald D. Feldman, *The Great Disorder: Politics, Economics, and Society in the German Inflation, 1914 - 1924* (Oxford: Oxford University Press, 1997), vii.

15 Hans Hubert Hofmann, *Der Hitler putsch. Krisenjahre deutscher Geschichte 1920 - 1924* (München: Nymphenburger Verlagshandlung, 1961), 311, note 332.

16 Taylor (2013), 249.

17 Kershaw (1999), 180. 墨索里尼的进军罗马事件过去不到一周，赫尔曼·埃瑟就拿希特勒和意大利领袖相提并论了，speech November 3, 1922, St.R.V. 14/1922 ff, 23, HA 4/90。

18 *Daily Mail*, October 3, 1923. 本文片段被收录于 Eberhard Jäckel und Axel Kuhn, eds., *Hitler. Sämtliche Aufzeichnungen 1905 - 1924* (Stuttgart: Deutsche Verlags–Anstalt, 1980), Nr. 580, 1027。

19 F. L. Carsten, *Britain and the Weimar Republic: The British Documents* (London: Batsford Academic and Educational Ltd., 1984), 116.

20 MA 103476/3, 1207–1208, BHStA.

21 希特勒说决定是会议当天做出的（NA T84/2 EAP 105/7, 93），主持人赫尔曼·克利伯中校（NA T84/2 EAP 105/7, 402 - 3, 2621）和起诉书上也是这么说；Anz. Verz.XIX 421/23, *Antrag des I. Staatsanwalts beim Volksgericht München I auf Anberaumung der Hauptverhandlung*, January 8, 1924, Staatsanwaltschaften 3098, 15, StAM。乌尔里希·格拉夫的回忆也是这样，见未出版回忆录，60, F14, IfZ。

22 关于他的政见，参阅 *Die Politik des Bayerischen Volkspartei*, HA 5/114II，以及即将出版的费迪南德·克雷默（Ferdinand Kramer）和马提亚斯·比舍尔（Matthias Bischel）的学术版卡尔回忆录 (NL Kahr 51, BHStA)。

23 *Erklärung des Herrn Oberstlandesgerichtsrats Ernst Pöhner über die Vorgänge vom 8./9. November 1923*, December 14, 1923, HA 5/120，以及洛伦茨·罗德未出版的 *Herr Hitler hat kein Ehrenwort gebrochen*, HA 5/126。

3　四发子弹

1　NA T84 EAP 105/7, 429.

2　NA T84/2 EAP 105/7, 1346 and 1489.

3　Harold J. Gordon Jr., *Hitler and the Beer Hall Putsch* (Princeton: Princeton University Press, 1972), 271, note 7.

4　Dietrich Orlow, "Rudolf Hess: Deputy Führer" in Ronald Smelser and Rainier Zitelmann's *The Nazi Elite*, trans. Mary Fischer (New York: New York University Press, 1993), 74 – 84.

5　MA 103476/3, 1389, BHStA.

6　NA T84 EAP 105/7, 401 – 402. 通常认为这些人质是当晚过了很久之后才被扣押的，连 Gordon (1972), 290 这样的权威都是这么认为。但从多份警方报告、媒体以及包括抓捕人鲁道夫·赫斯本人在内（见 1923 年 11 月 8 日写给克拉拉和弗里茨·赫斯的信，还有此后的 1923 年 11 月 16 日和 12 月 4 日，辑录于 Rudolf Hess, Briefe 1908 – 1933, ed. Wolf Rüdiger Hess [München: Langen Müller, 1987], 311 – 12.）的多人陈述来看，实际情况并非如此。另见 Johann Kress statement, VI a F 2601/23, December 7, 1923, HA 67/1493；1923 年 11 月 9 日《慕尼黑最新消息》和 1923 年 11 月 10 日《巴伐利亚邦报》。

7　例见 Kurt G.W. Ludecke, *I Knew Hitler: The Story of a Nazi Who Escaped the Blood Purge* (New York: Charles Scribner's Sons, 1938), 587。

8　见 1923 年 11 月 8 日写给克拉拉和弗里茨·赫斯的信，还有此后的 1923 年 11 月 16 日和 12 月 4 日，Nr. 322, in Hess (1987), 310。

9 Police report, *Meldungen über die Vorkommnisse in der Nacht vom 8./9.11.1923*, HA 67/1490 and VI a F 168/24, January 30, 1924, HA 67/1494.

10 关于里屋发生的事，在起诉书、在屋内八人的审前和法庭证词以及宣传册中有大量述及，如 Friedrich Weber's *Die Wahrheit* (1923)，《班贝尔格日报》1923 年 11 月 13 日号以及埃里希·鲁登道夫的回忆录 *Auf dem Weg zur Feldherrnhalle. Lebenserinnerungen an die Zeit des 9.11.1923 mit Dokumenten in fünf Anlagen* (München: Ludendorff, 1937), 61。

11 Graf testimony of November 25, 1924, Zur Pistolenkomödie HA 5/117. 格拉夫在自己的未出版回忆录中对这一段一笔带过，61 - 62, F14, IfZ。

12 NA T84/2 EAP 105/7, 1346, and NA T84/2 EAP 105/7, 1489.

13 NA T84/2 EAP 105/7, 1262.

14 Anz.Verz.XIX421/23, *Antrag des I. Staatsanwalts beim Volksgericht München I auf Anberaumung der Hauptverhandlung*, January 8, 1924, Staatsanwaltschaften 3098, 4 - 5, StAM; NA T84/2 EAP 105/7, 1262, 1346, 1490.

15 NA T84 EAP 105/7, 163.

16 NA T84 EAP 105/7, 229. 韦伯在 1923 年 12 月 8 日写信给岳父说，希特勒和他的支持者称他们没有发出过任何威胁，HA 5/114I。

17 John Dornberg, *Munich 1923: The Story of Hitler's First Grab for Power* (New York: Harper & Row, 1982), 92.

18 NA T84/2 EAP 105/7, 972.

19 NA T84 EAP/2 105/7, 978.

20 大堂经理的比喻见 1923 年 11 月 9 日《慕尼黑报》，另见 Ernst Hanfstaengl, *Zwischen Weissem und Braunem Haus. Memoiren eines politischen Aussenseiters* (München: R. Piper, 1970), 137, 以及 Ludecke (1938), 185。

21 NA T84/2 EAP 105/7, 956 - 57，1923 年 11 月 9 日《慕尼黑最新消息》报道的那个版本措辞略有不同。

22 NA T84/2 EAP 105/7, 1258.

1 Peter Gay, *Weimar Culture: The Outsider as Insider* (London: Penguin Books, 1992), 9.

2 Anz. Verz.XIX 421/23, *Antrag des I. Staatsanwalts beim Volksgericht München I auf Anberaumung der Hauptverhandlung*, January 8, 1924, Staatsanwaltschaften 3098, 7, StAM; see also NA T84/2 EAP 105/7, 98.

3 Mathilde Scheubner-Richter, August 18, 1952, ZS 292, IfZ.

4 Paul Leverkuehn, *A German Officer During the Armenian Genocide: A Biography of Max von Scheubner-Richter*, trans. Alasdair Lean (London: Gomidas Institute, 2008), lxxxvi, 18‐29.关于舒伊勃纳－里希特的愤怒，还可参阅 *The Armenian Genocide: Evidence from the German Foreign Office Archives, 1915‐1916*, ed. Wolfgang Gust (New York: Berghahn Books, 2014)。

5 Harold J. Gordon Jr., *Hitler and the Beer Hall Putsch* (Princeton: Princeton University Press, 1972), 18.

6 据 1923 年 11 月 9 日对 1672 名国家社会主义工人党党员的统计，准确说是对 994 名有出生日期数据的党员，31 岁以下的占将近三分之二，Gordon (1972), 68‐72。

7 Georg Franz-Willing, *Putsch und Verbotszeit der Hitlerbewegung November 1923‐Februar 1925* (Preussisch Oldendorf: Verlag K. W. Schütz, 1977), 15. 据玛蒂尔德·舒伊勃纳－里希特说，希特勒是在 1931 年或 1932 年这么说的，August 18, 1952, ZS 292, IfZ.另见 Hermann Esser, interview, March 5, 1964, Band II, 6, 和 March 6, 1964, Band I, 21, ED 561/4, IfZ。

8 见 Michael Kellogg, *The Russian Roots of Nazism: White émigrés and the Making of National Socialism, 1917‐1945* (Cambridge: Cambridge University Press, 2005), 和 Stefan Ihrig, *Atatürk in the Nazi Imagination* (Cambridge, MA: Harvard University Press, 2014)。

9 约翰·艾格纳未出版手稿, *Ein Beitrag zur Geschichte der nationalen Erhebung im November 1923*, HA 5/114II。

10 约翰·布鲁克梅尔（Johann Bruckmeier）的观察，Police report, Nr. 1609, *Wahrnehmungen [ü]ber die Vorgänge im Bürgerbräukeller am 8. November 1923*, November 21, 1923, HA 67/1490。

11 Margarethe Ludendorff, *My Married Life with Ludendorff*, trans. Raglan Somerset (London: Hutchinson, c.1929), 248.

12 November 9,1923, NL Ehard 94, BHStA；在 NA T84 EAP 105/7, 531 中亦有述及。

13 1917 年 6 月《大西洋月刊》。

14 Margarethe Ludendorff (1929), 19.

15 对此鲁登道夫有个不太可信的说法，称他去那里是为了跟他的一个姐姐住的近一些，Ludendorff (1937), 8; NA T84/2 EAP 105/7, 496。

16 Margarethe Ludendorff (1929), 172, 178, 180 – 81, 280. 对此鲁登道夫在 Auf dem Weg zur Feldherrnhalle. Lebenserinnerungen an die Zeit des 9.11.1923 mit Dokumenten in fünf Anlagen (München: Ludendorff, 1937), 4 – 5 中略有提及。另外可参阅 Robert B. Asprey, *The German High Command at War: Hindenburg and Ludendorff Conduct World War I* (New York: Quill, 1991), 484，以及 Will Brownell and Denise Drace-Brownell, with Alex Rovt, *The First Nazi: Erich Ludendorff, the Man Who Made Hitler Possible* (New York: Counterpoint, 2016)。

17 不少史学家称是赫斯介绍他们认识的，但舒伊勃纳 – 里希特促成两人的见面比赫斯早了四个月。

18 后来他又说是"战争中最伟大的将军"，1938 年 1 月 17 日《生活》杂志。关于鲁登道夫受到的赞誉和他的缺陷，可参阅 Brownell and Brownell with Rovt (2016)。

19 NA T84/2 EAP 105/7, 525.

20 Margarethe Ludendorff (1929), 245. 赫尔曼·埃瑟曾详述鲁登道夫公馆的热闹景象，interview, March 3, 1964, Band II, 30 – 32, ED 561/3, IfZ。

21 他起初否认自己在车里，不过后来承认了，NA T84 EAP 105/7, 694。另一个当时在车里的约翰·艾格纳受审时也是这么说的，VI a F 36/24, January 5, 1924, HA 68/1494。珀纳的儿子也在车中的传闻不实。

22 史学界一般认为鲁登道夫当时身着军装，包括 Kershaw (1999), 207 和

Gordon (1972), 288 等知名权威，但从当晚多名目击证人的陈述看并非如此。鲁登道夫的着装选择之所以重要，是因为这跟更大层面上有关预谋的问题是相关的。

23　约翰·艾格纳, *Ein Beitrag zur Geschichte der nationalen Erhebung im November 1923*, 8, HA 5/114II。

24　NA T84 EAP 105/7, 531.

25　Ernst Röhm, *The Memoirs of Ernst Röhm*, intro.Eleanor Hancock and trans. Geoffrey Brooks (London: Frontline Books, 2012), 142；1923 年 11 月 9 日《人民观察家报》。

5　"聒噪、粗陋、刺耳"

1　NA T84 EAP 105/7, 532.

2　Anz.Verz.XIX 421/23, *Antrag des I. Staatsanwalts beim Volksgericht München I auf Anberaumung der Hauptverhandlung*, January 8, 1924, Staatsanwaltschaften 3098, 6, StAM.

3　1923 年 11 月 9 日《慕尼黑最新消息》。

4　Karl Alexander von Müller, Im Wandel einer Welt. Erinnerungen Band Drei, 1919 - 1932 (München: Süddeutscher, 1966), 162 - 63, 以及 Harold J. Gordon Jr., Hitler and the Beer Hall Putsch (Princeton: Princeton University Press, 1972), 288。

5　1923 年 11 月 10 日《新苏黎世报》第二晨版。

6　Karl Rothenbücher, *Der Fall Kahr* (Tübingen: Mohr, 1924), 6；1923 年 11 月 9 日《萨尔茨堡人民报》；以及 1923 年 11 月 12 日《贝希特斯加登公报》。

7　NA T84 EAP 105/7, 978.

8　关于里屋的主要目击陈述见第 3 章。

9　马克·塞瑟尔曼的未发表陈述（他的本名为马克斯），*Bericht*, November 1, 1935, HA 5/116。

10　Anz. Verz.XIX 421/23, *Antrag des I. Staatsanwalts beim Volksgericht*

München I auf Anberaumung der Hauptverhandlung, January 8, 1924, Staatsan waltschaften 3098, 7, StAM.

11 Erich Ludendorff, *Auf dem Weg zur Feldherrnhalle. Lebenserinnerungen an die Zeit des 9.11.1923 mit Dokumenten in fünf Anlagen* (München: Ludendorff, 1937), 61.

12 NA T84 EAP 105/7, 1046.

13 希特勒可能确认了舒伊勃纳－里希特在路上跟将军说的话。Ludendorff interrogation, 1923 年 11 月 9 日 , NL Ehard 94, BHStA。

14 据 1967 年 3 月与吉奥格·弗朗茨－威尔林（Georg Franz-Willing）的通信，鲁登道夫的继子海因茨·佩尔内说，有关政变的细节全都向将军通报过，*Putsch und Verbotszeit der Hitlerbewegung November 1923 - Februar 1925* (Preussich Oldendorf: Verlag K.W. Schütz KG, 1977), 67, note 6。

15 NA T84/2 EAP 105/7,1266,1348, 1492.

16 Lorenz R oder, *Herr Hitler hat kein Ehrenwort gebrochen*, HA 5/126.

17 Ernst R öhm, *The Memoirs of Ernst R öhm*, intro. Eleanor Hancock and trans. Geoffrey Brooks (London: Frontline Books, 2012), 46－47.

18 NA T84/2 EAP 105/7, 1362－63.

19 *Erklärung des Herrn Oberstlandesgerichtsrats Ernst Pöhner über die Vorgänge vom 8./9. November 1923*, 1923 年 12 月 19 日 , HA 5/120。

20 John Dornberg, *Munich, 1923: The Story of Hitler' s First Grab for Power* (New York: Harper & R ow, 1982), 103.

21 NA T84 EAP 105/7, 1348.

22 NA T84/2 EAP 105/7, 1260 and 1755. 洛索称他在讲台和去里屋的路上都这么说了。对此希特勒、韦伯、珀纳和鲁登道夫当然是不信的。详见法庭辩论。

23 Anz. Verz.XIX 421/23, *Antrag des I. Staatsanwalts beim Volksgericht München I auf Anberaumung der Hauptverhandlung*, January 8, 1924, Staatsanwaltschaften 3098, 7, StAM, 以及 NA T84/2 EAP 105/7, 101。

6　流光溢彩的都市

1　Lion Feuchtwanger, *Erfolg. Drei Jahre Geschichte einer Provinz* (Berlin: Gustav Kiepenheuer Verlag, 1930; Berlin: Aufbau-Verlag, 1993), 31 - 32.

2　Karl Honisch letter, May 31, 1932 in folder HA 1/17.

3　Anna Popp interview, Heinz A. Heinz, *Germany's Hitler* (London: Hurst & Blackett, 1938), 49.

4　有一个人——卡尔·霍尼施（Karl Honisch）——记得当时看到希特勒离开维也纳时是有一人同行的，但他不记得那人叫什么，May 31, 1939, HA 1/17。此人的身份是德国史学家安东·约阿希姆斯塔勒在 1990 年代查明的。见他的著作的修订版，*Hitlers Weg begann in München 1913 - 1923* (München: Herbig, 2000), 17, 80 - 81。

5　David Clay Large, *Where Ghosts Walked: Munich's Road to the Third Reich* (New York: W. W. Norton, 1997), xvi. 彼得·盖伊（Peter Gay）称慕尼黑是"帝国的画家之都"，*Weimar Culture: The Outsider as Insider* (London: Penguin Books, 1992), 7。

6　Rainer Metzger, *Munich: Its Golden Age of Art and Culture 1890 - 1920* (London: Thames & Hudson 2009), 195.

7　Josef Popp communication of May 1966, Werner Maser, *Hitler: Legend, Myth & Reality*, trans. Peter and Betty Ross (New York: Harper Torchbooks, 1974), 133.

8　Adolf Hitler, *Mein Kampf*, trans. Ralph Manheim (Boston: Houghton Mif in Company, 1943), 126.

9　目前我们知道的是，希特勒至少要到 1924 年才拥有第一本马克思的著作。

10　Josef Popp in Maser (1974), 133.

11　Anna Popp interview in Heinz (1938), 52.

12　关于这一时期的慕尼黑的更多资料，见本附注文献介绍部分。

13　不过，这部剧作的开场以及前三幕的初稿是剧作家在 1878 年春夏之交去罗马度假时写作的，Michael Meyer, *Ibsen: A Biography* (Garden City, NY: Doubleday & Company, 1971), 446 - 53。

14　Peg Weiss, *Kandinsky in Munich: The Formative Jugendstil Years* (Princeton: Princeton University Press, 1979), 3, 以及 Frank Whitford, *Kandinsky* (London: Paul Hamlyn, 1971)。

15　translation, Lothar Machtan, *The Hidden Hitler*, trans. John Brownjohn (New York: Basic Books, 2001), 60.

16　Rainer Metzger, *Munich: Its Golden Age of Art and Culture 1890‑1920* (London: Thames & Hudson 2009), 64‑65, 191.

17　伏尔泰卡巴莱与另一位前慕尼黑居民列宁的公寓就隔一条街。

18　Hans Hubert Hofmann, *Der Hitlerputsch. Krisenjahre deutscher Geschichte 1920‑1924* (München: Nymphenburger Verlagshandlung, 1961), 38.

19　Volker Ullrich, *Adolf Hitler Biographie. Band1: Die Jahredes Aufstiegs 1889‑1939* (Frankfurt am Main: S. Fischer, 2013), 91.

20　Richard Hanser, *Putsch!: How Hitler Made Revolution* (New York: Pyramid Books, 1971), 56. 对他做了描绘的还有恩斯特·托勒（Ernst Toller）, *Eine Jugend in Deutschland* (Amsterdam: Querido Verlag, 1933; Hamburg: Rowohlt, 1998), 86。关于库尔特·艾斯纳还可以参阅 Bernhard Grau, *Kurt Eisner 1867‑1919. Eine Biographie* (München: Verlag C. H. Beck, 2001)。

21　Joachim C. Fest, *Hitler*, trans. Richard and Clara Winston (New York: Harcourt Brace Jovanovich, 1974), 109.

22　Hanser (1971), 141, 167.

23　Richard M. Watt, *The Kings Depart: The Tragedy of Germany: Versailles and the German Revolution* (New York: Barnes & Noble Books, 2000), 326.

24　Pierre Broué, *The German Revolution, 1917‑1923*, trans. John Archer and intro. Eric D. Weitz (Chicago: Haymarket Books, 2005), 280.

25　David Luhrssen, *Hammer of the Gods: The Thule Society and the Birth of Nazism* (Washington, DC: Potomac Books, 2012), 9.

26　Heinrich August Winkler, *Weimar 1918‑1933. Die Geschichte der ersten Deutschen Demokratie* (München: Verlag C. H. Beck, 1998), 81.

27　Toller (1933; 1998), 116.

28　Wilhelm Hoegner, *Die verratene Republik. Deutsche Geschichte 1919‑1933* (München: Nymphenburger Verlagshandlung, 1979), 109.

29 刊载于 1920 年 10 月 30 日《慕尼黑最新消息》上的协约国通知，以及次日卡尔做出的回应，见 Carl Moser von Filseck, *Politik in Bayern 1919 - 1933. Berichte des württembergischen Gesandten Carl Moser von Filseck*, ed. Wolfgang Benz. Schriftenreihe der Vierteljahrshefte für Zeitgeschichte Nummer 22/23 (Stuttgart: Deutsche Verlags-Anstalt, 1971), Nr. 211, 68。关于该民兵组织的详情可参阅 David Clay Large, *The Politics of Law and Order: A History of the Bavarian Einwohnerwehr 1918 - 1921* (Philadelphia: American Philosophical Society, 1980)。

30 1923 年 11 月 19~20 日《上巴伐利亚人》。

31 Generalstaatskommissar, *Niederschrift der Ministerratssitzung*, September 26, 1923, printed in Ernst Deuerlein, ed., *Der Hitler-Putsch. Bayerische Dokumente zum 8./9. November 1923* (Stuttgart: Deutsche Verlags-Anstalt, 1962), Nr. 12, 180 - 82, and *Chronik der Bayerischen Justizverwaltung*, 267 - 70, NL Ehard 90/3, BHStA.

32 *Zeitübersicht zur nationalen Erhebung und zuderen Missbrauch*, HA 5/127.

33 这个词广为流传，比如在 1924 年 3 月 25 日的《大德意志报》中。

7 哈佛的馈赠

1 Ernst Hanfstaengl, *The Memoir of a Nazi Insider Who Turned Against the Führer*, intro. John Willard Toland (New York: Arcade Publishing, 2011, first edition 1957), 31.

2 这个小名是他的保姆凯蒂给取的，Peter Conradi, *Hitler's Piano Player: The Rise and Fall of Ernst Hanfstaengl, Con dant of Hitler, Ally of FDR* (New York: Carroll & Graf Publishers, 2004), 14。

3 Rainer Metzger, *Munich: Its Golden Age of Art and Culture 1890 - 1920* (London: Thames & Hudson 2009), 198.

4 Hanfstaengl (2011, 1957), 27, 30.

5 警方在政变后搜查人民观察家报社时发现了借款合约的一个副本，

Staatsanwaltschaften 3099, StAM. See also MA 103476/1, 114, BHStA。关于这笔借款的重要性可参阅 Detlef Mühlberger, *Hitler's Voice: The Völkischer Beobachter, 1920 - 1933* (New York: Peter Lang 2004), I, 21, 这份报纸对于希特勒的意义可见于 Dietrich Orlow, *The History of the Nazi Party: 1919 - 1933* (Pittsburgh: University of Pittsburgh Press, 1969), 21。

6 Horst J. Weber, *Die deutsche Presse, insbesondere die völkische, um den Hitlerprozess. Ein Beitrag zur Lehre von der Parteipresse*. Diss. (Universität Leipzig, 1930), 10.

7 1923 年 8 月 29 日《人民观察家报》, Conradi (2004), 53。

8 Ernst Hanfstaengl, *Zwischen Weissem und Braunem Haus. Memoiren eines politischen Aussenseiters* (München: R. Piper, 1970), 44.

9 Helen Niemeyer, "Notes," 279, folder "ErnstHanfstaengl (1)," John Toland Papers, FDR.

10 Kurt G. W. Ludecke, *I Knew Hitler: The Story of a Nazi Who Escaped the Blood Purge* (New York: Charles Scribner's Sons, 1938), 95.

11 Kershaw (1999), 188.

12 Hanfstaengl (1957, 2011), 67.

13 H. R. Knickerbocker, *Is Tomorrow Hitler's?: 200 Questions on the Battle of Mankind* (New York: Reynal & Hitchcock, 1941), 1 - 2.

14 Conradi (2004), 57.

15 Hanfstaengl (1970), 130.

16 Police report, November19,1923, HA, 67/1490; Fritz Stumpf, Police report, *Putsch der Nat. Sozialisten in der Nacht v. 8./9. 23*, 1923 年 11 月 13 日 , HA 67/1490, and MA 103476/3, 1223, BHStA; Sigmund Freiherr von Imhoff, November 15, 1923, Handakt der GSK, MA 104221, BHStA; Wilhelm Frick's testimony, NA T84/2 EAP 105/7, 714 - 19; *Bericht über den Verlauf der Nacht vom 8./9. November 1923*, HA 67/1490 and NA T84 EAP 105/7, 868 - 71.

17 Police report, *Meldungen über die Vorkommnisse in der Nacht vom 8./9.11.1923*, HA 67/1490。

18 NA T84/2 EAP 105/7, 871.

19 Reports, Abteilung VIa, *Polizeiliche Massnahmen aus Anlass von Versammlungen*, November 19, 1923, and report by Fritz Stumpf, 1923 年 11 月 13 日, HA 67/1490。

20 MA 103476/3, 1223, BHStA.

21 John Dornberg, *Munich, 1923: The Story of Hitler's First Grab for Power* (New York: Harper & Row, 1982), 80.

22 Reinhard Weber, "'Ein tüchtiger Beamter von makelloser Vergangenheit.' Das Disziplinarverfahren gegen den Hochverräter Wilhelm Frick 1924," *Vierteljahrshefte für Zeitgeschichte* 42 (1994), Heft 1, 129 - 50；弗里克自己的叙述可见于 NA T84/2 EAP 105/7, 700 - 703，还有他在 1923 年 11 月 10 日的审讯，Sonderakt Frick, HA 5/114I，以及阿尔伯特·克莱布斯（Albert Krebs）的评价, *The Infancy of Nazism: The Memoirs of Ex-Gauleiter Albert Krebs 1923 - 1933*, ed. and trans. William Sheridan Allen (New York: New Viewpoints, 1976), 259 - 62。

8 新政权

1 Joachim C. Fest, *Hitler*, trans. Richard and Clara Winston (New York: Harcourt Brace Jovanovich, 1974), 133.

2 Karl Alexander von Müller, NA T84/2 EAP 105/7, 981. See also NA T84/2 EAP 105/7, 1676 - 77，以及未注明日期的机密报告, *Der Putsch vom 8.Nov.1923*, HA 67/1491。

3 Anz. Verz.XIX 421/23,*Antragdes I. Staatsanwalts beim Volksgericht München I auf Anberaumung der Hauptverhandlung*, January 8, 1924, Staatsanwaltschaften 3098, 9, StAM.

4 Anz. Verz.XIX 421/23, *Antrag des I. Staatsanwalts*, January 8, 1924, Staatsanwaltschaften 3098, 8, StAM.

5 1923 年 11 月 9 日《慕尼黑最新消息》。

6 1923 年 11 月 10 日美联社。

7 Anz. Verz.XIX 421/23, *Antrag des I. Staatsanwalts*, January 8, 1924, Staatsanwaltschaften 3098, 9, StAM; Erich Ludendorff, *Auf dem Weg zur Feldherrnhalle. Lebenserinnerungen an die Zeit des 9.11.1923 mit Dokumenten in fünf Anlagen* (München: Ludendorff, 1937), 61 - 62.

8 NA T84/2 EAP 105/7, 980.

9 *Erklärung des Herrn Oberstlandesgerichtsrats Ernst Pöhner über die Vorgänge vom 8./9. November 1923*, 1923 年 12 月 19 日 , HA 5/120。

10 1923 年 11 月 12 日《贝希特斯加登汇报》。

11 未注明日期的机密报告, *Der Putsch vom 8.Nov.1923*, HA 67/1491。

12 Berchtold, April 17, 1924, MA 103476/3, 1216, BHStA, 在人群中搜索被认为是社会主义或共产主义者的人, 见 Police report, 1924 年 3 月 8 日 , HA 68/1494, 扣押人质见 Anz. Verz.XIX 421/23, *Antrag des I. Staatsanwalts*, January 8, 1924, Staatsanwaltschaften 3098, 11, StAM。

13 奥尔根·冯·克尼林与卡尔·莫泽·冯·菲尔塞克的对话, 见 *Politik in Bayern 1919 - 1933. Berichte des württembergischen Gesandten Carl Moser von Filseck*, ed. Wolfgang Benz. Schriftenreihe der Vierteljahrshefte für Zeitgeschichte Nummer 22/23 (Stuttgart: Deutsche Verlags-Anstalt, 1971), November 14, 1923, Nr. 322, 144, 以及阿尔弗雷德·罗森贝格的证词, VIa 2500/23, June 6, 1924, HA 67/1493。

14 St.R.V. 14/1922 ff, 19, HA 4/90. 另 见 Franz Schweyer, *Politische Geheimverbände. Blicke in die Vergangenheit und Gegenwart des Geheimburdwesens* (Freiburg: Herder, 1925)。

15 希特勒和他的律师洛伦兹·罗德后来都曾提到, 他的承诺是有条件的, 例如 Roder, *Herr Hitler hat kein Ehrenwort gebrochen*, HA 5/126。

16 Fest (1974), 778, note 48.

17 NA T84 EAP 105/7, 873.

9 "安全送达"

1 Ernst Toller, *Eine Jugend in Deutschland* (Amsterdam: Querido Verlag, 1933;

Hamburg: Rowohlt, 1998), 153.

2　*Ereignisse von der Nacht vom 8./9.11.23*, November 20, 1923, HA67/1493.

3　不久他将升为七级领事，不过官衔仍然是代理副领事，Murphy to secretrary of state, December 21, 1923, Robert D. Murphy Papers, Box 6, HI。

4　1976 年 3 月 8 日《人物》杂志罗伯特·墨菲访谈。

5　Murphy testimony, December 11,1975, *US Intelligence Agencies and Activities: Intelligence costs and scal procedures*, US Congress House, Select Committee on Intelligence (1976), 1868.

6　1958 年 8 月 10 日《新闻与快报》(*The News and Courier*)。

7　American Consular Service, *Summary of Business*, Form No.243, Robert D. Murphy Papers, Box 6, Folder 10, HI. See also Robert D. Murphy, *Diplomat Among Warriors* (Garden City, NY: Doubleday & Company, 1964), 15.

8　Murphy to Secretary of State, November 8, 1923, M336, 862.00/1338, No. 19, NA.

9　1923 年 11 月 8 日《人民观察家报》。

10　Hermann Esser, interview, March 6, 1964, Band II, 11, ED 561/4, IfZ，可通过 Police report, April 11, 1924, HA 67/1493，以及当晚与他说过话的海因里希·霍夫曼，*Hitler Was My Friend*, trans. Lt-Col R.H. Stevens (London: Burke, 1955), 54，得到确认。

11　NA T84 EAP 105/7, 575.

12　Joachim C. Fest, *Hitler*, trans. RichardandClaraWinston (New York: Harcourt Brace Jovanovich, 1974), 136.

13　Police report, VId/131, *Versammlung der "Reichskriegsagge" im Löwenbräukeller am Donnerstag, den 8. November 1923 abends 8 Uhr*, November 27, 1923, HA 67/1490.

14　Anz. Verz.XIX 421/23, *AntragdesI.Staatsanwalts*, January 8, 1924, Staatanswaltschaften 3098, 35, StAM.

15　Albert Simmerding, January 19, 1924, and his statement in VI a F, February 22, 1924, HA 67/1494.

16　NAT84EAP105/7,576；NAT84EAP 105/7, 882 - 83。

17　罗姆的请辞以及获批，November 17,1923, HA 5/114I 以及 Ernst Röhm,

The Memoirs of Ernst Röhm, intro. Eleanor Hancock and trans. Geoffrey Brooks (London: Frontline Books, 2012), 112 - 15。关于这段曲折，可参阅 Eleanor Hancock, *Ernst Röhm: Hitler' s SA Chief of Staff* (London: Palgrave Macmillan, 2008), 55 - 57。

18 Röhm (2012), 1 - 2, and Hancock (2008), 2.

19 Kurt G. W. Ludecke, *I Knew Hitler: The Story of a Nazi Who Escaped the Blood Purge* (New York: Charles Scribner' s Sons, 1938), 245.

20 Franz Xaver Schwarz, July 21, 1945, ZS 1452, IfZ.

21 左翼媒体尤其喜欢用这个绰号，Hans Hubert Hofmann, *Der Hitlerputsch. Krisenjahre deutscher Geschichte 1920 - 1924* (München: Nymphenburger Verlagshandlung, 1961), 75。

22 Friedrich Mayer, testimony in VI a F 404/24, February 13, 1924, HA 68/1494.

23 不少史学家称是罗姆向人群宣布的消息，但实际上是埃瑟，Police report, VId/131, November 27, 1923, HA 67/1490，以及多名目击者与参与者，包括埃瑟本人，interview, March 6, 1964, Band II, 27, ED 561/4, IfZ。

24 IV a F 2671/23, December 6, 1923, HA 67/1493. 另可见罗姆的 *Denkschrift über die Ereignisse des 8./9. November 1923*, November 17, 1923, HA 5/114I。

25 NA T84 EAP 105/7,576 - 77，街头的庆祝，NA T84/2 EAP 105/7, 716，以及人们从咖啡馆跑出来，NA T84/2 EAP 105/7, 609。

26 海因里希·希姆莱的审讯，A.V.I.209/23, April 30, 1924, HA 68/1494。他是"帝国战旗"成员，但直到1925年8月2日才加入国家社会主义党。

27 Peter Longerich, *Heinrich Himmler*, trans. Jeremy Noakes and Lesley Sharpe (Oxford: Oxford University Press, 2012), 68 - 69.

28 Police reports in files at VIa 2500/23, Staatsanwaltschaften 3099, StAM; police reports, November 10, 1923 and November 13, 1923, HA 67/1493.

29 Police report, No. 138, 1923 年 11 月 13 日，HA67/1494, and Friedrich Mayer, VI a F 404/24, February 13, 1924, HA 68/1494。

30 A. Winderl, unpublished *Der Weg zur Feldherrnhalle*, HA 4/100.

31 Karl Osswald testimony, February 3, 1924, HA 67/1493.

32 Andreas Mutz interrogations at VI a F 317/24, February 8, 1924, and Karl Hühnlein, VIa 2500/23, May 3, 1924, HA 67/1493.

33 Johann Sebastian Will testimony, IV a F 2671/23, December 5, 1923, HA 67/1493.

34 Röhm, XIX 466/23, January 3, 1924, HA 67/1493; Röhm (2012), 145 - 46; NA T84/2 EAP 105/7, 2207；鲁登道夫否认下过这个命令，Ludendorff-Ehard interrogation, December 22, 1923, HA 5/114I。

35 Generalstaatskommissar Kahr an die Vorstandschaft der Bay. Of ziers-Regiments-Vereine, 1923 年 11 月 14 日 , Ernst Deuerlein, ed. *Der Hitler-Putsch. Bayerische Dokumente zum 8./9. November 1923* (Stuttgart: Deutsche Verlags-Anstalt, 1962), Nr. 125, 385。

36 Wilhelm Hoegner, *Die Verratene Republic. Deutsche Geschichte 1919 - 1933* (München: Nymphenburger Verlagshandlung, 1979), 132. 另 可 参 阅 Friedrich Weber, 1923 年 11 月 16 日 , MA 103476/3, 1123 - 24, BHStA, and Kameradschaft Freikorps und Bund Oberland, *Für das stolze Edelweiss. Bildund Textband zur Geschichte von Freikorps Oberland und Bund Oberland* (repr. München: Brienna-Verlag, 1999)。

37 Police report, *Bericht zur mündlichen Einvernahme durch Herrn Obereg.Rat Thenner*, 1923 年 11 月 13 日 , HA 67/1490。高地联盟的多名成员后来向慕尼黑警方证实了此事。

38 NA T84/2 EAP 105/7, 165.

39 Anz. Verz.XIX 421/23, Antragdes I.Staatsanwalts, January 8, 1924, Staatsanwaltschaften 3098, 20 - 21, StAM, and VI a F 2500/23, Hans Oemler, December 18, 1923, HA 67/1493, Gordon (1972) 289, 296 - 98. 另见尤利乌斯·施雷克（Julius Schreck）的审讯，VI a F 23/24, January 5, 1924, HA 67/1493。

40 Anz. Verz.XIX 421/23, *Antragdes I.Staatsanwalts*, January 8, 1924, Staatsanwaltschaften 3098, 25, StAM.

41 Erich Ludendorff, *Auf dem Weg zur Feldherrnhalle. Lebenserinnerungen an die Zeit des 9.11.1923 mit Dokumenten in fünf Anlagen* (München: Ludendorff, 1937), 62.

42 一开始他可能并不像传记作家和史学家们描绘得那么担心，例见 Werner Maser, *Der Sturm auf die Republik. Frühgeschichte der NSDAP* (Frankfurt am Main: Ullstein Sachbuch, 1981), 452, 或 Hans Hubert Hofmann, *Der Hitlerputsch. Krisenjahre deutscher Geschichte 1920 - 1924* (München: Nymphenburger Verlagshandlung, 1961), 169。希特勒在 1923 年 12 月的确想要留下这种印象，但是这些似乎都是事后才有的想法，也体现了希特勒和鲁登道夫之间正在产生的分歧。另外可以参考乌尔里希·格拉夫在审讯中的证词，VI a F 244/23 - 24, February 8, 1924, HA 67/1494。他的支持者已经说了，在此之前就已经犯了一个错，那就是本来就不应该指望卡尔，1923 年 11 月 9 日《萨尔茨堡人民报》。

43 弗里德里希·韦伯的证词，NA T84/2 EAP 105/7, 168。

10 反政变

1 VI a F 2500/23, December 18, 1923, HA 67/1493.

2 Ernst Hanfstaengl, *Zwischen Weissem und Braunem Haus. Memoiren eines politischen Aussenseiters* (München: R. Piper, 1970), 138 - 39. 另见埃瑟的问讯，March 6, 1964, Band II, 33 - 35, ED 561/4, IfZ, 以及不久后和他有交谈的海因里希·霍夫曼, *Hitler Was My Friend*, trans. Lt-Col R.H. Stevens (London: Burke, 1955), 55 - 56。

3 Hanfstaengl (1970), 138 - 39, 以及 Helen Niemeyer, "Notes," 305, folder "Ernst Hanfstaengl (1)," John Toland Papers, FDR。

4 Sesselmann, *Bericht*, November 1, 1935, HA 5/116.

5 Karl Rothenbücher, *Der Fall Kahr* (Tübingen: Mohr, 1924), 21 - 22.

6 NA T84 EAP 105/7, 1351.

7 NA T84/2 EAP 105/7, 2052.

8 NA T84/2 EAP 105/7, 1404 - 5, 关于时机和进一步的细节，包括废除魏玛宪制的建议，可参阅 NA T84/2 EAP 105/7, 2050 - 53。另见 *Die Drahtzieher in München*, HA 5/116。此事卡尔做出了确认，NA T84/2 EAP 105/7,

1711。

9　NA T84 EAP 105/7, 1352，大致在同一时间，NA T84 EAP 105/7, 1440。

10　Telegramm aus Regensburg 9.11 2 Ur 40, HA 67/1491, 以及 Rothenbücher (1924), 22 - 23。

11　NA T84/2 EAP 105/7, 1167 - 68; Fritz Stumpf, Police report, *Putsch der Nat. Sozialisten in der Nacht v. 8./9. 23*, 1923 年 11 月 13 日, HA 67/1490, 以 及 Harold J. Gordon Jr., *Hitler and the Beer Hall Putsch* (Princeton: Princeton University Press, 1972), 277。

12　因霍夫警司，1923 年 11 月 15 日，MA 104221, BHStA。他在 NA T84/2 EAP 105/7, 1167 中重复了这一说法。

13　NA T84/2 EAP 105/7, 1168 - 69. 关于此次会面的更多细节可参阅慕尼黑司令部日志，No. 4453/I, November 19, 1923, StAM, 以及丹纳的报告，*Ereignisse und Anordnungen am 8. November 1923*, Staatsanwaltschaften 3098, StAM。

14　汉斯·卑尔根警监的证词，NA T84/2 EAP 105/7, 1872，以及 1943 - 51 中丹纳的陈述。

15　卡尔和塞瑟也被认为已经在囚禁中，雅克布·冯·丹纳, *Ereignisse und Anordnungen am 8. November 1923*, Staatsanwaltschaften 3098, StAM，以及以他的名义发出的命令，NA T84/2 EAP 105/7, 1941。

11　主动权

1　Richard Hanser, *Putsch!: How Hitler Made Revolution* (New York: Pyramid Books, 1971), 338.

2　Anz. Verz.XIX 421/23, *Antrag des I. Staatsanwalts beim Volksgericht München I auf Anberaumung der Hauptverhandlung*, January 8, 1924, Staatsanwaltschaften 3098, 11, StAM, and NA T84 EAP 105/7, 829 - 30.

3　Friedrich Weber, statement at Gefängnis Stadelheim, XIX 466/23, January 9, 1924, HA 67/1493.

4　John Dornberg's *Munich 1923: The Story of Hitler's First Grab for Power* (New York: Harper & Row, 1982), 156. 此外还可参阅 MA 103476/3, 1367, BHStA。

5　Harold J. Gordon Jr., *Hitler and the Beer Hall Putsch* (Princeton: Princeton University Press, 1972), 290, note 66.

6　Ernst Hanfstaengl, *Hitler: The Memoir of a Nazi Insider Who Turned Against the Führer*, intro. John Willard Toland (New York: Arcade Publishing, 1957, repr. 2011), 44.

7　Elsa Gisler, November 19, 1923, HA 67/1493; Anna Schürz, November 20, 1923, HA 67/1493.

8　MA 103476/3, 1243 - 1246, BHStA，在银行的工作见 1946 年 12 月 6 日审讯记录，ZS-809, IfZ。

9　Albert Krebs, *The Infancy of Nazism: The Memoirs of Ex-Gauleiter Albert Krebs 1923 - 1933*, ed. and trans. William Sheridan Allen (New York: New Viewpoints, 1976), 246.

10　Helen Niemeyer, "Notes," 287, folder Ernst Hanfstaengl (1), John Toland Papers, FDR. 赫尔曼·埃瑟在一次问讯中用了类似的词，March 2, 1964, Band I, ED 561/3, IfZ。另见 Ludwig Ess, letter to Adolf Hitler, March 6, 1925, HA 4/85。

11　Gordon (1972), 60.

12　Thomas Weber, *Hitler's First War: Adolf Hitler, the Men of the List Regiment, and the First World War* (Oxford: Oxford University Press, 2010), 140.

13　Police report, VId 1659 VId/131, HA 69/1500.

14　希特勒对他的赞扬，Adolf Hitler, *Mein Kampf*, trans. Ralph Manheim (Boston: Houghton Mif in Company, 1943), 210, 215。

15　戈特弗里德·费德尔未出版日记，*Tagebücher*, ED 874/5, 20, IfZ。公告刊发于 1923 年 11 月 9 日《人民观察家报》，副本可见于 HA 5/119。

16　此事得到了银行职员的证实，VI a F 161/24, January 21, 1924, HA 67/1494。另见 1923 年 11 月 23 日《慕尼黑最新消息》和 1924 年 5 月 14 日《人民信使报》。

17 Horst J. Weber, *Die deutsche Presse, insbesondere die völkische, um den Hitlerprozess. Ein Beitrag zur Lehre von der Parteipresse.* Diss. (Universität Leipzig, 1930), 20.

18 Police report, December 1, 1923, HA 67/1493.

19 Philipp Bouhler, January 31, 1924, HA 67/1492.

20 *An die Münchner Bevölkerung!*, copy in HA67/1492.

21 *An alle Deutschen!*, copy in HA 67/1492.

22 Ian Kershaw, *Hitler1889 - 1936: Hubris* (NewYork: W. W. Norton, 1999), 208.

23 准军事组织调查委员会掌握了由一名希特勒突击队员传达的这道命令，其副本归档见 HA 69/1500A。另外还刊登在了 1923 年 11 月 9 日的《人民观察家报》上。

24 NA T84 EAP 105/7, 209.

25 Ernst Röhm, *The Memoirs of Ernst Röhm*, intro. Eleanor Hancock and trans. Geoffrey Brooks (London: Frontline Books, 2012), 34.

26 NA T84/2 EAP 105/7, 721；Police report, December 7, 1923, Ernst Deuerlein, ed., *Der Hitler-Putsch. Bayerische Dokumente zum 8./9. November 1923* (Stuttgart: Deutsche Verlags-Anstalt, 1962), Nr. 174, 475; *Erklärung des Herrn Oberstlandesgerichtsrats Ernst Pöhner über die Vorgänge vom 8./9. November 1923*, 1923 年 12 月 19 日，HA 5/120，此外还有对保罗·埃根特、弗里茨·葛里希等参加发布会的人以及其他一些人的问讯，收录于 HA 67/1493 文件。

27 NA T84/2 EAP 105/7, 348.

28 Interrogation, January 30, 1924 and March 20, 1924, HA 67/1493, as well as Eugen Mündler, February 2, 1924, HA 67/1493.

29 Dr. Ludwig Wassermann statement, November 21, 1923, HA 5/114I, and Police report, VI a F 566/24, 1924 年 3 月 21 日，HA 68/1494, and MA 103476/3, 1439, BHStA.

30 MA 103476/3, 1231, BHStA.

1 David Clay Large, *Where Ghosts Walked: Munich's Road to the Third Reich* (New York: W. W. Norton, 1997), 179.

2 Police report, *Hitlerputsch im Bürgerbräukeller*, November 22, 1923, HA 67/1490.

3 1923 年 11 月 14 日犹太电讯社。

4 1923 年 11 月 5 日犹太电讯社。

5 吉奥格·福克斯（Georg Fuchs）未出版回忆录，HA 5/114I, 71。

6 Berchtold interview in Heinz A. Heinz, *Germany's Hitler* (London: Hurst & Blackett, 1938), 157.

7 这个说法得到大量使用，例见 Karl A. Kessler, *Der 9. November 1923 in München. Erlebnisse eines SA Mannes* (München: Walter, 1933), 15 以 及 Erich Malitius, *Der 8. u. 9. November 1923. Die Geschichte von Treue und Verrat der deutschen Jugend* (Breslau: Handel, 1935), 12。关于这种形象，还可参阅罗恩·罗森鲍姆（Ron Rosenbaum）的杰出著作 *Explaining Hitler: The Search for the Origins of His Evil* (New York: HarperPerennial, 1999), 38。

8 1923 年 11 月 27 日《慕尼黑邮报》和 1923 年 11 月 10 日《慕尼黑最新消息》。

9 1923 年 11 月 9 日《慕尼黑报》；1924 年 5 月 21 日《前进报》；以及 1923 年 11 月 27 日终于得以复刊的《慕尼黑邮报》。除了报社遭到的破坏，久久不能复刊还因为禁令直到 1923 年 11 月 9 日才解除。当时参与行动的汉斯·卡兰巴赫的叙述可见于 *Mit Adolf Hitler auf Festung Landsberg* (München: Kress & Hornung, 1939), 26–27。

10 副本可见于 HA 5/125 and 67/1491。

11 Berchtold interview in Heinz (1938), 157.

12 1923 年 11 月 10 日《萨尔茨堡人民报》。

13 Ferdin and Mürrigergegen Berchtold, Mauriceet al., A.V. XIX 466/29 December 24, 1923, Staatsanwaltschaften 3098, StAM.

14 Proz.Reg.Nr. 187/1924 (Stosstrupp Hitler Trial), Gründedes Urteiles, May 3,

1924, HA 67/1493.

15　MA 103476/3, 1217, BHStA.

16　是从一扇打碎的窗户伸出来的，报告见于 VI a F 425/24, February 22, 1924, HA 67/1494。

17　*Der Zerstörung der 'Münchener Post.'* HA 5/116. 另可参阅 MA 103476/3, 1232 - 34, BHStA。

18　身份证副本见 HA 4/94。

19　莫里斯是运动与体操组的头目，Police report, September 27, 1921, HA 65/1483，以及未发表手稿，*Regiment München, II Batallion, 6 Kompanie*, HA 4/100，和他在 1946 年 3 月 16 日接受的国际军事法庭问讯，ZS 270, IfZ。关于莫里斯在"会场卫队"中的工作，见 Bruce Campbell, *The SA Generals and the Rise of Nazism* (Lexington: University Press of Kentucky, 1998), 20，以及他和希特勒的关系，Anna Maria Sigmund, *Des Führers bester Freund. Adolf Hitler, seine Nichte Geli Raubal und der "Ehrenarier" Emil Maurice—eine Dreiecksbeziehung* (München: Heyne, 2003)。

20　Sophie Auer testimony, Anz. Verz.XIX. 592/23, *Akt Hübner Ernst u. Gen. wegen Landfriedensbruch*, HA 67/1491.

21　Proz.Reg.Nr. 187/1924 (Stosstrupp Hitler Trial), Gründe des Urteiles, May 3, 1924, HA 67/1493.

22　NA T84 EAP 105/7, 1607.

23　MA 103476/3, 1447, 1234 - 35, 1056 - 57, 1070, BHStA.

24　Anz. Verz.XIX. 592/23, *Akt Hübner Ernst u. Gen. Wegen Land friedensbruch*, HA 67/1491.

25　在当晚的媒体报道和警方报告中，提到抓捕犹太人的次数远比其他犯罪少。见警方日志，*Meldungen über die Vorkommnisse in der Nacht vom 8./9.11.1923*, HA 67/1490，以及警方于 1923 年 12 月 7 日呈交卡尔的报告，发表于 Ernst Deuerlein, ed., *Der Hitler-Putsch. Bayerische Dokumente zum 8./9. November 1923* (Stuttgart: Deutsche Verlags-Anstalt, 1962), Nr. 174, 474 - 75。

26　理查德·J. 埃文斯（Richard J. Evans）在他的 *Lying About Hitler: History, Holocaust, and the David Irving Trial* (New York: Basic Books, 2002),

46 - 49 中提到了这个讹误。霍夫曼的证词见于 NA T84 EAP 105/7, 886 -
87。关于霍夫曼的背景资料，尤其是作为纳粹党员的事迹，可见于议会调查，
MA 103476/2, 788, BHStA。霍夫曼前往兰茨贝格探视可见于 *Sprechkarte*,
Folder No. 4, JVA 17.000, StAM。

27　一个当晚在那里遭到扣押的人的陈述：1923 年 11 月 18 日报告，HA
5/114I；路德维希·瓦瑟曼的陈述，1923 年 11 月 21 日，HA 5/114I；1923
年 11 月 26 日《前进报》；约翰·塞尔比警监的报告，1923 年 11 月 22 日，
发表于 Deuerlein (1962), Nr. 136, Beilage C, 421。另见 MA 103476/3,
1439, BHStA。

28　Erich Eyck, *A History of the Weimar Republic*, trans. Harlan P. Hanson and
Robert G. L. Waite (Cambridge, MA: Harvard University Press, 1962), I,
276. 还有一个说法是 20 人，Georg Franz-Willing, *Putsch und Verbotszeit
der Hitlerbewegung November 1923 - Februar 1925* (Preussisch Oldendorf:
Verlag K.W. Schütz, 1977), 82 - 83。未出版回忆录中的数字和"暂时拘
捕"这个词来自约翰·艾格纳, *Ein Beitrag zur Geschichte der nationalen
Erhebung im November 1923*, 15, HA 5/114II。在 MA 103476/3, 1236,
BHStA 中可以找到一个接近的数字（58）。

13　午夜慕尼黑

1　Leonard Mosley, *The Reich Marshal: A Biography of Hermann Goering* (New
York: Dell Publishing Co., 1975), 57 - 58.

2　Gustav von Stresemann, *Vermächtnis. Der Nachlass in Drei Bänden* (Berlin:
Ullstein, 1932), I, 204.

3　*Akten der Reichskanzlei Weimarer Republik. Die Kabinette Stresemann I u.
II*. Band II (1978), Nr. 231, 997 - 98. See also report, Nr. 264 November 11,
1923, HA 5/114II.

4　Kabinettsitzung von9. November 1923, 12 Uhr, R 43 I/1389 Bl 81 - 82 in
Akten der Reichskanzlei Weimarer Republik. Die Kabinette Stresemann I u.

376

II. Band II (1978), 998‑1000.

5 Viscount Edgar Vincent D'Abernon, *The Diary of an Ambassador* (Garden City, NY: Doubleday, Doran & Company, 1929‑1931), III, 10.

6 Carl Schorske, *German Social Democracy, 1905‑1917: The Development of the Great Schism* (Cambridge, MA: Harvard University Press, 1955, 1983 edition), 123.

7 Jonathan Wright, *Gustav Stresemann: Weimar's Greatest Statesman* (Oxford: Oxford University Press, 2002), 248.

8 Friedrich von Rabenau, *Seeckt. Aus seinem Leben 1918‑1936* (Leipzig: Hase & Koehler, 1940), 374.

9 Frédéric Hirth, *Hitler, ou le guerrier déchaɪné* (Paris: éditions du Tambourin, 1930), 135, and F. L. Carsten, *The Reichswehr and Politics 1918‑1933* (Berkeley: University of California Press, 1973), 104.

10 魏玛宪法第 48 条。

11 Richard J. Evans, *The Coming of the Third Reich* (New York: Penguin Books, 2003), 80.

12 Carsten (1973), 187.

13 Bayerische Gesandtschaft beim Hl. Stuhl an das Staatsministerium des äussern, 1923 年 11 月 9 日 , Ernst Deuerlein, ed., *Der Hitler‑Putsch. Bayerische Dokumente zum 8./9. November 1923* (Stuttgart: Deutsche Verlags‑Anstalt, 1962), Nr. 91, 317‑18。

14 1923 年 11 月 9 日《纽约时报》。另见 1923 年 11 月 9 日《慕尼黑最新消息》、1923 年 11 月 9 日《小巴黎报》、1923 年 11 月 8 日路透社报道以及 Deuerlein (1962), Nr. 267, 657。

15 Ernst Röhm, *The Memoirs of Ernst Röhm*, intro. Eleanor Hancock and trans. Geoffrey Brooks (London: Frontline Books, 2012), 147.

16 不少史家的看法正相反，然而具体在这个时候可能性甚微。有多名目击者的陈述可以证实，比如乌尔里希·格拉夫，VI a F 244/23‑24, HA 67/1494。

17 Ernst Hanfstaengl, *Hitler: The Memoir of a Nazi Insider Who Turned Against the Führer*, intro. John Willard Toland (New York: Arcade Publishing, 1957, repr. 2011), 102.

18 NA T84/2 EAP 105/7, 1272 and 1942；另见 1923 年 11 月 22 日洛索的陈述，Staatsanwaltschaften 3099, StAM。

19 NA T84/2 EAP 105/7, 1942.

20 NA T84/2 EAP 105/7, 1871.

21 Harold J. Gordon Jr., *Hitler and the Beer Hall Putsch* (Princeton: Princeton University Press, 1972), 271‑73.

14 第 264 号令

1 NA T84/2 EAP 105/7, 2505.

2 这是最常见的说法，不过辩护律师阿尔弗雷德·霍尔称几人的再度会合最晚是在凌晨 1:15：NA T84/2 EAP 105/7, 1747。见 Kommandantur München, No. 4453/I, November 19, 1923, Staatsanwaltschaften 3098, StAM， 以 及 Ernst Deuerlein, ed., *Der Hitler‑Putsch. Bayerische Dokumente zum 8./9. November 1923* (Stuttgart: Deutsche Verlags‑Anstalt, 1962), 100。

3 1923 年 11 月 10 日《新苏黎世报》第一晨版。另见代副领事 R.D. 墨菲的《巴伐利亚政局分析》，1923 年 11 月 23 日（邮寄），M336, 862.00, No. 19, NA，以及格拉夫·冯·索登（Graf von Soden）发表于 1924 年 3 月 21 日《慕尼黑最新消息》上的文章。

4 Georges Bonnin, *Le putsch de Hitler: á Munich en 1923* (Les Sables‑d'Olonne: Bonnin, 1966), 111. 另见西克特在 1923 年 11 月 5 日政变前夜给卡尔的信，摘录于 Didier Chauvet 的 *Hitler et le putsch de la brasserie: Munich, 8/9 novembre 1923* (Paris: L'Harmattan, 2012), 126‑27。

5 1923 年 11 月 9 日《纽约时报》。

6 NA T84/2 EAP 105/7,1275. 塞瑟错把时间写成了凌晨 2:15，NA T84/2 EAP 105/7, 1499。

7 NA T84/2 EAP 105/7, 1276, 1356.

8 *Aufruf*, 1923 年 11 月 9 日, copy in HA 67/1492。

9 命令副本见于 HA 68/1495。另见 1923 年 11 月 10 日《慕尼黑最新消息》以及 David Jablonsky, *The Nazi Party in Dissolution: Hitler and the Verbotzeit, 1923 - 1925* (London: F. Cass, 1989), 28 - 30。

10 Kommandantur München, No. 4453/I, November 19, 1923, Staatsanwaltschaften 3098, NA T84/2 EAP 105/7, 1092.

11 NA T84/2 EAP 105/7, 930.

12 Deuerlein (1962), Nr. 182, Anlage 7, 513. 另 见 Horst J. Weber, *Die deutsche Presse, insbesondere die völkische, um den Hitlerprozess. Ein Beitrag zur Lehre von der Parteipresse*. Diss. (Universitat Leipzig, 1930), 51。

13 NA T84/2 EAP 105/7, 242 - 43; *Erklärung des Herrn berstlandesgerichtsrats Ernst Pöhner über die Vorgänge vom 8./9. November 1923*, December 29, 1923, HA 5/120.

14 NA T84/2 EAP 105/7, 243.

15 同上，以及约翰·艾格纳未出版回忆录，*Ein Beitrag zur Geschichte der nationalen Erhebung im November 1923*, 12, HA 5/114II。

15 "我不是胆小鬼"

1 1924 年 1 月 2 日，HA 5/114I。

2 Major Imhoff to I. Staatsanwalt beim Landgericht München I, 1923 年 11 月 15 日，MA 104221, BHStA.

3 此处的场景描绘依据了多人对弗里克被捕的陈述，包括因霍夫 (NA T84/2 EAP 105/7, 1172 - 73)、弗 里 克 (NA T84 EAP 105/7, 725 - 26) 和罗 德，*Herr Hitler hat kein Ehrenwort gebrochen*, HA 5/126，此 外 还 有 NA T84 EAP 105/7, 2694，以及报告，*Bericht an den Herrn Generalstaatskommissar München*, December 7, 1923, HA 67/1491。

4 NA T84/2 EAP 105/7, 1173.

5 John Dornberg, *Munich 1923: The Story of Hitler's First Grab for Power* (New York: Harper & Row, 1982), 209.

6 大概是凌晨 4:30，至少是在 5:00 之前，NA T84/2 EAP 105/7, 243。

7 MA 103476/3, 1349, BHStA.

8 Hans Hubert Hofmann, *Der Hitlerputsch. Krisenjahre deutscher Geschichte 1920 - 1924* (München: Nymphenburger Verlagshandlung, 1961), 194.

9 1923 年 11 月 9 日《人民观察家报》。

10 Alfred Rosenberg interrogation, VIa 2500/23, June 6, 1924, HA 67/1493.

11 Heinrich Hoffmann, *Hitler Was My Friend*, trans. Lt-Col R. H. Stevens (London: Burke, 1955), 55 - 56.

12 此处的场景描绘依据了当时在场者的证词，包括路德维希·利奥波德上校 (NA T84 EAP 105/7, 195. 802 - 4)；阿道夫·希特勒 (NA T84/2 EAP 105/7, 110 - 11)；埃里希·鲁登道夫 (NA T84/2 EAP 105/7, 538 - 40；以及 1923 年 11 月 22 日 Police report, HA 68/1494，和检方的论证，Anz. Verz.XIX 421/23, *Antrag des I. Staatsanwalts beim Volksgericht München I auf Anberaumung der Hauptverhandlung*, January 8, 1924, Staatsanwaltschaften 3098, 28 - 29, StAM。当然，希特勒和鲁登道夫的一些下属几个小时以前就已经意识到三巨头会反对：Richard Kolb, *Bericht über den 8. und 9. November 1923*, HA 5/116。

13 NA T84 EAP 105/7, 804.

14 Walther Lembert, A.V.XIX 421/23, January 3, 1924,HA 67/1493.

16 决断时刻

1 Margarethe Ludendorff, *My Married Life with Ludendorff*, trans. Raglan Somerset (London: Hutchinson, c.1929), 284.

2 Hans Frank, *Im Angesicht des Galgens* (München-Gräfelfing: F. A. Beck, 1953), 61, and Walter Hewel interrogation, VI a F 425/24, February 22, 1924, HA 67/1494.

3 Julius Schaub, interrogation, April 25, 1924, HA 68/1494, 以及黑咖啡, Karl A. Kessler, *Der 9. November 1923 in München. Erlebnisse eines SA Mannes* (München: Walter, 1933), 18。

380

4 乌尔里希·格拉夫未出版回忆录，63, F14, IfZ。

5 1923 年 11 月 12 日《纽约时报》。

6 Fritz Stahl 未出版陈述，*Bericht*, January18,1938,HA 5/116 和《慕尼黑邮报》，November 27, 1923，以及 Mühltaler: Police report, *Meldungen über die Vorkommnisse in der Nacht vom 8./9.11.1923*, HA 67/1490。

7 Buchdruckerei und Verlagsanstalt Gebrüder Parcus an das Generalstaatskommissariat, November 19, 1923, printed in Ernst Deuerlein, ed., *Der Hitler-Putsch. Bayerische Dokumente zum 8./9. November 1923* (Stuttgart: Deutsche Verlags-Anstalt, 1962), Nr. 137, 423.

8 Max Neunzert, H.B.No.170/24, April 17, 1924, HA 67/1493，以及 1924 年 1 月 22 日《巴伐利亚祖国报》。

9 response of Karl Kessler, question 47, Fragebogen über Ereignisse an der Feldherrnhalle in München am 9. November 1923, January 1936 HA 5/115.

10 1923 年 11 月 9 日《慕尼黑报》。

11 1923 年 11 月 9 日《人民观察家报》。

12 1923 年 11 月 9 日《慕尼黑最新消息》。

13 1923 年 11 月 9 日《晨报》。

14 1923 年 11 月 9 日《小巴黎报》。

15 1923 年 11 月 9 日《泰晤士报》，其他数家媒体报道了此事，例如 1923 年 11 月 10 日的墨尔本《每周时报》选用了《曼彻斯特卫报》提出的警告。

16 1923 年 11 月 9 日《纽约时报》。

17 John Dornberg, *Munich 1923: The Story of Hitler's First Grab for Power* (New York: Harper & Row, 1982), 195.

18 这个拼写将持续存在一段时间，不过在审判开始后渐渐减少。

19 *Time*, July 23, 1923. Another variant was "leader of Bavarian nationalists," *Illustrated London News*, November 17, 1923.

20 1923 年 11 月 10 日《十字架报》。

21 Dornberg (1982), 274；另见 Ernst Röhm, *The Memoirs of Ernst Röhm*, intro. Eleanor Hancock and trans. Geoffrey Brooks (London: Frontline Books, 2012), 147 - 48。

22 Harold J. Gordon Jr., *Hitler and the Beer Hall Putsch* (Princeton: Princeton

University Press, 1972), 273.

23 NA T84 EAP 105/7, 435.

24 成立于 1920 年 4 月 21 日，是纳粹党在慕尼黑以外的第一个分支机构。

25 NA T84 EAP 105/7, 542.

26 Erich Ludendorff, *Auf dem Weg zur Feldherrnhalle. Lebenserinnerungen an die Zeit des 9.11.1923 mit Dokumenten in fünf Anlagen* (München: Ludendorff, 1937), 65.

27 格拉夫·海尔多夫（Graf Helldorff）1924 年 1 月 11 日陈述，HA 5/114I。

28 NA T84/2 EAP 105/7, 114 and Ludendorff (1937), 65‒66.

17　大院里

1 Richard Hanser, *Putsch!: How Hitler Made Revolution* (New York: Pyramid Books, 1971), 210‒11.

2 NA T84 EAP 105/7, 435.

3 *Die 6. Kompanie-ehemalige 4. Hundertschaft des Regiments München der S.A. der N.S.D.A.P. am 8. und 9. November 1923*, HA 4/93, and December 1, 1923, HA 67/1493.

4 Proz.Reg.Nr. 187/1924 (Stosstrupp Hitler Trial), Gründe des Urteiles, May 3, 1924, HA 67/1493, 以及 1923 年 11 月 10 日《慕尼黑最新消息》。

5 Proz.Reg.Nr. 187/1924 (Stosstrupp Hitler Trial), Gründe des Urteiles, May 3, 1924, HA 67/1493, 以及 1923 年 11 月 10 日《慕尼黑最新消息》。

6 1923 年 11 月 10 日《慕尼黑最新消息》。

7 Berchtold interview, Heinz A. Heinz, *Germany's Hitler* (London: Hurst & Blackett, 1938), 159.

8 Julius Schaub, April 25, 1924, HA 68/1494.

9 NA T84/2 EAP 105/7, 1960‒1961; *Meldungen über die Vorkommnisse in der Nacht vom 8./9.11.1923*, HA 67/1490.

10 Heinrich Hoffmann, *Hitler Was My Friend*, trans. Lt-Col R. H. Stevens

(London: Burke, 1955), 56.

11 Ernst Röhm, *The Memoirs of Ernst Röhm*, intro. Eleanor Hancock and trans. Geoffrey Brooks (London: Frontline Books, 2012), 151.

12 Walther Lembert, A.V. XIX 421/23, January 3, 1924, HA 67/1493.

13 Röhm (2012), 16‐17, 29, 两人存在不合, 75。埃普对政变本身的看法, 尤其对法国以及德国的敌人的有益之处,《贝希特斯加登汇报》, November 17‐18, 1923。关于此人还可参阅 Katja-Maria Wächter, *Die Macht der Ohnmacht. Leben und Politik des Franz Xaver Ritter von Epp (1868‐1946)* (Frankfurt am Main: P. Lang, 1999)。

14 Albrecht Tyrell, "Exkurs. Zur Vorgeschichte der Erwebung des 'Völkischen Beobachters' durch die NSDAP" in his *Vom 'Trommler' zum 'Führer.' Der Wandel von Hitlers Selbstverständnis zwischen 1919 und 1924 und die Entwicklung der NSDAP* (München: Wilhelm Fink Verlag, 1975), 177.

15 Hildolf Freiherr von Thüngen, February 6, 1924, HA 67/1493.

16 Translation in John Dornberg, *Munich 1923: The Story of Hitler's First Grab for Power* (New York: Harper & Row, 1982), 276。关于此次谈判还可参阅 Police report, *Umsturzversuch in der Nacht vom 8. auf 9.11.1923*, November 22, 1923, HA 68/1494。

17 Röhm (2012), 153.

18 Testimony of Alfred Andersch, Zum Akt Röhm, December19, 1923, HA 5/114I.

19 NA T84 EAP/2 105/7, 1076.

20 Georg Träger was in the garage at the time, 1923 年 12 月 17 日 Police report, HA 5/116。Helene Perutz 也看到有士兵受伤, 1923 年 12 月 20 日 Police report, HA 5/116.

21 NA T84 EAP/2 105/7, 1067‐68。更多细节可见于 1923 年 12 月 17 日警方报告 HA 5/116 对车库三楼机枪的陈述; 大院草图可见于 HA 5/114II, 以及报告 *Leutnant Casellas und Fausts Tod im Wehrkreiskommando am 9 November 1923*, HA 5/114I. Röhm's admission is at Röhm (2012), 153‐54。

22 Zum Akt Röhm, 1923 年 12 月 19 日, HA 5/114I, and testimony of Wilhelm

Greiner, PV19, December 29, 1923, HA 5/116。

23　1924 年 1 月 11 日 HA 5/114II，冲 上 去 援 救 见 *Leutnant Casella's und Faust's Tod im Wehrkreiskommando am 9 November 1923*, HA 5/114，以 及 Police report, VI a F 2546/23, November 28, 1923, HA 67/1493。

18　希特勒的外国军团

1　Alfred Rosenberg, *Memoirs of Alfred Rosenberg*, ed. Serge Lange and Ernst von Schenck and trans. Eric Posselt (Chicago: Ziff-Davis, 1949), 72.

2　Marc (Max) Sesselmann, *Bericht*, November 1, 1935, HA 5/116.

3　Sesselmann, *Bericht*, November 1, 1935, HA 5/116. The police search of the apartment is in Abt VIa, *Betreff Pöhner, Ernst*, 1923 年 11 月 10 日，Staatsanwaltschaften 3099, StAM.

4　*Vernehmung Pöhner*, 1923 年 11 月 10 日，HA 5/120; Imhoff testimony, NA T84 EAP 105/7, 1173。

5　NA T84/2 EAP 105/7, 244.

6　1923 年 11 月 9 日《柏林日报》晚间版。

7　这个数字相对比较可信，有些人给出了更高的估计，比如希特勒，但他位于队伍前部，应该很难对人群的规模有个准确的衡量，NA T84/2 EAP 105/7, 2075。他还过高地估计贝格勃劳凯勒的观众数量达到 5000 人，NA T84/2 EAP 105/7, 98。

8　不少史学家说舒伊勃纳－里希特在希特勒右边，包括 John Dornberg, *Munich 1923: The Story of Hitler's First Grab for Power* (New York: Harper & Row, 1982), 283-84，但是他应该在左边。这样说的包括舒伊勃纳－里希特的跟班约翰·艾格纳的未出版回忆录 *Ein Beitrag zur Geschichte der nationalen Erhebung im November 1923*, 14, HA 5/114II、希特勒的保镖乌尔里希·格拉夫的未出版回忆录 F14, 67, IfZ，以及 1936 年 2 月他对纳粹党问卷第 2 题的回答，HA 5/115。还有多名参与游行的人对此表示同意。

9　这个说法出自 1935 年 11 月 11 日的一场演说，翻译版见 Richard Hanser, *Putsch!: How Hitler Made Revolution* (New York: Pyramid Books, 1971), 307。

10　Robert Cecil, *The Myth of the Master Race: Alfred Rosenberg and Nazi Ideology* (New York: Dodd Mead & Company, 1972), 41.

11　NA T84/2 EAP 105/7, 113. 约翰·普雷姆也记得这句话，在自己的未出版回忆录中有提及，*Bericht über den 9. November 1923*, HA 5/115。

12　Question 47, Karl Kessler and Lisbeth Kessler, Fragebogen HA 5/115.

13　A. Rossmann, unpublished account, *Der neunte November 23*, HA 5/116.

14　Proz.Reg.Nr. 187/1924 (Stosstrupp Hitler Trial), May 3, 1924, HA 67/1493.

15　XIX 466/23, February 15, 1924, HA 67/1494 and Ulrich Graf 未出版回忆录，F14, 64, IfZ。

16　Johann Georg Maurer 怀疑这句话并不存在，VI a F 413/24, November 21, 1923, HA 67/1494。不过大量证据证明的确说过，尽管不一定是用了这几个词，例如在 XIX 466/23, February 22, 1924, HA 67/1494，以及 Adalbert Stollwerck's testimony, VI a F 416/24, 1924 年 2 月 21 日, HA 68/1494。另见 1925 年 10 月 30 日《慕尼黑邮报》。

17　Heinrich von Knobloch, VI a F, February 20, 1924, HA 67/1494.

18　NA T84/2 EAP 105/7, 115.

19　1923 年 11 月 9 日《慕尼黑报》。报社主编阿道夫·席特是卡尔的讲稿作者，因此文章中出现卡尔的公告中的措辞，也就不稀奇了，1923 年 11 月 9 日 MA 104221, BHStA。

20　NA T84 EAP 105/7, 438.

21　Hans Hinkel, *Einer unter Hunderttausend* (München: Knorr & Hirth, 1938), translation in David Clay Large, *Where Ghosts Walked: Munich's Road to the Third Reich* (New York: W. W. Norton, 1997), 185.

22　Hans Frank, *Im Angesicht des Galgens* (München-Gräfelfing: F. A. Beck, 1953), 61；另见 Martyn Housden, *Hans Frank: Lebensraum and the Holocaust* (London: Palgrave Macmillan, 2003), 22。

23　NA T84/2 EAP 105/7, 115; Anz. Verz.XIX 421/23, *Antrag des I. Staatsanwalts beim Volksgericht München I auf Anberaumung der*

Hauptverhandlung, January 8, 1924, Staatanswaltschaften 3098, 31‑32, StAM;《慕尼黑邮报》, November 27, 1923。

24　得名于绿黑两色的制服。, Harold J. Gordon Jr., *Hitler and the Beer Hall Putsch* (Princeton: Princeton University Press, 1972), 124。

25　Georg Höfler, November 10, 1923, printed in Ernst Deuerlein, ed., *Der Hitler‑Putsch. Bayerische Dokumente zum 8./9. November 1923* (Stuttgart: Deutsche Verlags‑Anstalt, 1962), Nr. 98, 332.

26　Proz.Reg.Nr. 187/1924, May 3, 1924, HA 67/1493. The claim of saluting is in Karl A. Kessler, *Der 9. November 1923 in München. Erlebnisse eines SA Mannes* (München: Walter, 1933), 15.

27　约翰·艾格纳未出版回忆录, *Ein Beitrag zur Geschichte der national Erhebung im November 1923*, 10, HA 5/114II.

28　Large (1997), 186.

29　Karl Alexander von Müller, *Im Wandel einer Welt* (München: Süddeutscher, 1966), 166; NA T84/2 EAP 105/7, 983.

30　Otis C. Mitchell, *Hitler's Stormtroopers and the Attack on the German Republic, 1919‑1933* (Jefferson, NC: McFarland, 2008), 78.

31　关于他对游行的印象可参阅 Carl Zuckmayer, *A Part of Myself: Portrait of an Epoch*, trans. Richard and Clara Winston (New York: Harcourt, Brace, Jovanovich, 1970), 272‑73。

19　浴血之地

1　1924 年 2 月 27 日《福斯日报》, 晨间版。

2　Ernst Hanfstaengl, *Hitler: The Memoir of a Nazi Insider Who Turned Against the Führer*, intro. John Willard Toland (New York: Arcade Publishing, 1957, repr. 2011), 105.

3　Ernst Hanfstaengl, *Zwischen Weissem und Braunem Haus. Memoiren eines politischen Aussenseiters* (München: R. Piper, 1970), 144. 关于伤亡情况的

386

谣言在当天上午广为流传，例如 Anton Zahner, VI a F 405/24, February 14, 1924, HA 68/1494; Margarethe Ludendorff, *My Married Life with Ludendorff*, trans. Raglan Somerset (London: Hutchinson, c.1929), 251 - 52; NA T84/2 EAP 105/7, 1143;《慕尼黑报》，November 10 - 11, 1923; *Dalpilen* (Falun, Sweden), 1923 年 11 月 13 日。

4　NA T84 EAP 105/7, 543.

5　他在铁阿提纳街和佩鲁贾街路口收到消息，而后改变了行进方向，Richard Kolb, Fragebogen, 30, January 1936, HA 5/116。克利伯往前继续走了一段，没有听到警告，队伍的转向让他出乎意料。

6　行进的方式像是一次攻击敌人后方和侧翼的军事行动，NA T84/2 EAP 105/7, 1281。

7　Confidential file in Akt Freiherr v. Godin, Akt. Nr. 121, *Akten der Geheimen Staatspolizei*, Staatspolizeistelle Innsbruck, HA 5/117.

8　关于埃默尔里希·冯·戈丁的更多资料可见于 Thomas Weber, *Hitler's First War: Adolf Hitler, the Men of the List Regiment, and the First World War* (Oxford: Oxford University Press, 2010), 215。戈丁于 1918 年 7 月 31 日起草了推荐信。

9　NA T84/2 EAP 105/7, 172.

10　玛蒂尔德·舒伊勃纳 - 里希特的未出版叙述，她称这个细节是希特勒本人提供的，[XT]Bericht[ZT], April 4, 1936, HA 5/116。

11　米夏埃尔·冯·戈丁，1923 年 11 月 10 日，MA 104221, BHStA。

12　VIa, *Umsturzversuch 8./9. November 1923—hier Vorgänge am Odeonsplatz*, 1924 年 3 月 3 日，HA 68/1494。

13　Arno Schmidt, VI a F 489/24, 1924 年 3 月 1 日，HA68/1494。

14　1923 年 11 月 19~20 日《上巴伐利亚人》，以及 Anton Reithinger, *Umsturzversuch 8./9. November 1923—hier Vorgänge am Odeonsplatz*, 1924 年 3 月 3 日，HA 68/1494。

15　许多人声称他们没有开火，比如 Erich Ludendorff, *Auf dem Weg zur Feldherrnhalle. Lebenserinnerungen an die Zeit des 9.11.1923 mit Dokumenten in fünf Anlagen* (München: Ludendorff, 1937), 68。声称开了火的有一例：Walter Hewel, MA 103476/3, 1347, BHStA。

16 洛伦兹·罗德未出版陈述，*Herr Hitler hat kein Ehrenwort gebrochen*, HA 5/126。

17 NA T84/2 EAP 105/7, 170. 2 SA-Company received order during the march, Karl Kessler, Fragebogen question 23, HA 5/115. 不过事后发现还有很多枪上了膛，MA 103476/3, 1353‑57, BHStA。

18 Berchtold interview in Heinz A. Heinz, *Germany's Hitler* (London: Hurst & Blackett, 1938), 160.

19 1923 年 11 月 13 日《德意志日报》。

20 NA T84 EAP 105/7, 544.

21 NA T84/2 EAP 105/7, 117，中枪部位见约翰·艾格纳，*Ein Beitrag zur Geschichte der nationalen Erhebung im November 1923*, 17, HA 5/114II。

22 NA T84/2 EAP 105/7, 117.

23 阿道夫·希特勒服刑期间的信件，1924 年 6 月，Eberhard Jäckel und Axel Kuhn, eds., *Hitler. Sämtliche Aufzeichnungen 1905‑1924* (Stuttgart: Deutsche Verlags-Anstalt, 1980), Nr. 640, 1235。

24 *Das geschah am 9. November1923*, HA 5/116, and unpublished memoir, F14, 67‑68, IfZ.

25 Carin Göring, letter to her mother, Huldine, 1923 年 11 月 13 日，Björn Fontander, *Carin Göring skriver hem* (Stockholm: Carlssons, 1990), 108‑9.

26 NA T84 EAP 105/7, 442.

27 塞瑟尔曼也看到了克利伯挥舞拳头嘶喊的样子，Sesselmann, *Bericht*, November 1, 1935, HA 5/116。

28 Hans Rickmers, letter from hospital, November 16,1923, HA 5/116.

29 NA T84/2 EAP 105/7, 618.

30 Otto Engelbrecht, questionnaire, answer to No. 36, HA 5/115.

31 Johann Prem, *Bericht über den 9. November 1923*, HA 5/115.

32 Karl A. Kessler, *Der 9. November 1923 in München. Erlebnisse eines SA Mannes* (München: Walter, 1933), 33.

33 理查德·科尔布未出版陈述，*Bericht über den 8. und 9. November 1923*, HA 5/116。

34 不少人做出了这样的陈述，如 Richard Hanser, *Putsch!: How Hitler*

Made Revolution (New York: Pyramid Books, 1971), 362, Hans Hubert Hofmann, *Der Hitlerputsch. Krisenjahre deutscher Geschichte 1920 - 1924* (München: Nymphenburger Verlagshandlung, 1961), 212, 以及许多希特勒传记, 如 Ullrich (2013), 178。不过一些目击者给出了不同说法。除了下文引用的罗伯特·墨菲的描述, 还有 1923 年 11 月 11 日《纽约时报》; 1923 年 11 月 23 日《小巴黎报》; 1923 年 11 月 23 日《晨报》; 1923 年 11 月 23 日《波士顿环球日报》;《前进报》还说他一直趴在地上, 他的追随者则已经四散逃走, 以及 1923 年 11 月 27 日《慕尼黑邮报》。也有人批评鲁登道夫这样笔直站着是鲁莽的表现。

35　John W. Wheeler-Bennett, *The Nemesis of Power: The German Army in Politics 1918 - 1945* (New York: St Martin's Press, 1954), 176.

36　Robert Murphy, *Diplomat Among Warriors* (Garden City, NY: Doubleday & Company, 1964), 22.

37　赫尔曼·克利伯在 1938 年 7 月 12 日提供的信息, HA 5/116。

38　约翰·艾格纳, *Ein Beitrag zur Geschichte der nationalen Erhebung im November 1923*, 16, HA 5/114II。

39　Chirugische Universitäts-Klinik, *Leichendiagnose des Schraut Otto*, 1923 年 11 月 13 日, HA 5/118.

40　Berchtold interview in Heinz (1938), 161, and the bloodbath, as Gottfried Feder put it, in his unpublished diary, *Tagebücher*, ED 874/5, 20, IfZ.

41　Friedrich Weber, NA T84/2 EAP 105/7, 173.

42　James Pool and Suzanne Pool, *Who Financed Hitler: The Secret Funding of Hitler's Rise to Power 1919 - 1933* (New York: Dial Press, 1979), 15, and Joachim C. Fest, *Hitler*, trans. Richard and Clara Winston (New York: Harcourt Brace Jovanovich, 1974), 166.

43　Dr. Ferdinand Sauerbruch, GStK.Nr. 15, BHStA, printed in Ernst Deuerlein, ed., *Der Hitler-Putsch. Bayerische Dokumente zum 8./9. November 1923* (Stuttgart: Deutsche Verlags-Anstalt, 1962), Nr. 90, 316 - 17.

44　Johann Prem, *Bericht über den 9. November 1923*, HA 5/115.

45　此人是侍者卡尔·库恩, 1923 年 11 月 12 日《慕尼黑最新消息》; 1923 年 11 月 12 日《慕尼黑报》。

46 Suzanne St. Barbe Baker, *A Wayfarer in Bavaria* (Boston: Houghton Mifflin, 1931), 36, in Charles Bracelen Flood, *Hitler: The Path to Power* (Boston: Houghton Mif in Company, 1989), 555.

47 A. 罗斯曼（A. Rossmann）未出版陈述，*Der neunte November 23*, HA 5/116，以及鲁登道夫后来在自己的回忆录（1937）中做的有所保留的陈述，68 - 69。

20　逃亡

1　1923 年 11 月 11 日《每日邮报》（布里斯班）。

2　Dr. Walter Schultze, MA 103476/3, 1358 - 59, BHStA.

3　1923 年 11 月 10 日《慕尼黑最新消息》。

4　Robert G. L. Waite, *Vanguard of Nazism: The Free Corps Movement in Postwar Germany 1918 - 1923* (New York: W. W. Norton, 1952), 259.

5　Karl A. Kessler, *Der 9. November 1923 in München. Erlebnisse eines SA Mannes* (München: Walter, 1933), 30，以及 *Die Vorgänge im München am 8. und 9. November 1923*, HA 5/116。后来还找出了一个男孩作为希特勒英勇救人的证据，不过有充分理由怀疑此事的真实性，Joachim C. Fest, *Hitler*, trans. Richard and Clara Winston (New York: Harcourt Brace Jovanovich, 1974), 190。

6　Tobias Mahl, "Die 'Arisierung' der Hofmöbelfabrik Ballin in München," in Angelika Baumann und Andreas Heusler, eds., *München arisiert. Entrechtung und Enteignung der Juden in der NS-Zeit* (München: C. H. Beck, 2004).

7　Dr. Emil Neustadt, April 24, 1934, HA 5/116.

8　Kessler (1933), 33. 另见 Erich Malitius, *Der 8. u. 9. November 1923. Die Geschichte von Treue und Verrat der deutschen Jugend* (Breslau: Handel, 1935), 13。

9　Polizei Direktion an Generalstaatskommissar, 1923 年 11 月 13 日 , MA 104221, BHStA.

10 Ernst Deuerlein, ed., *Der Hitler-Putsch. Bayerische Dokumente zum 8./9. November 1923*(Stuttgart: Deutsche Verlags-Anstalt, 1962), Nr. 182, Anlage 4, 511, and testimony of Lt. Col. Theodor Endres in Didier Chauvet's *Hitler et le putsch de la brasserie: Munich, 8/9 novembre 1923* (Paris: L'Harmattan, 2012), 153 - 54.

11 约翰·艾格纳, *Ein Beitrag zur Geschichte der nationalen Erhebung im November 1923*, 18, HA 5/114II。对这一情景的另一个叙述版本可见于未出版的 *Tatsachenbericht vom 9. November [23] bei der Feldherrnhalle München*, HA 5/116。

12 1923 年 11 月 9 日《福斯日报》晚间版; 1923 年 11 月 10 日《费加罗报》; 1923 年 11 月 10 日《泰晤士报》; 1923 年 11 月 10 日《纽卡斯尔太阳报》等。

13 1923 年 11 月 10 日《小巴黎报》。

14 1923 年 11 月 10 日伦敦《每日邮报》和澳大利亚有线新闻服务; 1923 年 11 月 11 日沃尔夫通讯社通过《十字架报》发布报道; 1923 年 11 月 12 日《芝加哥每日论坛》。

15 1923 年 11 月 11 日《纽约时报》, 伊萨尔谷, 1923 年 11 月 12 日《纽约时报》。

16 1923 年 11 月 11 日《芝加哥每日论坛》。

17 1923 年 11 月 11 日《小巴黎报》。

18 例如有个叫格哈德·罗斯巴赫 (Gerhard Rossbach) 的政变者潜入奥地利, 自称是电影导演, Gerhard Rossbach, *Mein Weg durch die Zeit. Erinnerungen und Bekenntnisse* (Weilburg-Lahn: Vereinigte Weilburger Buchdruckereien, 1950), 82。

19 Dr. Walter Schultze, December 10, 1923, HA68/1497A, and MA 103476/3, 1357 - 59, BHStA.

20 Helen Niemeyer, unpublished "Notes," 307 - 9, folder "Ernst Hanfstaengl (1)," John Toland Papers, FDR.

21 Ernst Hanfstaengl, *Zwischen Weissem und Braunem Haus. Memoiren eines politischen Aussenseiters* (München: R. Piper, 1970), 149.

22 Helen Niemeyer, "Notes," 297, folder "Ernst Hanfstaengl (1)," John Toland Papers, FDR.

21 人质的劫难

1 Alfred Rosenberg, *Memoirs of Alfred Rosenberg*, ed. Serge Lange and Ernst von Schenck, trans. Eric Posselt (Chicago: Ziff-Davis, 1949), 73. 德莱克斯勒对警察说他见过这封短函，1923 年 11 月 30 日，HA 68/1497A。

2 待纳粹掌权后，戈林会帮助巴林一家离开德国，在他的安排下，他们于 1941 年 10 月移居瑞士。一家人后来又动身前往阿根廷，不幸的是贝拉在途中去世。罗伯特、马丁和马丁的妻子苔克拉最终在美国安顿下来。可参阅 Tobias Mahl, "Die 'Arisierung' der Hofmöbelfabrik Ballin in München," in Angelika Baumann und Andreas Heusler, eds., *München arisiert: Entrechtung und Enteignung der Juden in der NS-Zeit* (München: Beck, 2004)。

3 Carin Göring, letter to her mother, Huldine, 1923 年 11 月 13 日, Björn Fontander, *Carin Göring skriver hem* (Stockholm: Carlssons, 1990), 109.

4 "Den toten Kameraden!" 1923 年 11 月 15 日《慕尼黑最新消息》。

5 1923 年 11 月 14 日《慕尼黑—奥格斯堡晚报》。

6 Eduard Schmidt and Albert Nussbaum, XIX 466/23, February 15, 1924, HA 67/1494.

7 Albert Nussbaum testimony, NA T84/2 EAP 105/7, 1964-1965. 海因里希·冯·诺布洛赫（Heinrich von Knobloch）证实有禁止交谈的命令，VI a F, February 20, 1924, HA 67/1494。

8 NA T84/2 EAP 105/7, 1965.

9 Walter Hewel, VIa F425/24, February 22, 1924, HA 67/1494, and NA T84/2 EAP 105/7, 1966.

10 《巴伐利亚邦报》, November 10, 1923 and *Das Ende des Münchener Staatsstreichs*, Nr. 265, 1923 年 11 月 13 日, HA 5/114II。

11 *Meldungen über die Vorkommnisse in der Nacht vom 8./9.11.1923*, HA 67/1490, 以及驱车返回, MA 103476/3, 1380-81, BHStA。

12 NA T84 EAP 105/7, 830.

13 1923 年 11 月 8 日鲁道夫·赫斯致信克拉拉和弗里茨·赫斯，还有此后的 11 月 16 日和 12 月 4 日，见 Rudolf Hess, *Briefe 1908 - 1933*, ed. Wolf Rüdiger Hess (München: Langen Müller, 1987), 312。

14 MA 103476/3, 1368, BHStA.

15 弗朗茨·施威耶后来因为另一桩案件在慕尼黑邦地方法院作证，对这件事做了描述，*Zeugen-Vernehmung in der Privatklagesache Hitler gegen Dr. Strausse wegen Beleidigung*, January 5, 1929, HA 69/1507；符腾堡部长根据奥尔根·冯·克尼林提供的信息也给出了陈述，Carl Moser von Filseck, *Politik in Bayern 1919 - 1933. Berichte des württembergischen Gesandten Carl Moser von Filseck*, ed. Wolfgang Benz. Schriftenreihe der Vierteljahrshefte für Zeitgeschichte Nummer 22/23 (Stuttgart: Deutsche Verlags-Anstalt, 1971), 1923 年 11 月 14 日，Nr. 322, 144, and MA 103476/3, 1370 - 72, BHStA。

16 *Meldungen über die Vorkommnisse in der Nacht vom 8./9.11.1923*, HA 67/1490.

17 Police report, VI a F, January 16, 1924, HA 68/1494, 1923 年 11 月 11 日《慕尼黑最新消息》以及 MA 103476/3, 1368 - 69, BHStA。

22 新十一月罪人

1 希特勒至少在 1922 年 9 月 18 日的一场演说中就已经开始用这个词，刊载于 E. Jäckel und A. Kuhn, eds., *Hitler. Sämtliche Aufzeichnungen 1905 - 1924* (Stuttgart: Deutsche Verlags-Anstalt, 1980), Nr. 405, 692。

2 Otto Strasser, *Hitler and I*, trans. Gwenda David and Eric Mosbacher (Boston: Houghton Mif in Company, 1940), 42.

3 Johann Salbey, November 10, 1923, MA 104221, BHStA.

4 Bürgerbräu an das Herrn Generalstaatskommissar Dr. v. Kahr, November 19, 1923, HA 68/1497.

5 1923 年 11 月 18 日报告，HA 5/114I。

6 1923 年 11 月 10 日，HA 5/114I。

7　1923 年 11 月 10 日《慕尼黑—奥格斯堡晚报》和 1923 年 11 月 11 日《华盛顿邮报》，对官员的影响见 Carl Moser von Filseck, *Politik in Bayern 1919 - 1933. Berichte des württembergischen Gesandten Carl Moser von Filseck*, ed. Wolfgang Benz. Schriftenreihe der Vierteljahrshefte für Zeitgeschichte Nummer 22/23 (Stuttgart: Deutsche Verlags-Anstalt, 1971), November 10 - 14, 1923, Nr. 122 - 24, 142 - 44。

8　Johann Salbey, November 10, 1923, MA 104221, BHStA. 关于辱骂的更多细节可见于 *Beschimpfung der Landespolizei*, 1923 年 11 月 13 日，HA 67/1491。

9　Johann Salbey, November 10, 1923, MA 104221, BHStA.

10　*Tatsachenbericht vom 9. November [23] bei der Feldherrnhalle München*, HA 5/116.

11　1923 年 11 月 12 日《新苏黎世报》第一晨版。

12　如 Konrad Linder, *Familiengedenkblatt zum 9. November 1923*, HA 5/116。

13　Police report, *Meldungen über die Vorkommnisse in der Nacht vom 8./9.11.1923*, HA 67/1490。

14　1923 年 11 月 11 日《芝加哥每日论坛》。

15　Ernst Röhm, *The Memoirs of Ernst Röhm*, intro. Eleanor Hancock and trans. Geoffrey Brooks (London: Frontline Books, 2012), 164.

16　Josef Berchtold interview in Heinz A. Heinz, *Germany's Hitler* (London: Hurst & Blackett, 1938), 148. 另见贝尔希德在 1923 年 12 月写给希特勒突击队队员的信，警方在搜查汉斯·威格林（Hans Wegelin）的住所时找到了这封信，January 14, 1924, HA 67/1493。有不少观察人士提到卡尔对希特勒先支持后镇压的转变，如 1923 年 11 月 17 日《伦敦新闻画报》，报告 Nr. 265, *Das Ende des Münchener Staatsstreichs*, 1923 年 11 月 13 日，HA 5/114II，以及 1923 年 11 月 24 日的奥格斯堡《警钟报》（*Sturmglocke*）。

17　这条规定并没有得到严格执行，1923 年 11 月 10 日《慕尼黑—奥格斯堡晚报》。

18　1923 年 11 月 10 日《纽约世界报》。

19　1923 年 11 月 10 日《柏林日报》，晨间版。

20　1923 年 11 月 10 日《纽约时报》。

23 遗嘱

1　1923 年 11 月 12 日《慕尼黑—奥格斯堡晚报》。

2　见 HA 68/1495 文件夹中的清单。

3　路德维希·艾斯致信阿道夫·希特勒，1925 年 3 月 6 日，HA4/85。艾斯将名单交给了国家社会主义党，1925 年 11 月 10 日，Folders 215 and 1220，HA 4/85。

4　Ernst Deuerlein, ed., *Der Hitler-Putsch. Bayerische Dokumente zum 8./9. November 1923* (Stuttgart: Deutsche Verlags-Anstalt, 1962), Nr. 151, 445 - 47, Nr 181, 486 - 87; Nr. 188, 522, and Vienna's *Die Rote Fahne*, January 8, 1924.

5　1923 年 12 月 19 日《国家》杂志。

6　1923 年 11 月 16 日《柏林日报》。

7　1923 年 11 月 12 日《慕尼黑—奥格斯堡晚报》和 1923 年 11 月 15 日《慕尼黑最新消息》。

8　Deuerlein (1962), Nr. 92, 318 - 20.

9　同上，引语见第 320 页。

10　Helen Niemeyer, unpublished "Notes," 315 - 17, folder "ErnstHanfstaengl (1)," John Toland Papers, FDR.

11　Max Amann, *Zeugen-Vernehmung in der Privatklagesache Hitler gegen Dr. Strausse wegen Beleidigung*, Amtsgericht München, January 5, 1929, HA 69/1507. 关于拜希施坦还可以参阅 Wolfgang Martynkewicz, *Salon Deutschland. Geist und Macht 1900 - 1945* (Berlin: Aufbau, 2009), 401 - 3。

12　MA 103476/1, 89, BHStA.

13　John Dornberg, *Munich 1923: The Story of Hitler's First Grab for Power* (New York: Harper & Row, 1982), 326.

14　Helen Niemeyer, unpublished "Notes," 317 - 23, folder "Ernst Hanfstaengl (1)," John Toland Papers, FDR. 关于鲁登道夫捎信来的说法，例见 1923 年 11 月 13 日《萨尔茨堡人民报》。

15 Ernst Hanfstaengl, *Hitler: The Memoir of a Nazi Insider Who Turned Against the Führer*, intro. John Willard Toland (New York: Arcade Publishing, 1957, repr. 2011), 108. 还需注意的是，在写回忆录之前，她的丈夫曾向美国战略情报局提供过一个稍有不同的版本，更接近海伦的回忆以及希特勒是如何"放弃手中的枪"的。更早的这个版本没提到过柔术技巧，见《战略情报局材料集》（OSS Sourcebook）中的"取自恩斯特·汉夫施丹格尔的信息"。不过汉夫施丹格尔的那个不太可信的版本经常出现在传记里。

16 Helen Niemeyer, unpublished "Notes," 323 - 25, folder "Ernst Hanfstaengl (1)," John Toland Papers, FDR.

17 Ernst Hanfstaengl, *Zwischen Weissem und Braunem Haus. Memoiren eines politischen Aussenseiters* (München: R. Piper, 1970), 149.

18 Joachim C. Fest, *Hitler*, trans. Richard and Clara Winston (New York: Harcourt Brace Jovanovich, 1974), 187.

19 HA 68/1497A.

20 Alfred Rosenberg, *Memoirs of Alfred Rosenberg*, ed. Serge Lange and Ernst von Schenck, and trans. Eric Posselt (Chicago: Ziff-Davis, 1949), 73.

21 Ian Kershaw, *Hitler 1889 - 1936: Hubris* (NewYork: W.W.Norton, 1999), 225 - 26, 以及对自己的地位的反思，Georg Franz-Willing, *Putsch und Verbotszeit der Hitlerbewegung November 1923 - Februar 1925* (Preussisch Oldendorf: Verlag K.W. Schütz, 1977), 193. 同时值得注意的是，此时的希特勒不可能预想到自己会接受那样的审判和刑罚。阿兰·布尔洛克（Alan Bullock）有截然不同的看法，他认为有可能是有意在避免竞争对手的崛起，*Hitler: A Study in Tyranny* (New York: Harper & Row, 1971), 65, and his *Hitler and Stalin: Parallel Lives* (New York: Alfred A. Knopf, 1992), 150。

22 Die Regierung von Oberbayern an das Generalstaatskommissariat, 1923 年 11 月 13 日, printed in Deuerlein (1962), Nr. 118, 372. 有些地方称希特勒当时发脾气、大骂政府，警方有可能在报告中略去了这些事。

23 Helen Niemeyer, unpublished "Notes," 329, folder "Ernst Hanfstaengl (1)," John Toland Papers, FDR.

24 Ibid., and Volker Ullrich, *Adolf Hitler Biographie. Band 1: Die Jahre des Aufstiegs 1889 - 1939* (Frankfurt am Main: S. Fischer, 2013), 178.

24 绝境

1 1923 年 11 月 15 日《纽约时报》。

2 弗朗茨·汉姆里希未出版回忆录，*Erinnerungen eines Gefängnisbeamten*, ED 153-1, 6, IfZ，以及采访，Heinz A. Heinz, *Germany's Hitler* (London: Hurst & Blackett, 1938), 169。

3 Die Regierung von Oberbayern an das Generalstaatskommissariat, November 12, 1923, Ernst Deuerlein, ed., *Der Hitler-Putsch. Bayerische Dokumente zum 8./9. November 1923* (Stuttgart: Deutsche Verlags-Anstalt, 1962), Nr. 107, 352.

4 弗朗茨·汉姆里希未出版回忆录，*Erinnerungen eines Gefängnisbeamten*, ED 153-1, 6-8, IfZ; interview in Heinz (1938), 169 - 70。 另 见 Otto Lurker, *Hitler hinter Festungsmauern. Ein Bild aus trüben Tagen* (Berlin: E. S. Mittler & Sohn, 1933), 4。

5 Peter Fleischmann, ed., *Hitler als Häftling in Landsberg am Lech 1923/1924* (Neustadt an der Aisch: Verlag Ph.C.W.Schmidt, 2015), 24, citing Wilfried Otto's 1938 dissertation at Friedrich Schiller-Universität Jena, *Die Festungshaft: Ihre Vorläufer, Geschichte und Zukunft* (1938), 235. 关于兰茨贝格还可参阅 Fleischmann 的精彩论述。

6 1923 年 4 月 27 日《法兰克信使报》。

7 Schutzhaftanstalt Landsberg, Haftpapiere, Hitler, Adolf No.45, le 3/1, JVA 17.000, StAM, and Fleischmann (2015), 83.

8 Hemmrich, ED 153-1, 27, 113, IfZ.

9 Hemmrich, ED153-1,9, IfZ. See also Hemmrich's interview in Heinz (1938), 170, and Lurker (1933), 5 - 6.

10 Brinsteinerreport, January 8, 1924, and Lurker (1933), 10 - 11.

11 *Aufnahme-Buch für Schutzhaft, Untersuch. u. Festungshaft-Gefangene 1919*, JVA 15124, StAM. 关于本文件的发现，可参阅本注释部分的开头。

12 Lev Bezymenski, *The Death of Adolf Hitler* (London, 1968), 46. 苏联法医病理学家法奥斯特·什卡拉夫斯基医生领导的团队发现，希特勒的左睾"不在阴囊内或腹股沟管内的精索上，在小骨盆中也没有找到"。德国史学家沃纳·马瑟尔（Werner Maser）认为俄国人认错了尸体。就算他们能找到希特勒，在那么多软组织已经烧毁，检验的主要是骨骸的情况下，他们能得出这样的结论吗？此外，多名希特勒的医生要么没注意到有这个问题，要么在被问及此事时明确表示他的生殖器是正常的。在林茨行医的爱德华·布洛赫（Eduard Bloch）医生曾在 1906 年和 1907 年给希特勒做过治疗，他在接受美国战略情报局问讯时称，他的病人"没有身体残缺"（1943 年 3 月 5 日，美国战略情报局）。1944 年夏天给希特勒检查过身体的厄文·吉辛（Erwin Giesing）医生也是这样跟美国问讯人员这么说的。但吉辛是亲卫队的一名耳鼻喉科医生，他在别的地方承认过，自己只是草草看了一眼，不足以掌握情况。布洛赫的意见（1941 年 3 月 15 日《科利尔》杂志）也是将近四十年后的事了，其中有不少的错误，以至于战略情报局的问讯官觉得，他的回忆录是不是太多受到康拉德·海登（Konrad Heiden）的传记影响。前牛津钦定近代史教授、英国军情六处情报官休·特雷弗-罗珀（Hugh Trevor-Roper）在 1945 年受命寻找希特勒死亡的证据，他简要地概括苏方报告是一份医学声明，同时也是政治声明。布林斯坦纳医生的报告因此就有些令人意外了。不过有意思的是，苏联人称未下降的是左睾，而这位狱方医生说的是右睾。这种不一致可能只是视角不同导致——医生的左还是病人的左——甚或是记录的笔误。在布林斯坦纳的另一本笔记本中，他称睾丸是左睾，但是接着又涂掉，改为右睾。

13 Carl Christian Bry, *Der Hitler-Putsch. Berichte und Kommentare eines Deutschland-Korrespondenten, 1922 - 1924 für das Argentinische Tagund Wochenblatt,* ed. Martin Gregor-Dellin (Nördlingen: Greno, 1987), 145.

14 Bry (1987), 150 and 157.

15 1923 年 11 月 10 日《纽约时报》。

16 1923 年 11 月 11 日《小巴黎报》。另见约翰·克雷顿（John Clayton）在 1923 年 11 月 10 日《芝加哥每日论坛报》中的文章。

17 1923 年 11 月 10 日《晨报》。

18 1923 年 11 月 9 日《福斯日报》晚间版。

19　1923 年 11 月 10 日《法兰克福日报》。

20　1923 年 11 月 10 日《纽约时报》。

21　Deuerlein (1962), 102.

22　*Niederschrift der Ministerratssitzung vom 12.11.1923*, printed in Deuerlein (1962), Nr. 105, 342.

23　Horst J. Weber, *Diedeutsche Presse, insbesondere die völkische, um den Hitlerprozess. Ein Beitrag zur Lehre von der Parteipresse*. Diss. (Universität Leipzig, 1930), 12 - 13, 20.

24　1923 年 11 月 13 日《慕尼黑最新消息》。在有些版本里价码是 20 张地毯，1923 年 11 月 19~20 日《上巴伐利亚人》。

25　Franz Hemmrich interview, Heinz (1938), 170.

26　Lurker (1933), 6.

27　Die Regierung von Oberbayern an das Generalstaatskommissariat, November 13, 1924, Deuerlein (1962), Nr. 118, 373.

28　ED 153-1, 20, IfZ.

29　January 8, 1924, OSS.

30　这句话出自前兰茨贝格监狱心理医生阿洛伊斯·玛利亚·奥特在 1988 年的一次谈话，当时他已经是 98 岁高龄，Otto Gritschneder, *Bewährungsfrist für den Terroristen Adolf H. Der Hitler-Putsch und die bayerische Justiz* (München: Verlag C. H. Beck 1990), 35。1924 年 2 月，希特勒会对法庭说，他后悔没有像他的同僚那样，在游行时死在街头：NA T84/2 EAP 105/7, 119。

31　Drexler interview in Heinz (1938), 164 - 65. 安东·德莱克斯勒在 1934 年表示他劝阻了绝食，不过显然在 1933 年没这么说。另外可参阅 Plöckinger, *Geschichte eines Buches. Adolf Hitlers 'Mein Kampf' 1922 - 1945* (München: Oldenbourg, 2011), 30 - 31, 以 及 Esser, interview, March 16, 1964, Band I, 2, ED 561/5, IfZ。

32　Knirsch in the Czech *Der Tag*, cited by Albrecht Tyrell, *Vom 'Trommler' zum 'Führer.' Der Wandel von Hitlers Selbstverständnis zwischen 1919 und 1924 und die Entwicklung der NSDAP* (München: Wilhelm Fink Verlag, 1975), 277, note 178.

33 John Toland, *Adolf Hitler* (New York: Ballantine Books, 1976), 246.

34 Robert Payne, trans., *The Life and Death of Adolf Hitler* (New York: Popular Library, 1973), 184. 他的探视可见于 Deuerlein (1962), Nr. 168, 465。另外可参阅 Brigitte Hamann, *Hitler's Vienna: A Dictator's Apprenticeship*, trans. Thomas Thornton (Oxford: Oxford University Press, 1999), 259‑60。

35 Ernst Hanfstaengl, *Zwischen Weissem und Braunem Haus. Memoiren eines politischen Aussenseiters* (München: R. Piper, 1970), 154.

36 *Sprechkarte* December 3, 1923 in Lurker (1933), 18‑20, 关于希特勒的愉快心情的描述见第 8 页，另见 Franz Hemmrich, *Erinnerungen eines Gefängnisbeamten*, ED 153−1, 20, IfZ.

37 乌尔里希·格拉夫未出版回忆录, 13, F14, IfZ。

25　审判前的审判

1 汉斯·埃哈德未出版回忆录, 37, NL Ehard 99, BHStA。

2 Erich Ludendorff, *Auf dem Weg zur Feldherrnhalle. Lebenserinnerungen an die Zeit des 9.11.1923 mit Dokumenten in fünf Anlagen* (München: Ludendorff, 1937), 69‑70, 73.

3 *Eine halbe Stunde bei Ludendorff*, visit on December 2, 1923, HA 5/116.

4 Margarethe Ludendorff, *My Married Life with Ludendorff*, trans. Raglan Somerset (London: Hutchinson, c.1929), 260.

5 1923 年 11 月 11 日美联社。

6 卡琳·戈林于 1923 年 11 月 13 日从因斯布鲁克写信回家时是这么说的, Björn Fontander, *Carin Göring skriver hem* (Stockholm: Carlssons, 1990), 108‑9。

7 卡琳·戈林在 1923 年 11 月 30 日和 1923 年 12 月 8 日致信妹妹莉莉, ibid., 114, 116。

8 这是卡琳·戈林对朋友海伦·涅梅耶说的, unpublished "Notes," 291, folder

"Ernst Hanfstaengl (1)," John Toland Papers, FDR。卡琳自己在 1923 年 12 月 20 日也说过，Fontander (1990), 118。关于戈林的药物成瘾可参阅 Richard Overy, *Goering* (New York: Barnes & Noble Books, 2003), 7。

9 卡琳·戈林于 1923 年 12 月 28 日告诉她的父亲，Fontander (1990), 119。

10 Stenglein to police, November 12, 1923, 3099, StAM, and reported by Bezirksamt Garmisch, *Meldungen über die Vorkommnisse*, November 12, 1923, HA 67/1490.

11 见卷宗 HA 68/1497 中的文件。另见 1923 年 11 月 19 日 Police report, HA 68/1496。

12 Ernst Hanfstaengl, *Hitler: The Memoir of a Nazi Insider Who Turned Against the Führer*, intro. John Willard Toland (New York: Arcade Publishing, 1957, repr. 2011), 110.

13 Ernst Hanfstaengl, *Zwischen Weissem und Braunem Haus. Memoiren eines politischen Aussenseiters* (München: R. Piper, 1970), 153, 145.

14 Otto Lurker, *Hitler hinter Festungsmauern. Ein Bild aus trüben Tagen. Miterlebt und nach amtlichen Aktenstücken* (Berlin: E. S. Mittler & Sohn, 1933), 59.

15 安格拉·豪巴尔的信件，摘录于 John Toland, *Adolf Hitler* (New York: Ballantine Books, 1976), 248,, 在后面第 302 页的插页有该信的照片。还有一些探视者也发现他在好转，见 Linz's *Tages-Post*, January 3, 1924。

16 埃哈德在前去跟他谈话时也发现了他的疼痛状况，protocol, December 14, 1923, NL Ehard, 94, BHStA。

17 December 1, 1923, Staatanswaltschaften 3099, StAM.

18 Brigitte Hamann, *Winifred Wagner oder Hitlers Bayreuth* (München: Piper, 2002), 96 - 97.

19 慕尼黑有不少这样的传闻，其中一例见 Robert Murphy, *Confidential Political Report*, November 12, 1923, M336, 862.00/1371, No. 19, NA.

20 1923 年 11 月 15 日《纽约时报》。

21 *Aktenvermerk des Staatsministerium des äusser: 'Die bayerischen staatspolitischen Notwendigkeiten, die sich aus den Ereignissen vom 8. und 9. Nov. 1923 ergeben,'* probably November 15, 1923, Ernst Deuerlein,

ed., *Der Hitler-Putsch. Bayerische Dokumente zum 8./9. November 1923* (Stuttgart: Deutsche Verlags-Anstalt, 1962), Nr. 126, 386 - 90.

22 Heinrich Hoffmann, *Hitler Was My Friend*, trans. Lt-Col R. H. Stevens (London: Burke, 1955), 57.

23 Richard Hanser's *Putsch!: How Hitler Made Revolution* (New York: Pyramid Books, 1971), 367.

24 Robert Murphy, *Diplomat Among Warriors* (Garden City, NY: Doubleday & Company, 1964), 22, and page 17 of his *Confidential Political Report*, 1924 年 3 月 10 日 (Date of Mailing: 1923 年 4 月 3 日), M336, 862.00/1469, No. 20, NA。

25 弗朗茨·汉姆里希未出版回忆录，ED 153, IfZ。

26 汉斯·埃哈德未出版回忆录，16, NL Ehard 99, BHStA。

27 *Dr. Hans Ehard 1887 - 1980. Eine Ausstellung des Bayerischen Hauptstaatsarchivs aus dem Nachlass des Bayerischen Ministerpräsidenten anlässlich seines 100. Geburtstages*, eds. Ludwig Morenz und Michael Stephan (München: Bayerisches Haupstaatsarchiv, 1987), 21.

28 Ehard interview with Guido Fuchs in *Abendzeitung*, February 25, 1974, NL Ehard 98, BHStA.

29 汉斯·埃哈德未出版回忆录，36 - 37, NL Ehard 99, BHStA。

30 John Dornberg, *Munich 1923: The Story of Hitler's First Grab for Power* (New York: Harper & Row, 1982), 328. 日期错写为 11 月 12 日。实际应该是 1923 年 12 月 13 日。

31 刊载于 1974 年 2 月 25 日《晚报》的埃哈德访谈，其副本可见于埃哈德的文件，NL Ehard 98, BHStA。

32 translation, Dornberg (1982), 328 - 29.

33 *Hans Ehard über den Prozess gegen Adolf Hitler in Jahre 1924*, NL Ehard 98, BHStA.

34 有人说是 10 个小时（Dornberg, 1982, 329），或 12 个小时 Charles Bracelen Flood, *Hitler: The Path to Power* (Boston: Houghton Mif in Company, 1989), 571）。我查阅了 1923 年 12 月 14 日的记录副本，其中提到是五个小时。*Bericht des II.Staatsanwalts Dr. Ehard*, December 14, 1923, NL Ehard

94, BHStA.

35   Dornberg (1982), 329.

36   *Bericht des II.Staatsanwalts Dr. Ehard*, December 14, 1923, NL Ehard 94, BHStA.

37   在开庭前夕还有称此案是"鲁登道夫审判"或"鲁登道夫－珀纳审判"的，见1923年1月29日《慕尼黑邮报》。这些说法接下来会越来越少，不过也有些媒体一直坚持用这个称呼，比如《米斯巴赫汇报》。

38   本案应受莱比锡司法管辖，尽管巴伐利亚在三天后的1922年7月24日企图用自己的法律来否决它。更多细节可参阅法学教授亚历山大·格拉夫·楚·多纳（Alexander Graf zu Dohna）1924年发表于《德意志法律人报29》的评论文章，"Der Münchener Hochverratsprozess," in *Deutsche Juristen-Zeitung* 29 (1924), Heft 9/10, 333ff，另外关于巴伐利亚所认为的主权威胁，见Bernd Steger, "Der Hitlerprozess und Bayerns Verhältnis zum Reich 1923/1924," *Vierteljahrshefte für Zeitgeschichte* 23 (1977), 442, note 3。有关法律争议的更多信息可参阅奥托·格里迟内德（Otto Gritschneder）的划时代著作，*Bewährungsfrist für den Terroristen Adolf H. Der Hitler-Putsch und die bayerische Justiz* (München: Verlag C. H. Beck 1990), 49 - 50。

39   *Chronik der Bayerischen Justizverwaltung*, 342 - 44, NL Ehard 90/3, BHStA, 关于与柏林的管辖权争议还可参阅291 - 95, 317 - 18。另见 *Akten der Reichskanzlei Weimarer Republik. Die Kabinette Stresemann I u. II.* Band II (1978), Nr. 248, 1055 - 56, and Nr. 268, November 19, 1923, 1126, and Otto Gritschneder, "Das missbrauchte bayerische Volksgericht," in Lothar Gruchmann, Reinhard Weber, and Otto Gritschneder, eds., *Der Hitler-Prozess 1924. Wortlaut der Hauptverhandlung vor dem Volksgericht München I* (München: K. G. Saur, 1997), I, xvii - xli。

40   这个词是律师菲利普·鲁文菲尔德（Philipp Loewenfeld）提出的，见 Douglas G. Morris, *Justice Imperiled: The Anti-Nazi Lawyer Max Hirschberg in Weimar Germany* (Ann Arbor: University of Michigan Press, 2008), 45。另见马克斯·赫施贝尔格的回忆录，*Jude und Demokrat. Erinnerungen eines Münchener Rechtsanwalts 1883 bis 1939*, ed. Reinhard

Weber (München: R. Oldenbourg Verlag, 1998)。

41 Gritschneder (1990), 51. 关于柏林的不愿插手，尤其是西克特和施特雷泽曼，以及政府面临的动荡，可见 Bernd Steger, "Der Hitlerprozess und Bayerns Verhältnis zum Reich 1923/1924," *Vierteljahrshefte für Zeitgeschichte* 23 (1977), 444 and 447 - 48, 455。

42 1924 年 1 月 8 日《福拉尔贝格日报》，还有一些传闻中提到的地点，见 1925 年 1 月 9 日《慕尼黑最新消息》。

43 弗朗茨·汉姆里希未出版回忆录，*Erinnerungen eines Gefängnisbeamten*, ED 153-1, 25 - 28, IfZ。

44 学校搬迁到了图林根的奥尔德鲁夫，西克特在 1924 年 3 月曾训斥那里的学员是叛兵，John W. Wheeler-Bennett, *The Nemesis of Power: The German Army in Politics 1918 - 1945* (New York: St Martin's Press, 1954), 178, note 1。

45 1924 年 1 月 13 日《纽约时报》。

46 Hanfstaengl (1970), 156，关于埃贡的描述见 Hanfstaengl (1957, repr. 2011), 113。希特勒此前也威胁过要把秘密练兵的事捅出来，Lothar Gruchmann, "Hitlers Denkschrift an die bayerische Justiz vom 16. Mai 1923," *Vierteljahrshefte für Zeitgeschichte* 39 (1991), 305 - 28。

47 Report, February 11, 1924, HA 5/114I；1924 年 2 月 11 日《慕尼黑最新消息》；1924 年 2 月 12 日《雷根斯堡日报》。

48 *Chronik der Bayerischen Justizverwaltung*, 328 - 29, NL Ehard 90/3, BHStA. 塞瑟没有辞职，但有人说他也应该退休，1924 年 5 月 17 日《新自由人民日报》。

49 R. D. Murphy, *Confidential Political Report*, 1924 年 1 月 16 日寄出（日期错写为 1923 年），M336, 862.00/1397, No. 20, NA；另见 1923 年 10 月 20 日《日耳曼尼亚》。

50 1924 年 2 月 25 日《慕尼黑报》，兴登堡的拒绝干预还可见于 1924 年 2 月 24 日的《布拉格日报》；1924 年 2 月 25 日伦敦《泰晤士报》；以及 Report, Nr. 49, 1924 年 2 月 27 日, HA 5/114II。

51 1924 年 2 月 25 日《巴黎之声》，或者至少最重要的部分会秘密审理，1924 年 2 月 27 日《每日邮报》（奥地利林茨）。

52　Carl Christian Bry, *Der Hitler-Putsch. Berichte und Kommentare eines Deutschland-Korrespondenten, 1922-1924 für das Argentinische Tagund Wochenblatt*, ed. Martin Gregor-Dellin (Nördlingen: Greno, 1987), 163, 关于威胁, 见 1923 年 11 月 12 日《新苏黎世报》第一午间版。

53　1924 年 2 月 10 日《纽约时报》。

54　1924 年 2 月 26 日美联社报道。

55　1924 年 2 月 24 日《慕尼黑最新消息》。珀纳的问题由来已久, 据他的医疗记录, 最近一次是 1924 年 1 月, Der Vorstand der II. med. Klinik, Anz. Verz. Nr. Ib 235/24, October 7, 1924, HA 69/1503。媒体也报道了他的病情, 比如1924 年 1 月 28 日《慕尼黑—奥格斯堡晚报》和 1924 年 2 月 6 日《人民信使报》。据说有多名证人染病, 1924 年 2 月 26 日《芝加哥每日论坛报》。

56　1923 年 11 月 7 日《小巴黎报》。在注意到他的抑郁状况后进行了评估, 结论是可以出庭受审, Dr. Brinsteiner, Gutachten über den Geisteszustand des Untersuchungsgefangenen Adolf Hitler, January 8, 1924, 19-20, OSS。

57　Reinhard Weber, "'Ein tüchtiger Beamter von makelloser Vergangenheit.' Das Disziplinarverfahren gegen den Hochverräter Wilhelm Frick 1924," *Vierteljahrshefte für Zeitgeschichte* 42 (1994), Heft 1, 131.

58　1924 年 2 月 8 日《每日邮报》(布里斯班)。

59　在审判前夕, 克利伯也在住院, VI a F406/24, February 20, 1924, HA 67/1494。

60　1924 年 2 月 24 日《新自由报》; 其中一个被警方制止的闹事计划, 1924 年 2 月 8 日, MA 104221, BHStA, 行动筹备见 MINN 73699, BHStA。

第二篇　法庭

26　"我们不会害德国"

1　Anz. Verz.XIX 421/1923, Proz.Reg.Nr. 20, 68, 97/1924, Staatsanwaltschaften

3098, 23, StAM. 不过奈特哈特的拉丁引文没有 "et"（"和"）这个词。另可参阅 Lothar Gruchmann, Reinhard Weber, and Otto Gritschneder, *Der Hitler-Prozess 1924. Wortlaut der Hauptverhandlung vor dem Volksgericht München I*, I-IV (1997-1999), I, 353, note 9。

2　*Sicherungsmassnahmen anlässlich des Prozesses gegen Hitler u. Genossen*, 1924 年 2 月 23 日，HA 68/1498。埃哈德的通行证副本可见于 NL Ehard 97, BHStA。

3　1924 年 2 月 26 日《柏林日报》。

4　*Sicherheitsvorkehrungen für das Kriegsschulegebäude während der Zeit des Hitler-Prozesses*, February 15, 1924, HA 68/1498.

5　1924 年 2 月 27 日《高卢人报》。还有不少报纸提到了安保措施，比如 1924 年 2 月 24 日《星期六世界报》（*Die Welt am Samtag*）；1924 年 2 月 27 日《北卑尔根郡报》（*Nordre Bergenhus Amtstidende*）；以及 1924 年 2 月 28 日《布拉格日报》。

6　1924 年 2 月 26 日《福斯日报》晚间版，以及 1924 年 2 月 24 日《慕尼黑最新消息》。

7　1924 年 2 月 27 日《巴伐利亚祖国报》。

8　1924 年 2 月 29 日《格拉芬格市场周报》。有不少说英语的人，1924 年 2 月 27 日《慕尼黑最新消息》和 1924 年 2 月 27 日《人民信使报》。

9　*Skizze des Sitzungssaales für der Infanterieschule Blutenburgerstr. 3/I*, MINN 73699, BHStA.

10　1924 年 2 月 26 日《柏林日报》，晨间版。

11　No. 292/24, February19, 1924, NL Ehard 97, BHStA. 一些报道提到，需求量远远高于这个数字，比如 1924 年 2 月 26 日维也纳《工人报》（*Arbeiter-Zeitung*）。

12　1924 年 2 月 27 日《小巴黎报》。

13　1924 年 2 月 27 日《巴黎之声》。根据 HA 68/1498 中列出的旁听证申请来看，这不意外。

14　1924 年 2 月 27 日《慕尼黑邮报》。

15　1924 年 2 月 26 日《米斯巴赫汇报》和 1924 年 2 月 26 日《德意志汇报》。

16　常有报章说鲁登道夫这一天穿了军装，事实并非如此：1924 年 2 月 26 日，

《福斯日报》晚间版；1924 年 2 月 27 日《晨报》和 1924 年 2 月 26 日路透社等。

17　1924 年 2 月 27 日《西方闪电报》。

18　Edgar Ansel Mowrer, *Germany Puts the Clock Back* (New York: William Morrow, 1933), 252. 另见 OSS Sourcebook, 642，另外莉莉安·安塞尔·毛沃尔在她的《记者之妻》(*Journalist' s Wife*, New York: William Morrow, 1937）第 186 页描述了他的印象。

19　1924 年 2 月 26 日《福斯日报》晚间版。

20　奈特哈特自 1920 年起担任上邦法院院长。Otto Gritschneder, *Bewährungsfrist für den Terroristen Adolf H. Der Hitler-Putsch und die bayerische Justiz* (München: Verlag C. H. Beck 1990), 63.

21　1924 年 2 月 25 日《人道报》，1924 年 2 月 23 日的林茨《每日邮报》。

22　有史学家对法官安排存在不同看法，但该合议庭的确是这样构成的。

23　E. J. Gumbel, *Vier Jahre politischer Mord* (Berlin-Fichtenau: Verlag der Neuen Gesellschaft, 1922), 73 - 78，左翼被告人的情况，79 - 80。

24　NA T84 EAP 105/7, 3.

25　希特勒早在 1909 年 8 月 22 日搬到维也纳赛克斯豪瑟街的时候就自称作家了。Volker Ullrich, *Adolf Hitler Biographie. Band 1: Die Jahre des Aufstiegs 1889 - 1939* (Frankfurt am Main: S. Fischer, 2013), 52.

26　NA T84 EAP 105/7, 204；1924 年 2 月 28 日《福斯日报》，晨间版。另有汉斯·冯·胡尔森（Hans von Hülsen）无意中听来的一个版本，见 Ernst Deuerlein, ed., *Der Aufstieg der NSDAP in Augenzeugenberichten* (Düsseldorf: Deutscher Taschenbuch Verlag, 1978), 205。

27　1924 年 2 月 28 日《小巴黎报》。另见 1924 年 2 月 28 日《西方闪电报》。

28　MA 103476/1,74, BHStA. 希特勒在 1923 年 5 月 1 日示威活动中的行为，理应导致他的缓刑被取消，Gritschne der (1990), 58。

29　希特勒袭击的是巴伐利亚联盟领导人奥托·巴勒施迪特（Otto Ballerstedt）。巴勒施迪特在 1934 年 6 月 30 日的"长刀之夜"行动中遇害。

30　Ullrich (2013), 134.

31　Anz. Verz.XIX 421/23, *Antragdes I. Staatsanwalts beim Volksgericht*

München I auf Anberaumung der Hauptverhandlung, January 8, 1924, Staatanswaltschaften 3098, 2, StAM，以及当庭宣读，*Der Hitler-Prozess vor dem Volksgericht in München* (München: Knorr & Hirth, 1924), I, 2。本文件没有包括最后加入被告名单的两人，克利伯中校和海因茨·佩尔内。关于这两人可参阅 Stenglein's *Nachtragsanklage*, January 24, 1924, and February 7, 1924, Staatanswaltschaften 3099, StAM。

32 1924 年 2 月 27 日《慕尼黑最新消息》。

33 埃哈德未出版回忆录，41 - 42, NL Ehard 99, BHStA。

34 1924 年 3 月 17 日《巴伐利亚信使报》。

35 Anz. Verz.XIX 421/23, *Antragdes I. Staatsanwalts*, 4, 6, 32, 33, Staatanswaltschaften 3098 StAM.

36 1924 年 2 月 27 日美联社；1924 年 2 月 26 日《米斯巴赫汇报》的说法是一小时多一点，还有一个说法是一小时稍微不到一点，见 Report Nr. 50, February 28, 1924, HA 5/114II。

37 NA T84 EAP 105/7, 3，1924 年 2 月 28 日《布拉格日报》和 1924 年 2 月 28 日维也纳《帝国邮报》(*Reichspost*) 表达了意外。

38 NA T84 EAP 105/7, 10.

39 NA T84 EAP 105/7, 13. 霍尔的背景可见于 Nr. 72, 1924 年 4 月 25 日，HA 5/114II。

40 NA T84 EAP 105/7, 16.

41 NA T84 EAP 105/7, 24.

42 NA T84 EAP 105/7, 24.

43 NA T84 EAP 105/7, 25. 希特勒曾经威胁要公开他的人接受政府训练的事，从而避免在五朔节庆典之后接受检控，Lothar Gruchmann, "Hitlers Denkschrift an die bayerische Justiz vom 16. Mai 1923," VfZ, 39 (1991), 305 - 28。

44 NA T84 EAP 105/7, 26.

45 NA T84 EAP 105/7, 31.

46 NA T84 EAP 105/7,32.

1　NA T84/2 EAP 105/7, 120.

2　G. Ward Price, 17, in OSS Sourcebook OSS, and G. Ward Price, *I Know These Dictators* (London: George G. Harrap, 1937), 18.

3　1924 年 3 月 20 日《汇评》。

4　NA T84 EAP 105/7, 33 - 34.

5　倒是有一些报纸称希特勒抵达慕尼黑的实际时间是 1913 年，比如 1923 年 11 月 10 日《萨尔茨堡人民报》，不过希特勒在法庭上编造是之后的事情了。还有一些人也注意到了这一点，比如 Kurt G. W. Ludecke, *I Knew Hitler: The Story of a Nazi Who Escaped the Blood Purge* (New York: Charles Scribner's Sons, 1938), 47，但是给出了正确年份的是奥地利社会民主党人、希特勒的布劳瑙同乡弗朗兹·耶琴谔，Franz Jetzinger, *Hitler's Youth*, trans. Lawrence Wilson (London: Hutchinson, 1958)，尤其是第 156~159 页，另外在第 175~182 页提到他是如何保住盖世太保的文件的。

6　1889 年《征兵法案》。另外可参阅 Jetzinger (1958), 145。

7　Jetzinger (1958), 155，关于动机的结论见第 157、158 页。伊恩·克肖（Ian Kershaw）也认为兵役是他出国的主要原因，Ian Kershaw, *Hitler 1889 - 1936: Hubris* (New York: W. W. Norton, 1999), 81，此外还有 Thomas Weber, *Hitler's First War: Adolf Hitler, the Men of the List Regiment, and the First World War* (Oxford: Oxford University Press, 2010), 13。

8　希特勒出名后，一些记者开始质疑他的服役经历。比如 1931 年 1 月有一些报纸，包括《慕尼黑邮报》以及《回声周报》（*Echo der Woche*）。关于该争议的讨论以及希特勒的官司，见 Lothar Machtan, *The Hidden Hitler*, trans. John Brownjohn (New York: Basic Books, 2001), 65 - 88，以及 Weber (2010), 282 - 87。

9　Weber (2010), 91，本书还谈到了希特勒的战争经历，尤其是第 91~105 页。

10　希特勒当然见过打仗的，尤其是 1914 年 10 月 19 日在伊珀尔，当时利斯特团有 349 人阵亡。1914 年 11 月 3 日，他被提拔为"豁免兵"（Gefreiter），六天后成为团部通讯员。

11 希特勒在法庭上没有提到第一次负伤的日期，在《我的奋斗》中说是 10 月 7 日。但是 10 月 5 日应该更准确，Anton Joachimsthaler, *Hitlers Weg begann in München 1913‑1923* (München: Herbig, 2000), 163‑64; Weber (2010), 154；以及 Peter Longerich, *Hitler. Biographie* (München: Siedler, 2015), 48。一份他的医院记录保存于 HA 4/96。

12 NA T84 EAP 105/7, 34.

13 *Wache anlässlich des Hitler‑Prozesses*, February 20, 1924, HA 68/1498.

14 *Sicherheitsvorkehrungen für das Kriegsschulegebäude während der Zeit des Hitler‑Prozesses*, February 15, 1924, HA 68/1498. 1924 年 2 月 24 日《星期六世界报》的简报中预先介绍了这一安排，而 1924 年 3 月 4 日《法兰克信使报》提供了更多细节。

15 *Sicherungsmassnahmen anlässlich des Hitlerprozesses*, 1924 年 2 月 21 日，HA 68/1498.

16 NA T84 EAP 105/7, 36.

17 1924 年 2 月 27 日《福斯日报》，晨间版。

18 1924 年 2 月 26 日《柏林日报》，晚间版，以及 1924 年 2 月 28 日《布拉格日报》。

19 1924 年 2 月 27 日伦敦《泰晤士报》和 1924 年 2 月 27 日《人民信使报》。

20 1924 年 2 月 29 日《格拉芬格市场周报》。

21 1924 年 2 月 28 日《十字架报》。

22 1924 年 2 月 28 日《巴黎之声》。

23 1924 年 2 月 27 日《小巴黎报》。

24 有的估计要长一些，达到四个小时，比如 1924 年 2 月 27 日《汉堡导报》(*Hamburger Anzeiger*)；1924 年 2 月 27 日《农民周报》(*Der Landsmann*)；1924 年 2 月 28 日《巴伐利亚祖国报》；有的是三小时多一点，如 1924 年 2 月 27 日维也纳《红旗报》(*Die Rote Fahne*)。

25 1924 年 2 月 28 日《奥克兰星报》(*Auckland Star*)。

26 1924 年 2 月 29 日联合通讯社（英国）以及 1924 年 2 月 26 日路透社。

27 《汉堡画报》(*Hamburger Illustrierte Zeitung*) 1924 年第 9 期。

28 NA T84 EAP 105/7, 36‑37 以及 1924 年 2 月 27 日《前进报》。

29 Adolf Hitler, *Mein Kampf*, trans. Ralph Manheim (Boston: Houghton Mif in

Company, 1943), 22.

30　Brigitte Hamann, *Hitler's Vienna: A Dictator's Apprenticeship*, trans. Thomas Thornton (Oxford: Oxford University Press, 1999), 347‑57，和 Joachimsthaler (2000), 10 and 96。1919 年秋天（8 月）在雷希贝格的言论，Volker Ullrich, *Adolf Hitler Biographie. Band 1: Die Jahre des Aufstiegs 1889 - 1939* (Frankfurt am Main: S. Fischer, 2013), 100。希特勒的第一篇关于"犹太问题"的著名文章，是在卡尔·迈尔（Karl Mayr）的鼓动下于 1919 年 9 月 16 日完成的。另见 Ernst Deuerlein, ed., "Hitlers Eintritt in die Politik und die Reichswehr," *Vierteljahrshefte für Zeitgeschichte* 7 (1959), 177 - 227。

31　Kershaw (1999), 37，以及 Hamann (1999), 30。还有一个说法是他在 1908 年 2 月的某天回到维也纳，在施东佩尔巷 31 号租了一间寓所。

32　这一点是安东·约阿希姆斯塔勒发现的。他在自己的著作修订版中谈到了那场选举，Joachimsthaler (2000), 190 - 216。

33　Vertrauensmann der sozialistischen Propaganda-Abteilung des 2.Inf. Rgt., Joachimsthaler (2000), 83, 198 - 202, 210 - 12.

34　事实上埃瑟在 1920 年 3 月 8 日加入国家社会主义党之前一直是社民党人，是该党第 881 号党员（在 1925 年 3 月重建的国家社会主义党中，他成了第 2 号）。海因里希·霍夫曼承认自己戴了红袖章，*Hitler Was My Friend*, trans. Lt-Col R. H. Stevens (London: Burke, 1955), 35 - 37。关于希特勒身边的左翼人士，可参阅 Hellmuth Auerbach, "Hitlers politische Lehrjahre und die Münchner Gesellschaft 1919 - 1923," *Vierteljahrshefte für Zeitgeschichte* 25 (1977), 1 - 45。

35　此前曾稍露端倪：恩斯特·托勒说他听到过一些传闻，*Eine Jugend in Deutschland* (Amsterdam: Querido Verlag, 1933; Hamburg: Rowohlt, 1998), 148。1953 年，赫尔曼·埃瑟向沃纳·马瑟尔承认，希特勒可能在 1919 年春天戴过红袖章，Maser, *Hitler: Legend, Myth & Reality*, trans. Peter and Betty Ross (New York: Harper Torchbooks, 1974), 367, note 153。史学家厄恩斯特·多耶赖恩（Ernst Deuerlein）也告诉沃纳·马瑟尔，他认为希特勒曾经想过加入独立社会民主党，*Hitler's Mein Kampf: An Analysis*, trans. R. H. Barry (London: Faber and Faber, 1970), 203, note 2。近年发现的一张粗粒底片显示"希特勒"站在了库尔特·艾斯纳的葬礼队列里，被许多史学

家引为证据，然而并不是所有人都同意那是希特勒，并且他们的怀疑也不无道理。当然，彼时的希特勒是否承担起了这份职责，仅凭他有没有去送葬也是无从证实或驳斥的。

36　NA T84 EAP 105/7, 41.

37　Horst J. Weber, *Die deutsche Presse, insbesondere die völkische, um den Hitlerprozess. Ein Beitrag zur Lehre von der Parteipresse.* Diss. (Universität Leipzig, 1930), 48.

38　1924 年 3 月 7 日《博尔扎诺消息》。

39　1924 年 2 月 27 日伦敦《泰晤士报》；1924 年 3 月 1 日《独立报》和 1924 年 2 月 26 日《小日报》。

40　NA T84 EAP 105/7, 52 - 53.

41　1924 年 2 月 29 日《公正报》(*L'Impartial*)。

42　NA T84 EAP 105/7, 39, 43 - 44, 他自称是国家社会主义党的第七名党员，有证据表明这不是事实，见 *Mitglieder Liste*, HA 8/171。党的指导委员会除他之外还有六名委员，不过这并非当时希特勒在法庭上陈述或暗示的东西。

43　*The Hitler Trial Before the People's Court in Munich*, trans. H. Francis Freniere, Lucie Karcic, and Philip Fandek (Arlington, VA: University Publications of America, 1976), I, 58.

44　NA T84 EAP 105/7, 73.

45　NA T84 EAP 105/7, 86 - 87.

46　NA T84 EAP 105/7, 82.

47　NA T84 EAP 105/7, 120.

48　NA T84 EAP 105/7, 122.

49　NA T84 EAP 105/7, 127.

28　供认与曲解

1　NA T84 EAP 105/7, 218.

2　*Sicherheitsmassnahmen anlässlich des Hitler prozesses*, 1924 年 2 月 21 日，

and *Sicherungsmassnahmen anlässlich des Prozesses gegen Hitler u. Genossen*, February 23, 1924, HA 68/1498。

3 Staatsministerium des Innern, Nr. 2004 k a a 539, November 21, 1924, HA 68/1498.

4 Der Präsident des Landgerichts München I an den Herrn Präsidenten der Polizeidirektion München, February 19, 1924, Nr. 292/24, HA 68/1498. 证件样本可见于 HA 5/114I, 埃哈德的证件保存在他的文件里, NL Ehard 97, BHStA.

5 1924 年 3 月 7 日《汇报》。

6 1924 年 2 月 27 日《柏林日报》, 晚间版。

7 NA T84 EAP 105/7, 908.

8 1924 年 2 月 25 日合众社。

9 1924 年 3 月 1 日《英戈尔施塔特报》(*Ingolstädter Anzeiger*)。

10 1924 年 2 月 27 日《温哥华太阳报》。

11 1924 年 2 月 25 日合众社, 由《伯克利每日公报》(*Berkeley Daily Gazette*) 印发。

12 1924 年 2 月 26 日《小日报》。

13 1924 年 2 月 27 日《巴伐利亚祖国报》。

14 1924 年 2 月 27 日《巴伐利亚祖国报》。在那段时间, 几乎每场演说都要攻击犹太人, Ian Kershaw, *Hitler 1889 - 1936: Hubris* (New York: W. W. Norton, 1999), 151。

15 不少报纸通过澳大利亚通讯协会 (Australian Press Association) 转载了这一指责, 包括布里斯班的《电讯报》; 墨尔本《阿尔戈斯》(*The Argus*); 纽卡斯尔《先驱晨报》(*Morning Herald*) 以及霍巴特和伯尔尼的《信使报》(*The Mercury*) 和《倡导报》(*The Advocate*), 刊发日期皆为 1924 年 2 月 27 日。

16 1924 年 2 月 27 日《福斯日报》, 晨间版。另见《汉堡画报》1924 年第 9 期。

17 1924 年 2 月 27 日《人道报》。

18 MA 103476/3, 1124, BHStA. 关于韦伯的生平可参阅 Svantje Insenhöfer, *Dr. Friedrich Weber. Reichstierärzteführer von 1934 bis 1945* (Hannover dissertation, 2008)。

19 Dr. Weber, *Die Wahrheit* (1923).

20 1923 年 11 月 14~15 日《上巴伐利亚人》。

21 1924 年 3 月 20 日《汇评》。

22 1924 年 2 月 27 日《福斯日报》晚间版。

23 1924 年 2 月 28 日《小巴黎报》。

24 NA T84 EAP 105/7, 138 - 39.

25 NA T84 EAP 105/7, 139 - 40.

26 NA T84 EAP 105/7, 151.

27 NA T84 EAP 105/7, 169.

28 NA T84 EAP 105/7, 175.

29 NA T84 EAP 105/7, 193.

30 NA T84 EAP 105/7, 194.

31 1924 年 2 月 28 日《巴伐利亚祖国报》。

32 1924 年 2 月 28 日《晨报》。

33 Nr. 51, Report, February 29, 1924, HA 5/114II.

34 NA T84 EAP 105/7, 195.

35 这一点写入了法庭记录，见 NA T84 EAP 105/7, 195。观众的倾向在报道中
多有提及，如 1924 年 2 月 27 日《福斯日报》，1924 年 2 月 28 日《小巴黎
报》，以及 1924 年出版的庭审记录，*Der Hitler-Prozess. Auszüge aus den
Verhandlungsberichten mit den Bildern der Angeklagten nach Zeichnungen
von Otto von Kursell* (München: Deutscher Volksverlag, 1924), 33。

36 NA T84 EAP 105/7, 198. 韦伯的回应见庭审记录，*Der Hitler-Prozess vor
dem Volksgericht in München* (München: Knorr & Hirth, 1924), I, 35。

37 1924 年 2 月 26 日，《福斯日报》晚间版。

38 从他的预审陈词来看，这样的抗辩并不意外，*Erklärung des Herrn
Oberstlandesgerichtsrats Ernst Pöhner über die Vorgänge vom 8./9.
November 1923*, December 9, 1923, HA 5/120。据符腾堡邦部长卡尔·莫
泽·冯·菲尔塞克称，珀纳三年前就已经支持这些主张了，*Politik in
Bayern 1919 - 1933. Berichte des württembergischen Gesandten Carl Moser
von Filseck*, ed. Wolfgang Benz. Schriftenreihe der Vierteljahrshefte für
Zeitgeschichte Nummer 22/23 (Stuttgart: Deutsche Verlags-Anstalt, 1971),

July 8, 1920, Nr. 149, 64。

39 此次会面是在 11 月 8 日上午，而不是起诉书中所说的 11 月 7 日。

40 2 月 28 日《福斯日报》，晨间版，以及 1924 年第 9 期《汉堡画报》。

41 NA T84 EAP 105/7, 235.

42 NA T84 EAP 105/7, 257.

43 NA T84 EAP 105/7, 258.

44 1924 年 2 月 28 日《柏林日报》，晨间版。

45 NA T84 EAP 105/7, 273. 法庭记录也提到了旁听席的欢腾气氛。

29 闭门审理

1 NA T84 EAP 105/7, 379.

2 1924 年 2 月 28 日《西方闪电报》，1924 年 2 月 28 日英国联合通讯社。

3 NA T84 EAP 105/7, 278; 1924 年 2 月 29 日《慕尼黑最新消息》；1924 年 2 月 29 日《布拉格日报》；以及 1924 年 2 月 29 日《每日邮报》。1924 年 2 月 29 日的伦敦《泰晤士报》则对将军的借口存疑。

4 VId, *Sicherungsmassnahmen anlässlich des Prozesses gegen Hitler und Genossen*, February 19, 1924, HA 68/1498.

5 1924 年 2 月 29 日哈瓦斯通讯社。

6 1924 年 2 月 29 日《小巴黎报》。

7 NA T84 EAP 105/7, 281 - 82.

8 1924 年 2 月 29 日《法兰西行动》。

9 《高卢报》、美联社和电讯联盟社仍然管他叫 "Hittler"。

10 NA T84 EAP 105/7, 282.

11 NA T84 EAP 105/7, 286.

12 1924 年 2 月 29 日《小巴黎报》。1924 年 3 月 12 日《阿根廷日报与周报》也认为，最重要的事实都是在闭门庭期中透露的，Carl Christian Bry, *Der Hitler-Putsch. Berichte und Kommentare eines Deutschland-Korrespondenten, 1922 - 1924 für das Argentinische Tagund Wochenblatt*,

ed. Martin Gregor-Dellin (Nördlingen: Greno, 1987), 186。

13　NA T84 EAP 105/7, 288.

14　NA T84 EAP 105/7, 290.

15　NA T84 EAP 105/7, 291.

16　NA T84 EAP 105/7, 296.

17　NA T84 EAP 105/7, 295.

18　NA T84 EAP 105/7, 305.

19　NA T84 EAP 105/7, 306.

20　*Befehl des Deutschen Kampfbundes* ("Grenzschutzbefehl"), October 16, 1923, printed in Ernst Deuerlein, ed., *Der Hitler-Putsch. Bayerische Dokumente zum 8./9. November 1923* (Stuttgart: Deutsche Verlags-Anstalt, 1962), Nr. 42, 221 - 23.

21　NA T84 EAP 105/7, 307 - 8.

22　NA T84 EAP 105/7, 312. 珀纳也这么认为，不过庭审记录将说话人的身份标为弗里克［NA T84 EAP 105/7, 310 - 12］。考虑到其中参引了他昨天的言论，并且使用了"Ich mache keinen Hehl"之类他偏爱的短语，显然应该是珀纳。

23　NA T84 EAP 105/7, 313.

24　NA T84 EAP 105/7, 347 - 48.

25　NA T84 EAP 105/7, 363.

26　NA T84 EAP 105/7, 366.

27　NA T84 EAP 105/7, 369.

28　NA T84 EAP 105/7, 370.

29　NA T84 EAP 105/7, 373 - 75.

30　NA T84 EAP 105/7, 377.

30　辩方的攻势

1　NA T84 EAP 105/7, 418.

2　1924 年 3 月 1/2 日《罗森海姆汇报》，一些刊物对此进行了图片转载，比如 1924 年 3 月 11 日《巴伐利亚信使报》，以及 *Der Hitler-Prozess. Auszüge aus den Verhandlungsberichten mit den Bildern der Angeklagten nach Zeichnungen von Otto von Kursell* (München: Deutscher Volksverlag, 1924), 3, 5 - 6.

3　1924 年 2 月 29 日《慕尼黑报》。

4　1924 年 2 月 29 日伦敦《泰晤士报》。

5　NA T84 EAP 105/7, 384 - 85.

6　具体出处未曾说明，但可能是 1924 年 2 月 27 日《柏林本地新闻》(*Berliner Lokal-Anzeiger*)。

7　NA T84 EAP 105/7, 402.

8　NA T84 EAP 105/7, 408. 关于发现字条的过程，见 XIX 466/23, December 28, 1923, HA 67/1494。

9　NA T84 EAP 105/7, 409.

10　NA T84 EAP 105/7, 419.

11　庭审记录中提到了观众的责难，NA T84 EAP 105/7, 419 - 20。

12　Nr. 53, 1924 年 3 月 2 日，HA 5/114II。

13　NA T84 EAP 105/7, 420.

14　1924 年 2 月 29 日《柏林日报》，晚间版。

15　NA T84 EAP 105/7, 421.

16　NA T84 EAP 105/7, 460.

17　NA T84 EAP 105/7, 472.

18　1924 年 3 月 4 日《人民信使报》。

31　无知的杰作

1　1924 年 2 月 27 日《卡尔加里每日先驱报》(*Calgary Daily Herald*)。

2　1924 年 3 月 1 日《华盛顿邮报》。还有人觉得他老迈而疲倦，见 1924 年 3 月 4 日《博尔扎诺消息》。

3 1924 年 3 月 1 日《福斯日报》晚间版；1924 年 3 月 1 日《巴黎之声》；1924 年 3 月 1 日《小巴黎报》；1924 年 3 月 1 日《芝加哥每日论坛报》；1924 年 3 月 1 日《费加罗报》；Nr. 53, 1924 年 3 月 2 日, HA 5/114II; Erich Ludendorff, *Auf dem Weg zur Feldherrnhalle. Lebenserinnerungen an die Zeit des 9.11.1923 mit Dokumenten in fünf Anlagen* (München: Ludendorff, 1937), 80。

4 1924 年 3 月 3 日《凯恩斯邮报》(*Cairns Post*)；1924 年 3 月 3 日路透社。

5 NA T84 EAP 105/7, 482.

6 1924 年出版的一份亲希特勒的庭审记录强调了关于"犹太人问题"的段落，鲁登道夫对天主教的攻击则列在次一级的标题下。而将军对勇敢的天主教和新教徒的赞扬用了粗体，*Der Hitler-Prozess. Auszüge aus den Verhandlungsberichten mit den Bildern der Angeklagten nach Zeichnungen von Otto von Kursell* (München: Deutscher Volksverlag, 1924), 52。

7 1924 年 3 月 1 日《加拿大报》，以及 Ludendorff (1937), 82。

8 1924 年 3 月 1/2 日《罗森海姆汇报》。

9 1924 年 3 月 2 日《纽约时报》。

10 NA T84 EAP 105/7, 514 - 15.

11 NA T84 EAP 105/7, 543.

12 NA T84 EAP 105/7, 545.

13 NA T84 EAP 105/7, 547. "只是"(nur) 这个词是手写加入庭审记录中的。

14 1924 年 3 月 8 日《人民报》，法庭外为他喝彩的人群，见 1924 年 3 月 1 日伦敦《泰晤士报》。

15 *Sicherheitsvorkehrungen für das Kriegsschulegebäude während der Zeit des Hitler-Prozesses*, February 15, 1924, HA 68/1498.

16 Ernst Röhm, *The Memoirs of Ernst Röhm*, intro. Eleanor Hancock and trans. Geoffrey Brooks (London: Frontline Books, 2012), 201 - 2.

17 甚至可能是制止一场已经开始的抗议，1924 年 2 月 27 日美联社。

18 Röhm (2012), 202. 他说希特勒和布吕克纳也是这么想的，另外他说是科尔提出，通过辩方律师之间更有效的合作可以避免走上这条路。

19 NA T84 EAP 105/7, 551.

20 1924 年 3 月 2 日《高卢人报》。

21 1924 年 3 月 1 日《柏林日报》，晚间版。他还被比作一名符合刻板印象的普鲁士军官：1924 年 3 月 1-2 日《公义报》（*La Justice*）。

22 NA T84 EAP 105/7, 551.

23 关于他的鼻部伤势以及不成熟的整形手术，见 Eleanor Hancock, Ernst *Röhm: Hitler's SA Chief of Staff* (New York: Palgrave Macmillan, 2008), 2, 18。

24 NA T84 EAP 105/7, 556.

25 1924 年 3 月 20 日《汇评》。

26 NA T84 EAP 105/7, 566.

27 1924 年 3 月 2 日《巴黎之声》。

28 NA T84 EAP 105/7, 589.

29 Br.B.Nr.11223, November 24, 1923, HA 67/1493.

30 1924 年 3 月 1 日《福斯日报》晚间版。

31 NA T84 EAP 105/7, 605 - 7.

32 NA T84 EAP 105/7, 619.

33 1924 年 3 月 1 日《柏林日报》晚间版，1924 年 3 月 1 日伦敦《泰晤士报》，1924 年 3 月 2 日《法兰西行动》，以及 1924 年 3 月 3 日《时报》等，不过观众还是偏向被告一方，1924 年 3 月 2 日《时代报》（*La Siècle*）。

32   一杯苦酒

1 NA T84 EAP 105/7, 655.

2 1924 年 2 月 29 日《前进报》。

3 NA T84 EAP 105/7, 627.

4 NA T84 EAP 105/7, 631.

5 1924 年 3 月 7 日伦敦《泰晤士报》。

6 1924 年 3 月 4 日《人民信使报》。

7 NA T84 EAP 105/7, 633.

8 NA T84 EAP 105/7, 638. 对此事真相的揭露见 1924 年 3 月 9 日《前进报》。

9　NA T84 EAP 105/7, 639.

10　1924年3月3日《福斯日报》晚间版。

11　NA T84 EAP 105/7, 668. 奈特哈特对瓦格纳这个说法的提及见NA T84
　　EAP 105/7, 668, 643。

12　NA T84 EAP 105/7, 670.

13　NA T84 EAP 105/7, 673.

14　1924年3月4日哈瓦斯通讯社。

15　1924年3月4日《巴伐利亚信使报》。

33　弗里克博士

1　NA T84/2 EAP 105/7, 724.

2　1924年3月2日《新闻报》。

3　1924年3月2日《纽约时报》。

4　《新苏黎世报》1924年4月2日第一晨版。

5　尤金尼奥·帕切利致伯多禄·加斯帕里, Dokument Nr. 1091, 1923年11
　　月14日, "Kritische Online-Edition der Nuntiaturberichte Eugenio Pacellis
　　(1917‐1929)", 获取自www.pacelli-edition.de。

6　另见其他报章对这场论战的报道, 如1924年3月4日《柏林交易所报》晨间
　　版, 1924年3月11日和1924年3月13日《十字架报》, 1924年3月6日《亨
　　内夫人民报》和1924年3月14日《梅拉诺报》。另见1924年3月5日《农
　　民周报》。

7　1924年3月10日《时代》。

8　1924年3月1日《日耳曼尼亚》。

9　1924年2月26日《巴黎之声》。

10　1924年3月3日《前进报》。

11　1924年3月5日美联社, 以及他在审判后做出不参选的决定, 例见1924年
　　4月4日《梅拉诺报》。

12　慕尼黑偏爱希特勒和鲁登道夫, 1924年3月2日《时代报》。

13 Anz. Verz.XIX 421/23, *Antrag des I. Staatsanwalts beim Volksgericht München I auf Anberaumung der Hauptverhandlung*, January 8, 1924, Staatanswaltschaften 3098, 35 - 36, StAM. 关于弗里克还可以参阅 Reinhard Weber, "'Ein tüchtiger Beamter von makelloser Vergangenheit.' Das Disziplinarverfahren gegen den Hochverräter Wilhelm Frick 1924," *Vierteljahrshefte für Zeitgeschichte* 42 (1994), Heft 1, 129 - 50。

14 1924 年 2 月 27 日《小巴黎报》。

15 1924 年 2 月 26 日《柏林日报》。

16 NA T84 EAP 105/7, 700.

17 NA T84 EAP 105/7, 704.

18 NA T84 EAP 105/7, 704. 吉奥格·福克斯日后会在一篇关于纳粹党早期历史的未发表文章中阐述"胚芽细胞"的概念，其中借引了珀纳和弗里克的想法，*Zur Vorgeschichte der nationalsozialistischen Erhebung*, HA 4/113。

19 NA T84 EAP 105/7, 714.

20 1924 年 3 月 4 日《福斯日报》晨间版。

34 第一证人

1 NA T84 EAP 105/7, 961.

2 1924 年 3 月 1~2 日《慕尼黑报》。

3 1924 年 3 月 4 日内阁会议记录，Ernst Deuerlein, ed., *Der Aufstieg der NSDAP in Augenzeugenberichten* (Düsseldorf: Deutscher Taschenbuch Verlag, 1978), 215 - 17. 奈特哈特的偏袒引起了广泛注意，比如 1924 年 3 月 6 日《前进报》以及 Carl Moser von Filseck, *Politik in Bayern 1919 - 1933. Berichte des württembergischen Gesandten Carl Moser von Filseck*, ed. Wolfgang Benz. Schriftenreihe der Vierteljahrshefte für Zeitgeschichte Nummer 22/23 (Stuttgart: Deutsche Verlags-Anstalt, 1971), March 2, 1924, Nr. 75, 153。

4 1924 年 3 月 7 日《巴伐利亚祖国报》。

5 小册子署名"我来我见"（Veni Vidi），标题为《鲁登道夫在巴伐利亚，或十一月政变》(*Ludendorff in Bayern, oder Der Novemberputsch*, Leipzig: Veduka-Verlag, 1924)。

6 "Der Putsch am 8.November 1923. Vorgeschichte und Verlauf," printed in Ernst Deuerlein, ed., *Der Hitler-Putsch. Bayerische Dokumente zum 8./9. November 1923*(Stuttgart: Deutsche Verlags-Anstalt, 1962), Nr. 182, 487 – 515，另有一些内容收录于 Anlage 4a and 4b, 530 – 35。

7 NA T84 EAP 105/7, 750.

8 NA T84 EAP 105/7, 750.

9 NA T84 EAP 105/7, 760.

10 1924 年 3 月 5 日《高卢人报》。

11 1924 年 3 月 7 日《汇报》。

12 1924 年 3 月 17 日《时代》，以及与希特勒交谈，1924 年 3 月 5 日美联社。

13 NA T84 EAP 105/7, 774.

14 NA T84 EAP 105/7, 817.

15 1924 年 3 月 5 日《福斯日报》晨间版。

16 NA T84 EAP 105/7, 828.

17 NA T84 EAP 105/7, 861. 希特勒常说他是在狱中产生这个念头的，但是从所谓吹鼓手到领袖的转变，并不是一个简单的过程，在将兰茨贝格作为起源地之前早已开始。

18 他提到的文章刊载于 1923 年 11 月 9 日《慕尼黑最新消息》。

19 Nr.57,March7,1924,HA5/114II；以及 1924 年 3 月 5 日《前进报》。

20 NA T84 EAP 105/7, 862.

35 检察官的霉运

1 NA T84 EAP 105/7, 2133.

2 1924 年 3 月 6 日《福斯日报》晚间版。

3 1924 年 3 月 4 日《巴黎之声》。

4 1924 年 3 月 1 日和 1924 年 3 月 6 日《加拿大报》(蒙特利尔)。

5 1924 年 2 月 27 日《小巴黎报》。

6 1924 年 3 月 6 日《新闻报》。

7 H. R. Knickerbocker, *Is Tomorrow Hitler's?: 200 Questions on the Battle of Mankind* (New York: Reynal & Hitchcock, 1941), 11.

8 1924 年 3 月 1 日《柏林日报》晚版。

9 1924 年 3 月 6 日《维也纳报》。

10 NA T84 EAP 105/7, 908. 他指的可能是《晨报》1924 年 3 月 2 日刊载的一些漫画。

11 NA T84 EAP 105/7, 908.

12 1924 年 3 月 4 日电讯联盟社；1924 年 3 月 5 日《柏林交易所报》。另见 VIa H.B.123/24, February 28, 1924, HA 68/1494。

13 NA T84 EAP 105/7, 911.

14 同上。

15 1924 年 3 月 7 日《晨报》。

16 1924 年 3 月 7 日《布拉格日报》。

17 1924 年 3 月 7 日《巴黎之声》。

18 1924 年 3 月 6 日《福斯日报》晚间版；3 月 6 日《柏林日报》晚间版；1924 年 3 月 7 日《小巴黎报》。

19 NA T84 EAP 105/7, 912.

20 1924 年 3 月 6 日《福斯日报》晚间版。

21 NA T84 EAP 105/7, 912.

22 NA T84 EAP 105/7, 913.

23 主审法官花了不少时间才让场面安静下来，1924 年 3 月 7 日伦敦《泰晤士报》。

24 1924 年出版的节略版庭审记录中提到了这个细节，*Der Hitler-Prozess. Auszüge aus den Verhandlungsberichten mit den Bildern der Angeklagten nach Zeichnungen von Otto von Kursell* (München: Deutscher Volksverlag, 1924), 85.

25 1924 年 3 月 7 日《晚间邮报》(新西兰奥克兰)。

26 1924 年 3 月 7 日《纽约时报》。

27 1924 年 3 月 8 日《人民信使报》。

28 1924 年 3 月 7 日《巴伐利亚信使报》。

29 1924 年 3 月 6 日《福斯日报》晚间版。

30 3 月 6 日《柏林日报》晚间版，有的报纸提及了检察官的尊严，比如 1924
年 3 月 9 日《温哥华太阳报》，以及批评科尔的非难，1924 年 3 月 8 日《慕
尼黑最新消息》和 1924 年 3 月 7 日《慕尼黑邮报》。

31 1924 年 3 月 7 日《小巴黎报》。许多报纸对审判能否继续下去表示了怀疑，
比如 1924 年 3 月 7 日《人道报》；还有不确定检察官是否会回归，1924 年
3 月 8 日路透社；以及很难找到替代人选，1924 年 3 月 7 日维也纳《工人报》。

36 当务之急

1 1924 年 3 月 13 日伦敦《泰晤士报》。

2 1924 年 3 月 6 日哈瓦斯通讯社。

3 埃哈德在他的未发表回忆录中描述了在司法部的会议，暗示了格尔特纳的作
用，41, NL Ehard 99, BHStA。格尔特纳承认他在这段时间与律师见过面，
Chronik der Bayerischen Justizverwaltung, 384, copy in NL Ehard 90/3, BHStA。

4 NA T84/2 EAP 105/7, 917.

5 1924 年 3 月 8 日《巴黎之声》。

6 1924 年 3 月 8 日《人道报》。

7 1924 年 3 月 8~9 日《慕尼黑邮报》。

8 NA T84/2 EAP 105/7, 918.

9 1924 年 3 月 7 日《柏林日报》晚间版，1924 年 3 月 8 日《晨报》。

10 NA T84/2 EAP 105/7, 920.

11 连卡尔的讲稿作者对他的所谓计谋都一无所知，是很说明问题的。外国记
者卡尔·克里斯蒂安·布莱（Carl Christian Bry）问，难道就不能像对洛
索和塞瑟那样，给自己的幕僚使个眼色吗？ *Der Hitler-Putsch. Berichte
und Kommentare eines Deutschland-Korrespondenten, 1922 - 1924 für das
Argentinische Tagund Wochenblatt*, ed. Martin Gregor-Dellin (Nördlingen:
Greno, 1987), 195。

12 NA T84/2 EAP 105/7, 945.

13 1924 年 3 月 8 日《小日报》。

14　1924 年 3 月 8 日《人道报》。证人这是在以官员的保密义务［刑事诉讼法第 53 项］为依据，行使作为公务员的权利。不过作为讲稿作者，他究竟算是政府雇员，还是卡尔个人的雇员？法官不愿意就此质问证人。另外可参阅 Gruchmann, Weber, and Gritschneder (1998), II, 576, note 4。

15　*The Hitler Trial Before the People's Court in Munich*, trans. H. Francis Freniere, Lucie Karcic, and Philip Fandek (Arlington, VA: University Publications of America, 1976), II, 24.

16　1924 年 3 月 8 日《高卢人报》。

17　NA T84/2 EAP 105/7, 990. 关于他在读稿的说法，见 1924 年 3 月 8 日《柏林日报》晨间版。

18　指 的 是 "Veni Vidi," *Ludendorff in Bayern, oder Der Novemberputsch* (Leipzig: Veduka-Verlag, 1924)。

19　1924 年 3 月 9 日《时报》，没有透露什么重要的信息，见报告，Nr. 57, March 7, 1924, HA 5/114II。

37　"古怪的先生"

1　1924 年 2 月 28 日《工人意志报》。

2　NA T84/2 EAP 105/7, 1111.

3　NA T84/2 EAP 105/7, 1113 - 14.

4　NA T84/2 EAP 105/7, 1130.

5　NA T84/2 EAP 105/7, 1146.

6　NA T84/2 EAP 105/7, 1148. 另 见 Eberhard Jäckel und Axel Kuhn, eds., *Hitler. Sämtliche Aufzeichnungen 1905 - 1924* (Stuttgart: Deutsche Verlags-Anstalt, 1980), Nr. 602, 1059。接下来几个月里，在鲁登道夫攻击天主教的问题上，希特勒会继续与将军保持距离。

7　许多军方证人令人们兴味索然，1924 年 3 月 10 日《政治与文学辩论报》(*Journal des débats politiques et littéraires*)。

8　NA T84/2 EAP 105/7, 1154.

9 NA T84/2 EAP 105/7, 1158.

10 3 月 9 日《柏林日报》晨间版。

11 1924 年 3 月 22 日《晨报》。当然，类似的表述有很多，比如"贝格勃劳凯勒喜剧"，1924 年 3 月 9 日《前进报》；或"蹩脚的喜剧"，1924 年 3 月 6 日《慕尼黑邮报》。

12 NA T84 EAP 105/7, 1180.

13 NA T84 EAP 105/7, 1185.

38 危险的游戏

1 NA T84 EAP 105/7, 1239.

2 1924 年 3 月 11 日《纽约时报》。在发表于 1924 年 3 月 9 日《世界明镜》(*Der Welt Spiegel*) 以及第 9 期《汉堡画报》封面的一张摄于近日一个早晨的照片中，可以看到武装警卫和拍摄组。

3 NA T84 EAP 105/7, 1215 - 16.

4 NA T84 EAP 105/7, 1217.

5 1924 年 3 月 10 日《柏林日报》晚间版。观众比平常还要多，1924 年 3 月 10 日路透社。

6 1924 年 3 月 11 日《慕尼黑邮报》；1924 年 3 月 11 日《小巴黎报》；1924 年 3 月 11 日《费加罗报》。

7 1924 年 3 月 11 日《每日电讯报》。

8 1924 年 3 月 11 日《巴黎之声》。

9 NA T84/2 EAP 105/7, 1221.

10 Richard J. Evans, *The Coming of the Third Reich* (New York: Penguin Books, 2003), 80.

11 NA T84/2 EAP 105/7, 1225.

12 NA T84/2 EAP 105/7, 1226.

13 NA T84/2 EAP 105/7, 1234 - 37.

14 NA T84/2 EAP 105/7, 1234 - 37.

15　NA T84/2 EAP 105/7, 1240.

16　NA T84/2 EAP 105/7, 1252.

17　NA T84/2 EAP 105/7, 1257 - 60.

18　*The Hitler Trial Before the People's Court in Munich*, trans. H. Francis Freniere, Lucie Karcic, and Philip Fandek (Arlington, VA: University Publications of America, 1976), II, 159.

19　NA T84/2 EAP 105/7, 1270.

20　NA T84/2 EAP 105/7, 1286.

21　NA T84/2 EAP 105/7, 1287.

39　逃脱毁灭的命运

1　NA T84/2 EAP 105/7, 1329.

2　1924 年 3 月 11 日《慕尼黑报》和 1924 年 3 月 12 日《高卢人报》。

3　1924 年 3 月 11 日《柏林日报》晚间版；1924 年 3 月 11 日《慕尼黑报》。

4　Carl Christian Bry, March 11, 1924, *Der Hitler-Putsch. Berichte und Kommentare eines Deutschland-Korrespondenten, 1922 - 1924 für das Argentinische Tagund Wochenblatt*, ed. Martin Gregor-Dellin (Nördlingen: Greno, 1987), 181.

5　1924 年 3 月 12 日《西方闪电报》。

6　1924 年 3 月 12 日《巴伐利亚信使报》。

7　1924 年 3 月 12 日和 1924 年 3 月 13 日《巴黎之声》；1924 年 3 月 12 日《慕尼黑邮报》。

8　NA T84/2 EAP 105/7, 1327，而不是向柏林发起军事攻击，NA T84/2 EAP 105/7, 1339。

9　NA T84/2 EAP 105/7, 1327.

10　NA T84/2 EAP 105/7, 1329.

11　NA T84/2 EAP 105/7, 1344 - 45.

12　记者普遍提到卡尔是在读，1924 年 3 月 12 日《大德意志报》和 1924 年 3

月 12 日《汇报》。

13 1924 年 3 月 12 日《晨报》。

14 NA T84/2 EAP 105/7, 1372.

15 同上。

16 Ia Nr. 800/23, MA 103476/2, 989, BHStA and printed in Ernst Deuerlein, ed., *Der Aufstieg der NSDAP in Augenzeugenberichten* (Düsseldorf: Deutscher Taschenbuch Verlag, 1978), 189.

17 NA T84/2 EAP 105/7, 1373.

18 Minutes of meeting, November 6, 1923, report, *Zur Vorgeschichte des 8. Novembers 1923*, HA 5/127. See also F. L. Carsten, *The Reichswehr and Politics 1918 - 1933* (Berkeley: University of California Press, 1973), 179.

19 NA T84/2 EAP 105/7, 1372 - 87.

20 NA T84/2 EAP 105/7, 1387.

21 NA T84/2 EAP 105/7, 1393.

22 NA T84/2 EAP 105/7, 1414.

23 NA T84/2 EAP 105/7, 1423. 关于这段情节还可参阅辩护律师海尔穆特·梅耶的备忘录, 1924 年 2 月 19 日, HA 5/114I, 以及他的 "Münchner Hochverratsprozess," *Der Gerichtssaal* 91 (1925), 93 - 124。 关于这名律师, 见 Natalie Willsch, *Hellmuth Mayer (1895 - 1980). Vom Verteidiger im Hitler-Prozess 1924 zum liberalkonservativen Strafrechtswissenschaftler. Das vielgestaltige Leben und Werk des Kieler Strafrechtslehrers* (Baden-Baden: Nomos Verlagsgesellschaft, 2008), 本书以她在克里斯蒂安 - 阿尔伯特基尔大学的博士论文为基础。

24 NA T84/2 EAP 105/7, 1431.

25 NA T84/2 EAP 105/7, 1441.

40   第十三天

1 NA T84/2 EAP 105/7, 1508.

2 《人民信使报》1924 年 2 月 23~24 日；1924 年 2 月 29 日第一插页和 1924 年 3 月 14 日第一插页。

3 1924 年 3 月 13 日《纽约时报》。

4 1924 年 3 月 13 日《费加罗报》。

5 NA T84/2 EAP 105/7, 1463.

6 NA T84/2 EAP 105/7, 1464.

7 1924 年 3 月 13 日《巴伐利亚祖国报》；1924 年 3 月 13 日《慕尼黑邮报》。另见 1924 年 3 月 13 日《晨报》和 1924 年 3 月 13 日《人道报》。

8 NA T84/2 EAP 105/7, 1473.

9 NA T84/2 EAP 105/7, 1481.

10 同上。

11 NA T84/2 EAP 105/7, 1482 - 83.

12 NA T84/2 EAP 105/7, 1490. 有人说这句话是施坦莱恩或埃哈德说的，但是从法庭记录和上下文来看，显然应该出自希特勒。

13 1924 年 3 月 13 日《高卢人报》。

14 1924 年 3 月 13 日哈瓦斯通讯社。

15 3 月 12 日《柏林日报》晚间版。

16 NA T84/2 EAP 105/7, 1501.

17 NA T84/2 EAP 105/7, 1503.

18 NA T84/2 EAP 105/7, 1506 - 9.

19 NA T84/2 EAP 105/7, 1510. 关于埃哈德是否说过这个词，曾经有人表示过质疑，不过他在第 1510 页承认了，并在第 1512 页再次确认。

41　是政变，不是政变

1 1924 年 3 月 13 日《巴黎之声》。

2 1923 年 11 月 10 日《小巴黎报》。

3 1924 年 3 月 14 日《纽约时报》。另见巴伐利亚当局此前的证词，1923 年 12 月 8 日，HA 5/114I。

4　欧洲媒体转述了《芝加哥每日新闻》的判断，比如1924年3月15日《晨报》。

5　NA T84/2 EAP 105/7, 1624.

6　NA T84/2 EAP 105/7, 1637.

7　R.D. 墨菲《机密政治报告》，1924年1月16日邮寄（年份误作1923年），M336, 862.00/1397, No. 20, NA。

8　NA T84/2 EAP 105/7, 1640.

9　NA T84/2 EAP 105/7, 1678 and 1679.

10　NA T84/2 EAP 105/7, 1679.

11　3月14日《柏林日报》晨间版。法庭记录也提到了这一阵喧闹 (NA T84/2 EAP 105/7, 1679)。

12　NA T84/2 EAP 105/7, 1695.

13　1924年3月14日《前进报》。

14　NA T84/2 EAP 105/7, 1697.

15　*The Outlook*, 1924年3月26日.

16　这个看法在此前科尔首次上庭的时候就已经说过了，1924年3月12日《巴伐利亚信使报》。

17　3月14日《福斯日报》晨间版和1924年3月14日《晨报》。

42　大爆发

1　1924年3月12日《奥克兰星报》。

2　1924年3月11日《柏林日报》晨间版。

3　NA T84/2 EAP 105/7, 1734.

4　NA T84/2 EAP 105/7, 1735.

5　1924年3月15日《华盛顿邮报》援引《纽约先驱报》。另见1924年4月18日《卫士报》（*The Sentinel*）。

6　NA T84/2 EAP 105/7, 1737.

7　NA T84/2 EAP 105/7, 1740.

8　NA T84/2 EAP 105/7, 1751. 关于洛索的言论，另见格拉夫·海尔多夫的陈词，1924 年 1 月 11 日，HA 5/114I。

9　NA T84/2 EAP 105/7, 1757.

10　1924 年 3 月 16 日哈瓦斯通讯社，更多关于他的嘲讽，1924 年 3 月 11 日和 13 日《慕尼黑邮报》。盘问给人一种决斗的感觉，1924 年 3 月 15 日《福斯日报》。

11　NA T84/2 EAP 105/7, 1768.

12　NA T84/2 EAP 105/7,1769. 对希特勒的激动情绪的描述可见于 1924 年 3 月 16 日《时报》。

13　NA T84/2 EAP 105/7, 1769. 1924 年 3 月 15 日《人民信使报》也做了报道。

14　NA T84/2 EAP 105/7, 1769.

15　NA T84/2 EAP 105/7, 1773.

16　1924 年出版的节略版庭审记录中提到了这个细节，*Der Hitler-Prozess. Auszüge aus den Verhandlungsberichten mit den Bildern der Angeklagten nach Zeichnungen von Otto von Kursell* (München: Deutscher Volksverlag, 1924), 182.

17　NA T84/2 EAP 105/7, 1773.

18　H. R. Knickerbocker, *Is Tomorrow Hitler's?: 200 Questions on the Battle of Mankind* (New York: Reynal & Hitchcock, 1941), 12.

19　1924 年 3 月 15 日《费加罗报》。

20　NA T84/2 EAP 105/7, 1805.

21　Ernst Deuerlein, ed., *Der Aufstieg der NSDAP in Augenzeugenberichten* (Düsseldorf: Deutscher Taschenbuch Verlag, 1978), 216.

22　NA T84/2 EAP 105/7, 1806.

23　1924 年 3 月 15 日《人民信使报》和 1924 年 3 月 16 日《太阳报》(悉尼)。

24　NA T84/2 EAP 105/7, 1806.

43　暗示

1　NA T84/2 EAP 105/7, 1609.

2　*Bayerischer Kurier*, March 17, 1924.

3　NA T84/2 EAP 105/7, 1853.

4　*Chronik der Bayerischen Justizverwaltung*, 342 - 44, NL Ehard 90/3, BHStA.
关于该机构的更多信息，可参阅 Otto Gritschneder, "Das missbrauchte
bayerische Volksgericht," in Lothar Gruchmann, Reinhard Weber, and Otto
Gritschneder, eds., *Der Hitler-Prozess 1924* (München: K. G. Saur, 1997),
xxxvii - xl。

5　NA T84/2 EAP 105/7, 1610 - 11.

6　例如 1924 年 3 月 11 日《阿根廷日报与周报》对审理中缺乏事实披露表达了不
满，尤其是在公开庭期中，Carl Christian Bry, *Der Hitler-Putsch. Berichte und
Kommentare eines Deutschland-Korrespondenten, 1922 - 1924 für das Argentinische
Tagund Wochenblatt*, ed. Martin Gregor-Dellin (Nördlingen: Greno, 1987), 183。

7　1924 年 3 月 7 日《巴黎之声》。

8　1924 年 3 月 18 日《人道报》。

9　NA T84/2 EAP 105/7, 1914 - 15.

10　NA T84/2 EAP 105/7, 1923.

11　NA T84/2 EAP 105/7, 1930.

12　同上。在会议记录中显示是埃哈德。

13　*The Hitler Trial Before the People's Court in Munich*, trans. H. Francis
Freniere, Lucie Karcic, and Philip Fandek (Arlington, VA: University
Publications of America, 1976), III, 37.

14　NA T84/2 EAP 105/7, 1974.

44　希特勒保镖出庭

1　NA T84/2 EAP 105/7, 2161.

2　Edgar Vincent, Viscount D'Abernon, *The Diary of an Ambassador* (Garden
City, NY: Doubleday, Doran & Company, 1929 - 1931), III, 56.

3　Carl Moser von Filseck, *Politik in Bayern 1919 - 1933. Berichte des
württembergischen Gesandten Carl Moser von Filseck*, ed. Wolfgang Benz.

Schriftenreihe der Vierteljahrshefte für Zeitgeschichte Nummer 22/23
(Stuttgart: Deutsche Verlags–Anstalt, 1971), March 13, 1924, Nr. 86, 155–
156.

4 R.D. 墨菲《机密政治报告》,1924 年 3 月 10 日（邮寄日期 1924 年 4 月 3 日）,
M336, 862.00/1469, No. 20, NA，他在后来的回忆录中也用了这个措辞,
Diplomat Among Warriors (Garden City, NY: Doubleday & Company, 1964),
22。

5 《希特勒审判，或曰卡尔如何拯救祖国》,1924 年 3 月 17 日《傻瓜》。

6 NA T84/2 EAP 105/7, 1978, 关于合约问题的信息，见 2039~2040。另见
1924 年 3 月 1~2 日《慕尼黑邮报》。

7 1924 年 3 月 15 日《时报》。

8 1924 年 3 月 6 日合众社。

9 1924 年 3 月 17 日《时报》。

10 1924 年 3 月 17 日《柏林交易所报》晚间版和 1924 年 3 月 18 日《晨报》等。

11 NA T84/2 EAP 105/7, 2047.

12 乌尔里希·格拉夫未出版回忆录, 68, F14, IfZ。

13 1924 年 3 月 18 日《柏林人民报》晨间版。

14 NA T84/2 EAP 105/7, 2070.

15 NA T84/2 EAP 105/7, 2080.

16 NA T84/2 EAP 105/7, 2081.

45　大转变

1 NA T84/2 EAP 105/7, 2136.

2 这个措辞来自传记作者康拉德·海登（Konrad Heiden）,他在 1923 年听了
希特勒的讲话，当时他在慕尼黑读书，并且是《法兰克福日报》的记者。

3 1924 年 3 月 21 日合众社。

4 1924 年 2 月 17 日和 1924 年 2 月 21 日《奥格斯堡邮报》。

5 NA T84/2 EAP 105/7, 2108 - 9.

6　NA T84/2 EAP 105/7, 2111.

7　1924 年 3 月 24 日《小日报》。比较鲁登道夫之前的证词，的确是这样，尤其在 2108~2114 他接受汉斯·埃哈德的初次问讯时说的话，1923 年 11 月 9 日，NL Ehard 94, BHStA。

8　1924 年 3 月 24 日《人道报》。其他对鲁登道夫"退却"的批评可见于 1924 年 3 月 18 日《柏林日报》晚间版和 1924 年 3 月 19 日和 20 日《法兰克福日报》。

9　NA T84/2 EAP 105/7, 2120.

10　NA T84/2 EAP 105/7, 2123.

11　NA T84/2 EAP 105/7, 2131. 一份支持希特勒的庭审记录在这段陈词中加入了"犹太人"，*Der Hitler-Prozess. Auszüge aus den Verhandlungsberichten mit den Bildern der Angeklagten nach Zeichnungen von Otto von Kursell* (München: Deutscher Volksverlag, 1924), 218. 在慕尼黑邦地方法院的记录中没有这个词。

12　1924 年 3 月 24 日《纽约时报》。九年后，托马斯·R. 伊巴拉将再次见到希特勒，在他的办公室里采访他，1933 年 7 月 1 日《科利尔杂志》(Colliers)；一份（摘选）副本可见于 OSS Sourcebook, NA。

13　1924 年 3 月 24 日《福斯日报》晨间版。

14　这是个意外的决定，1924 年 3 月 18 日《柏林人民报》晨间版。

15　NA T84/2 EAP 105/7, 2137.

16　NA T84/2 EAP 105/7, 2135.

17　NA T84/2 EAP 105/7, 2151.

18　NA T84/2 EAP 105/7, 2153 - 55.

46　"叛国者生正逢时"

1　NA T84/2 EAP 105/7, 2291.

2　NA T84/2 EAP 105/7, 2167. 奈特哈特指的可能是 1924 年 3 月 1 日《法兰克福日报》上发表的一篇文章。

3　NA T84/2 EAP 105/7, 2169.

4　NA T84/2 EAP 105/7, 2170 - 72.

5　1924 年 3 月 22 日《小巴黎报》。

6　NA T84/2 EAP 105/7, 2175.

7　NA T84/2 EAP 105/7, 2185 - 86.

8　1924 年 3 月 23 日《时报》和 1924 年 3 月 21 日《柏林本地新闻》。

9　1924 年 3 月 22 日《小巴黎报》，或美化，1924 年 7 月 22 日，HA 68/1498。另见 1924 年 4 月 24 日《北豪森人民报》（*Nordhäuser Volkszeitung*）中的批评。

10　NA T84/2 EAP 105/7, 2312.

11　NA T84/2 EAP 105/7, 2189.

12　NA T84/2 EAP 105/7, 2189, 2193.

13　NA T84/2 EAP 105/7, 2216 - 17.

14　1924 年 4 月 25 日《人道报》。

15　1924 年 3 月 22 日《人道报》。

16　1924 年 3 月 22 日《每日电讯报》，1924 年 3 月 22 日路透社。

17　1924 年 3 月 22 日《晨报》。

18　1924 年 3 月 22 日《柏林人民报》。

19　NA T84/2 EAP 105/7, 2219.

20　NA T84/2 EAP 105/7, 2228 - 32.

21　NA T84/2 EAP 105/7, 2235.

22　NA T84/2 EAP 105/7, 2232.

23　NA T84/2 EAP 105/7, 2262.

24　NA T84/2 EAP 105/7, 2287.

25　NA T84/2 EAP 105/7, 2289 - 91.

47　从慕尼黑到瓦尔哈拉

1　1924 年 4 月 25 日《纽约时报》。

2　NA T84/2 EAP 105/7, 2293.

3　NA T84/2 EAP 105/7, 2294, 2333 - 34.

4　NA T84/2 EAP 105/7, 2369.

5　NA T84/2 EAP 105/7, 2382.

6　1924 年 4 月 25 日《纽约时报》。

7　1924 年 3 月 27 日《政治与文学辩论报》。

8　1924 年 4 月 28 日《慕尼黑邮报》。

9　NA T84/2 EAP 105/7, 2570.

10　NA T84/2 EAP 105/7, 2607.

11　NA T84/2 EAP 105/7, 2805.

12　NA T84/2 EAP 105/7, 2838. 这种形象此前也在报章中出现过，比如 1923 年 11 月 13 日《德意志日报》。

13　NA T84/2 EAP 105/7, 2849.

14　NA T84/2 EAP 105/7, 2850，在第 2853 页和第 2855 页中也有。在 1924 年出版的节略版庭审记录中也提到了笑声，*Der Hitler-Prozess. Auszüge aus den Verhandlungsberichten mit den Bildern der Angeklagten nach Zeichnungen von Otto von Kursell* (München: Deutscher Volksverlag, 1924), 258。

15　NA T84/2 EAP 105/7, 2865.

16　NA T84/2 EAP 105/7, 2867.

17　NA T84/2 EAP 105/7, 2870.

18　NA T84/2 EAP 105/7, 2871.

19　NA T84/2 EAP 105/7, 2869.《鲁登道夫以"战神下凡"姿态现身》，1924 年 3 月 29 日《晚间邮报》，以及他的浮夸演讲，1924 年 3 月 29 日《时报》。

20　1924 年 4 月 28 日《纽约时报》。

48　最后的陈词

1　NA T84/2 EAP 105/7, 2144.

2　1924 年 4 月 28 日《费加罗报》。

3　1924 年 4 月 28 日《纽约时报》。

4 NA T84/2 EAP 105/7, 2871.

5 NA T84/2 EAP 105/7, 2876 - 87.

6 希特勒在这一庭期中多次拍桌子，包括此处，这一点在 1924 年出版的节略版法庭记录中有所体现，*Der Hitler-Prozess. Auszüge aus den Verhandlungsberichten mit den Bildern der Angeklagten nach Zeichnungen von Otto von Kursell* (München: Deutscher Volksverlag, 1924), 265。

7 NA T84/2 EAP 105/7, 2888 - 89.

8 NA T84/2 EAP 105/7, 2895.

9 NA T84/2 EAP 105/7, 2897 - 916.

10 1924 年 3 月 27 日路透社。

11 1924 年 4 月 28 日《晨报》。

12 1924 年 3 月 20 日《巴伐利亚祖国报》。

49　结束与开始

1 1924 年 3 月 22 日信件，Staatsanwaltschaften 3099, StAM。

2 如 1924 年 3 月 29 日《新自由报》（*Neue Freie Presse*）等。

3 1924 年 2 月 26 日《米斯巴赫汇报》。这是个很常见的说法，无论是在审判开始前（见 1924 年 2 月 26 日《农民周报》），还是审判过程中（见 1924 年 3 月 6 日《福斯日报》晚间版）。

4 David Clay Large *Where Ghosts Walked: Munich's Road to the Third Reich* (New York: W. W. Norton, 1997), 193. 需更多了解，可参阅 Robert Eben Sackett, *Popular Entertainment, Class and Politics in Munich, 1900 - 1923* (Cambridge, MA: Harvard University Press, 1982)，以及 Jeffrey S. Gaab, *Munich: Hofbräuhaus & History—Beer, Culture, & Politics* (New York: Peter Lang, 2006), 67。后者最初是作者在 1997 年夏的慕尼黑大学经济史研讨班中的部分内容。

5 1924 年 4 月 28 日《前进报》。

6 1924 年 4 月 28 日《法兰克福日报》。

7 1924 年 3 月 8 日《巴黎之声》。

8 1924 年 3 月 21 日《公共纪录报》。

9 1924 年 3 月 9 日《温哥华太阳报》。

10 1924 年 3 月 22 日《小巴黎报》。许多法律专家也得出了这个结论，比如慕尼黑法学教授卡尔·罗滕布希尔，Karl Rothenbücher, *Der Fall Kahr* (Tübingen: Mohr, 1924), 30. 许多法国报纸预测，至少鲁登道夫会脱罪，或者只得到象征性的惩罚，如 1924 年 3 月 22 日《巴黎之声》、1924 年 3 月 26 日《十字架报》和 1924 年 3 月 26 日《法兰西行动》。

11 Robert Murphy, *Diplomat Among Warriors* (Garden City, NY: Doubleday & Company, 1964), 22.

12 Kommando der Landspolizei München, Abtlg. A/Nr.678, Kommandobefehl für Dienstag, 1.4.24, 1924 年 3 月 31 日, HA 69/1499, 在 1924 年 4 月 1 日的《最后警告！》（Letzte Warnung!）中做了重申。另见媒体报道，如 1924 年 4 月 25 日《纽约时报》、1924 年 4 月 25 日《高卢人报》、1924 年 3 月 29 日《前进报》、1924 年 3 月 30 日《时报》、1924 年 3 月 31 日《慕尼黑报》，以及 1924 年 4 月 1 日联合通讯社（英国）。警方措施还可见于 MINN 73699, BHStA。

13 *Sicherung des Hitler-Prozesses*, March 12, 1924, HA 68/1498.

14 VId, *überwachung*, March 29, 1924, HA 68/1498. 民间还有一些关于骚乱的传闻，见 1924 年 4 月 28 日《柏林日报》晚间版；关于压力可见 1924 年 4 月 28 日《法兰克福日报》和 1924 年 3 月 29 日《巴伐利亚信使报》；关于释放被告人的威胁，见 1924 年 4 月 2 日《巴黎之声》。

15 Telegramm aus Augsburg 2658. 33/31.W, 1924 年 3 月 31 日 Police report, VIa 1010/24，以及同天的 HA 68/1498。

16 除此之外，文件中还有别的一些信件，StAnW 3099, StAM。

17 汉斯·埃哈德未出版回忆录，30, NL Ehard 99, BHStA。

18 *Zusammenfassung der Ergebnisse der Besprechungam 31. März 1924 vormittags 9 1/4 Uhr in die Bücherei der Polizeidirektion*, HA 68/1498.

19 Kommando der Landspolizei München, Abtlg. A/Nr.678, *Kommandobefehl für Dienstag, 1.4.24*, March 31, 1924, HA 69/1499. 关于宣判前的安保方案，见 *Sicherung des Urteilsverkundigung*, March 31, 1924, MINN 73699,

BHStA。

20 同上，另见埃哈德未出版回忆录，30，NL Ehard 99，BHStA。

21 1924 年 4 月 24 日《时报》。

22 1924 年 3 月 21 日《强硬报》。

23 1924 年 3 月 29 日电讯联盟社，1924 年 3 月 29 日《汇报》，1924 年 4 月 1 日瑞典法伦《箭头报》(*Dalpilen*)，1924 年 3 月 29 日《柏林交易所报》晚间版对此毫不怀疑。

24 NA T84 EAP 105/7, 2825 - 26，这一说法也得到广泛报道，比如 1924 年 4 月 1 日《巴伐利亚祖国报》；1924 年 4 月 2 日《费加罗报》；以及 Ernst Röhm, *The Memoirs of Ernst Röhm*, intro. Eleanor Hancock and trans. Geoffrey Brooks (London: Frontline Books, 2012), 202。

25 Carl Moser von Filseck, *Politik in Bayern 1919 - 1933. Berichte des württembergischen Gesandten Carl Moser von Filseck*, ed. Wolfgang Benz. Schriftenreihe der Vierteljahrshefte für Zeitgeschichte Nummer 22/23 (Stuttgart: Deutsche Verlags-Anstalt, 1971), 1924 年 3 月 26 日, Nr. 101, 157.

26 1924 年 4 月 1 日澳大利亚北领地达尔文《北方标准报》(*Northern Standard*)。

27 1924 年 3 月 20 日《汇评》。

28 1924 年 3 月 31 日《法兰克福日报》和 1924 年 4 月 9 日《人民信使报》。

29 1924 年 3 月 15 日《巴伐利亚信使报》。

30 1924 年 3 月 7 日《前进报》。

50 名字说明一切

1 Georg Neithardt, *Einige Bemerkungen des Vorsitzenden im Hitler-Prozess über die Prozessleitung*, April 1924, Nachlass Hans Ehard 97, BHStA.

2 1924 年 4 月 2 日《德意志汇报》和 1924 年 4 月 1 日电讯联盟社。

3 1924 年 4 月 1 日《柏林日报》晚间版，其他报纸有类似的表述，如 1924 年 4 月 2 日《大德意志报》。

4 1924 年 4 月 2 日《巴黎之声》。

5 1923 年 4 月 1 日魁北克《每日电讯报》，1924 年 4 月 2 日《慕尼黑最新消息》，1924 年 4 月 5 日《人民报》，以及汉斯·埃哈德未出版回忆录，29，NL Ehard 99, BHStA。

6 不少知名权威错误地把拍摄时间说成了宣判之后，但实际上显然是在之前，见汉斯·埃哈德未出版回忆录，28 - 29, NL Ehard 99, BHStA, 以及被告人罗伯特·瓦格纳的叙述，1924 年 9 月 12 日，HA 69/1501。此外不少史学家忘了这张照片并不完整。珀纳不在其中。

7 当然，韦伯在法庭里没有戴那顶帽子，Landgericht München I, Report, September 2, 1924, HA 69/1501。不过，1924 年 4 月 19~20 日《慕尼黑邮报》正确地总结道，跟过去几个礼拜的审理比起来，这身穿着的丑闻就不算什么了。

8 Anz. Verz. XIX 421/1923, Proz. Reg. Nr. 20, 68, 97/1924, Staatsanwaltschaften 3098, StAM.

9 1924 年 4 月 2 日《巴黎之声》。

10 1924 年 4 月 2 日《慕尼黑最新消息》和 1924 年 4 月 2 日《大德意志报》。

11 1924 年 4 月 2 日《农民周报》，另外 1924 年 4 月 4 日《卫士报》描绘了当时歇斯底里的场面。

12 1924 年 4 月 2 日《巴黎之声》；1924 年 4 月 2 日《新苏黎世报》第一晨版。

13 这是一篇东拉西扯的劣作，充斥着错别字、语法错误、自相矛盾、生硬的法律表述以及许多遗漏。可参阅 Otto Gritschneder, *Bewährungsfrist für den Terroristen Adolf H. Der Hitler-Putsch und die bayerische Justiz* (München: Verlag C. H. Beck 1990), 61。

14 Anz. Verz. XIX 421/1923, Proz. Reg. Nr. 20, 68, 97/1924, Staatsanwaltschaften 3098, 13, StAM, 更多理据陈述见 28 - 30。

15 Anz. Verz. XIX 421/1923, Proz. Reg. Nr. 20, 68, 97/1924, Staatsanwaltschaften 3098, 40, StAM.

16 Anz. Verz. XIX 421/1923, Proz. Reg. Nr. 20, 68, 97/1924, Staatsanwaltschaften 3098, 42, StAM.

17 Anz. Verz. XIX 421/1923, Proz. Reg. Nr. 20, 68, 97/1924, Staatsanwaltschaften 3098, 43 - 44, StAM. 关于裁决本身，还可参阅 Otto Gritschneder, *Der Hitler-Prozess und sein Richter Georg Neithardt.*

440

       Skandalurteil von 1924 ebnet Hitler den Weg(München: Verlag C. H. Beck, 2001), 93 - 95。

18 Henning Grunwald, *Courtroom to Revolutionary Stage: Performance and Ideology in Weimar Political Trials* (Oxford: Oxford University Press, 2012), 2.

19 1924 年 4 月 1 日《柏林人民报》晚间版和 1923 年 4 月 3 日《巴伐利亚信使报》。

20 1924 年 4 月 28 日《慕尼黑邮报》。

21 1924 年 4 月 2 日《新苏黎世报》第一晨版。

22 1924 年 4 月 2 日《法兰克福日报》。

23 1924 年 4 月 2 日《新苏黎世报》第一晨版。

24 《小巴黎报》1924 年 4 月 2 日.

25 1924 年 4 月 1 日《柏林日报》晚间版。

26 1924 年 4 月 1 日《图片报》和 1924 年 4 月 2 日《柏林人民报》晨间版。

27 1924 年 4 月 2 日《福斯日报》晨间版。1924 年 4 月 5 日的《旁观者》(*The Spectator*) 也认为这不是个法律判决，而是政治判决。

28 1924 年 4 月 2 日《前进报》。

29 Ernst Röhm, *The Memoirs of Ernst Röhm*, intro. Eleanor Hancock and trans. Geoffrey Brooks (London: Frontline Books, 2012), 200.

30 Max Hirschberg, *Jude und Demokrat. Erinnerungen eines Münchener Rechtsanwalts 1883 bis 1939*, ed. Reinhard Weber (München: R. Oldenbourg Verlag, 1998), 242.

31 Alexander Graf von Dohna, "Der Münchener Hochverratsprozess," in *Deutsche Juristen-Zeitung* 29 (1924), Heft 9/10, 335.

32 Anz. Verz.XIX 421/1923, Proz.Reg.Nr. 20, 68, 97/1924, Staatsanwaltschaften 3098, 44, StAM.

33 1924 年 4 月 2 日《新苏黎世报》第一晨版。

34 Lothar Gruchmann, Reinhard Weber, and Otto Gritschneder, eds., *Der Hitler-Prozess 1924. Wortlaut der Hauptverhandlung vor dem Volksgericht München I*(München: K. G. Saur, 1997), IV, 1593.

35 1924 年 4 月 1 日《柏林人民报》晚间版。

36 1924 年 4 月 2 日哈瓦斯通讯社和 1924 年 4 月 2 日《梅拉诺报》。

37 1924 年 4 月 2 日《纽约时报》。

38 还 有 目 击 者 说 警 察 拒 绝 了，*Der Hitler-Prozess. Auszüge aus den Verhandlungsberichten mit den Bildern der Angeklagtennach Zeichnungen von Otto von Kursell* (München: Deutscher Volksverlag, 1924), 272。

39 *Bericht über die Vorfälle an der Pappenheimstrasse anlässlich der Urteilsverkündung im Hitler-Prozess*, am 1. April 1924, April 2, 1924, HA 69/1499.

40 1924 年 4 月 1 日《柏林人民报》晚间版。

41 1924 年 4 月 2 日《 纽 约 时 报 》。鲁 登 道 夫 在 正 门，见 Police report, Kommando der Schutzmannschaft, Nr. 1306, April 16, 1924, HA 69/1499。

42 1924 年 4 月 2 日《慕尼黑最新消息》和 1924 年 4 月 4 日《大德意志报》。

43 1924 年 4 月 2 日《 纽 约 时 报 》。鲁 登 道 夫 在 正 门，见 Police report, Kommando der Schutzmannschaft, Nr. 1306, April 16, 1924, HA 69/1499。

44 1924 年 4 月 2 日《小巴黎报》。

45 1924 年 4 月 1 日魁北克《每日电讯报》。

46 见警方文件，尤其是 HA 69/1499，另外也有媒体报道，如 1924 年 4 月 5~6 日《大德意志报》。

47 有传记称希特勒最后是急匆匆地上了在外面等候的汽车，甚至在宣读判决书的时候就上车了，John Toland, *Adolf Hitler* (New York: Ballantine Books, 1977), 261，但是实情并非如此。希特勒一直在法庭，后来走到了窗边：1924 年 4 月 2 日《慕尼黑最新消息》；1924 年 4 月 2 日《纽约时报》；1923 年 4 月 3 日《法兰克福日报》；1924 年 4 月 2 日《高卢人报》；以及汉斯·埃哈德未出版回忆录，28, NL Ehard 99, BHStA 等都给出了目击陈述。

第三篇 监狱

51 7 号牢房的恺撒

1 1924 年 3 月 22 日《星期六评论》（*The Saturday Review*）。

2　Otto Gritschneder, *Bewährungsfrist für den Terroristen Adolf H. Der Hitler-Putsch und die bayerische Justiz* (München: Verlag C. H. Beck 1990), 47. 此外监狱还收到了献花，见 1923 年 4 月 3 日《柏林日报》晚间版。

3　1924 年 12 月 17 日《人民信使报》推荐他的书作为那年的圣诞节读物。

4　1924 年 5 月 8 日《大德意志报》。

5　David Jablonsky, *The Nazi Party in Dissolution: Hitler and the Verbotzeit, 1923‑1925* (London: F. Cass, 1989), 81‑86.

6　David Clay Large, *Where Ghosts Walked: Munich's Road to the Third Reich* (New York: W. W. Norton, 1997), 194.

7　Otto Lurker, *Hitler hinter Festungsmauern. Ein Bild aus trüben Tagen* (Berlin: E. S. Mittler & Sohn, 1933), 16, and Franz Hemmrich, *Erinnerungen eines Gefängnisbeamten*, ED 153‑1, 27, 113, IfZ.

8　除了囚犯，监狱的狱卒也是这么看的，例见汉斯·卡兰巴赫, *Mit Adolf Hitler auf Festung Landsberg* (München: Kress & Hornung, 1939), 56, 以及弗朗茨·汉姆里希未出版回忆录，ED 153‑1, 28, IfZ。还有一个说法是"指挥官山"，这可能是对哥特体德文（卡兰巴赫）或手写字（汉姆里希）的误读。

9　Stosstrupp Hitler trial: Proz.Reg.Nr. 187/1924, May 3, 1924, HA 67/1493.

10　1923 年 5 月 11 日鲁道夫·赫斯致信克拉拉·赫斯，见 Rudolf Hess, *Briefe 1908‑1933*, ed. Wolf Rüdiger Hess (München: Langen Müller, 1987), 322。

11　希特勒审判并非该机构审理的最后一案，尽管有不少地方这样写，比如 Hans Hubert Hofmann, *Der Hitlerputsch. Krisenjahre deutscher Geschichte 1920‑1924* (München: Nymphenburger Verlagshandlung, 1961), 245。实际上应该是赫斯案。可参阅 *Chronik der Bayerischen Justizverwaltung*, 342‑45, 356, NL Ehard 90/3, BHStA。

12　1924 年 8 月 17 日鲁道夫·赫斯致信弗里茨·赫斯，见 Hess (1987), 349; Kallenbach (1939), 73‑74, 78‑79, 101 and 104; Lurker (1933), 17‑19, 51‑53, and 55; 1924 年 6 月 23 日赫尔曼·弗布克致信鲁道夫·哈斯（Ludolf Haase）见 Werner Jochmann, *Nationalsozialismus und Revolution. Ursprung und Geschichte der NSDAP in Hamburg 1922‑1933. Dokumente* (Frankfurt am Main: Europäische Verlagsanstalt, 1963), 91‑92.

13 弗朗茨·汉姆里希未出版回忆录，ED 153-1, 110, IfZ。

14 ED 153-1, 27, 31, 40, 59 - 60, 113, IfZ.

15 Kallenbach (1939), 80 和 Hemmrich, ED 153-1, 34, IfZ。两个出处都使用了"柔术"的老式拼写"jiu jitsu"，也就是后来在 1920 年代里约热内卢发展起来的"巴西柔术"的前身。

16 Lurker (1933), 32, and Heinz (1938), 177.

17 Kallenbach (1939) 79.

18 同上。一个领袖不能参与比赛，冒着失败的风险，Ernst Hanfstaengl, *Zwischen Weissem und Braunem Haus. Memoiren eines politischen Aussenseiters* (München: R. Piper, 1970), 157。

19 Hemmrich in Heinz (1938), 174 and 183.

20 Lurker (1933), 24.

21 1923 年 8 月 17 日鲁道夫·赫斯致信弗里茨·赫斯，Hess (1987), 349。

22 Kallenbach (1939), 95, and Hemmrich, ED 153-1, 36 - 37, IfZ.

23 Hemmrich interview in Heinz (1938), 175.

24 The *Kalfaktoren*, ED 153-1, 27, 31, 40, 59 - 60, 113, IfZ.

25 1924 年 5 月 18 日鲁道夫·赫斯致信伊尔瑟·珀尔，Hess (1987), 326 - 27。

26 Kallenbach (1939), 95.

27 Kallenbach (1939), 65。另一个绰号是"中国"，ED1531, 31, IfZ。

28 Kallenbach (1939), 71. 弗布克应该是在 11 号，而不是有些地方说的 1 号，John Toland, *Adolf Hitler* (New York: Ballantine Books, 1976), 267。

29 1924 年 8 月 4 日《兰茨贝格自由人报》，副本可见于 HA 4/92。

30 Lurker (1933), 34.

31 1924 年 6 月 23 日赫尔曼·弗布克致信鲁道夫·哈斯，收录于 Jochmann (1963), 92。

52　面对面

1 1924 年 11 月 5 日《慕尼黑邮报》。

2　1924 年 4 月 27 日《法兰克信使报》和 ED 153-1, 47 - 48, IfZ。

3　Folder No. 4, JVA 17.000, StAM.

4　探视者名单见 143140, STA 14344, StAM。

5　Heinrich Hoffmann, *Hitler Was My Friend*, trans. Lt-Col R. H. Stevens (London: Burke, 1955), 58 - 59.

6　*General Ludendorff über die Vorgänge in München*, HA 5/116.

7　Kurt G. W. Ludecke, *I Knew Hitler: The Story of a Nazi Who Escaped the Blood Purge* (New York: Charles Scribner's Sons, 1938), 233.

8　名单收录于 143140, STA 14344, StAM。这份名单终止于 1924 年 10 月，不过考虑到希特勒的假释希望以及写书的工作，他在 11 月和 12 月可能没有接受多少探视。

9　Otto Lurker, *Hitler hinter Festungsmauern. Ein Bild aus trüben Tagen* (Berlin: E. S. Mittler & Sohn, 1933), 57. 另见兰茨贝格呈交司法部的报告，1924 年 9 月 18 日，HA 69/1501。

10　关于这个话题，可参阅 Fleischmann (2015), 50 - 51。

11　October 23, 1924, JVA 17.000, StAM.

12　*Sprechkarte*, May 11, 1924, folder4, JVA17.000, StAM. 罗塔·马赫坦（Lothar Machtan）认为此人是希特勒的"特殊伙伴"和男情人，*The Hidden Hitler*, trans. John Brownjohn (New York: Basic Books, 2001), 67 - 69, 71, 88 - 100。托马斯·韦伯（Thomas Weber）觉得这个看法"非常有意思"，但最终认定没有证据证明两人间是这种亲密关系，*Hitler's First War: Adolf Hitler, the Men of the List Regiment, and the First World War* (Oxford: Oxford University Press, 2010), 138。兰茨贝格档案或监狱回忆录都没能证实或批驳这一说法，也没有给出有价值的披露。

13　房东先后在 1923 年 11 月和 12 月催过房租，Ernst Deuerlein, ed., *Der Hitler-Putsch. Bayerische Dokumente zum 8./9. November 1923* (Stuttgart: Deutsche Verlags-Anstalt, 1962), No.258, 628。

14　Björn Fontander, *Carin Göring skriver hem* (Stockholm: Carlssons, 1990), 154, and April 15, 1924, 143140, STA 14344, StAM.

15　ED 153-1, 48, IfZ.

16　ED 153-1, 48 - 49, IfZ.

17　May 15, 1924 and August 5, 1924, *Sprechkarte*, Folder No. 4, JVA 17.000, StAM, and 143140 STA 14344 StAM.

18　几年后，据四季酒店的一名员工说，拜希施坦在酒店茶室把自己的女儿往希特勒身上推，Josef Lampersberger, February 1960, P.II.c. No. 1176, ZS 3146, IfZ。

19　*Sprechkarte*, May 22, 1924, Folder No. 4, JVA 17.000, StAM.

20　OSS Sourcebook, 47, NA, 依据 Otto Dietrich, *Mit Hitler in die Macht. Persönliche Erlebnisse mit meinem Führer* (München: F. Eher, 1934), 142 - 43。

21　Aryan Bund, letter to Hitler, April 4, 1924, printed in Lurker (1933), 25 - 26.

22　Lurker (1933), 29 - 30.

23　JVA 15162/17, StAM.

24　有时候这个词会译成"指挥官山"，可能是对兰茨贝格监狱资料中的哥特体文字或手写德文的误读。见第 429 页注释。

25　1924 年 10 月 1 日希特勒致信德意琛鲍尔夫人 (Frau Deutschenbauer)，Eberhard Jäckel und Axel Kuhn, eds., *Hitler. Sämtliche Aufzeichnungen 1905 - 1924* (Stuttgart: Deutsche Verlags-Anstalt, 1980), Nr. 661, 1245。

26　ED 153-1, 115, IfZ.

27　1924 年 10 月 14 日鲁道夫·赫斯致信伊尔瑟·珀尔，见 Rudolf Hess, *Briefe 1908 - 1933*, ed. Wolf Rüdiger Hess (München: Langen Müller, 1987), 353。

28　Lurker (1933), 20. 1924 年 4 月 27 日《法兰克信使报》也描述了这一景象。

29　ED 153-1, 46, IfZ.

30　Ernst Hanfstaengl, *Zwischen Weissem und Braunem Haus. Memoiren eines politischen Aussenseiters* (München: R. Piper, 1970), 157.

31　汉姆里希访谈，见 Heinz A. Heinz,*Germany' s Hitler* (London: Hurst & Blackett, 1938), 172，还有他在回忆录中说的"温室"，ED 153-1, 47, IfZ.

32　1924 年 7 月 15 日《人民信使报》。

53 谎言、愚蠢与懦弱

1 *Hitler's Secret Conversations 1941 - 1944*, intro. H. R. Trevor-Roper (New York: Signet Books, 1961), 46.

2 December 5, 1923, HA4/90 and January 15, 1924, HA 68/1497A.

3 Alfred Rosenberg, *Memoirs of Alfred Rosenberg*, ed. Serge Lange and Ernst von Schenck, and trans. Eric Posselt (Chicago: Ziff-Davis, 1949), 77.

4 Police report, *Illegale Fortführung des verbotene Organisationen*, HA 68/1497, and David Jablonsky, *The Nazi Party in Dissolution: Hitler and the Verbotzeit, 1923 - 1925*(London: F. Cass, 1989), 48.

5 罗森贝格领导的这个政党现在叫作"大德意志民族共同体"（Grossdeutsche Volksgemeinschaft），简称 GVG。埃瑟、施特莱谢尔及其同盟推翻了罗森贝格。鲁登道夫自立门户，建起了"国家社会主义自由党"（Deutschvölkische Freiheitspartei），简称 DVFP。

6 1924 年 6 月 16 日希特勒致信鲁道夫·哈斯，信件后来收录于 Werner Jochmann, *Nationalsozialismus und Revolution. Ursprung und Geschichte der NSDAP in Hamburg 1922 - 1933. Dokumente* (Frankfurt am Main: Europäische Verlagsanstalt, 1963), 78。希特勒的决定仅限于他在堡垒监禁期间，赫尔曼·弗布克在 1924 年 7 月 18 日致信阿达贝尔特·沃尔克（Adalbert Volck）博士时说，信件副本收录于 HA 15A/1632，刊印于 Jochmann (1963), 94。另见希特勒在 1925 年 2 月 26 日《人民观察家报》上对此事的陈述。

7 1924 年 6 月 16 日希特勒致信鲁道夫·哈斯，见 Jochmann (1963), 78。

8 1924 年 7 月 7 日《人民信使报》。

9 143140, STA 14344, StAM.

10 Rudolf Hess, *Erklärung*, October 9, 1924，以及对其他分歧的概述，XIX 734/24, December 1, 1924, HA 69/1501。关于这个组织可参阅档案 HA 15A 和 16A/1627 - 37，以及 Eleanor Hancock, *Ernst Röhm: Hitler's SA Chief of Staff* (New York: Palgrave Macmillan, 2008), 71 - 81 的处理，此外还有 Ernst Röhm, *The Memoirs of Ernst Röhm*, intro. Eleanor Hancock and trans. Geoffrey Brooks (London: Frontline Books, 2012), 221 - 22。

11　Wilhelm Laforce, *Leipziger Neueste Nachrichten*, August 9, 1933, cited in Othmar Plöckinger, *Geschichte eines Buches. Adolf Hitlers 'Mein Kampf' 1922‑1945* (München: Oldenbourg, 2011), 61.

12　*Volksruf*, May 17, 1924, cited in Plöckinger (2011), 34.

13　宣传册副本可见于 Folder No. 3/1, JVA 17.000, StAM。

14　同上。

15　Otto Strasser, *Hitler and I*, trans. Gwenda David and Eric Mosbacher (Boston: Houghton Mif in Company, 1940), 53.

16　Strafgefängnis Landsberga. Lech, February 4 to February 26, HA 3/66.

17　Julius Schaub, July 27, 1951, ZS 137‑1, IfZ.

18　若需进一步了解可参阅 Plöckinger (2011), 11‑15。

19　Ian Kershaw, *Hitler 1889‑1936: Hubris* (New York: W. W. Norton, 1999), 235, and Ernst Deuerlein, ed., *Der Aufstieg der NSDAP in Augenzeugenberichten* (Düsseldorf: Deutscher Taschenbuch Verlag, 1978), 238,

20　Peter Kurth, *American Cassandra: The Life of Dorothy Thompson* (Boston: Little, Brown and Company, 1990), 159.

21　Joachim C. Fest, *Hitler*, trans. Richard and Clara Winston (New York: Harcourt Brace Jovanovich, 1974), 203.

22　若需进一步了解可参阅 Plöckinger (2011), 22。

23　1965 年 6 月 29 日伊尔瑟·赫斯致信沃纳·马瑟尔, *Hitler's Mein Kampf: An Analysis*, trans. R. H. Barry (London: Faber and Faber, 1970), 23。她声称希特勒是自己用两根手指打出来的, 至少第一卷是这样。埃米尔·莫里斯一直也是这么说, 比如 1951 年 6 月 23 日, ZS 270, IfZ, 而马克斯·阿曼说他一开始是手写, 1945 年 8 月 13 日, G.N.S., ZS-809, IfZ。然而多数希特勒传记说希特勒是口述。一个例外是约翰·托兰 (John Toland), 他也知道希特勒是自己打字的, *Adolf Hitler* (New York: Ballantine Books, 1976), 266, 不过偶尔也会口述给赫斯。还有一个例外是奥托·尤利乌斯·弗劳恩多夫 (Otto Julius Frauendorf) 和理查德·弗赖赫尔·冯·弗兰肯贝格 (Richard Freiherr von Frankenberg), 他们用笔名 Walter Görlitz und Herbert A. Quint 写了 *Adolf Hitler. Eine Biographie* (Stuttgart: Steingrüben-Verlag, 1952), 236。另见 Dr. Ha/Ku, August 14, 1940, HA

3/63。

24　Hemmrich, ED 153-1, 39, IfZ.

25　Brigitte Hamann, *Winifred Wagner oder Hitlers Bayreuth* (München: Piper, 2002), 99.

26　希特勒对这个绰号的喜爱想必还有一个原因：他心爱的瓦格纳歌剧《黎恩济》中的主人公就用了这个头衔。

27　1924 年 6 月 29 日鲁道夫·赫斯致信伊尔瑟·珀尔，见 Rudolf Hess, *Briefe 1908 - 1933*, ed. Wolf Rüdiger Hess (München: Langen Müller, 1987), 342。

28　1924 年 7 月 23 日鲁道夫·赫斯致信伊尔瑟·珀尔，见 Hess (1987), 347。

29　Plöckinger (2011), 122 - 25. 在兰茨贝格狱卒的回忆中经常提到口述，Otto Lurker, *Hitler hinter Festungsmauern. Ein Bild aus trüben Tagen* (Berlin: E. S. Mittler & Sohn, 1933), 56, 以及弗朗兹·汉姆里希，不过值得注意的是没有囚犯这么说。

30　Adolf Hitler, *Mein Kampf*, trans. Ralph Manheim (Boston: Houghton Mif in Company, 1943), dedication.

31　1924 年 11 月 6 日《法兰克信使报》估计，手稿在 11 月初的时候有 400 页。

32　纳粹党档案主管想要拿到手稿，至少几页稿子——哪怕只是照片——用于一场筹划中的展览，但未能如愿。NSDAP Hauptarchiv, le HA 3/63。拜希施坦持有一份手稿的说法此前出现过，比如 G. Ward Price, *I Know These Dictators* (London: George G. Harrap & Co. ltd, 1937), 83 - 84, 此后不久也有，比如马克斯·阿曼，1945 年 8 月 13 日，ZS-809, IfZ。

33　Anna Maria Sigmund, *Des Führers bester Freund. Adolf Hitler, seine Nichte Geli Raubal und der "Ehrenarier" Emil Maurice— eine Dreiecksbeziehung* (München: Heyne, 2003), 81.

34　题字的图片可见于 Sigismund (2003), 73。

54　"持续的威胁"

1　1924 年 8 月 24 日《兰茨贝格自由人报》。

2　1924 年 7 月 29 日赫尔曼·弗布克致信阿达贝尔特·沃尔克，刊印于 Werner Jochmann, *Nationalsozialismus und Revolution. Ursprung und Geschichte der NSDAP in Hamburg 1922 - 1933. Dokumente* (Frankfurt am Main: Europäische Verlagsanstalt, 1963), 124。他一直坚信自己会早早获得假释，1924 年 8 月 21 日弗布克致信鲁道夫·哈斯，134。

3　Hitler to Jakob Werlin, September 13, 1924, STA 14344, StAM.

4　Wilhelm Briemann, August 21, 1924, HA 4/92.

5　Friedrich Weber, note, HA 4/92.

6　Otto Gritschneder, *Bewährungsfrist für den Terroristen Adolf H. Der Hitler-Putsch und die bayerische Justiz* (München: Verlag C. H. Beck 1990), 97 - 98.

7　Ian Kershaw, *Hitler 1889 - 1936: Hubris* (New York: W. W. Norton, 1999), 235. 德文版发表于 Otto Lurker, *Hitler hinter Festungsmauern. Ein Bild aus trüben Tagen* (Berlin: E. S. Mittler & Sohn, 1933), 60 - 62。

8　埃哈德未出版回忆录，41, NL Ehard 99, BHStA。

9　1924 年 9 月 19 日犹太电讯社。

10　警方报告 (VIa), September 16, 1924, HA 68/1497A, and September 27, 1924, STA 14344, StAM。

11　克利伯致罗姆、弗里德里希·韦伯致马蒂尔德·韦伯的信件以及其他的查抄所得收录于 STA 14344 StAM and HA 69/1501。

12　Polizeidirektion München, VIa 2427, September 23, 1924, STA 14344, StAM.

13　Beschluss Anz.Verz.XIX 421/1923, September 25, 1924, STA 14344, StAM.

14　1924 年 9 月 26 日《汇报》。

15　Anz.Verz.XIX 421/23, September 29, 1924, STA 14344, StAM, and Kershaw (1999), 237.

16　HA 14A/1500, 在媒体上也做了宣传，如 1924 年 11 月 23~24 日《人民信使报》。

17　Nr.26899, July6, 1924, Staatsanwaltschaften 3099, StAM. 希特勒后来肯定了三名平民法官的功劳——或者特指菲利普·赫尔曼，"一个绷着脸的高傲之人"，希特勒在 1942 年 2 月 3~4 日的席间谈话中提及，*Hitler's Secret Conversations 1941 - 1944*, intro. H. R. TrevorRoper (New York: Signet

Books, 1961), 282。

18　D. C. Watt, "Die Bayerischen Bemühungen um Ausweisung Hitlers 1924," *Vierteljahrshefte für Zeitgeschichte* 6 (1958), 272.

19　1924 年 10 月 15 日犹太电讯社。

20　关于奥地利阻止驱逐一事，见 Franz Jetzinger, *Hitler's Youth*, trans. Lawrence Wilson (London: Hutchinson, 1958), 163 - 64。弗朗茨·杰特辛格（Franz Jetzinger）曾是上奥地利州议会的社会民主党议员，直到 1934 年该党被陶尔斐斯镇压，杰特辛格还是位于林茨的上奥地利州档案馆的馆员。关于这个问题还可以参阅 D. C. Watt, "Die Bayerischen Bemühungen um Ausweisung Hitlers 1924," *Vierteljahrshefte für Zeitgeschichte* 6 (1958), 270 - 80。

21　Der erste Staatsanwalt, December 5, 1924, 154151, STA 14344, StAM.

22　Folder No. 3/1, JVA 17.000, StAM.

23　Leybold, December 14,1924,152149, STA 14344, StAM.

24　Robert M. W. Kempner, "Blueprint of the Nazi Underground—Past and Future Subversive Activities," *Research Studies of the State College of Washington*, XIII, No. 2, June 1945, Document B. 魏玛律师马克斯·赫施贝尔格也提到过部长对此事的影响，见他的回忆录，*Jude und Demokrat. Erinnerungen eines Münchener Rechtsanwalts 1883 bis 1939*, ed. Reinhard Weber (München: R. Oldenbourg Verlag, 1998), 242。格尔特纳出手干预的迹象还可见于埃哈德的未出版回忆录的补编，NL Ehard 99, 6, BHStA。其他做出这个判断的还有 Wilhelm Hoegner, *Die Verratene Republic. Deutsche Geschichte 1919 - 1933* (München: Nymphenburger Verlagshandlung, 1979), 190，以及 Otto Gritschneder *Bewährungsfrist für den Terroristen Adolf H. Der Hitler-Putsch und die bayerische Justiz* (München: Verlag C. H. Beck 1990), 107，后者得出的结论是这只能是个政治决策。格尔特纳对干预此案的指责做出了缺乏说服力的否认，在审判开始前就做过报道，如 1924 年 2 月 25 日电讯联盟社。

25　Bernd Steger, "Der Hitler prozess und BayernsVerhältnis zum Reich 1923/1924," *Vierteljahrshefte für Zeitgeschichte* 23 (1977), note 66, 463.

26　Dringendes Telegramm, XIX 421/23, December 20, 1924, STA 14344, StAM.

27 汉姆里希访谈，见 Heinz A. Heinz, *Germany's Hitler* (London: Hurst & Blackett, 1938), 193。

28 February 3 - 4,1942, *Hitler's Secret Conversations 1941 - 1944*, intro. H. R. Trevor-Roper (New York: Signet Books, 1961), 282

29 A.V.XIX 421/1923, March 18, 1926, HA 69/1501.

30 1924 年 12 月 20 日鲁道夫·赫斯致信伊尔瑟·珀尔，见 Rudolf Hess, *Briefe 1908 - 1933*, ed. Wolf Rüdiger Hess (München: Langen Müller, 1987), 359。

31 ED 153-1, 63, IfZ.

32 Heinrich Hoffmann, *Hitler Was My Friend*, trans. Lt-Col R. H. Stevens (London: Burke, 1955), 61.

后　记

1 1923 年 11 月 10 日《纽约时报》和 1923 年 11 月 10 日《法兰克福日报》。

2 Otto Gritschneder, *Der Hitler-Prozess und sein Richter Georg Neithardt. Skandalurteil von 1924 ebnet Hitler den Weg* (München: Verlag C. H. Beck, 2001), 51. 另见 Alexander Graf zu Dohna, "Der Münchener Hochverratsprozess," *Deutsche Juristen-Zeitung* 29 (1924), 333ff, 以及奈特哈特自己的回应, April 1924, Nachlass Hans Ehard 97, BHStA。

3 John Toland, *Adolf Hitler* (New York: Ballantine Books, 1976), 274. 另见 H. R. Trevor-Roper, "The Mind of Adolf Hitler," *Hitler's Secret Conversations 1941 - 1944*, intro. H. R. Trevor-Roper (New York: Signet Books, 1961), xxviii。

4 Interview published in Theodore Abel, *Why Hitler Came into Power: An Answer Based on the Original Life Stories of Six Hundred of His Followers*(New York: Prentice-Hall, 1938), 70.

5 Toby Thacker, *Joseph Goebbels: Life and Death* (New York: Palgrave Macmillan, 2010), 33. 托比·塔克（Toby Thacker）称希特勒的审判是戈培尔的人生"转折点"，34，而彼得·朗格里希（Peter Longerich）认为，他

452 "转向政治"的那一刻是在 1924 年 4 月 4 日，*Goebbels: A Biography*, trans. Alan Bance, Jeremy Noakes, and Lesley Sharpe (New York: Random House, 2015), 36 - 39。

6 Joachim C. Fest, *Hitler*, trans. Richard and Clara Winston (New York: Harcourt Brace Jovanovich, 1974), 200.

图片来源

卷首插图：贝格勃劳凯勒，1923 年摄于慕尼黑（黑白照片）/ © SZ Photo / Bridgeman Images

中插

1.国家社会主义德国工人党主档案

2.希特勒政变（或啤酒馆政变）后，全副武装的纳粹党人准备开入慕尼黑（1923 年 11 月 8 日）。/ Photo © PVDE / Bridgeman Images

3.希特勒政变，1923 年（黑白照片）/ © SZ Photo / Scherl / Bridgeman Images

4.慕尼黑政变，1923 年（黑白照片）/ German Photographer (20th Century) / Private Collection / Peter Newark Historical Pictures / Bridgeman Images

5.希特勒政变被挫败后的骑警，1923 年（黑白照片）/ © SZ Photo / Knorr & Hirth / Bridgeman Images

6.美国国家档案馆

7.国会图书馆，版画和照片部

8.国会图书馆，版画和照片部

9.国会图书馆，版画和照片部

10.国会图书馆，版画和照片部

11.akg-images / Interfoto

12.希特勒的审判，1924 年 / © SZ Photo / Bridgeman Images

13.审判希特勒和鲁登道夫，1924 年 2 月 26 日（黑白照片）

/ © SZ Photo / Scherl / Bridgeman Images

14. 埃里希·鲁登道夫和阿道夫·希特勒（黑白照片）/ © SZ Photo / Scherl / Bridgeman Images

15. 美国国家档案馆

16. 慕尼黑政变审判（黑白照片），German Photographer (20th Century) / Private Collection / Peter Newark Military Pictures / Bridgeman Images

17. 希特勒在兰茨贝格接受堡垒监禁期间的囚室（黑白照片）/ © SZ Photo / Scherl / Bridgeman Images

18. 阿道夫·希特勒在兰茨贝格监狱，1924 年（黑白照片），German Photographer (20th Century) / Private Collection / Peter Newark Historical Pictures / Bridgeman Images

19. 阿道夫·希特勒在兰茨贝格监狱（黑白照片）/ © SZ Photo / Bridgeman Images

20. 国会图书馆，版画和照片部

21. 美国国家档案馆

22. 阿道夫·希特勒，摄于 1924 年 12 月 20 日 / Photo © Tallandier / Bridgeman Images

469

471

图书在版编目（CIP）数据

审判希特勒：啤酒馆政变和纳粹德国的崛起 / (美)
大卫·金 (David King) 著；经雷译. -- 北京：社会
科学文献出版社，2020.8
　　书名原文：The Trial of Adolf Hitler: The Beer
Hall Putsch and the Rise of Nazi Germany
　　ISBN 978-7-5201-6372-9

　　Ⅰ．①审…　Ⅱ．①大…②经…　Ⅲ．①希特勒(
Hitler, Adolf 1889–1945)–传记　Ⅳ．①K835.167=52

中国版本图书馆CIP数据核字（2020）第042362号

审判希特勒：啤酒馆政变和纳粹德国的崛起

著　　者 / [美]大卫·金（David King）
译　　者 / 经　雷

出 版 人 / 谢寿光
组稿编辑 / 段其刚　周方茹
责任编辑 / 周方茹
文稿编辑 / 李志鑫

出　　版 / 社会科学文献出版社·联合出版中心（010）59367151
　　　　　　地址：北京市北三环中路甲29号院华龙大厦　邮编：100029
　　　　　　网址：www.ssap.com.cn
发　　行 / 市场营销中心（010）59367081　59367083
印　　装 / 北京盛通印刷股份有限公司

规　　格 / 开　本：787mm×1092mm　1/16
　　　　　　印　张：32.25　插　页：1　字　数：378千字
版　　次 / 2020年8月第1版　2020年8月第1次印刷
书　　号 / ISBN 978-7-5201-6372-9
著作权合同
登 记 号 / 图字01-2018-7153号
定　　价 / 92.00元